CB045691

Homens e mulheres
da Idade Média

SOB A DIREÇÃO DE

Jacques Le Goff

Homens e mulheres da Idade Média

Tradução de
Nícia Adan Bonatti

3ª edição

Estação Liberdade

Título original: *Hommes et Femmes du Moyen Âge*
© Editions Flammarion, 2012
© Editora Estação Liberdade, 2013, para a presente edição

Editores Claire Archer e Alexandre Curnier (França, ed. original), Angel Bojadsen e Edilberto F. Verza (Brasil) | **Editores assistentes** Mélanie Puchault (França), Fábio Bonillo (Brasil) | **Iconografia** Nathalie Daramat | **Diagramação e composição** Thierry Renard (França), Miguel Simon (Brasil) | **Mapas** Magali Arnaud (França) | **Revisão** Colette Malandain (França), Fábio Fujita (Brasil) | **Fotogravura** Arciel Graphic (França) | **Produção** Corinne Trovarelli (França), Estação Liberdade (Brasil)

Este livro contou com subsídios do Programa de Apoio a Publicações do Institut Français / Ministério Francês das Relações Exteriores e Europeias

CIP-BRASIL. CATALOGAÇÃO NA PUBLICAÇÃO
SINDICATO NACIONAL DOS EDITORES DE LIVROS, RJ

G548h
3. ed.

Goff, Jacques Le, 1924-2014
   Homens e mulheres da idade média / texto e organização Jacques Le Goff ; tradução Nícia Adan Bonatti. - 3. ed. - São Paulo : Estação Liberdade, 2018.
   448 p. : il. ; 23 cm.

   Tradução de: Hommes et femmes du moyen âge
   Apêndice
   Inclui bibliografia e índice
   ISBN 978-85-7448-223-1

   1. Civilização medieval. I. Goff, Jacques Le. II. Bonatti, Nícia Adan. III. Título.

18-48437   CDD: 940.14
                           CDU: 94(4)"0375/1492"

Leandra Felix da Cruz - Bibliotecária - CRB-7/6135
16/03/2018   19/03/2018

Todos os direitos desta edição reservados à
Editora Estação Liberdade Ltda.
Rua Dona Elisa, 116 — Barra Funda — 01155-030
São Paulo – SP — Tel.: (11) 3660 3180
www.estacaoliberdade.com.br

O ORGANIZADOR E OS EDITORES
AGRADECEM CALOROSAMENTE AOS
AUTORES DESTE LIVRO:

Martin Aurell (M. A.)
Sverre Bagg (S. B.)
John Baldwin (J. B.)
Michel Banniard (M. B.)
Ali Benmakhlouf (A. B.)
Jean-Louis Biget (J.-L.)
Danielle Bohler (D. B.)
Alain Boureau (A. B.)
Elisa Brilli (E. B.)
Bernard Chevalier (B. C.)
Martine Clouzot (M. C.)
Philippe Contamine (P. C.)
André Crépin (A. C.)
Jacques Dalarun (J. D.)
Jean Delumeau (J. D.)
Bruno Dumézil (B. D.)
Chiara Frugoni (C. F.)
Claude Gauvard (C. G.)
Jean-Philippe Genet (J.-P. G.)
Dominique Iogna-Prat (D. I.-P.)
Jenny Jochens (J. J.)
Bruno Judic (B. J.)

Gabor Klaniczay (G. K.)
Gerzi Kloczowski (G. K.)
Catherine König-Pralong (C. K.-P.)
Jacques Krynen (J. K.)
Jacques Le Goff (J. L. G.)
Régine Le Jan (R. L. J.)
Jean-Claude Maire-Vigueur (J.-C. M.-V.)
Denis Menjot (D. M.)
Pierre Monnet (P. M.)
Martin Nejedlý (M. N.)
Pierre Racine (P. R.)
Bernard Ribémont (B. R.)
Pierre Riché (P. R.)
Jacqueline Risset (J. R.)
Daniel Russo (D. R.)
Jean-Claude Schmitt (J.-C. S.)
Michel Senellart (M. S.)
Törfi H. Tulinius (T. T.)
André Vauchez (A. V.)
Jacques Verger (J. V.)
Bernard Vincent (B. V.)

Sumário

Os lentos criadores da Europa p. 9

19 DA CRISTIANIZAÇÃO A CARLOS MAGNO (325-814)

São Martinho de Tours p. 22, Santo Agostinho de Hipona p. 25, Egéria (Etheria) p. 29, São Bento de Núrsia p. 29, Átila p. 33, Teodorico, o Grande p. 36, Clóvis p. 38, Boécio p. 41, Cassiodoro p. 45, Santa Radegunda p. 48, Brunilda p. 51, Gregório de Tours p. 53, Gregório I, o Grande p. 57, São Columbano p. 60, Isidoro de Sevilha p. 63, Santo Elói p. 66, Dagoberto p. 68, Beda p. 71, Carlos Martel p. 75, Alcuíno p. 78, Bento de Aniane p. 81, Beato de Liébana p. 83, Carlos Magno p. 88, Dhuoda p. 92

95 DE CARLOS MAGNO AO ANO MIL (814-1000)

Alfredo, o Grande p. 98, Oto, o Grande p. 100, Gerbert d'Aurillac p. 104, Santo Adalberto p. 106, Santo Estêvão p. 111, Knut, o Grande p. 114, São Venceslau (Vacław) p. 117

121 O APOGEU MEDIEVAL (1000-1300)

Guido d'Arezzo p. 129, Gudrid Thorbjarnardottir p. 131, Gregório VII (Hildebrando) p. 133, Guilherme, o Conquistador p. 136, Santo Anselmo de Cantuária p. 139, El Cid, o Campeador p. 141, Robert d'Arbrissel e Hersende de Montsoreau p. 144, Matilde de Canossa p. 147, Abelardo e Heloísa p. 151, Suger p. 154, Arnaldo de Bréscia p. 157, São Bernardo de Claraval p. 159, Pedro, o Venerável p. 163, Hildegarda de Bingen p. 165, Pietro Lombardo p. 169, São Tomás Becket p. 171, Bernard de Ventadour p. 175, Leonor de Aquitânia p. 179, Frederico I, o Barba Ruiva p. 183, Averróis p. 187, Joaquim de Fiore p. 189, Chrétien de Troyes p. 192, Saladino p. 197, Ricardo

Coração de Leão p. 200, Inocêncio III p. 205, Felipe II Augusto p. 208, São Domingos de Gusmão p. 213, Santa Edwiges da Silésia (Jadwiga) p. 216, Snorri Sturluson p. 217, São Francisco de Assis e Santa Clara p. 220, Alberto, o Grande p. 225, Frederico II p. 229, Haakon IV Haakonsson, o Antigo p. 232, Santa Elizabeth da Hungria p. 234, Douceline p. 238, São Luís (Luís IX) e Branca de Castela p. 239, São Boaventura p. 243, Brunetto Latini p. 247, Tomás de Aquino p. 250, Giacomo de Varazze p. 254, Raimundo Lúlio (Ramon Llul) p. 256, Alfonso X, o Sábio p. 260, Cimabue p. 266, Giotto di Bondone p. 269, Marco Polo p. 273, Johannes Eckhart p. 279, Bernard Gui p. 281, Dante Alighieri p. 283

289 PERTURBAÇÕES E MUTAÇÕES (1300-1500)

Felipe IV, o Belo p. 294, Guilherme de Ockham p. 299, Giovanni Boccaccio p. 301, Nicola di Rienzo p. 304, Carlos IV da Boêmia p. 306, Nicolas Oresme p. 310, Bertrand Du Guesclin p. 312, Étienne Marcel p. 316, John Wyclif p. 319, Carlos V, o Sábio p. 321, Jean Froissart p. 326, Geoffrey Chaucer p. 331, Santa Catarina de Siena p. 335, Ladislau Jagellon p. 339, Jan Hus p. 341, São Bernardino de Siena p. 345, Henrique, o Navegador p. 348, Jacques Cœur p. 351, Joana d'Arc p. 355, Jean Fouquet p. 360, Vlad III, "o Empalador" p. 363, (Drácula) p. 363, Cristóvão Colombo p. 367

373 PERSONAGENS IMAGINÁRIOS

Arthur p. 376, Jacques Bonhomme p. 382, O padre João p. 384, A papisa Joana p. 388, A Virgem Maria p. 391, Melusina p. 395, Merlin e Viviane p. 398, Renart p. 402, Robin Hood p. 405, Roland p. 407, Satã p. 411

417 ANEXOS

Mapas p. 418, Cronologia p. 426, Bibliografia p. 436

AGRADECIMENTOS

Eu agradeço à Flammarion por ter me proposto esta obra e por ter me associado à definição de sua estrutura e de seu conteúdo. Agradeço especialmente a Claire Archer, que foi minha primeira interlocutora e que manifestou interesse suficiente por este livro para continuar acompanhando-o mesmo após a saída dela da Flammarion. Agradeço também calorosamente ao seu sucessor, Alexandre Curnier, que veio se entreter de maneira competente e amigável comigo ao longo dos problemas que a redação desta obra e sua ilustração suscitaram. Agradeço igualmente aos iconógrafos e revisores e revisoras da Flammarion que contribuíram em grande parte à qualidade de sua forma e ao interesse de suas imagens. Agradeço a todos os colegas e amigos que aceitaram de bom grado e de forma tão amável escrever um ou vários artigos desta obra verdadeiramente coletiva. Enfim, agradeço às pessoas que, com competência e inteligência, aceitaram minhas contribuições a esta obra, Sophie Brones e Aurélien Gros.

Jacques Le Goff

Os lentos criadores da Europa

A história parece apresentar-se neste livro sob uma forma relativamente arcaica, dado que se baseia essencialmente em grandes personagens. Ora, desde o movimento das *Annales*, em meados do século XX, busca-se o essencial de seu sentido no conjunto das sociedades e das camadas sociais. Entretanto, os historiadores que conceberam e compuseram esta obra pensaram que os homens e as mulheres célebres poderiam ser os estandartes que falariam sobre uma sociedade e uma época. É então na qualidade de reveladores de seu tempo e heróis da memória histórica que aqui são apresentados os indivíduos que ilustram este livro coletivo.

Ele deve muito à obra *Hommes et femmes de la Renaissance. Les inventeurs du monde moderne* (Flammarion, 2011, traduzido do inglês) [*Homens e mulheres do Renascimento. Os inventores do mundo moderno*], dos historiadores Robert C. Davis e Elizabeth Lindsmith. Contudo, esse livro suscitou-me uma contestação, pela qual penso que deva começar. Sabe-se que o termo "Renascimento" é tardio na historiografia. Ele foi inventado pelo historiador suíço Burckhardt, na obra *La Civilisation de la Renaissance en Italie* [*A civilização do Renascimento na Itália*] – publicado em alemão em 1860 e traduzido para o francês em 1885 –, para designar o período que sucede a Idade Média tradicional. É preciso constatar que a especificidade de um período que sobrevém à Idade Média, chamado Renascimento, foi amplamente adotada, e em primeiro lugar pelos historiadores. Contestei essa periodização, apesar das novidades – que podemos chamar de "modernas" – que incorporam aí, de fato, o século XV e sobretudo o XVI, e que são inegáveis. Todavia, para mim, os traços essenciais da Idade Média estendem-se até o século XVIII, período em que ocorrem os dois acontecimentos fundamentais que criam verdadeiramente a modernidade: o nascimento da indústria primeiramente na Inglaterra e em seguida no continente, e a revolução na França, que se difundirá mais ou menos em todo o continente no século XIX. Pode-se dizer que essa longuíssima Idade Média foi atravessada por vários renascimentos, avançou graças e eles, e de modo progressivo. Habitualmente o destaque é dado para o renascimento carolíngio e o renascimento do século XII; quanto a mim, penso que o período dos séculos XV e XVI é apenas o terceiro e, sem dúvida, o mais importante renascimento da Idade Média[1]. Entretanto, dado que é necessário respeitar a periodização que vigora na tradição histórica, em minhas reflexões e em meus trabalhos faço cessar a Idade Média no fim do século XV e admito que se fale de Renascimento para o período seguinte. Feita essa ressalva, é-me difícil admitir que, em sua obra, R. C. Davis e E. Lindsmith tenham anexado ao Renascimento o século XV que, apesar das mutações, é decididamente um século medieval. Decidi, assim, não incluir neste livro certo número de homens e mulheres do século XV a fim de evitar retratos redundantes. Lamentando renunciar a um Savonarola, simultaneamente tão típico da heresia e do culto à pobreza da Idade Média, apesar de tudo retomei, ou adicionei, seis personagens do século XV: São Bernardino de Siena e Cristóvão Colombo são retomados; Henrique, o Navegador, Jacques Cœur, Joana d'Arc e o grande pintor Fouquet são adicionados. Também conservei o retrato de um personagem que viveu mais no século XIV que no XV, Jan Hus (cerca de 1370-1415): é incontestavelmente um herético medieval e não um personagem moderno. Retomando Cristóvão Colombo, permiti-me uma provocação. Pode-se de fato considerar, se acreditarmos num aspecto geográfico do Renascimento, que ele é um dos fundadores. Mas tentei provar que, da mesma forma como havia descoberto a América sem o saber, ele se sentia e agia como um homem tipicamente medieval e teria ficado muito surpreso que se fizesse dele um inventor da modernidade.

Há nesta obra certo número de mulheres, apesar de bem inferior àquele dos homens. Essa desigualdade não é reflexo daquela que nossa modernidade perpetuou na maior parte das sociedades humanas, inclusive na nossa; ela é o reflexo documentado do lugar real das mulheres na Idade Média. Veremos, aliás, que essa inferioridade nem sempre é tão evidente quanto se crê. Se a Idade Média não elevou o estatuto das mulheres em relação à Antiguidade, é porque o cristianismo, mesmo lhes concedendo um lugar importante, lhes fez sofrer as consequências de dois elementos: um é a responsabilidade de Eva no acontecimento do pecado original; o segundo é o fato de que as mulheres não

---

1. Jacques Le Goff, *Un long Moyen Âge*. Paris: Tallandier, 2004.

foram promovidas, no clericato, à função sacerdotal. Claro, o prestígio de que desfrutaram mostra a importância que algumas mulheres puderam ter na Idade Média. Elas foram admitidas a um novo estado, superior àquele de todos os outros seres humanos: a santidade. Aliás, ao se tornarem monacais, desempenharam seu papel na espiritualidade e na piedade de seus contemporâneos. Veremos mesmo que nessa grande criação medieval, as cidades, elas foram dotadas, no próprio âmago da vida laica, de um estatuto ornado de uma aura religiosa: o das beguinas[2]. Talvez o acontecimento a manifestar com a maior profundidade uma real promoção da mulher tenha sido o formidável desenvolvimento, a partir do século XII, do culto à Virgem Maria. Enfim, se o poder social e político esteve sobretudo nas mãos dos homens, algumas mulheres puderam, no mais alto grau da nobreza, desempenhar um papel importante. Acrescentemos que na sociedade, provavelmente, mas no sistema de valores, certamente, a mulher de nascimento nobre adquiriu, pela literatura cortês, a alta categoria da "dama": segundo o sistema feudal, a "dama" tem toda autoridade sobre o homem, que é seu "vassalo".

Nessa evocação da Idade Média por meio de grandes personagens, quis recorrer também aos heróis da história imaginária, pois numa sociedade o imaginário tem seguramente tanta importância e eficácia quanto as condições reais da vida e do pensamento. Os grandes personagens imaginários da Idade Média são de diversas naturezas. Alguns são seguramente – ou provavelmente – históricos, mas só marcaram suas épocas e a memória por sua transformação em mito, como por exemplo o rei Arthur, o cavaleiro Roland e Robin Hood. Outros são personagens da religião cristã, desempenhando na vida cotidiana um papel que fazia agir na terra o elemento sobrenatural. Para essa época, que considerava a vida humana como uma grande luta entre o Bem e o Mal, escolhi Satã do lado do mal, e a Virgem Maria do lado do bem. Por fim, houve os que vieram do mundo dos heróis populares, como o mago Merlin e a fada Melusina, alguns da literatura, como Renart, outros ainda de configurações alegóricas de tipos sociais, tais como Jacques Bonhomme. Para não sobrecarregar este volume, só retive aqui exemplos de personagens históricos da Antiguidade, tão frequentemente nomeados na Idade Média, por terem se tornado heróis medievais. Mencionarei dois. Um é o rei macedônio Alexandre, o Grande, no qual se via um gênio se distinguindo num conjunto de atividades, da proeza guerreira à autoridade política e à invenção de maravilhas, como, por exemplo, a criação de uma espécie de batiscafo transparente no qual era representado como se pesquisasse o fundo do mar. Outro é um herói da Antiguidade judaica, o rei Salomão. Considerado na Bíblia e no judaísmo como um campeão da sabedoria e da justiça, tornou-se, na Idade Média, um personagem mais contrastado, mais discutido, e sobretudo um feiticeiro quase pagão.

---

2. Da ordem fundada por Lambert Le Bèque, no século XII, onde atualmente é a Bélgica. Sem terem pronunciado votos, praticavam uma vida ascética, parecida com a monacal. [N.T.]

Uma das características da Idade Média, vista por meio de seus tipos de homens e de mulheres célebres, é o aparecimento de novas figuras de heróis. Alguns vêm da cristianização: são os santos, intermediários entre Deus e os homens, fazendo milagres cujo autor, na realidade, é Deus. Os santos são uma particularidade própria do cristianismo, pois não têm correspondentes nas outras grandes religiões. Esse tipo humano, que na Idade Média se torna o mais glorioso possível, também concerne às mulheres: a tendência medieval em estabelecer certa igualdade entre o homem e a mulher se mostra no fato de que há então grandes figuras de santas.

Se o santo é uma novidade na paisagem europeia, há outro personagem que muda completamente de imagem entre a Antiguidade e a Idade Média: o rei. O rei é vilipendiado na Roma antiga, enquanto as cidades gregas desconfiam dos reis da Macedônia, Felipe e Alexandre, que as subjugarão. O rei é então um fenômeno essencialmente oriental, do qual o rei da Pérsia é o protótipo. Depois do fim precoce da realeza original, a Roma republicana detestará os reis, apresentados como abomináveis tiranos que abusam de seu povo; ora, em Roma, mesmo sob os imperadores, o povo é a base da sociedade cívica. Ao contrário, na Europa tornada cristã, as nações que se formam frequentemente põem um rei à sua frente. É notadamente o caso da Gália, em que Clóvis se torna rei por meio de uma cerimônia litúrgica inventada pelo cristianismo: a sagração.

Enfim, encontraremos em nossa série de personagens masculinos dois tipos de homens que exercem uma função considerada como superior ou especificamente importante: os papas e os teólogos. Houve bons e maus papas, e o personagem imaginário bastante original que é a papisa Joana também está presente aqui. A outra categoria de personagens se impõe não por seu poder, nem por sua autoridade política, mas por sua autoridade intelectual: é a dos grandes teólogos escolásticos, tais como Alberto, o Grande, e Tomás de Aquino. É claro que havia na Grécia e em Roma muitos pensadores que se tornaram célebres – um deles fez mesmo uma nova carreira na Idade Média, pois suscitou o entusiasmo de certo número de universitários e a desconfiança da Igreja: Aristóteles. Podemos compreender a emergência desses novos heróis pelo aparecimento de novos poderes na sociedade medieval: a Igreja, a realeza e a universidade. É o triplo modelo medieval do poder: *Sacerdotium, Regnum, Studium*.

Os personagens deste volume não se limitam a oferecer uma imagem resumida de sua vida e de sua celebridade. Eles aqui comparecem na qualidade de testemunhas de sua época, pois por meio deles a História conheceu, no fim do século XX, uma mudança de direção; da mesma forma que a história dos acontecimentos cedeu em geral o lugar a uma história mais global, mais profunda e mais coletiva, os grandes personagens que a animaram foram vistos como emblemáticos de um período, de uma sociedade, de uma civilização. Tal é então, resumida em alguns pontos, a imagem da Idade Média apresentada aqui por meio desses personagens. Esta visão é, em primeiro lugar, a minha; ela também é mais ou menos compartilhada pelos historiadores que aceitaram escrever um ou vários artigos desta obra coletiva. Minha Idade Média afasta-se radicalmente – sendo quase a contrapartida – da imagem de uma Idade Média obscurantista, aquilo que os ingleses chamaram de *Dark Ages*. Esta imagem desenvolveu-se com os humanistas do Renascimento, com os filósofos e os historiadores do século dito das Luzes, o XVIII, e só foi parcialmente restaurada pelos novos gostos do romantismo e pelo estudo positivista do século XIX, mais próximo dos documentos e mais armado de espírito crítico. A longa Idade Média que evoquei anteriormente – mas isso também vale para a Idade Média tradicional, que se estende do século IV ao fim do século XV – é um período muito mais positivo e mais progressista do que se pensou (mesmo que o termo "progresso" nele não exista no sentido moderno). Nele não são encontrados, é claro, os personagens típicos da época moderna contemporânea, tais como o industrial, o economista, o homem de comunicação (jornalista, grande fotógrafo, repórter). Apesar de nenhum grande nome ter sido legado à posteridade, houve engenheiros desde o século XV, como bem mostrou Bertrand Gille. Durante um longo período de mutação, entre os séculos III e IV – que, aliás, temos hoje a tendência de chamar de Antiguidade tardia, em detrimento de alta Idade Média – houve uma longa decomposição da sociedade e da cultura antigas, e a lenta emergência de uma sociedade e de uma religião novas. Porém, desde o século X e principalmente depois da reforma gregoriana dos séculos XI e XII, e do Renascimento do século XII, ocorre a verdadeira decolagem de uma nova Europa. É necessário compreender que quando Petrarca e os pensadores do Renascimento forjaram o nome de "Idade Média", só viam aí o tempo de uma passagem entre uma Antiguidade verdadeiramente viva e uma modernidade que começava a se impor – o termo "média" denegava, de certa forma, qualquer especificidade dinâmica a este período. Acredito, ao contrário, que a Idade Média foi um longo período criativo e dinâmico. Aliás, temos ainda sob os olhos criações artísticas que são os produtos e as testemunhas dele: música vocal e instrumental, pintura, arquitetura religiosa. O "tempo das catedrais", como o chamou Georges Duby, é admirado; a despeito disso, o encantamento não trouxe a mudança de imagem da Idade Média que ele deveria ter suscitado.

Nessa longa duração de mais de dez séculos, distingui quatro períodos – apresentados mais detidamente no início de cada um deles. Um primeiro período é aquele que, justamente, balança entre a Antiguidade tardia e a alta Idade Média. Ela vai da cristianização operada politicamente pelo imperador Constantino – que não figura aqui, dado que continua a ser um personagem antigo – até Carlos Magno, que fecha perfeitamente o período, dado que ele não é um homem do Renascimento, mesmo que esteja cercado por uma corte de letrados, mas um homem que volta os olhos ao passado. De fato, por sua coroação – é sagrado imperador pelo papa em Roma, em 800 – ele pensa e deseja inscrever-se na sequência dos imperadores romanos, se recolocar, apesar da criação de uma capital em Aquisgrana [Aachen, em alemão, ou Aix-la-Chapelle, em francês], na glória eterna de Roma, e acabar aquilo que o Império romano havia começado: a aculturação dos bárbaros à civilização romana. Era um nacionalista franco no espaço da civilização romana.

O segundo período vai da morte de Carlos Magno, no início do século IX, ao ano mil que, sem ter exercido um fascínio sobre os contemporâneos dessa época, ao contrário daquilo que durante muito tempo se disse, foi judiciosamente reconhecido pelos historiadores modernos como um ponto de evolução importante. É, de fato, o momento em que, pela ação comum do papa Silvestre II (Gerbert d'Aurillac) e do imperador germânico Oto III, afirma-se aquilo que se chamará de cristandade e que, nos limites geográficos da Idade Média, é o primeiro nome da Europa. É também o momento em que se estabelece essa confederação de nações cristãs colocadas sob a dominação de duas cabeças: a do papa e a do imperador.

O terceiro período (séculos XI-XIII) é o mais fecundo em crescimento, em criatividade e em grandes personagens. Eu chamei-o banalmente de "apogeu medieval", mas fiz questão de precisar, no subtítulo, as mais importantes criações que constituem sua força: "cidades, monarquia, comerciantes, escolásticos, mendigos". Dentre os grandes personagens, encontramos então de fato homens e mulheres que viveram e agiram nessa grande criação da Idade Média que é a cidade – bem diferente das vilas antigas –, enquanto monges e grandes senhores habitavam preferencialmente no campo. Durante esse período, as monarquias instalam seu rei numa *capital*. Os comerciantes tornam-se sedentários depois de terem sido itinerantes. Os escolásticos ensinam e escrevem nas universidades que são sempre implantadas nas cidades. Enfim, os irmãos das ordens mendicantes, ao contrário dos monges precedentes que habitualmente moravam em monastérios mais ou menos isolados, vivem nos conventos urbanos e em geral fazem suas predicações nas cidades.

O último período, que engloba os séculos XIV e XV, foi longamente considerado como um período de crise. Todavia, pesquisas recentes mais atentas mostraram que se de fato houve perturbações – rurais e urbanas – também se viu aí aparecerem as premissas das novidades que anunciavam o acontecimento daquilo que a maior parte dos historiadores chamam de Renascimento. Em todo caso, foi um período muito criativo. Não se pode então falar de crise a esse respeito, mas de mutação. Aliás, este é o modo de mudança global mais frequente em história: as verdadeiras crises, mais ou menos ligadas à eventualidade, são muito raras, enquanto as mutações se estendem sobre certa duração, que é o próprio tecido da história. As perturbações concernem tanto aos campos quanto às cidades. O que ocorre na França é um dos melhores exemplos. No campo, as revoltas camponesas são chamadas de "*jacqueries*", já que se imaginou um líder simbolicamente encarnado pelo personagem Jacques Bonhomme – o qual aparece na última página desta obra. Na cidade, trata-se principalmente das perturbações parisienses (mas Londres ou Florença, por exemplo, também são palcos para elas), e a figura histórica bem real do preboste Étienne Marcel representa esse episódio. As perturbações são também de ordem religiosa: certos historiadores quiseram ver aí as premissas da Reforma protestante do século XVI, mas também podemos considerá-las como propriamente medievais. Elas são aqui encarnadas por dois grandes heréticos: o inglês Wycliff e o tcheco Jan Hus. Como exemplo mais claro das mutações dessa época, figura aqui o grande preparador das descobertas além-mar do fim do século XV e do século XVI, o infante português Henrique, o Navegador. Quanto ao desenvolvimento do comércio, ele é representado pelo curioso e fascinante personagem do francês Jacques Cœur.

Essa época encerra-se com dois personagens que encarnam duas faces opostas da Idade Média. O primeiro é sua face negra e diabólica: o senhor romeno Vlad III, chamado em seu tempo de "o Empalador" e que se tornou Drácula. Em face dele encontramos uma imagem do bem, a de Cristóvão Colombo: tento mostrar que ele ignorava que havia descoberto a América e que seria visto como um pioneiro da modernidade; mas sua espiritualidade faz dele a contrapartida positiva de Drácula.

Enfim, uma quinta parte não segue nenhuma ordem cronológica. Trata-se de personagens imaginários sobre os quais disse anteriormente por que fazia questão de dar-lhes um lugar: a atividade do imaginário é uma das mais importantes realidades da Idade Média, não somente fantasmada, mas vivida.

Será possível notar que a lista dos personagens desta obra comporta poucos criadores literários ou artísticos. Durante muito tempo o anonimato dos artistas foi a regra. De fato, a noção de arte só emerge lentamente no decorrer da Idade Média. A maior parte dos que hoje chamaríamos de "artistas" são mais considerados como artesãos; e se havia então certa promoção do valor do trabalho, o trabalho manual, que parecia ser aquele dos artistas, deixou-os longamente imersos na massa de artesãos. Acrescento que a noção cristã de beleza só se impôs lentamente, e Umberto Eco, num livro emocionante, pôde mostrar que ela só se constitui verdadeiramente no século XIII.

Considera-se frequentemente a Idade Média, quando somos tocados pelo brilho de seus vestígios, como "o tempo das catedrais". As catedrais são de fato as grandes realizações desse tempo, e apesar disso ignoramos o nome da maior parte de seus construtores.

Se alguns nomes subsistem para os séculos X e XI, é preciso esperar pelo século XIII para que emerja a noção de artista. Em geral se faz remontar a aparição do termo – no novo sentido que ele dá à criação – a um grande pintor italiano do final do século XII: Giotto. Se poucos artistas são tratados nesta obra, é então devido à situação social relativamente enfraquecida que eles tinham na Idade Média. Por exemplo, na maior parte do tempo ignoramos o nome dos pintores que criaram obras entre as mais fascinantes da Idade Média: as iluminuras dos manuscritos. A música é igualmente pouco representada, apesar de ter tido uma importância fundamental nesse período: a música religiosa, com criações essenciais nesse campo da arte, tal como o canto gregoriano e a polifonia; a música popular que acompanhava as danças camponesas, tais como as *caroles* e, pelo menos após a metade do século XIII, a festa pagã que pôde oficialmente ser oposta ao período cristão da Quaresma, o Carnaval. Dessa época da licença orquestrada por uma música desenfreada, vemos algumas miniaturas, das quais uma, célebre, aborda essa forma especial de Carnaval que foi o *charivari*[3]. Para representar esse mundo dos músicos, escolhi Gui d'Arezzo que, no início do século XI, inventou o modo de grafia e de notação musical ainda em uso em nossos dias. No campo da criação literária, esse período conhece grandes novidades. Diante de um latim onipresente entre os homens que dispunham de alguma cultura, aparecem como rivais, relegando o latim para o mundo clerical e universitário (no qual seu uso era obrigatório, mesmo fora dos cursos), as línguas vernáculas. Sua promoção a um papel de língua literária está ligada a um desenvolvimento iniciatório das nações. Sabe-se que na França se impõem, pouco a pouco, a língua *d'oïl* no norte, e língua *d'oc* no sul. No início do século XIII, o rei da França não se chama mais *rex francorum*, mas sim "rei da França". Por seu lado, a leitura silenciosa só se impõe no século XIII, mas ela amplia o mundo dos leitores e nela engloba certo número de laicos cultivados. Esses heróis da nova literatura são aqui representados por Chrétien de Troyes, Dante, Boccaccio, Froissart e Chaucer.

Praticamente não se encontrará muçulmanos e judeus nessa lista, apesar de os primeiros terem sido, até o século XV, bem numerosos na Península Ibérica, território que haviam conquistado no século VIII. A fim de marcar a importância de sua presença na Idade Média dita cristã, retive um grande filósofo, Averróis, nascido na Espanha muçulmana e que, no século XIII, teve grande influência sobre alguns escolásticos cristãos. Também retive um grande personagem cujo destino é bastante curioso, Saladino, um curdo, que, apesar de ter praticamente expulsado da Palestina os cristãos que a haviam conquistado na cruzada, foi considerado na esfera cristã, no resto da Idade Média, um grande homem, pleno de virtudes.

---

3. Ritual coletivo ocidental, bastante similar ao Carnaval, mas que não está ligado ao calendário. Trata-se de um cortejo muito ruidoso, no qual músico e passantes fazem barulhos com toda espécie de objetos, incluindo panelas, ou ainda com instrumentos rudimentares. [N.T.]

Muitos judeus viveram no Ocidente medieval antes de começar a ser perseguidos e ser vítimas de *pogroms* a partir do século XI, frequentemente em ligação com a cruzada. Em países como Inglaterra e França, eles foram completamente expulsos no século XV. Poucos dentre eles permaneceram na memória histórica, motivo pelo qual não serão encontrados aqui. Hesitei no caso de Maimônides (século XII), nascido em Córdoba, na Espanha muçulmana, onde os judeus eram mais bem tratados que na cristandade; mas ele partiu para se estabelecer no Cairo, onde escreveu toda sua obra. Não se deve esquecer que na cristandade medieval a influência do pensamento muçulmano e a do pensamento judaico foram importantes. Se este fenômeno não pode ser traduzido em nomes de personagens eminentes, nem por isso prescinde de ser mencionado, pois – eu o repito – se as listas de homens e mulheres célebres podem dar uma imagem viva e variada de um período histórico, outros elementos importantes desse período só podem ser apreendidos na massa da sociedade ou em certos meios, tais como os intelectuais.

Enfim, se fiz constar, dentre os personagens imaginários que mais obcecaram a imaginação dos homens e das mulheres na Idade Média, a Virgem Maria para encarnar o bem, e Satã para representar o mal, penso que se poderia, adiantando um pouco mais audaciosamente esse procedimento, inscrever nesta lista, por um lado, uma espécie de ancião emprestado do Antigo Testamento pelo cristianismo, Jó, popularizado pela obra de sucesso do papa Gregório, o Grande no final do século VI, *Moralia in Job*. Também se poderia, nesse período que viu a eclosão da imagem da criança, introduzir o personagem oficialmente reconhecido pela Igreja no século XIII, Jesus menino, popularizado pela difusão dos presépios de Natal, dos quais se sabe que um dos primeiros mencionados nas fontes é aquele que Francisco de Assis teria reverenciado em Gubbio.

Jacques Le Goff

DA CRISTIANIZAÇÃO
A CARLOS MAGNO
325-814

O declínio do Império Romano e sua transformação em um mundo novo e muito diferente se desdobram num longo período, como a maior parte das mutações da história. Duas datas marcam pontualmente essa mudança profunda e geral: uma é a conversão do imperador Constantino ao cristianismo por ocasião do Édito de Milão, em 313; a outra é o fim oficial do Império Romano do Ocidente, em 476, quando as insígnias imperiais são enviadas a Constantinopla (Bizâncio). Os esforços pacíficos ou militares dos imperadores bizantinos que ocorreram nos séculos seguintes para a reconquista do antigo Império Romano do Ocidente permanecerão vãos. De fato, eles opõem a resistência deste e da Igreja, que instalou seu centro em Roma para se tornar inteiramente independente do Império Bizantino. No mais tardar no século XI, a ruptura é definitiva e só se apresentarão neste livro os personagens que pertenceram à parte ocidental do antigo Império Romano, prefiguração da futura Europa. Esse espaço é povoado essencialmente por uma mistura de "bárbaros" – povos pagãos que se instalaram no Império Romano e que, depois do século IV, se cristianizaram mais ou menos lentamente – e antigos habitantes mesclados (celtas, gauleses, anglo-saxônicos, etc.), saídos do Império Romano. Não se encontrarão portanto nesta obra personagens que viveram durante o período medieval em Bizâncio; quanto à cristandade ocidental, já me expliquei no prefácio geral sobre a presença de um representante dos muçulmanos da Espanha e a ausência de personagens judaicos em que pese a importância de sua presença na Europa medieval, até sua expulsão da Inglaterra e da França no século XIV.

Os personagens tratados são, portanto, ex-bárbaros, reis, novo tipo de chefes políticos, e principalmente cristãos que se destacaram, seja pela santidade de seus costumes, seja pela força de seu saber. A Igreja fornece um sem-número de nomes, dado que, a partir da fixação pontifical em Roma, ela estende rapidamente uma poderosa rede de implantações das quais as mais importantes para nosso assunto são os monastérios; estes, ao lado de seu poder, desenvolvem o saber graças às oficinas de produção de manuscritos, os *scriptoria*, que todos possuem. Observa-se aí uma mudança fundamental no aspecto do livro, pois o pergaminho proveniente de peles de animais substitui a antiga erva do papiro e engendra uma nova forma do livro: o códex, que substitui o rolo. Essa mudança representa um momento decisivo tão importante para a leitura e a escritura quanto a imprensa no fim da Idade Média.

No conjunto, esse campo geográfico se ruraliza e se assiste a um declínio das cidades, de onde, aliás, desaparecem certos elementos que haviam desempenhado um papel social e cultural decisivo na Antiguidade: o teatro, o anfiteatro, as termas, o fórum. No lugar das subdivisões do Império Romano, sobre as quais frequentemente foram calcados os territórios das dioceses governadas pelos bispos, nascem ajuntamentos políticos mais importantes: os Estados bárbaros, de onde sairão as nações europeias. À frente desses Estados, os reis se encontram entre os novos personagens que emergem da sociedade.

Entretanto, não se deveria acreditar que essas mutações carregam consigo uma profunda barbarização da futura Europa. Karol Modzelewski mostrou principalmente que as novas leis cristãs, ditas bárbaras, que regiam os novos Estados, já veiculam valores importantes.

As mulheres não estão ausentes das fileiras eminentes da sociedade, seja no nível real, seja no nível monástico, seja ainda no nível aristocrático. A Idade Média cristã não tornou a mulher igual ao homem: Eva foi a causa do pecado de Adão e continua a figurar como o oposto negativo da Virgem Maria; mas manteve as mulheres na parte respeitável da sociedade e até mesmo, por meio da religião e do poder, concedeu-lhes certa promoção.

A lentidão dessas transformações, apesar de essenciais, suscitou inúmeros debates e em particular opôs os partidários de uma longa Antiguidade tardia àqueles de uma precoce alta Idade Média, *früh Mittelalter,* sendo a expressão *hoch Mittelalter* reservada ao período central. | | J. L. G. | |

São Martinho de Tours

?-397

São Martinho de Tours foi bispo de Tours de 371 até sua morte, em 397. Não deixou nenhum escrito, mas seu discípulo Sulpício Severo redigiu uma biografia de Martinho antes mesmo de sua morte. Em seguida, adicionou algumas cartas para evocar essa morte. Mais tarde, em torno de 404, completou sua obra com *Dialogues sur ses miracles* [Diálogos sobre seus milagres]. Martinho nasce na Panônia, em Sabaria. Criado em Pávia, entra bem cedo no exército romano, coagido por seu pai, que é oficial. Apesar disso, Martinho é atraído pelo cristianismo sob sua forma mais exigente, a do ascetismo. Adquire o hábito de dar esmolas. Um dia, em pleno inverno, na porta de Amiens, onde se encontra aquartelado, encontra um mendigo nu e reparte com ele seu casaco. Na noite seguinte, tem um sonho em que Cristo veste a metade do casaco que ele dera ao mendigo. Toma então a decisão de ser batizado e de deixar o exército. Doravante livre para se dedicar à vida religiosa, volta primeiramente para Illyricum para converter sua família. Batiza sua mãe e afronta os combatentes de Arius em Milão, que recusam a igualdade das pessoas na Trindade. Pratica uma primeira experiência de vida eremita na ilha de Gallinara, na costa ligúrica. Vai a Roma e depois a Poitiers para encontrar Hilário, o grande teólogo da Trindade. Martinho instala-se nas proximidades de Poitiers, numa eremitagem que se tornará Ligugé. A reputação de seus milagres amplia-se. Os habitantes de Tours, em busca de um bispo, o procuram e conseguem levá-lo para esta cidade.

Nessa nova função, Martinho dedica-se a percorrer os campos de sua diocese e a converter os camponeses. Mas continua a levar uma vida ascética e funda na margem norte do rio Loire o monastério de Marmoutier. É um taumaturgo que não hesita em encontrar várias vezes o imperador em Trèves, e a opor-se a outros bispos, por ocasião do caso Prisciliano, um herege ibérico, que é finalmente condenado à morte e executado sob a ordem do imperador. Sabe-se que Martinho não desejava que uma controvérsia puramente doutrinária finalizasse na pena de morte. Ele morre no decorrer de uma visita a Candes, cidade que fica na confluência dos rios Vienne e Loire.

Início, caridade e igualdade. Os santos e os pobres, heróis da Idade Média. E o cavalo...
Arte catalã, *São Martinho de Tours e o mendigo*, (detalhe do frontispício do altar da igreja Sant Marti de Puigbo, em Gombren), século XII, pintura em têmpera sobre madeira choupo branco e de pinho, Vic, museu episcopal

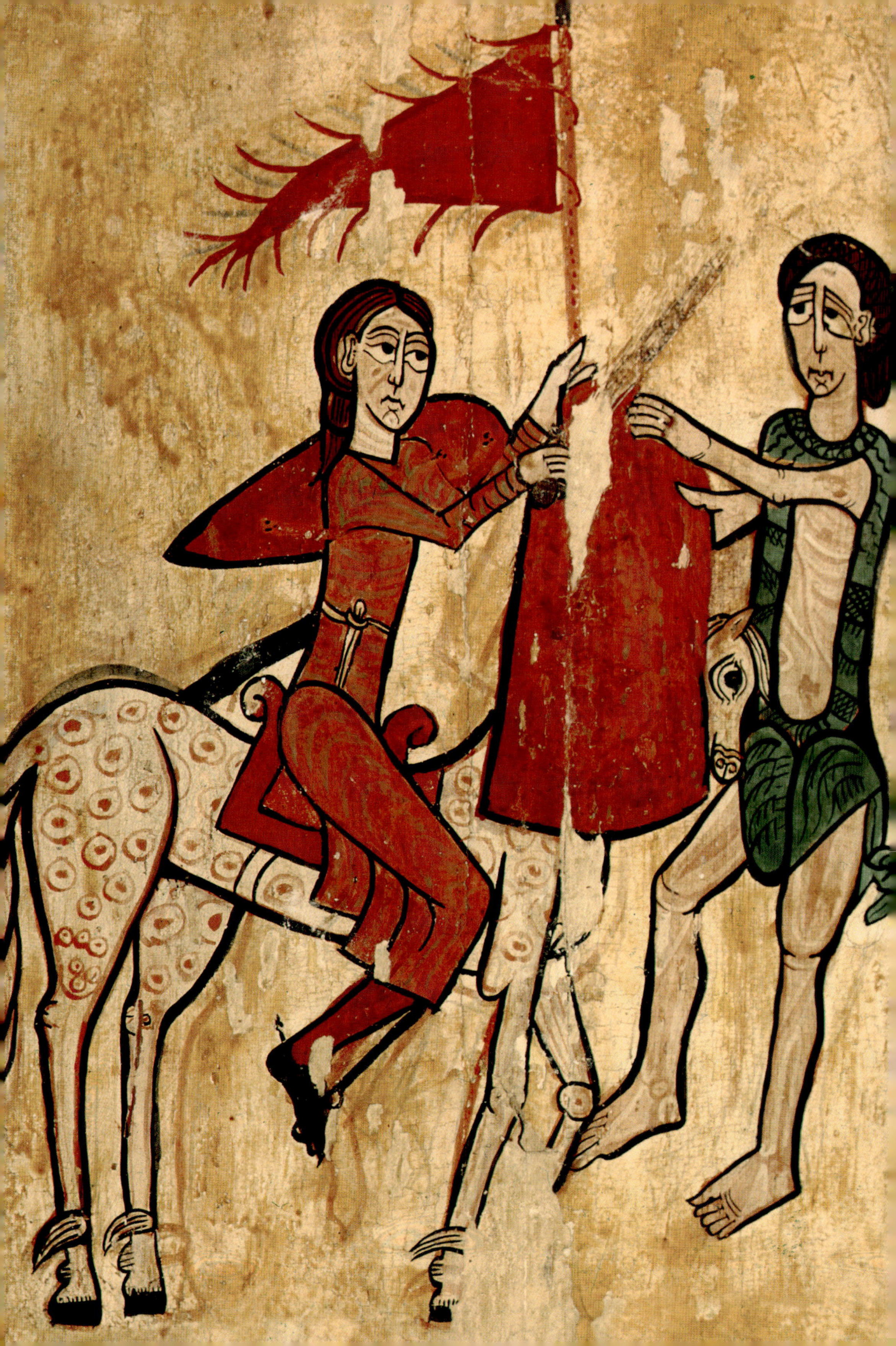

O túmulo de Martinho em Tours torna-se o cerne do culto de São Martinho, desenvolvido a partir dos anos 460 pelo bispo Perpetuus e defendido pelo poeta Sidônio Apolinário. Clóvis, a caminho para combater os visigodos em 507, fica comovido pela fama do santuário e do santo que se torna um protetor da nova monarquia franca. No século VI, o bispo de Tours, Gregório, assegura a promoção de seu santo predecessor com o apoio de seu confrade, o poeta Fortunato, bispo de Poitiers. No século VII, os reis francos partem para o combate sob a bandeira – ou capa – de São Martinho, guardada por capelães, e Carlos Magno manda construir a capela em Aquisgrana para abrigar a mais preciosa relíquia do tesouro real. No fim da Idade Média, três patronos dominam de longe todos os outros na Europa: Pedro, Maria e Martinho. Milhares de igrejas de vilarejos e de lugares com o nome de São Martinho dão testemunho dessa fama: de Palermo a Cantuária, passando por Ravena, do *Codex armaghensis* à Pannonhalma, de Albelda a Colônia. Mas será que se pode explicar esse sucesso unicamente pela proteção dos reis francos e depois franceses? O desenvolvimento do culto martiniano está ligado à difusão das obras de Sulpício Severo em Roma e nos meios ascéticos e ortodoxos. A Basílica São Martinho sobre o Monte Esquilino, em Roma, é somente um pouco posterior à de Tours.

É Martinho, pioneiro do monarquismo e herói do Evangelho, que atrai o fervor dos fiéis da Antiguidade tardia. Ora, essa devoção "monástica" é fundamental; Bento, no Monte Cassino [entre Roma e Nápoles], consagra a abadia dedicada a São Martinho; a imagem da caridade de São Martinho torna-se, a partir do século X, o símbolo da imitação de Cristo; no século XIII a espiritualidade franciscana retoma por conta própria o ideal martiniano. Nesse sucesso popular é preciso também sublinhar a dimensão folclórica: a festa do santo, em 11 de novembro, corresponde ao "verão de São Martinho" e marca a passagem entre duas estações de trabalhos rurais, e a divisão do casaco é também uma imagem da divisão do tempo. Vegetais – vinha, castanheira –, animais – asno, urso, ganso, martim-pescador – alimentam esse folclore no âmago da cultura popular europeia. || B. J. ||

São Martinho dividindo seu casaco com um pobre, século XV, miniatura, Milão, Biblioteca Nacional Braidense

Santo Agostinho de Hipona

354-430

Nascido em Tagasta, na Numídia (atual Argélia), recebe uma educação clássica, visando à carreira de mestre de retórica. Por seu pai pagão e sua mãe cristã lhe oferecerem modelos em conflito, ele só se aproxima da religião em torno de 372-373, quando se torna adepto do maniqueísmo. A estadia que faz na Itália (a partir de 383) lhe oferece a ocasião de tomar definitivamente distância do maniqueísmo. Seu encontro com Ambrósio o põe na trilha da conversão, que amadurece quando se aposenta em Cassiciacum, e ele recebe o batismo em 387. Voltando para a África, Agostinho é elevado ao sacerdócio em 391 e associado à diocese de Hipona em 395. Seu longo episcopado é ritmado pelas controvérsias com diferentes grupos: pagãos, maniqueístas, donatistas, pelagianistas, arianistas. Seus escritos compreendem obras filosóficas, apologéticas, exegéticas, dogmáticas e morais, pastorais, assim como cartas, *Les confessions* e *Les Rétractations* [*As confissões* e *As retratações*].

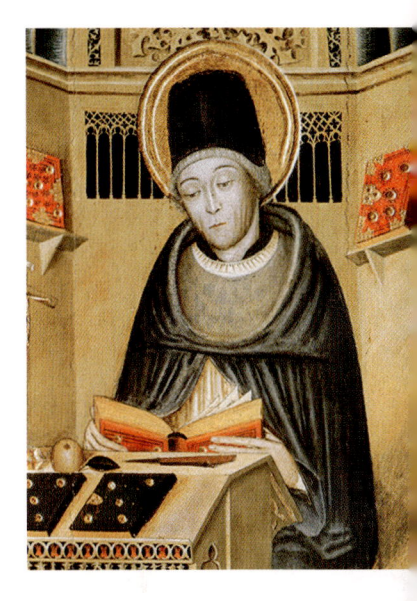

A produção de Agostinho é tão vasta que, dizia Isidoro de Sevilha (morto em 636), aquele que dissesse tê-la lido inteiramente estava mentindo. Os leitores medievais não precisam, contudo, empreender uma tarefa tão pesada assim, pois a circulação das obras agostinianas era imediata e as coletâneas facilitavam o estudo já a partir do século V (Próspero da Aquitânia, Vincent de Léris e principalmente Eugippius). Essa tradição prossegue até o período carolíngio, em que se preferem as seleções em torno de questões da atualidade: tal é o caso das *Sententiæ in praedestinatione et gratia et de libero arbitrio*, que se situam na disputa entre Hincmar de Reims e Gottschalk de Orbais. O recurso constante a Agostinho produz, por vezes, alguns apócrifos, por exemplo, o *Contra philosophos*,

Doutor por excelência
Escola catalã, *Santo Agostinho de Hipona* (detalhe), século IV, têmpera sobre madeira, Vic, museu Episcopal

YPPONIENSIU ATQ: DOCTOR

SCS AVGVSTINV INNO DE GLO MINE RIOSIS DI SVM SIMA INCIPI CIVITA VNT LIBRI TE DI SCI AV NVME GVSTINI EPI RO XXII

o *Contra Iudeos* e o *Dialogum questionum Augustini et Orosii*, assim como inúmeros sermões pseudoagostinianos, entre os quais os *Sermones ad fratres in eremo*.

Essas extensões apócrifas dão testemunho da multiplicidade das facetas da *auctoritas* agostiniana. Sua doutrina do pecado original, conectando a teodiceia clássica, o louvor da bondade de Deus, com um cuidado soteriológico agudo, a valorização da doutrina da salvação por um redentor, constitui o ponto de partida de qualquer especulação medieval a esse respeito. Não menos certeira é a importância das *Confissões*, e não em último lugar como exemplo inicial de um novo gênero literário, que influenciará todos os escritos de cunho autobiográfico posteriores. A doutrina da Trindade agostiniana também marcou a tradição medieval. Esse aspecto é retido no campo teológico, mas também em níveis menos eruditos. Segundo uma curta narrativa exemplar frequentemente ilustrada, certo dia Agostinho encontrou uma criança numa praia; vendo-a tentar colocar o mar num buraco com a ajuda de uma colher de prata, observou que era mais fácil para a criança conseguir seu intento do que ele próprio explicar o mistério da Trindade num pequeno livro. Esse tipo de narrativa, bem difundido, contribuiu para fixar a associação de Agostinho ao dogma da Trindade.

Outra imagem fundamental de Agostinho mostra sua atividade de apologista da cristandade e da cidade de Deus (*civitas Dei*). Hugo de Pisa (morto em 1210) propõe uma paraetimologia do nome de Agostinho a partir de *augeo* e *astin*, isto é, "aquele que faz crescer a cidade do alto, a cidade de Deus". Nós o encontramos assim em várias imagens apostas aos manuscritos de suas obras, principalmente em *De civitate Dei*. É nesse papel que, a partir dos séculos XI e XII, Agostinho se encontra normalmente associado ao historiador Orósio, apesar das divergências objetivas entre suas abordagens. Oto de Freising (morto em 1158), por exemplo, situa sua *Historia de duabus civitatibus* nesse duplo caminho, a solidariedade pretendida entre esses personagens fazendo eco ao hábito de contaminar seus modelos historiográficos — a saber, o esquema agostiniano das seis idades do mundo, *infantia* (baixa idade), *pueritia* (infância), *adolescentia* (adolescência), *juventus* (juventude) *virilitas* (idade madura), *senectus* (velhice) — e aquele dos quatro reinos que Orósio havia renovado. O papel de apologista também está na origem da afeição que por Agostinho tiveram certos homens políticos medievais. A *translatio* de seu corpo para Pavia, na igreja San Pietro in Ciel d'Oro, constitui uma etapa importante do programa político do rei lombardo Liutprando (morto em 744). Segundo Eginhardo, Carlos Magno adorava que lessem para ele *De Civitate Dei* durante as refeições; foi por isso que Raul de Praelles (morto em 1382) explicou a decisão de Carlos V de mandar traduzir e comentar em francês essa obra no final do século XIV. Enquanto hoje nos libertamos da etiqueta de "agostinismo político" (doutrina do poder supremo de Deus no governo da humanidade terrestre), usada antigamente para designar os partidários da teocracia pontifical na baixa Idade Média, a his-

Santo Agostinho de Hipona, século X, miniatura extraída de *De civitate Dei* de Santo Agostinho, Florença, Biblioteca Laurenciana

tória da referência a Agostinho pelos poderes laicos medievais ainda precisa ser escrita. Enfim, a *auctoritas* agostiniana possui uma dimensão eclesiástica e eclesiológica fundamental, e sempre sujeita à disputa. Texto heteróclito e parcialmente apócrifo, a dita *Regula* de Agostinho ainda suscita debates. Apesar de Agostinho, ao qual só se atribui atualmente o *Præceptum*, jamais ter sonhado em fundar uma ordem tal como os medievais, é ele que a Igreja da época gregoriana convoca para promover o retorno à *vita apostolica* dos clérigos seculares por ocasião do Sínodo de Latrão em 1059. Todavia, os cônegos dividem-se sobre a natureza da verdadeira herança agostiniana, portanto, sobre a regra que devem seguir: enquanto a maioria só reconhece o *Præceptum*, outros, mais próximos do monarquismo cisterciense (trapista), invocam a aplicação integral da regra, até mesmo privilegiando a *Disciplina monasteris*. A querela entre a *ordo antiquus* e o mais rigoroso *ordo novus* prolongou-se durante muito tempo, e a fundação da ordem dos Premonstratenses[1] (1126) é uma de suas consequências maiores.

Não menos vasta é a querela que explodiu em seguida à criação pelo papado da ordem dos Eremitas de Santo Agostinho (OESA) em 1256, que reuniu diferentes formas de vida eremítica difundidas nessa época. Terceira dentre as ordens mendicantes, sua proximidade extraordinária com a Santa Sé lhe dá prerrogativas não só em relação aos dominicanos e franciscanos, mas também aos cônegos regulares doravante privados de seu patrono. A reação destes últimos anima uma nova polêmica à qual a iconografia faz eco: a maneira de representar Agostinho, seja como monge (de acordo com o modelo introduzido por Simone Martini em torno de 1319 pelo retábulo que se encontra hoje no Fitzwilliam Museum de Cambridge), seja como cônego, testemunha os posicionamentos antagônicos dos financiadores. A política cultural da OESA engendra um verdadeiro ponto de mudança agostiniano. As coletâneas conhecem um renascimento e pode-se lembrar, por exemplo, do *Milleloquium Augustini*, de Bartolomeu de Urbino, obra redigida em 1347-1350 e que circula até o século XVIII. Da mesma forma, o percurso existencial de Agostinho é valorizado como um *exemplum* bom para todo cristão e os ciclos iconográficos consagrados a sua vida se multiplicam alimentando junto aos fiéis o sentimento de uma proximidade especial com o mais humano dos Pais e Doutores da Igreja. Nesse quadro inscreve-se por exemplo a devoção de Petrarca (morto em 1374) que, em seu *Secretum*, escolhe o Pai da Igreja como inquisidor de sua alma.

Por esse viés, Agostinho é proposto como o modelo de uma perfeita integração da cultura clássica e de fé cristã, isto é, como modelo para o primeiro humanismo. Essa releitura, assim como aquela desenvolvida pela Reforma, marcou profundamente a fisionomia de Agostinho e assegurou a transmissão de sua *auctoritas* metamórfica para os séculos seguintes. || E. B. ||

---

1 Ordem (dos Cônegos Regulares ou dos Monges Brancos, por causa da cor do hábito usado) fundada por São Norberto no século XII. [N.T.]

Egéria (Etheria)

Segunda metade do século IV

É a primeira cristã conhecida que tenha deixado uma narrativa de sua peregrinação aos Lugares Santos. Sem dúvida originária da Galícia, no noroeste da Espanha, essa dama da aristocracia de fato vai para o Oriente, de 381 a 384. Seu diário (*Itinerarium*) a mostra visitando o Egito, a Palestina, a Mesopotâmia e Constantinopla. O diário mostra principalmente os lugares bíblicos e a liturgia da Semana Santa e da Páscoa, nas igrejas de Jerusalém (Santo Sepulcro, Sião, Monte das Oliveiras) e dos arredores (Belém, Betânia). Atravessando o deserto sob a proteção da escolta de uma caravana de mercadores, Egéria encontra monges no Sinai, no Egito e na Síria, e fornece preciosas indicações a respeito de seus estabelecimentos, ainda marcados pela tradição eremítica. || A. V. ||

São Bento de Núrsia

Cerca de 490-Cerca de 547

Sabe-se pouca coisa sobre São Bento, a não ser aquilo que por conta própria nos legou o papa Gregório, o Grande (morto em 604), que lhe dedicou o livro II de seus *Dialogues*. Ele teria nascido em torno de 490 em Norcia (ou Núrsia), na Úmbria, numa família abastada. O jovem Benedito (Benedictus em latim) parte bem cedo para Roma, onde recebe uma formação escolar impregnada pela cultura antiga. Mas este ensino desperta-lhe uma reação de desgosto e ele não tarda a buscar uma região montanhosa situada a leste de Roma para aí aprender a "douta ignorância". Ele passa três solitários anos numa grota, perto de Subiaco ("Sacro Speco"), dedicando-se a um ascetismo extremo, depois reúne os eremitas da vizinhança numa dúzia de pequenos monastérios. Como seu prestígio não parasse de crescer, alguns aristocratas romanos lhe enviam algumas crianças como oblatos[1], dentre as quais as mais célebres se tornarão na sequência seus principais discípulos, Mauro e Plácido. Entretanto, após um conflito com o sacerdote que detinha a jurisdição nessa região, Bento vai, em torno de 530, com vários companheiros, para o Monte Cassino, a cerca de cem quilômetros mais ao sul, onde constrói um monastério. Ali morreria em aproximadamente 547 e seria enterrado ao lado de sua irmã, Escolástica. A abadia é destruída pelos lombardos em torno de 580, e a tradição supõe que as relíquias de seu fundador tenham sido transportadas para a França, em Saint-Benoît-sur-Loire, por um monge franco que as teria encontrado entre as ruínas. Segundo a imagem oferecida por Gregório, o Grande, o "pai dos monges do Ocidente" foi um homem carismático ao qual se atribuíam, ainda em vida, numerosos milagres. Contudo, sem dúvida sua lembrança teria se apagado rapidamente se não houvesse deixado uma regra monástica que se tornaria seu principal título de glória.

A *Regra* beneditina foi composta em Monte Cassino entre 530 e 540. Ela se apresenta como "uma pequena regra para os iniciantes" (*RB73,8*) e depende de um texto anterior, a *Regra do Mestre*, que Bento resumiu e simplificou, integrando outras contribuições e tirando consequências de sua própria experiência: dado que a maior parte dos candidatos à vida monástica não era capaz de fazer face aos rigores do eremitismo, importava antes de tudo definir as regras de uma vida comunitária estável e solidamente estruturada. Assim, ele adiciona à relação vertical que unia o religioso ao abade uma relação horizontal fundada na caridade mútua entre os monges. O mesmo realismo o leva a limitar as exigências ascéticas: assim, os monges terão direito a uma medida de vinho em cada refeição, mesmo que os ascetas dos primeiros séculos só bebessem água. Deverão trabalhar manualmente para evitar o ócio, mas também para assegurar a sobrevivência de suas comunidades dispersas no mundo rural e desprovidas de apoio externo. A regra beneditina deve seu sucesso, em ampla medida, às suas qualidades de equilíbrio e de medida. Para Bento, a vida religiosa constitui uma "escola do serviço do Senhor". Nela se aprende como alcançar a santidade, não por uma atividade febril ou mortificações excessivas, mas por uma observância regular e fiel dentro da serenidade. Os instrumentos desse retorno a Deus são o silêncio, que permite ouvir a voz do Senhor, a obediência

---

1 Pessoa que vai servir numa ordem religiosa, oferece a esta seus bens e promete observar um regulamento, mas sem pronunciar os votos e sem abandonar o costume laico. [N.T.]

Do rolo ao códex, do Evangelho às Regras
Eadui Basan, *São Bento de Núrsia dá a regra beneditina aos monges que se aproximam e carregam um livro. O escriba Eadui Basan, ajoelhado, abraça os pés do santo. Acima, a mão de Deus segura um rolo*, cerca de 1012-1023, miniatura tirada do livro dos Salmos de Eadui Basan, Londres, The British Library

SCS BENEDICTUS PATER MONACHOR[UM] — TIMOR DEI

Obedientes ergo prepositur[um]
Qui vos audit me audit

Ausculta o fili pre cepta

...humiliam[?]

ao abade, que ocupa o lugar de Cristo na comunidade, e a humildade, "mãe e mestra de toda virtude". O tempo do monge divide-se entre o trabalho, a prece litúrgica ou privada e a *lectio divina*, isto é, a leitura e a meditação da Escritura Sagrada. A propriedade privada é proibida ao monge, mas a comunidade pode e deve mesmo ter recursos para assegurar a manutenção de seus membros e preencher suas funções próprias.

O sucesso da regra de São Bento deve-se não apenas à sua leveza e às suas qualidades de equilíbrio, mas também ao impulso recebido do papa Gregório, o Grande e, mais tarde, dos imperadores carolíngios: Luís, o Piedoso, com o apoio de Bento de Aniane, deu início à uniformização do monarquismo em todo o mundo franco, generalizando a regra beneditina no Concílio de Aquisgrana, em 817; mas foi preciso esperar o século XI para que ela se impusesse no conjunto do Ocidente. || A. V. ||

A ressurreição de Jesus é a fonte e o modelo da Salvação eterna dos cristãos
Arte romana, *A ressurreição por São Bento de Núrsia de uma criança morta*, cerca de 1140-1150, capitel do vestíbulo, Vézelay, basílica de Sainte-Madeleine

Átila

Cerca de 406-453

"Ele era o pesadelo de todos os países, ele que, não sei por qual sortilégio, semeava o terror em todos os cantos e construíra para si mesmo uma terrível reputação", diz Jordanes, o historiador dos Godos. "As estrelas tombam, as montanhas se deslocam / A terra treme, o mundo se aniquila / Eu sou Átila, eis-me aqui! / O martelo do mundo e o chicote de Deus!", escreve János Arany, o poeta húngaro. Poucas pessoas tiveram uma imagem tão forte e também ambivalente na memória histórica: "Flagelo de Deus" para o Ocidente cristão, ancestral mítico, grande rei e herói para os húngaros.

Os hunos eram guerreiros nômades temíveis, com seus arcos de curvatura dupla e sua invencível tática da fuga simulada, "um ciclone caído das montanhas", segundo Amiano Marcelino. Por seus ataques, desencadearam as grandes migrações das tribos germânicas para o Ocidente no final do século IV. Em algumas décadas constituíram um poderoso império: aquele de um vizinho imprevisível e cada vez mais ameaçador para o Império Romano decadente.

Átila é filho de Mundruc, irmão caçula de Ruga e de Octar, reis dos hunos desde 412. Depois da morte de Ruga, Átila se torna rei em 434, com seu irmão mais velho, Bleda. Durante o reinado conjunto, eles obtêm o dobro do tributo versado pelo Império do Oriente; mas sua cooperação não está isenta de tensões. No final de 444, Átila monta uma armadilha para Bleda, mata-o e torna-se rei único dos hunos. O fratricídio contribui para aumentar sua reputação temível e em breve um símbolo prestigioso vem se adicionar ao conjunto: a "descoberta" da espada do deus da guerra, Marte. Esse mito de fato só expressa sua ambição de dominar o mundo. A ameaça dos hunos para o Império Romano torna-se cotidiana: em 446, Átila apodera-se da província de Panônia. Com a ajuda dos povos germânicos aliados, os gépides e os ostrogodos, ele ataca o Império do Oriente em 447 e aniquila suas cidades.

É durante esse conflito prolongado com o Império do Oriente que Prisco, o embaixador de Teodósio II, passa vários meses na corte de Átila em 449. Em seguida, ele escreve uma *História* de oito livros dos quais só restam hoje em dia alguns fragmentos, mas esses textos oferecem um testemunho vivo sobre a vida da corte de Átila, sobre sua maneira de exercer o poder e sobre os costumes dos hunos. Prisco descreve as artimanhas diplomáticas do rei, suas explosões de cólera aterradoras – ele ameaça cortar a garganta de Vigilas, o

Medo e honra
Medalha de prata com a efígie de Átila, rei dos hunos, século V, Paris, Museu do Louvre

filho do embaixador, diante de seus olhos, para fazê-lo confessar o complô organizado por Teodósio II que visava ao seu assassinato. Algumas passagens de Prisco são retomadas por Jordanes, que nos transmite a seguinte descrição da fisionomia do rei dos hunos: "Átila tinha um ar altaneiro, passeando seu olhar sobre tudo que o cercava a fim de que seu poder fosse manifesto a cada movimento de seu corpo altivo. [...] Fisicamente tinha estatura baixa, peito largo, cabeça grande, olhos pequenos, barba rala, cabelos brancos cá e lá, nariz chato, pele morena que evidenciava as particularidades de sua raça."

Os conflitos de Átila com o Império do Oriente chegam ao fim com a morte de Teodósio II, em 450. O marido de sua irmã Élia Pulquéria, Marciano, que o sucede, adota uma nova política em relação aos hunos, recusando o pagamento de um tributo e expressando uma firme vontade de resistir às ameaças. Átila volta então sua atenção para o Império do Ocidente, com o qual havia tido, até o momento, relações pacíficas, sobretudo por sua cooperação com o cônsul Aécio, que ele conhece pessoalmente, dado que este havia passado vários anos como refém na corte dos hunos. O pretexto de intervir no Ocidente lhe é oferecido pelo escândalo que envolveu Honória, irmã e co-imperadora do imperador Valentiniano III. Para não ameaçar a ordem de sucessão imperial era-lhe proibido casar-se, mas em 449 ela ficou grávida. Para resolver o escândalo, o amante é executado e ela é obrigada a casar-se com um velho senador. Desesperada, ela dirige-se secretamente a Átila e envia-lhe seu anel imperial. Átila pede-a em casamento e reclama de imediato sua parte na herança: metade do Império do Ocidente — demanda naturalmente recusada por Valentiniano III. Essa recusa oferece a Átila o motivo para atacar. A primeira grande investida visa à Gália: essa escolha é surpreendente e a campanha é espetacular. A travessia do Reno, a destruição da cidade de Metz, o assédio a Orleans, os "rios de sangue" da Batalha dos Campos Catalaunicos (Jordanes fala de 165.000 mortos) e a súbita retirada de Átila constituem uma epopeia que ganhará grande posteridade na memória histórica e hagiográfica — heróis como Santa Genoveva protegendo Paris com suas preces, ou Saint Aignan defendendo Orléans. Em 452, tendo reorganizado suas forças, Átila parte para fazer campanha na Itália: cerco e tomada de Aquileia, destruição das cidades da Itália central e o famoso encontro com o papa Leão I que, segundo a lenda, permitiu que Roma fosse poupada. Sem dúvida, Átila tem o desejo de continuar suas campanhas no ano seguinte, talvez novamente contra o Império do Oriente, mas sua morte súbita põe fim a essa ambição de conquista do mundo. Talvez para assegurar uma nova aliança militar, ele tomara uma nova esposa, Ildico (ele já tem uma dúzia), mas acabou morrendo durante a noite de núpcias. No suntuoso banquete descrito por Prisco, ele embriaga-se demasiadamente e sufoca durante o sono devido a um sangramento do nariz. Depois de sua morte e de seu enterro espetacular (seu corpo é fechado em três ataúdes fabricados em ouro, prata e ferro, e sua tumba é imersa na bacia do rio Tisza), o gigantesco império dos hunos esfacelou-se em poucos anos, mas a sombra da memória de Átila persiste até nossos dias. || G. K. ||

Teodorico, o Grande

Cerca de 455-526

Advindo da prestigiosa família dos Amales, Teodorico nasce em Panônia em meados do século V, enquanto os godos orientais ainda estão submetidos ao poderio dos hunos. Seus pais são cristãos, mas de diferentes confissões: seu pai, o rei Valamir, adere ao arianismo — que professa uma subordinação clara do Filho ao Pai no seio da Trindade —, enquanto sua mãe, Erelieva, segue a posição do Concílio de Niceia, que defende a igualdade das pessoas divinas. Teodorico é batizado na fé ariana, o que não o impediu de conservar um profundo sentido de tolerância religiosa durante toda a sua vida.

Enquanto ainda é bem jovem, é enviado por seu pai como refém a Constantinopla, a fim de garantir uma aliança diplomática com os bizantinos. Ele permanece durante dez anos na capital imperial, onde se beneficia de uma educação primorosa. Desta experiência, o príncipe godo retira principalmente o gosto pela *civilitas* (a "civilização fundada sobre o direito"), um conceito que em seguida fará a divisa de seu reino.

Liberado nos anos 470, Teodorico leva inicialmente uma vida aventureira, tanto a serviço do imperador quanto contra ele. Para contê-lo, Constantinopla outorga-lhe vários títulos honoríficos, entre os quais o de cônsul, e concede aos seus homens o estatuto de federados. A este título, os godos podem ocupar legalmente o solo do Império, em troca de sua assistência militar. No quadro desse acordo, o imperador Zenão ordena a Teodorico que reconquiste a Itália, caída nas mãos do hérulo Odoacro desde 476. Para fazê-lo, o rei reúne guerreiros de várias origens, designados sob o nome de ostrogodos, a fim de distingui-los dos visigodos que ocupam a Aquitânia e a Espanha. Odoacro é facilmente eliminado em 493, mas Teodorico recusa-se a entregar ao imperador o território conquistado. E, sem renunciar a uma grande cortesia para com Bizâncio, dirige a Itália na condição de soberano completamente autônomo.

A partir dessa data, o poder de Teodorico parece ter adquirido um caráter de reciprocidade. Na qualidade de rei dos godos, comporta-se sempre como um chefe militar bárbaro. Desta forma, os godos podem ocupar legalmente o território do Império. Quanto à sua diplomacia, ela passa pela organização de alianças matrimoniais cruzadas entre todas as dinastias bárbaras do Ocidente. Mas quando Teodorico escolhe apresentar-se como rei da Itália, volta a ser um agente da soberania romana. Assim, sua indulgência estende-se a todos os indivíduos, sem distinção étnica ou religiosa. Pode-se vê-lo assim honrar o senado, restaurar o palácio do Palatino ou fazer uma peregrinação à tumba dos apóstolos Pedro e Paulo. Mesmo permanecendo ariano, Teodorico envia presentes ao papa e até mesmo auxilia a sede pontifícia a escapar de um cisma delicado. Seu gosto pela *civilitas* o leva também a proteger as comunidades hebraicas.

Pouco a pouco seduzida, a aristocracia italiana adere à sua autoridade e vem preencher sua administração; à sombra do palácio de Ravena, assiste-se a um desabrochar de belos espíritos, tais como Cassiodoro, Boécio, Enódio de Pavia. Os intelectuais dessa geração se põem então a sonhar com um renascimento da civilização romana sob a proteção dos godos. Teodorico encoraja o movimento financiando a reconstrução das termas e das adutoras de água em muitas cidades italianas. Por outro lado, manda construir as últimas obras-primas da arte romana, entre as quais seu próprio túmulo, coberto por uma surpreendente cúpula monolítica.

O fim de seu reino é, por contraste, bem sombrio. Em 525, Teodorico crê, certamente com razão, que parte dos senadores o trai e busca transferir a Itália para o domínio bizantino. Os supostos traidores, entre os quais Boécio, são executados. O rei também é golpeado pelo insucesso de uma embaixada em Constantinopla, cuja responsabilidade havia sido confiada ao papa João I. Aprisionado, este último morre na detenção. Teodorico sucumbe a um acesso de disenteria em 30 de agosto de 526. Esta morte, idêntica à do herege Arius, encorajou o desenvolvimento de uma lenda negra alimentada principalmente pelas fontes pontífices. Bizâncio, por sua vez, manteve a lembrança de um soberano esclarecido e romanófilo; nos anos 530, Justiniano acreditou poder justificar a reconquista da Itália pela derrubada da dinastia fundada por Teodorico. O mundo bárbaro conservou também uma imagem positiva do rei dos ostrogodos. Sob o nome de Dietrich ou Thidrek, Teodorico tornou-se um personagem importante da literatura épica medieval. || B. D. ||

Clóvis

Cerca de 466-511

O mais famoso rei dos francos é também um dos que menos se conhece. O essencial daquilo que sabemos vem da obra do historiador Gregório de Tours, que viveu três gerações após os fatos e não hesitou em manipular o pouco que sabia para esboçar um modelo de rei cristão passível de impressionar os soberanos de seu tempo.

Enquanto ainda é bem jovem, em 481 ou 482, Clóvis sucede seu pai, Childerico. Este último era apenas o rei de um pequeno território entre a meia dúzia de príncipes com que contavam os francos e sua autoridade parece ter sido limitada a uma estreita faixa entre Reims e Tournai. Apesar disso, Bizâncio o reconhecia como um soberano federado, o que fazia dele o governador legal da província da Bélgica Segunda.

O primeiro ato de autoridade de Clóvis é certamente organizar os funerais de seu pai. Este é inumado segundo o costume dos generais do Império, mas os corpos de cavalos sacrificados são colocados a seu lado, à moda germânica. Assim como a imagem dessa tumba, o poder dos reis dos francos hesita ainda entre as formas romanas e os usos bárbaros. Sua atitude religiosa parece igualmente ambígua: Childerico e os seus eram pagãos, mas protegiam o clero e fixaram relações amigáveis com grandes figuras católicas, como Santa Genoveva.

Em torno de 486, esse bárbaro romanizado que é Clóvis ataca Siágrio, um general romano barbarizado que domina a região de Soissons. Gregório de Tours relata que nessa ocasião os guerreiros francos furtaram um vaso litúrgico, que o rei procurou devolver ao seu legítimo proprietário. A restituição do famoso "vaso de Soissons" permite a Clóvis reafirmar a autoridade sobre suas tropas, além de constituir um forte gesto para com a Igreja.

Depois de sua vitória contra Siágrio, Clóvis estende seu poder até o Loire e o Saône. Ele entra então em contato com Alarico II, rei dos visigodos da Aquitânia, e com Gundebaldo, rei dos burgúndios do vale do Ródano. Para estender-se às suas custas, ele multiplica as escaramuças. Ao mesmo tempo, tenta avançar sobre a margem direita do Reno, contra os alamanos. Entretanto, foi-lhe necessário frear as conquistas, dado que, em meados dos anos 490, os francos começaram a sentir a influência do poderoso rei da Itália, Teodorico, o Grande, que pretende impor a paz às nações bárbaras. Como prova de boa vontade, Clóvis aceita oferecer a mão de sua irmã a Teodorico.

Em data incerta, talvez por volta de 500, Clóvis desposa uma princesa burgúndia, Clotilde. A dama adere à religião católica e o rei aceita que as crianças nascidas dessa união sejam batizadas. Em seguida, o próprio Clóvis se converte. Por falta de documentação contemporânea, a data e as circunstâncias do batismo real permanecem, para os historiadores, como objeto de muitas incertezas.

Em 507, de concerto com Bizâncio, Clóvis rompe a paz imposta por Teodorico; com o apoio dos burgúndios, ataca os visigodos, enquanto o imperador imobiliza os ostrogodos na Itália. Após a batalha de Vouillé, o rei dos francos consegue anexar a Aquitânia. Depois, com o fim de atrair a simpatia dos notáveis galo-romanos, celebra um triunfo à moda antiga e dá uma ampla publicidade ao título de cônsul honorário que lhe havia sido outorgado por Constantinopla. Em 511, Clóvis organiza em Orleans um concílio que reúne bispos vindos de todas as regiões por ele controladas. O sucesso dessa reunião marca e ilustra o nascimento de um verdadeiro Estado territorial.

O batismo, rito de entrada no cristianismo, o exemplo real, o papel das mulheres
Arte carolíngia, *O batismo de Clóvis I na presença da rainha Clotilde, em 25 de dezembro de 498* (detalhe), século IX, marfim, Amiens, museu da Picardia

No fim de seu reinado, Clóvis dedica-se a eliminar todos os outros príncipes francos: a família real resume-se doravante somente aos herdeiros de seu sangue, conhecidos mais tarde sob o nome de merovíngeos. Por outro lado, é possível que tenha dotado seu povo de um direito escrito, a famosa lei sálica, cuja redação poderia remontar às cercanias do ano 500. Em todo caso, observa-se em seu reino a difusão de novos modos identitários, que são controlados pela monarquia, e nota-se que o sentimento de pertencimento ao povo franco se reforça consideravelmente no meio da elite.

Dado que uniu o território gaulês e que se tornou o primeiro rei cristão, Clóvis é considerado, desde a Idade Média, como o verdadeiro fundador da França. Uma lenda tardia afirma que um anjo lhe trouxe o escudo ornado com as três flores-de-lis, destinado a ser o símbolo do reino. Inúmeros foram aqueles que desejaram reivindicar tal legado. Paris, que havia sido a capital de Clóvis, constituiu assim um mecanismo de poder importante desde o século VI. Já Reims, lugar de seu batismo, tornou-se a cidade sacra a partir do século IX. Mais ou menos esquecido no século XVI, o mito de Clóvis retorna no século XIX, no quadro de uma viva competição entre a "monarquia franca" e a "república gaulesa", entre Clóvis e Vercingetórix. No século XX, Clóvis retoma o primeiro lugar do mito nacional francês. Em 1965, o general De Gaulle chega até mesmo a declarar: "Para mim, a história da França começa com Clóvis, escolhido como rei do país pela tribo dos francos, que deu seu nome à França. O elemento decisivo é que Clóvis foi o primeiro rei a ser batizado cristão. Meu país é um país cristão, e começo a contar a história da França a partir do acesso de um rei cristão que porta o nome dos francos." Um novo retorno inflamado do mito de Clóvis ocorre em 1996 com o décimo quinto centenário de seu batismo fixado de modo arbitrário em 496 e, mais modestamente, em 2011, com a comemoração de sua morte histórica em 511. O historiador republicano Max Gallo escreve no *Figaro*: "Esquecer Clóvis é negar a França! Não ensinar essa história é, por ignorância ou por recusa ideológica ou politiqueira dos fatos, impedir a compreensão de como a França nasceu" (segundo Jean Boutier, "Clóvis, um rei dos francos superestimado", *Libération*, 26-27 de novembro de 2011). É assim à fragilidade da documentação que temos sobre Clóvis que se pode atribuir, no longo prazo, uma luta repleta de eclipses entre a história e a mitologia ideológica. || B. D. ||

Boécio

Cerca de 480-524

Por sua obra escrita, sua ação política e sua mentalidade conservadora, Boécio pertence a uma tradição aristocrática imperial, orgulhosa de sua hegemonia cultural. Anicius Manlius Severinus Boetius descende de uma das mais poderosas linhagens romanas (os Anicii). Ele nasce em torno de 480, pouco depois do *pronunciamento* que leva um rei germânico a destronar o último imperador do Ocidente, antes de ele próprio ser derrubado por outro germano, Teodorico, ostrogodo e "protegido" do Império Romano do Oriente. Educado segundo a tradição antiga das *Artes liberales* ("os saberes da elite") no seio da cultivada família dos Symmachus, Boécio começa cedo uma carreira que o leva ao patriciado antes de 505, pois os títulos do antigo Império guardavam, senão o perfil jurídico, pelo menos seu prestígio (e seus riscos). A feliz colaboração entre as elites romanas e os recém-chegados godos permite-lhe (e aos seus pares) prosseguir esse *cursus honorum*: cônsul em 510, consegue em 522 que seus filhos ainda adolescentes sejam *consules designati* (prometidos a esse posto), enquanto ele próprio ocupa o posto do todo-poderoso *magister officiorum* ("mestre dos ofícios"), promoção saudada com um discurso oficial de agradecimentos ao soberano. Contudo, ao lado dessas felizes convergências, algumas tensões se acumulam: algumas são inerentes à problemática imperial (desde Tácito) entre o mestre do Império e as elites senatoriais frequentemente irredentistas (os "republicanos"); outras são próprias à geopolítica do tempo, que cliva a fidelidade dos "romanos" entre Constantinopla e Ravena; outras ainda são propriamente religiosas, entre uma Itália católica e os ostrogodos arianos. Calcado na segurança excessiva de sua hegemonia intelectual, teria então faltado a Boécio certa sagacidade psicológica que lhe fez confundir a lógica aristotélica e a virtude política? O rei, talvez inquieto pelas intrusões e pelas cumplicidades imperiais, preocupado em não se deixar enganar por esses aristocratas, livra-se em condições pouco simpáticas de dois de seus adjuntos, Boécio (executado em 524, depois de uma longa estadia na prisão, pontuada por torturas) e Quintus Aurelius Memmius Symmachus. Boécio une-se, desta forma, à sua figura-fetiche: a de Cícero, com quem sua cultura, sua mentalidade e suas capacidades de polígrafo superdotado estabelecem um parentesco quase direto.
Seu projeto maior não é nada menos que traduzir e comentar em latim a totalidade da obra de Aristóteles e de Platão, trabalho justificado por sua paixão pela filosofia *à antiga* e por seu desejo de garantir no Ocidente a perenidade desse saber, na época prejudicado

pelo obstáculo da língua, mas possível a ele, que é um dos raros, segundo o testemunho admirativo de seus contemporâneos, Avit e Cassiodoro, a desfrutar de um bilinguismo perfeito, conforme aos ideais antigos do letrado *utriusque linguæ peritus* (especialista em latim e em grego). Como Cícero cinco séculos mais cedo, Boécio tenta edificar uma biblioteca em que o helenismo seja substituído pela latinidade, mas também em que a tradição aristocrática pagã guarde seu lugar num Ocidente cristianizado. Somente uma parte do programa foi levada a cabo, e uma fração importante das obras perdeu-se. Contudo, o que permaneceu é impressionante, visto que, fiel aos métodos da Antiguidade, Boécio se esforça para fornecer um *protreptique*[1] aos beneficiários de sua enciclopédia que os ajude a abordar essas disciplinas. Usando os tratados já conhecidos, produz assim uma série de opúsculos sobre matemática, música, geometria, astronomia (em 983, Gerbert d'Aurillac ainda terá em mãos, em Mântua, os oito livros de seu tratado de astronomia): assim ele constrói a preparação necessária para as quatro artes do *quadrivium*. Boécio traduz principalmente os *Primeiros analíticos* e os *Segundos analíticos*. Apoiando-se no trabalho de exegese do neoplatônico Porfírio (discípulo de Plotino), ele comenta o tratado *Sobre a interpretação* do estagirita. Algumas das exposições do mesmo Porfírio haviam sido traduzidas por Marius Victorinus: Boécio oferece um comentário à *Introdução às categorias de Aristóteles*. Fiel a um dos mediadores que o precederam nessa via, estabelece um comentário dos *Tópicos* (mais estritamente oratórios) de Cícero. Compõe manuais de lógica, dois livros *Sobre o silogismo categórico*, dois outros *Sobre o silogismo hipotético*. Por fim, escreve quatro livros *Sobre as diferenças tópicas* em que são estudados, na escola de Cícero e de Temístio, os temas da dialética e da retórica. Toda uma biblioteca é assim constituída e pode se tornar a base tanto de um ensino do tipo universitário (em suma, "acadêmico" no sentido antigo), quanto de uma formação individual nos exercícios espirituais dentro da tradição de Plotino (seu cristianismo é elegantemente de fachada). Mas a obra que o tornou célebre até nossos dias é justamente uma criação surgida — fora dessa inscrição voluntária na *tradio* — de uma brecha do destino: brutalmente aprisionado, privado de seus livros, torturado, ameaçado de morte, ele se põe a demonstrar para seu próprio uso, tal como Cícero ou Sêneca, que existe uma *Consolação da filosofia*, tratado em cinco livros que chegou até nós escrito num latim de alto nível e em que surgem em tempos fortes os poemas compostos em métricas sofisticadas, procedimento literário novo que conheceria um belo destino. Ele escolheu, com a mesma audácia, encarnar Filosofia, uma mulher a quem a idade não retirou nem a majestade, nem o brilho, e cujas vestimentas simbolizam as lições que traz: ela segura um cetro na mão es-

---

[1] Do grego antigo *protreptikós*, gênero literário da Grécia antiga caracterizado por uma exortação ao logos e à filosofia. Boécio utiliza-o sobretudo em sua obra *De Consolatione Philosophiæ* (*A consolação da filosofia*), escrita na prisão, pouco antes de sua morte. [N.T.]

Da filosofia à religião, da música profana à música sagrada
O filósofo latino Boécio segurando um instrumento de música, século VI, miniatura extraída de um manuscrito de Cantuária, Cambridge, University Library

discrimina p[er] monochordu[m]

BOE TIVS

Consul. & gn[er]us[?] scrutator phylosophiæ. V[t] udeat uocum

Iudicet aure sonum. p[er]current indice nex[ ]utum.

A B C D E

querda e alguns livros na direita. O diálogo inicia-se e desenvolve-se por vezes com uma tensão dramática entremeada por entreatos poéticos. Os temas são conhecidos: fragilidade dos bens humanos, grandeza do homem diante da infelicidade, superioridade dos bons sobre os maus, realidade da felicidade absoluta no único bem, portanto em Deus (figura platônica). Estendendo-se às incertezas do destino, o diálogo se engaja numa meditação complexa sobre as causas ocultas da injustiça aparente. Boécio insiste sobre a liberdade do indivíduo e sobre sua responsabilidade, numa análise sinuosa das relações entre a potência divina e a autonomia do homem, fazendo ouvir uma voz discordante aos temas negros da predestinação agostiniana. Esta obra imprevisível e inclassificável conheceu um sucesso plurissecular e, destino talvez emocionante, contribuiu para o nascimento da literatura europeia, dado que foi traduzida no século IX para o antigo inglês, no século X em alemão antigo, e transposta no século XI num vasto poema em língua occitana. || M. B. ||

Do filósofo antigo ao intelectual medieval
Boécio cercado pela Filosofia e pelas Musas, antes de 1305, miniatura extraída de *A consolação da filosofia* de Boécio traduzido por Jean de Meung, Rouen, Biblioteca Municipal

Cassiodoro

Entre 480 e 490-cerca de 583

Cassiodoro (Flavius Magnus Aurelius Cassiodorus) dá acesso diretamente à alta Idade Média. A restauração imperial pouco influenciou sua orientação política e intelectual: ele foi o homem dos compromissos. Primeiramente leal servidor do reino ostrogodo (as escolhas altaneiras de Boécio lhe eram estranhas), ele esforçou-se para adaptar o ensino cristão às novas condições históricas. Nascido no mais tardar em 490 de um pai então prefeito da pretoria, viu bem cedo abrir-se para si, por meio de um elogio do rei Teodorico, a carreira das honras. Questor de 507 a 511, permaneceu a serviço da administração gótica até a guerra de reconquista lançada por Justiniano: cônsul ordinário (514), prefeito da pretoria (533), chanceler real durante trinta anos. No extremo final de suas funções laicas, projeta estabelecer em Roma, com o apoio do papa Agapito, uma universidade cristã, plano que foi interrompido pelos combates perto da capital. Ele se volta, pouco depois, para suas terras familiares de Bruttium, perto de Vivarium, na Sicília, onde funda um monastério. A riqueza de seu patrimônio garantiu ao novo estabelecimento os meios de subsistir e de levar uma existência intelectual ativa. Desejoso de conduzir sua comunidade a um nível elevado de *literacy*, Cassiodoro se engaja numa nova tarefa de mestre e de autor didático cristão, que ele assume até seu desaparecimento em torno de 583.

Sua obra escrita divide-se numa parte mais profana e num conjunto mais religioso. Por demanda do filho de Teodorico, cônsul designado, redige uma *Crônica universal* (519). Desejoso de integrar o povo dos godos à história romana, o rei encomenda-lhe em seguida uma *História dos godos*, da qual Cassiodoro passa a ditar os doze livros durante vinte anos. Desta obra só restam alguns fragmentos. Em 551 em Constantinopla, o ostrogodo Jordanes estabelece um resumo da obra que chegou aos nossos dias. Naturalmente, a nação goda é nela enobrecida por meio de um retorno mítico aos getas e aos sitas, e à dinastia Amal (aquela de Teodorico) por uma inscrição nos primeiros séculos desta história.

O talento do chanceler não se evaporou para nós graças à enorme antologia publicada em 537 sob o título *Variæ* (*Variedades*): seus doze livros oferecem um compêndio de 468 dos documentos que ele redigiu em suas funções. Apesar da neutralização dos dados pessoais, essa antologia constitui um documento de primeira ordem. Símbolo da avidez dos novos príncipes pelo prestígio do latim imperial, mas também índice da excelência dos estudos na Itália do século VI, o código que rege a transmissão das ordens é tão sofisticado que somente especialistas de alto nível podem ser seus recepcionistas e mandatários. Um prefácio em cada livro afirma num estilo complexo a exigência intelectual do autor.

Entretanto, seguindo a demanda de seus amigos, Cassiodoro sacrifica um pouco de seu tempo à redação de um resumo, *Sobre a alma*, antes de se colocar a serviço exclusivo do ensino religioso. Ele organiza em Vivarium a educação de seus monges para preencher as lacunas de alguns e conduzir outros a certa perfeição. Composto no final de sua vida

Retrato de Cassiodoro, miniatura do século XV, coleção privada

(ele próprio diz, aos noventa anos, que é tempo de "bater as botas"), o tratado elementar *Da ortografia* oferece um ensino básico da correção para copistas e leitores pouco seguros; o prefácio explica especialmente qual é o uso dos sinais de pontuação, ferramenta capital da tradição, tanto oral quanto escrita. Mais eruditos são seus *Comentários sobre os Salmos*. Sendo a salmodia um dos fundamentos da prece monástica, o aprendizado desta arte ocupa os jovens monges. A inteligência desses cantos supõe um delicado trabalho de exegese cujo modelo é oferecido pelos inúmeros tratados de Agostinho, certamente pouco abordáveis então. Cassiodoro redige portanto um resumo que simplifica e sistematiza o ensino do mestre de Hipona. Por outro lado, ainda fiel aos preceitos do africano, ele recorre à doutrina profana para mostrar nos Salmos a presença de uma retórica cujos procedimentos são repertoriados pela literatura clássica.

Essa constatação percorre toda sua obra principal: *As instituições das leituras divinas* (*Institutiones divinarum lectionum*) e *As instituições das leituras profanas* (*Institutiones secularium lectionum*). A primeira obra trata da leitura sagrada, e a segunda das artes liberais. A união destas duas disciplinas é justificada no prefácio onde, sempre em seguida da *De doctrina christiana* (*Sobre a educação cristã*) de Agostinho, Cassiodoro repete que é impossível compreender os livros santos sem fazer apelo à herança do ensino profano. Assim, o recurso às artes liberais encontra-se mais uma vez legitimado, mesmo que sua existência seja doravante subordinada a uma finalidade superior e, de alguma forma, utilitária. Além da retórica, indispensável para compreender as figuras e os tropos das Escrituras, o estudo da gramática é vital para quem deseja copiar corretamente.

Contudo, não se trata de submeter a tradição escriturária a uma reforma normativa. Ao contrário, Cassiodoro explica aos seus alunos que a fala latina na qual Deus se expressa é intangível. Esta contradição conduz o erudito a uma reflexão delicada sobre a noção de norma linguageira e estilística. No seu término aparece a ideia de uma latinidade cristã capaz de adaptações e de evoluções. O assunto é simplificado para permitir a entrada em cena das letras profanas a serviço das letras cristãs. Claro e bem organizado, esse *vade-mecum* se tornará referência para os intelectuais dos séculos seguintes.

Menos brilhante, é claro, e também menos hierático que Boécio, Cassiodoro é o intelectual de um novo mundo. O preço a pagar é a sujeição dos saberes profanos em proveito da ciência cristã. Por outro lado, o programa não será cumprido ainda em vida de seu autor; desaparecerá com ele e não será implementado. Mas a autoridade do senador desempenhará um papel decisivo na evolução da vida cultural monacal ao colocar no centro do trabalho redentor o ofício de copista e a salvaguarda por excelência do saber, o escrito: "É uma tarefa bendita e um zelo louvável pregar aos homens com a mão, comunicar com os dedos, fazer o dom mudo da salvação aos mortais e combater as seduções do diabo com a pluma e a tinta." || M. B. ||

Santa Radegunda

Cerca de 520-587

Se os merovíngeos não contam com santos masculinos em sua dinastia, dispõem, por outro lado, de várias santas rainhas. Algumas dessas personalidades desfrutam de uma aura espiritual considerável mesmo em vida, e são levadas aos altares logo após suas mortes.

Filha de um rei da Turíngia, Radegunda foi capturada pelos francos em 531, durante uma expedição militar. O resto de sua família foi dizimado, e os raros sobreviventes refugiaram-se em Bizâncio. Para facilitar a anexação da Turíngia, a jovem princesa é educada no palácio antes de casar-se com o rei Clotário I. Esta união também não é feliz. Clotário multiplica as aventuras e semeia bastardos por todo o reino franco. Quanto a Radegunda, não cessa de criticar o fausto da corte e usa vestimentas austeras que convêm mais a uma religiosa que a uma soberana. A rainha usa sua posição institucional em várias ocasiões, seja para apoiar os pobres, seja para fazer destruir os santuários pagãos. Dado que nenhuma criança adviera dessa união, o casamento é desfeito no dia em que Radegunda obtém o véu sacerdotal. Em 552, a rainha afastada funda, em Poitiers, um monastério de mulheres, confia a direção a certa Agnes e integra a instituição como simples monja. Esse monastério recebe o nome de Santa Cruz depois que Radegunda obtém do imperador bizantino o envio de um fragmento da Cruz. A recepção desta insigne relíquia, a primeira a aparecer no Ocidente, suscita uma imensa onda de devoção nos anos 570.

Santa Cruz beneficia-se bem cedo da proteção dos reis francos. De fato, o monastério presta vários serviços. Algumas princesas embaraçosas ou excedentes são enviadas a ele, às vezes para depois ser de lá retiradas quando se precisava novamente delas. Por outro lado, os merovíngios não hesitam em solicitar a habilidade de Radegunda, que guardou boas relações com seus parentes exilados no Oriente. Com a idade, a rainha-monja é vista principalmente como uma espécie de mãe espiritual para os membros da dinastia. Os diferentes herdeiros de Clotário I buscam ansiosamente obter sua caução moral durante a guerra civil que eclode em 568. Sem jamais se declarar abertamente a favor

O diabo tenta apoderar-se dos cristãos. Rito de defesa, o exorcismo
A rainha dos francos, Santa Radegunda de Poitiers, exorciza uma jovem mulher possuída chamada Leudile, página extraída da *Vida de Santa Radegunda*, século XI, Poitiers, Biblioteca Municipal

NEC ILLVD PTEREATVR REMEDII TEMPVS

beata quod prestitit.
Femina quedam leubili.
dum uexaretur in rure
ab aduersario grauiter.
sequenti die sancta oran-
te. noua xpisti curatione
in scapula crepante cute.

& uerme foras excepi-
te. sana ē. reddita
publice.
Et ipsum uermem calcans
pede. liberatam se retulit.

de um partido, Radegunda deixa perceber sua clara preferência pelos reis da Austrásia. Talvez seja por esse motivo que a rainha se interesse por Venâncio Fortunato, representante de Sigeberto I e de sua esposa Brunilda. Quando a tormenta política dos anos 570 priva esse charmoso diletante de seus mecenas, Radegunda o acolhe junto a si em Poitiers e o toma sob sua proteção. Em retorno, Fortunato lhe dedica inúmeros poemas, tanto sobre assuntos espirituais quanto pessoais. Nasce então uma amizade que durará uma dezena de anos. Por meio da estranha correspondência preservada, descobre-se não só uma rainha recolhida ao claustro, que efetua exercícios ascéticos violentos, mas também uma mulher que adora praticar a arte da composição floral ou os prazeres literários.

O desaparecimento de Radegunda, em 587, seguido de perto pelo de Agnes, constitui uma prova difícil para Santa Cruz de Poitiers. Várias monjas, vindas da elite do mundo franco, revoltam-se contra a nova abadessa e não hesitam em fazer correr o sangue entre os muros do monastério. Por outro lado, parece que a mescla de rigor e mundanidade que reinava na época de Radegunda não é mais sustentável depois de sua morte. Os bispos ordenam então que se reforce o claustro contra qualquer intrusão masculina, enquanto o modo de vida das monjas se torna objeto de uma supervisão crescente. Fortunato tenta, ao seu modo, apaziguar a situação, colocando a santidade da fundadora acima de qualquer suspeita. Quando compõe sua *Vida de Radegunda*, ele apaga de fato todos os traços individuais da rainha e coloca sua memória numa configuração hagiográfica segura. O culto a Santa Radegunda teve um sucesso precoce, como mostram as inúmeras dedicatórias da igreja em seu favor. Quanto ao seu túmulo em Poitiers, tornou-se um importante centro de peregrinação. Até a época moderna, vários reis da França vieram prestar suas devoções à santa rainha, que consideravam como sua "prima". || B. D. ||

As poderosas santas e suas relações com seus grandes senhores esposos
Radegunda é levada para o rei Clotário I (detalhe), miniatura extraída da *Vida de santa Radegunda*, século XI, Poitiers, Biblioteca Municipal

Brunilda

Cerca de 543-614

O fim do século VI constitui, para a Gália, um período de articulação entre uma longa Antiguidade tardia e as primícias da Idade Média. A vida fora do comum da rainha Brunilda ilustra as possibilidades abertas às mulheres nesse momento de transição entre duas civilizações.

Brunilda é filha de Atanagildo, aristocrata visigodo que conseguiu usurpar a coroa de Toledo. Seu nascimento coincide com a tentativa de retomada da Espanha pelos bizantinos. Nessa época, a reconstituição do antigo Império Romano representa uma ameaça real para os reinos bárbaros. Atanagildo decide resistir. Para firmar uma aliança reversa com os francos, ele casa Brunilda com Sigeberto I, rei da Austrásia, em torno de 566. Pouco depois, também concede a mão de Galsuinda, irmã mais velha de Brunilda, a Chilperico de Nêustria, que nada mais é que o irmão de Sigeberto I.

Chegando à corte de Metz, Brunilda é, no início, uma rainha apagada, cujo único ato público é abrir mão da heresia ariana dos visigodos em favor do catolicismo dos francos. Sua influência aumenta depois que ela dá à luz um herdeiro do trono, Childeberto II. A rainha beneficia-se então de bastante crédito para tomar sob sua proteção personalidades como o bispo Gregório de Tours, ou o poeta Venâncio Fortunato. Por outro lado, em 569, Chilperico manda assassinar Galsuinda. Sigeberto I declara então vingança por aquela que era duplamente sua cunhada e exige que as cinco cidades que formavam a herança de Galsuinda fossem entregues a Brunilda. Por não ter obtido satisfação, o rei da Austrásia ataca seu irmão e consegue sitiá-lo em Tournai em 575. Chilperico consegue reverter os fatos mandando assassinar Sigeberto.

Capturada pouco depois da morte do rei, Brunilda fica presa em Rouen. Nesta cidade ela semeia a cizânia na família real neustriana, casando-se com um filho de Chilperico. Novamente viúva, ela retoma pé na Austrásia e se impõe como regente em nome de Childeberto II. A esse título, conduz uma diplomacia ambiciosa. Aproveitando-se do assassinato de Chilperico em 584, ela de fato apodera-se de uma parte da Nêustria. Depois, em 587, consegue fazer com que seu filho, Childeberto II, seja reconhecido como herdeiro da Burgúndia, o terceiro dos grandes reinos merovíngios. Quanto à viúva de Chilperico, Fredegunda, é confinada no Baixo-Sena com seu filho, Clotário II.

Casando uma de suas filhas com o herdeiro do trono visigodo, Brunilda renova a aliança dos francos com a Espanha visigótica. Entretanto, a princesa é capturada pelos bizantinos e Brunilda se vê na contingência de precisar aceitar uma chantagem: para obter a libertação de sua filha, deve enviar os exércitos austrasianos para a Itália durante cerca de dez anos para ajudar o imperador a reconquistar o vale do Pó, caído em mãos dos lombardos. Brunilda parece ter discretamente freado as próprias tropas, pois a eliminação completa dos lombardos teria posto os francos em contato direto com o Império. Em 595, com a morte de Childeberto II, Brunilda divide o reino entre os filhos deste último: Teodorico II recebe a Burgúndia e Teodeberto II, a Austrásia. Como ambos eram muito jovens, a avó continuou a administrar o conjunto dos negócios. Desta forma, ela tenta manter uma fiscalidade competitiva, de tradição romana, a despeito da hostilidade crescente dos grandes. Nesses anos, a rainha também mantém uma importante correspondência com o papa Gregório, o Grande, que a encarrega de reformar a Igreja dos gauleses e proteger os missionários que Roma envia para evangelizar a Inglaterra. Instalada na Burgúndia a partir de 602, Brunilda apoia Teodorico II, mesmo quando este se opõe a seu irmão. Em 612, a Austrásia é invadida e Teodeberto II é eliminado. No ano seguinte, por sua vez, Teodorico morre de doença. Brunilda pretende então assumir uma nova regência em nome de seu neto Sigeberto II. Desta vez, a aristocracia resiste e vários grandes nobres passam para o campo de Clotário II, rei da Nêustria. Em 613, Brunilda é vencida e capturada. Julgada culpada por várias mortes de reis, ela é exposta sobre um camelo e depois amarrada a um cavalo que sai a galope. Os autores próximos de Clotário II apressaram-se em denegrir sua memória, imputando-lhe principalmente a morte do bispo Didier de Viena e o exílio do monge irlandês Columbano.

Erigida em símbolo da violência merovíngia, Brunilda na realidade sofreu de sua concepção romana de Estado central e sua visão geopolítica essencialmente mediterrânea. Esse modo de pensar, ainda aceitável no século VI, não estava mais adaptado à sociedade fechada e aristocrática do século VII. || B. D. ||

Gregório de Tours

Cerca de 538-594

Georgius Florentius Gregorius, mais conhecido como Gregório de Tours, é um dos primeiros cronistas da Idade Média. É a este homem, que se considerava um velho romano, que devemos o essencial de nossos conhecimentos sobre os primeiros reis francos da dinastia merovíngia.

Vindo de uma família senatorial que já havia dado à Gália inúmeros condes e bispos, Gregório nasceu em Clermont em torno de 538. Ainda bem jovem entrou para o clericato em Brioude, na Auvérnia, e depois se instalou em Tours, a partir de 563. Nessa mesma cidade foi nomeado bispo pelos soberanos da Austrásia, Sigeberto I e Brunilda. Essa nomeação real, apesar de usual para o século VI, lhe valeu inúmeras inimizades, tanto a do rei Chilperico de Nêustria quanto aquela de seus próprios pares, que tentam depô-lo em várias ocasiões. De fato, a consagração episcopal foi efetuada pelo metropolitano de Reims, e ela não é canônica. Sabendo-se contestado, Gregório busca constantemente legitimar seu poder, despendendo uma incansável energia, tanto como pastor quanto como construtor e homem de letras. Aliás, essas três atividades não saberiam ser totalmente distinguidas: a Igreja, tal como concebida por Gregório de Tours, é feita de almas e corpos, mas também de pedras e de letras.

Autor prolífico, Gregório aborda quase todos os gêneros literários cristãos, da hagiografia à exegese e dos cálculos sobre o calendário, a partir da astronomia, à liturgia. Sua posteridade lhe foi assegurada principalmente por um considerável compêndio histórico, os *Dix Livres d'histoires* [*Dez livros de histórias*], cuja redação parece ter se desenrolado entre 576 e 592 e que foi objeto de várias correções sucessivas. Também é preciso dizer que o projeto transformou-se pouco a pouco. Quando inicia os *Dix Livres d'histoires*, Gregório de Tours busca compor uma história universal calcada no modelo de Eusébio de Cesareia. Entre a criação do mundo e a morte de São Martinho, em 397, ele se mantém na meta. Em seguida, o essencial do propósito concentra-se nos gauleses, sobretudo no reino franco do qual Clóvis é apresentado como o verdadeiro fundador. A partir do quarto livro, a história transforma-se em crônica que, ano após ano, narra o tortuoso enfrentamento da guerra civil entre os filhos de Clotário I. Alguns copistas não hesitaram em encurtar a parte inicial da obra, que chamaram de *Histoire des francs* [*História dos*

54 DA CRISTIANIZAÇÃO A CARLOS MAGNO

francos]. É essa versão truncada que conhece a maior difusão na Idade Média; a ela foram oferecidos vários resumos e continuações. Esta matéria alimentou as *Grandes Chroniques de France* [*Grandes crônicas da França*] no século XIII.

A época moderna não foi mais amável com Gregório, visto equivocadamente como um contemporâneo dos reis indolentes. Mesmo quando os eruditos alemães do século XIX conseguiram restabelecer o texto inicial dos *Dix livres*, os historiadores permaneceram críticos para com o bispo de Tours. Reprovaram-lhe, numa desordem completa, sua cronologia confusa, seu latim pouco clássico, seu gosto pelo detalhe trivial e, mais que tudo, seu apetite pelo sobrenatural. Como a maior parte dos escritores merovíngios, Gregório foi catalogado entre os "autores decadentes" da latinidade tardia.

Contudo, a partir dos anos 1980, assistiu-se a uma notável reabilitação dos *Dix Livres d'histoires*. Assim, a presença constante do miraculoso na trama dos acontecimentos não é um sinal de credulidade. Essa escolha, muitas vezes sutil, visa mais a demonstrar ao leitor que a ação de Deus entre os homens não se interrompe com o fim da época apostólica. Por outro lado, a língua do bispo de Tours sem dúvida não é aquela de Cícero, mas é perfeitamente correta para seu século. Doravante, há um acordo principalmente para reconhecer em Gregório um verdadeiro talento de contista, capaz de esboçar uma história em alguns traços vivos e sugestivos. Desta forma, sua narrativa das maldades da rainha Fredegunda inspirou amplamente os pintores da história, os escritores românticos e até mesmo os romancistas atuais. || B. D. ||

O bispo defensor da ortodoxia contra todos
Santo Gregório, arcebispo de Tours, e Santo Sálvio, bispo de Albi, condenando a heresia de Chilperico I, cerca de 1375-1380, miniatura extraída de *Grandes crônicas da França de Carlos V*, Paris, Biblioteca Nacional da França

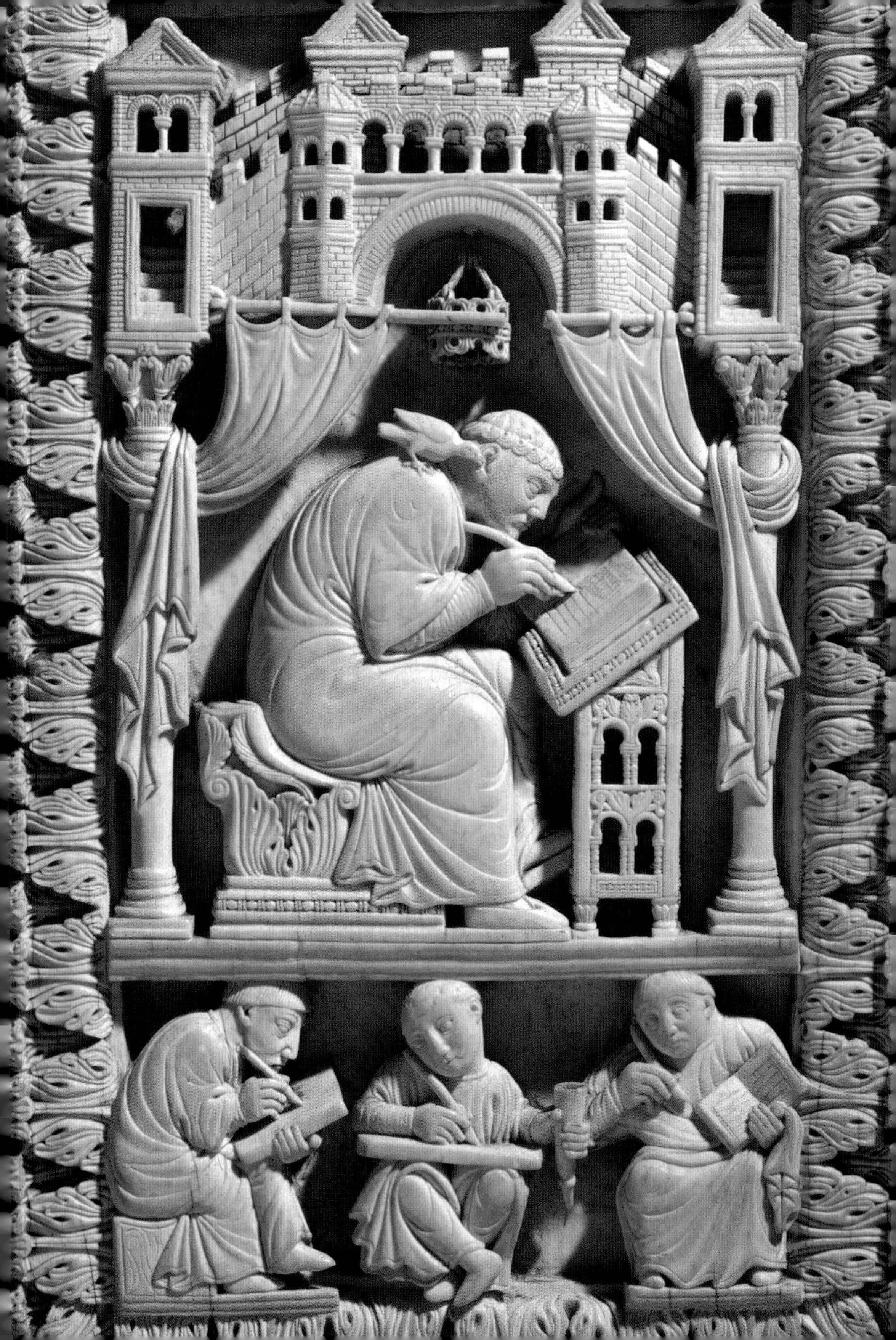

Gregório I, o Grande

Cerca de 540-604

Em 3 de setembro de 590, Gregório I se torna o novo bispo de Roma, depois de um ano dramático. A guerra entre lombardos e imperiais arrasa os campos romanos; uma inundação catastrófica do Tibre levou à destruição dos celeiros e à escassez de alimentos que favoreceram uma terrível epidemia de peste; em fevereiro de 590, o próprio papa Pelágio II foi vitimado por ela. Gregório, braço direito do defunto, organiza procissões contra a peste, antes de ser eleito, contra sua vontade, para o trono de São Pedro. Nesse mesmo ano de 590, um clérigo da igreja de Tours, de passagem por Roma para obter algumas relíquias, assistiu a essa eleição e fez o relato para seu próprio bispo, um outro Gregório, que o inseriu em suas *Histoires*.

Gregório, o romano, pertence a uma família aristocrática que há longo tempo está a serviço da Igreja. Um de seus ancestrais, no século V, foi o papa Félix III (483-492). Ele nasce provavelmente por volta de 540. A guerra grassa então entre os ostrogodos e as tropas imperiais que submetem a Itália à autoridade direta de Justiniano, o imperador romano de Constantinopla. A cidade de Roma é tomada e retomada várias vezes e é mesmo esvaziada de seus habitantes pelo rei godo Totila. É bem possível, nessas condições, que o jovem Gregório tenha passado sua infância na Sicília, onde sua família possuía grandes extensões de terra. Tendo recebido uma excelente formação escolar, torna-se prefeito de Roma. Nas cercanias de 573, com a morte de seu pai, ele transforma em monastério a casa de família de Clivus Scauri, no Caelius. Abandona a carreira civil e se torna monge, cumprindo assim uma ardente devoção por Deus que impregna suas obras e seus atos.

Nesse contexto monástico, centra a atenção sobre o livro de Jó, excessivamente sobrecarregado de provações. Os problemas de Jó fazem eco à atmosfera de fim de mundo que parece envolver a vida de Gregório. Mas Jó lhe dá também a ocasião de desenvolver uma espécie de vasta enciclopédia moral e espiritual na qual o sofrimento invoca o consolo, e a caridade, a ação. A mística de Gregório jamais se afasta do sentido das responsabilidades práticas. Desde 579, Pelágio II havia tirado Gregório de seu monastério para fazer dele seu representante ou mandatário[1] junto ao imperador em Constantinopla.

---

1 Em francês o termo é *apocrisiaire*, do grego *apocrisis*, que designa no Império Bizantino um embaixador imperial, um mensageiro autorizado ou ainda um representante de uma autoridade eclesiástica. [N.T.]

A colomba de Deus dita no ouvido dos santos
Gregório I, o Grande, em seu gabinete e três monges copistas, cerca de 875, capa de marfim de um sacramentário saxão perdido, Viena, Kunsthistorisches Museum

Roma tinha necessidade de socorro urgente diante da invasão dos lombardos. Estreitamente ligado à família imperial, Gregório continua, apesar de tudo, a levar uma vida monástica. Ele volta a Roma em torno de 586. Nesse "período bizantino do papado", a função de mandatário era uma condição essencial para o acesso ao trono romano. Antes mesmo da morte de Pelágio II, Gregório desempenhava um papel de primeiro plano na Igreja.

À frente da Igreja Romana, ele é também *de facto* o defensor da Roma sitiada pelos lombardos. Consegue estabelecer tréguas com o rei Agilolfo e reorganizar as igrejas italianas perturbadas pela guerra. Ele procura aliviar os camponeses diante dos notáveis corrompidos e protege os judeus de todos os vexames. Como bom conhecedor dos Evangelhos e do direito romano, aponta que a autoridade romana é responsável pela morte de Cristo. Em que pesem as restrições locais, nunca deixou de zelar pelo Oriente mediterrâneo, atento à sorte de Jerusalém e aos monges do Sinai; pela Igreja da África, na qual reconhecia a herança de Santo Agostinho; pelo Ocidente, em relação com Sevilha; pelo reino franco e, mais além, pelo país dos anglo-saxões, onde promoveu a evangelização. São Columbano, seu contemporâneo, qualificou-o de "observador de toda a Europa". Esgotado pela doença, Gregório morre em 12 de março de 604.

O santo papa e o santo fundador monástico, grandes mestres do cristianismo medieval
Moral sobre Jó, século VI, comentário do *Livro de Jó* de Gregório I, o Grande, Vic, museu episcopal

Partitura manuscrita que comporta na inicial "A", Gregório I, o Grande escrevendo música, século XIII, iluminura extraída de um gradual, Paris, Biblioteca Nacional da França

Kyrie leyson. *Dnica i. in aduentu dni.* kyrie septim

Ad te leuaui animam meam deus meus

in te confido non erubescam neq; irrideantur

me inimici mei & enim universi qui te demonstra
ex sumitate

expectant non confundentur. P. Vias tuas dne. Gl'a scl'oy amen.

R. Vniuer si qui te expectant non confundentur domine

V. Vias tuas domine notas fac mi

chi & se mitas tu as edoce me. Alle luia

V. Ostende nobis do mine misericordiam tu am & salu

tare tu um da nobis. OF. Ad te prosa
Abra
x hens

domine leuaui a nimam meam deus meus in te confido non

erubescam neq; irrideant me inimici mei & enim univer

Com *Morais sobre Jó*, sua obra compreende a *Regra pastoral*, homilias sobre os Evangelhos e sobre Ezequiel. Em *Diálogos*, coletânea de vidas de santos, ele oferece um lugar central a São Bento de Núrsia. Aliás, o autor da regra beneditina só é conhecido por Gregório, o que sublinha a força de seu ideal ascético. Adicionemos outros comentários e principalmente as cartas de seu pontificado. Desde o século VII, ele é um dos quatro principais Padres da Igreja[2] latina, junto a Ambrósio, Jerônimo e Agostinho. Com eles, é um dos "fundadores da Idade Média", porém mais que eles, é também um dos fundadores da Europa, termo que empregou de forma intencional. Sua posteridade é múltipla: na Inglaterra, ele é "apóstolo" e seu culto é especialmente promovido. No monarquismo, ele dá acesso a Bento e todos se ligam à sua espiritualidade. Em Roma, torna-se o modelo da administração pontifical. A Idade Média latina escreve segundo seu estilo e canta uma liturgia cuja paternidade lhe é atribuída. || B. J. ||

---

2 Desde o século XVI a historiografia moderna chama de Padres ou Pais da Igreja os autores eclesiásticos cujos escritos, atos e exemplo moral contribuíram para estabelecer e defender a doutrina cristã. Aos seus escritos dá-se o nome de *patrística* (análise teológica) ou *patrologia* (análise histórica). [N.T.]

São Columbano

Cerca de 540-615

Os bretões da Armórica estavam acostumados a ver desembarcar os monges vindos da Irlanda para peregrinar e estabelecer ermidas, mas estavam longe de imaginar que o monge Columbano, chegado com doze companheiros em torno de 591-592, iria imprimir profundamente suas marcas à Gália e à Itália do norte. Sua vida só chegou ao nosso conhecimento por meio da narrativa hagiográfica de seu discípulo Jonas de Bobbio, escrita entre 639 e 645, por outras vidas de santos do século VII e por cartas do próprio Columbano. Isto significa que essas fontes são construídas para glorificar o santo e denegrir seus adversários, pois Columbano não era um personagem fácil: seu caráter autoritário e intransigente lhe valeu mais de um inimigo, mas seu carisma era enorme. Ele provavelmente nasceu numa família irlandesa nobre. Admitido ao monastério Cluannis no início dos anos 560, estuda com o abade Sinell antes de ir para o célebre monastério de Bangor dirigido pelo abade Comgall. Apesar das relações entre a Irlanda e o continente serem numerosas, o cristianismo irlandês apresenta então particularidades muito fortes. Nesse país rural e sem cidades, ele se desenvolveu em torno dos monastérios rurais, e a autoridade reservada aos bispos no continente é aí exercida pelos abades, sobre vastas "paróquias monásticas". Ele também se caracteriza por práticas litúrgicas próprias, em particular para a data pascal e a penitência privada e tarifada. Enfim, o monacato tem aí um caráter ascético bem marcado e uma forte tendência ao eremitismo. Nada existe então de surpreendente no fato de que Columbano tenha desejado expatriar-se a fim de imitar Cristo numa peregrinação extrema e sem retorno.

Uma vez na Armórica, Columbano vai à Borgonha, onde o rei Gontran lhe dá terras para fundar três monastérios: em Annegray, Luxeuil e Fontaine. O sucesso é rápido e em breve o monastério de Luxeuil vê desembarcar uma multidão de rapazes da aristocracia, seduzidos pelo ascetismo e pelo carisma do santo homem. Mas Columbano acaba por desavir-se com os bispos, descontentes porque ele se recusa a renunciar aos usos litúrgicos, rejeita sua autoridade sobre os monastérios e quer controlar o acesso aos lugares santos de seus monastérios. No início do século VII, as tensões com o rei da Borgonha, Teodorico II, e sua avó, Brunilda, avultam-se. O conflito eclode quando Columbano recusa-se a abençoar os filhos do rei, nascidos fora de qualquer casamento legítimo, e quando proíbe ao soberano o acesso ao monastério de Luxeuil. Em 609-610, Brunilda o expulsa. Ele é então obrigado a ir para Nantes sob escolta. Acaso ou sinal da providência, o barco é lançado sobre a margem por uma tempestade e Columbano decide ficar no continente. Vai para a corte do rei da Nêustria, Clotário II, onde é bem acolhido; depois, em 611, para a corte do rei da Austrásia, Teodeberto II; enfim, dirige-se à Alemanha, onde deixa seu discípulo Gall. Parte em seguida para Milão, onde é acolhido pelo rei Agilolfo, ariano, e pela rainha Teodolinda, católica. Rapidamente ele redige um tratado para refutar as teses arianas e se corresponde com o papa Gregório, o Grande, em particular sobre o cisma dos Três Capítulos — e sempre deu provas de um grande respeito pelo trono romano. O rei Agilolfo lhe dá terras para fundar o monastério de Bobbio, onde ele morre em 615 sem ter voltado à sua Irlanda natal.

A influência de Columbano ultrapassa amplamente suas próprias fundações, pois seus discípulos estabeleceram, por sua vez, inúmeros monastérios rurais, tais como Rebais e Jouarre, na Brie, ou Sankt-Gallen, na Alamania. Mas sua regra foi rapidamente abandonada, até mesmo em Luxeuil e em Bobbio, em proveito de regras ditas mistas, que eram na realidade inspiradas na regra de São Bento. || R. L. J. ||

O estandarte miraculoso de Baeza é uma das mais preciosas relíquias espanholas. Representando a intervenção legendária de São Isidoro, vindo em ajuda ao rei Alfonso VII em sua conquista de Almería sobre os mouros no século VII, ele presidiu a todas as batalhas de Castela e Leão durante a Reconquista

O estandarte de São Isidoro, realizado por encomenda de Alfonso VII de Castela para agradecer a ajuda do santo na tomada de Baeza, em 25 de julho de 1147. Cerca de 1150, tapeçaria, Leão, biblioteca da Basílica Real de São Isidoro

Isidoro de Sevilha

Cerca de 560-636

Se ousássemos empregar o termo *best-seller*, é assim que conviria qualificar as *Etymologiæ* de Isidoro de Sevilha. Por trás desta obra, composta em latim no início do século VII, e que visava a reunir sob uma forma coerente e organizada o saber de uma época, esboça-se o retrato de um personagem excepcional, exegeta, gramático, enciclopedista e historiador — deve-se a ele também uma notável *História dos godos*. Isidoro aparece como a figura intelectual maior da Espanha visigoda e, para além de seu país, um dos autores do Ocidente medieval mais lidos e citados — e isso ainda no século XVI (ele é canonizado em 1598): pode-se contar, por exemplo, 218 manuscritos dos *Synonyma* copiados entre os séculos XIV e XVI; e as *Etimologias* conhecem mais de dez edições entre 1470 e 1530.

Até sua morte, em 636, Isidoro foi um homem de ação, no coração de uma península ibérica em mutação cultural (o "renascimento visigodo"), religiosa e política: conselheiro do rei, bispo e figura de proa da reorganização do poder e da Igreja católica da Espanha, cuja manifestação mais brilhante foi o IV Concílio de Toledo, que ele presidiu em 633 e que sancionou a elegibilidade dos soberanos visigodos. Isidoro nasce em torno de 560 numa Espanha dividida por lutas intestinas que opõem os visigodos, adeptos do arianismo, e os hispano-romanos católicos, sem contar as guerras contra os exércitos bizantinos desencadeadas na sequência da tentativa de reconquista levada a cabo pelo imperador Justiniano. Ele conhece também a morte prematura de seus pais, que implica a tutela de seu irmão Leandro. Este desempenhará um papel crucial na formação do futuro bispo de Sevilha.

Leandro é amigo de Gregório, o Grande, e corresponde-se com Cassiodoro: um letrado, portanto, simultaneamente em contato direto e ativo com a cultura clássica e a formação clerical; eleito bispo de Sevilha em 584, ele é um dos artesãos maiores da conversão ao catolicismo do rei Ricardo em 587. Esta conversão leva todos os visigodos da Espanha a uma unidade religiosa oficializada pelo III Concílio de Toledo, presidido por Leandro. Isidoro será sempre sensível à unidade geopolítica e religiosa de seu país, como declara em 624, ao saudar Suíntila, soberano posto como "o primeiro monarca a reinar sobre a Espanha inteira".

É difícil apreender os detalhes da formação intelectual de Isidoro, dado que sua biografia é cheia de lacunas, até seu acesso, em aproximadamente 600, à sede episcopal de Sevilha, depois que seu irmão morreu. Desde a Idade Média há biografias legendárias do sevilhano, como por exemplo a de Lucas de Tuy, que afirma ter Isidoro seguido uma formação "clássica" escolar; tais documentos não são realmente fiáveis, mesmo que a tradição historiográfica tenha dado crédito a essas lendas sobre a infância e a juventude de Isidoro. Também não se deveria tomar apoio na obra do sevilhano, rica em referência aos autores antigos, para tirar conclusões sobre sua educação escolar. Em contrapartida, podem-se considerar as afirmações que Leandro faz a sua irmã Florentina, em sua *Regula ad sororem*, para racionalmente se imaginar que ele transmitiu ao seu jovem irmão um saber composto de cultura antiga e de cultura clerical, saber este que Isidoro desenvolverá consideravelmente por conta própria. O que quer que tenha ocorrido, a obra do sevilhano revela uma frequentação assídua dos textos sagrados e patrísticos, além de um amplo conhecimento das fontes antigas.

É nas *Etimologias*, produção maior de Isidoro e obra central de mediação da cultura antiga, que esse conhecimento multiforme se presta melhor à leitura. Essa primeira enciclopédia do mundo medieval, que faz de Isidoro o "pai fundador" do gênero, deve ser considerada como uma obra científica, na medida em que sua composição obedece a regras definidas, a uma metodologia precisa e a um sistema de organização rigoroso, ou seja, a todos os elementos fixados claramente por Isidoro no Livro I das *Etimologias*. O método de Isidoro repousa sobre o "etimologismo" dentro da perspectiva platônica, para a qual a palavra define a coisa que ela designa. Compilando e organizando suas fontes, Isidoro propõe, desta maneira, uma vasta obra sobre o mundo, a natureza e os conhecimentos humanos, teóricos e práticos. No decorrer das rubricas que são inauguradas por sua etimologia, desfila um conjunto de conhecimentos, organizado segundo as artes liberais, depois segundo os campos científicos e técnicos: de Deus aos animais, às plantas e às pedras, passando pelo homem, são convocados a filosofia, as artes da linguagem, a medicina, o direito, a matemática, as ciências naturais e as artes domésticas; em suma, um conhecimento que o pensamento moderno pode identificar como enciclopédico. Este é o motivo pelo qual Isidoro se inscreve, em plena luz, num percurso que leva a Diderot e D'Alembert, e além deles: Isidoro foi recentemente escolhido como santo patrono dos especialistas em informática. || B. R. ||

O santo da etimologia e das ciências
Apollo medicus, iluminura extraída de *Etimologias*, início do Quarto Livro de *De medicina*, de Isidoro de Sevilha, séculos VIII-IX, Vercelli, biblioteca capitular

APOLLO MEDICVS

Santo Elói

Cerca de 590-cerca de 660

Q uem não conhece Santo Elói [ou Elígio, do latim *Eligius*] e sua lenda proibida? Segundo sua biografia, escrita por seu amigo Ouen nos anos 670, ele teria obtido os favores do rei Clotário II por ter fabricado dois tronos com a quantidade de ouro que o soberano lhe havia dado para fazer um só! Elói nasceu em Chaptelat, ao norte de Limoges, numa família da elite local, de origem galo-romana. Ele se forma como ourives sob a orientação do mestre em cunhagem de moedas de Limoges, Abbon, que o encaminha para Bobon, tesoureiro de Clotário II. Torna-se tesoureiro deste último em 625, posto muito importante, dado que consiste em guardar o tesouro real. Elói continua seu trabalho de ourives e realiza, em particular, a decoração da Basílica de Saint-Denis, que o rei Dagoberto acaba de ampliar. Na qualidade de tesoureiro, seu nome aparece em moedas de Paris, de Marselha e de Arles, e ele parece ter desempenhado um papel importante na passagem do ouro à prata.

Na corte do rei Clotário II, estreita laços de amizade com outros rapazes do círculo do jovem Dagoberto, tais como Dadon-Ouen, Didier e Paul. Elói faz parte do grupo influenciado por São Columbano, e em 632 funda um monastério em Solignac, em uma de suas propriedades, com a ajuda do rei. Impõe nesse lugar a regra de Luxeuil, o que também faz no convento de mulheres que funda em Paris. Outra obra sua é a restauração da Basílica Saint-Martial, em Limoges. Depois da morte de Dagoberto, em 639, os equilíbrios mudam, e em 642 Elói deixa a corte para tornar-se bispo de Noyon-Tournai, enquanto seu amigo Ouen se torna bispo de Rouen. Na diocese de Noyon, Elói distingue-se por seu cuidado em impor a autoridade episcopal e o respeito aos cânones, quando preciso, às elites locais. Não titubeia em ir a Flandres pregar para as populações pagãs, despertando frequentemente incompreensão e hostilidade. Morre em torno de 660 e é inumado em Noyon, em sua catedral. Sua biografia indica que seus milagres atestavam sua santidade, apesar de não ter sofrido nenhum martírio. Uma canção popular engraçada, que mostra sua familiaridade com Dagoberto, ao evidenciar que sua calça estava posta ao contrário, faz parte da memória anedótica histórica que ainda hoje perdura. || R. L. J. ||

O artesão e o cavalo santificados
Lenda de Santo Elói de Noyon. Jesus ensina a humildade a Elói, artífice do ferro, reparando a perna de um cavalo sobre a bigorna de ferreiro, detalhe de um manuscrito do século XV, Cesena, Biblioteca Malatestiana

Dagoberto

Cerca de 608-639

O rei Dagoberto passou para a memória coletiva graças aos seus laços com Elói, seu tesoureiro ou "monetário" (mestre da moeda). Nós o conhecemos principalmente devido à crônica de Fredegário, autor dedicado à linhagem neustriana, que relata como o rei da Nêustria, Clotário II, filho de Childerico e Fredegunda, eliminou a antiga rainha Brunilda e reunificou o reino em 614. Fredegário elogia em seguida as qualidades do rei Dagoberto, sua coragem, seu sentido de justiça e sua piedade. Dagoberto torna-se rei em 623, quando seu pai deve ceder às pressões da aristocracia austrasiana preocupada em ter um rei para representá-la e defendê-la a leste. Clotário o cerca de conselheiros escolhidos entre seus próximos, em particular Pepino, Arnoul, bispo de Metz, e Cuniberto, bispo de Colônia. Dagoberto faz aí seu aprendizado de rei e quando seu pai morre, em 629, ele se faz reconhecer como rei da Nêustria e da Borgonha, em detrimento de seu irmão Cariberto, a quem concede, contudo, um reino na Gasconha (onde Cariberto morre em 632). Dagoberto tem o cuidado de ir de Metz a Paris passando pelas cidades da Borgonha, "fazendo-se temer pelos grandes vassalos e pelos bispos por sua justiça em relação aos pobres". Ele obriga Pepino a segui-lo a Paris, numa espécie de desgraça, e doravante seus conselheiros mais próximos são Aega, o intendente do palácio, Elói, seu ourives e tesoureiro, assim como Dadon-Ouen, que pertence ao grupo dos algilolfidos[1], implantado entre o *soissonnais*, na Brie, mas também na região de Toul-Verdun e na Sarre [*Saarland* em alemão]. Uma grande rivalidade reina entre esses personagens e esses grupos, mas Dagoberto consegue manter o equilíbrio e a colaboração pelo viés da corte neustriana, instalada em Paris e depois em Clichy, num palácio rural nas proximidades de Saint-Denis.

---

1 Termo não dicionarizado para designar os membros da primeira dinastia dos duques *bavarii* (Baváira), que se acreditavam descendentes dos merovíngios e dos quais o primeiro é o príncipe epônimo Agilolfo. [N.T.]

Dagoberto foi o primeiro rei dos francos inumado na abadia de Saint-Denis, onde fez colocar, por volta de 630, os corpos de Saint-Denis e de seus companheiros. Seu túmulo foi elaborado no século XIII sob São Luís, que reorganizara o que veio a ser a necrópole dos reis da França
Túmulo do rei Dagoberto I, século XIII, arquitetura e escultura góticas, Saint-Denis, nave da basílica Saint-Denis

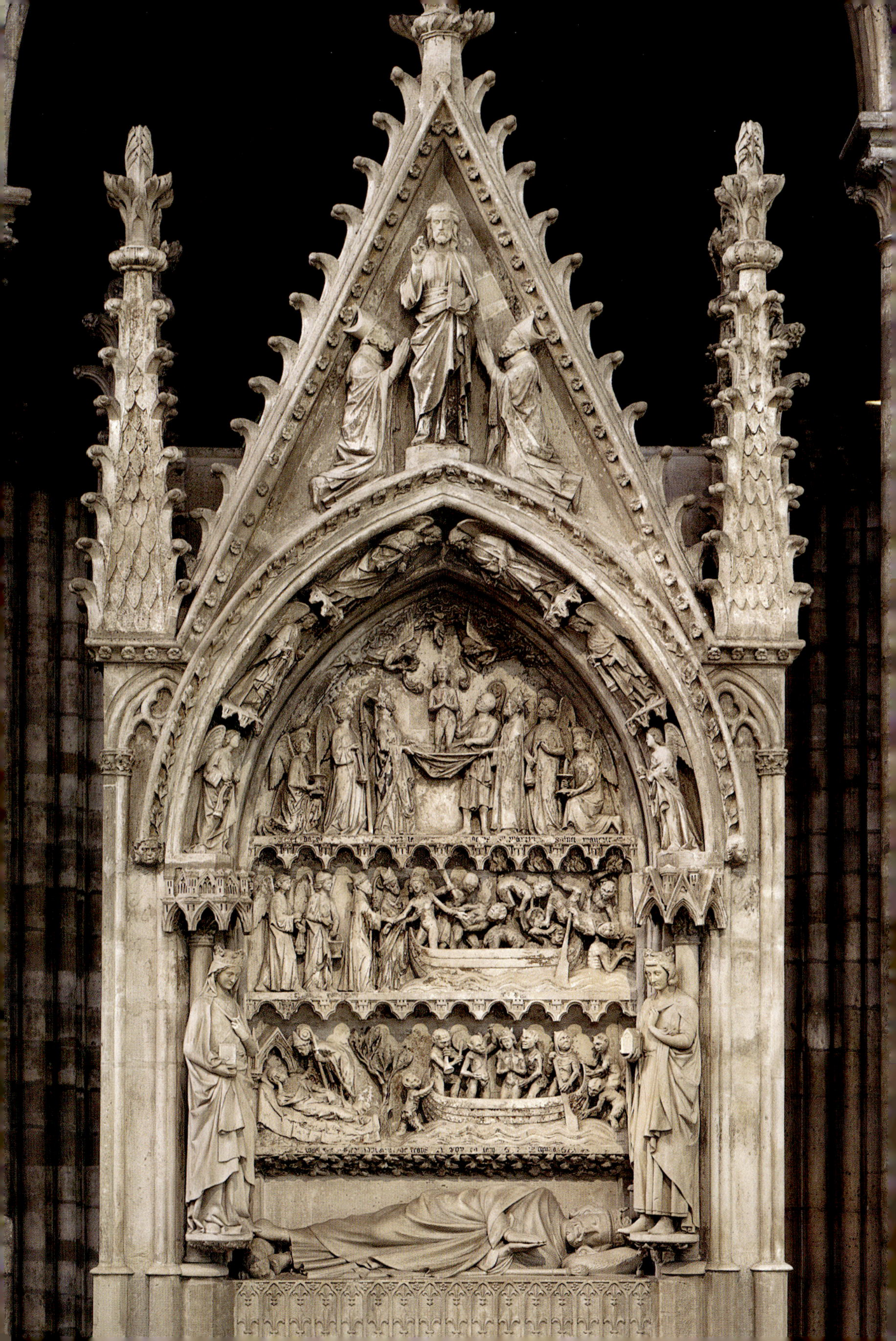

Dagoberto tem consciência de que um novo mundo está nascendo, rural e mais inclinado para o norte. Ele isenta os monges de Saint-Denis do pagamento dos impostos e taxas sobre as mercadorias transacionadas naquele burgo em expansão. Dedica um grande interesse ao litoral da Mancha e do mar do norte. A presença de monetários é atestada em Dorestad, no Reno, e em Quentovic, na embocadura do rio Canche, novos locais de trocas com a Inglaterra. Mas as mudanças não são somente econômicas. Num mundo em que os campos político e econômico se interpenetram cada vez mais estreitamente, o exercício do poder passa pelas etapas espirituais, que são os monastérios. Muitos são fundados nas regiões do norte e do noroeste, sob a influência de Saint-Amand e de seus discípulos, em particular em Gand, Elnone-Saint-Amand, Saint-Riquier, etc. De seus anos austrasianos, o rei conservou um grande interesse pela Germânia. Em 633, o exército real foi vencido por um exército de *wendes*, conduzido pelo mercador Samo, que se tornou chefe desse povo eslavo. Dagoberto responde às exigências dos austrasianos, cedendo o trono para seu filho Sigeberto, nascido de sua esposa austrasiana Gomatrude. Trata-se de reforçar o domínio franco na Germânia. Na Turíngia, os resultados são medíocres, porém mais conclusivos na Alamania, já mais integrada. Dagoberto instala duques nesse local, escreve a lei dos alamanos e, sobretudo, favorece as missões que sustentam a integração.

O reino franco atinge o apogeu sob seu reinado. Dagoberto lançou os fundamentos ideológicos de um verdadeiro reino cristão. Escolhido na linhagem dos merovíngios, eleito por Deus para assegurar a salvação do povo franco, o soberano deve fazer reinar a justiça, assegurar a paz e a prosperidade fazendo-se temer, no respeito às leis divinas. Segundo Fredegário, Dagoberto teria sido um modelo de rei se, uma vez instalado em Paris, não tivesse rejeitado os bons conselhos de Pepino e se entregado então à intemperança, multiplicando as esposas e as concubinas. Ele também o reprova por ter distribuído bens da Igreja aos seus fiéis, prática que os carolíngios desenvolverão a partir de Carlos Martel. Em que pese isso, ele sublinha que o rei também deu provas de grande generosidade para com as igrejas. O monastério de Saint-Denis recebeu grandes favores: Dagoberto amplia a basílica e a faz suntuosa sob a decoração de Elói. Institui o louvor perene [*Laus perene*, em latim], em que os monges deveriam rezar dia e noite pelo rei, por sua família e pelo reino. Enfim, ele é o primeiro soberano a ser inumado na basílica, em 639. Sua sucessão ocorre como ele havia previsto: seu filho Sigeberto conserva a Austrásia, e o jovem Clóvis, filho da rainha Nantilde, recebe a Nêustria e a Borgonha. || R. L. J. ||

Beda

Cerca de 672-735

A obra de Beda não encontra equivalente na altíssima Idade Média. Ela constitui um dos mais belos sucessos da cultura insular, nascida da reconquista cristã puramente pacífica da antiga Bretanha romana pelos missionários enviados por diferentes papas. Beda é também um insular do interior: não se aventura fora de seu monastério e não exerce nenhuma responsabilidade eclesiástica. Sua cultura e formação são puramente livrescas e escolares. Não obstante, suas obras são todas notáveis por seu caráter realista e claro, pelo domínio do saber desenvolvido, pelo equilíbrio dos julgamentos feitos: eles fazem do autor um mediador vital entre o extremo final da Antiguidade tardia e os preâmbulos do renascimento carolíngio. Beda nasce na Nortúmbria em 672 ou 673, região em que, em 674, Benedict Biscop funda o monastério de São Pedro (em Wearmouth) e depois, em 681, aquele de São Paulo (em Jarrow). Inicialmente confiado ao convento de São Pedro aos sete anos, passa para o de São Paulo, sob a autoridade do abade Ceolfrid. Sua paixão pelo estudo encontra terreno favorável num monastério em plena renovação intelectual, sobretudo graças às múltiplas viagens que Benedict Biscop faz a Roma, de onde traz muitos manuscritos. Uma relativa calmaria nas guerras e invasões que sacodem a Inglaterra permite ao erudito (diácono aos dezenove anos, padre aos trinta) consagrar-se inteiramente às suas preferências: aprender, copiar, escrever e ensinar. Várias gerações de alunos (entre os quais figuram futuros abades e bispos) passaram por suas mãos até sua morte, em 735. Sua profissão requer uma importante atividade oral direta. Ele assume todos os graus do ensino, desde a aquisição elementar da língua latina (as crianças que lhe são confiadas só falam, logicamente, o inglês antigo), até as sutilezas da escansão do verso clássico e, sobretudo, as exigências do canto litúrgico.

Seu ensino escrito (portanto legável) começa por um pequeno *Calendário* (cerca de 703), seguido por um tratado de *Geografia física*, antes de detalhar, a pedido de seus alunos, *Sobre a contagem do tempo*, concluído por uma preciosa cronologia universal (até o ano da redação, em 725). Esses diversos trabalhos foram inspirados nas obras de Isidoro de Sevilha, retomados, completados e aprimorados: sua cronologia se tornará uma referência fundamental para os cronistas da Idade Média. Beda constrói assim um manual elementar de história e de geografia, ferramenta indispensável para se localizar no tempo e no espaço, longe dos antigos centros imperiais. Também lhe é necessário desvelar o domínio da latinidade para os anglófonos. Seu tratado *Sobre a ortografia*, inspirado nos gramáticos Prisciano e Charisio, é composto por longas listas de palavras catalogadas em ordem quase alfabética e acompanhadas de observações sobre seu bom uso, sua forma, seus homônimos. Sua obra *Sobre as figuras e os tropos* explica os procedimentos literários das Sagradas Escrituras: seguindo o método de Agostinho, Beda constrói uma grade de leitura emprestada da retórica clássica (graças aos desenvolvimentos de Donat e ao modo de organização de Cassiodoro), que ele entremeia de exemplos tirados da Bíblia. Alguns dos aprendizados mais difíceis são então o da prosódia (colocar os acentos tônicos do latim na leitura em voz alta) e o da métrica (distinguir as sílabas longas e breves, base da versificação antiga). Em 25 capítulos bem elaborados, Beda propõe aos seus alunos um curso *Sobre a arte métrica*, realizado a partir dos gramáticos e ilustrado de exemplos emprestados à poesia cristã antiga.

Em suas obras de edificação religiosa é mantido o mesmo dom de firmeza clara. Ele redige, em torno de 715-720, duas versões, uma em prosa e outra em verso, da *Vida de São Cuthbert*, bispo de Lindisfarne, em conformidade com as regras do novo gênero tão em voga da hagiografia, mas consolidada numa língua clara e bem medida. Em seguida, Beda escreve uma breve *História dos abades de Wearmouth e de Jarrow*, documento excepcional sobre a vida cultural desse tempo, num latim igualmente sóbrio e de fundo discreto: Beda não incluiu nenhum relato de milagre em sua obra, contrariamente à inflação deles no gênero. Assim, vemos aparecer na Inglaterra dos séculos VI e VIII um espírito crítico em que a razão tem sua parte: a mais célebre das obras do monge, *História eclesiástica da nação inglesa* (*Historia ecclesiastica gentis Anglorum*), que dedica ao rei Ceolwulf em 731, merece plenamente seu título de *História*. Baseada num exame minucioso e metódico das fontes escritas (Orósio, Gildas, *Vida de São Germano de Auxerre*, anais, cartas, arquivos das instituições religiosas) e também orais (entrevistas com contemporâneos), esse livro se esforça para satisfazer aos exigentes princípios que Beda enuncia em sua introdução. Ele continua a ser uma fonte privilegiada da historiografia inglesa e europeia.

Na carta pastoral que dirige a Egberto (bispo de Jarrow, irmão do rei local), Beda prova seu senso, surpreendente para um homem do claustro, das realidades culturais de seu mundo, engajando a cristianização em medidas radicais de adaptação linguageira: não contente de teorizar a pastoral em fala germânica, dá ao antigo inglês de sua infância o estatuto de acroleto[1] literário e, assim fazendo, contribui para a invenção de sua *scripta*. Ele próprio estabelece as traduções das preces cristãs (*pater*, *credo*, etc.), inicia no final de sua vida a tradução do Evangelho segundo São João, e morre cantando um poema em sua língua materna. Desta forma, esse sábio que também falava grego, fato então raríssimo, instaura a literatura inglesa. || M. D. ||

---

1 Do grego antigo *akros* ("extremo") e *legein* ("falar"). Variante mais prestigiosa de uma dada língua. [N.T.]

Beda, o Venerável, século XI, detalhe do manuscrito *Sobre o tempo*, ensaio científico de Beda, o Venerável, Cava de' Tirreni, arquivos da Abadia da Santa Trindade

73

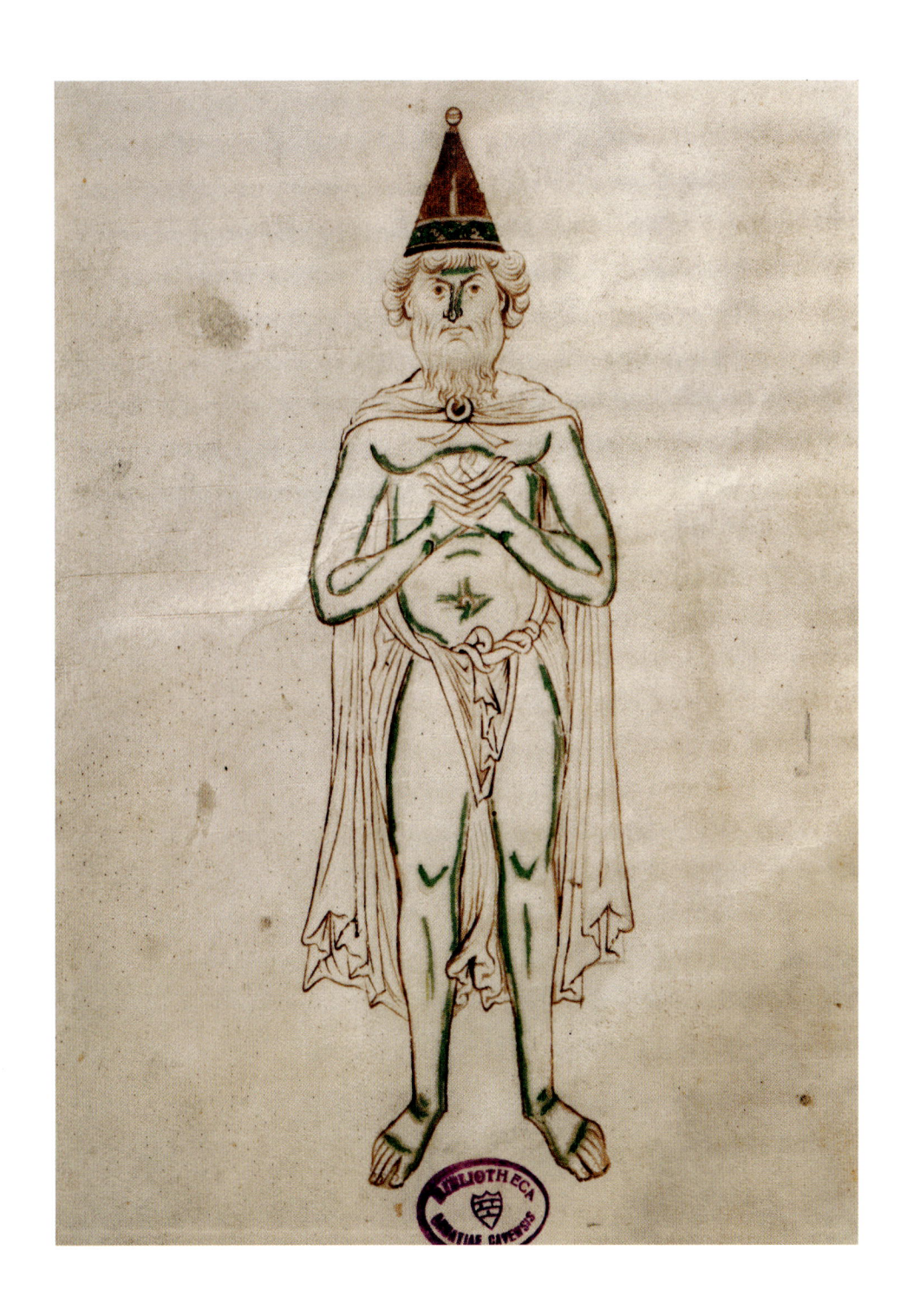

kl. martel.

armes toutes ces terres deuant dites destruit z gasta. puis retourna en france noble vainqueur p tout a grans victoires z a grans despueilles de ses ennemis.

¶ Ce .xvi. coment charles martel occist en une bataille .iij. lxxxv. mille de sarrazins z punit il toli les dismes des eglises.

Quant eudes le duc daquitaine vit que le prince charle lor si abati z humilie qͥl ne se pourroit venger se il ne queroit secours de aucune pt il ala aus sarrazins despaigne z les appela en aide contre le prince charles z contre la crestiente. Lors issirent despaigne les sarrazins et un leur roy qͥ auoit no adminuz a tout leurs fēes z leurs enfans et toute leur substance en si grãt plente qͥlz ne les pooit nombrer ne esmer tout leur herrnois z qͥquil auoient il amenerent auec eulz. aussi cõe se il deussent tout tours mais habiter en frãce. Gironde trespasserent. en la cite de bordiaux entrerent le pueple occistrent les eglises ardirent et destruirent tout le pays. oultre passerent iusques a poitiers et misrent tout a destruction aussi cõe il auoient fait a bordiaux et ardre legli se s. hylaire. de quoy ce fu grãt doleur. la murent pour aler a la cite de tours pour destruire leglise saint martin. la cite z toute la contree. la leur vint au deuant le victorieux prince charles z qͥque il pot auoir deffort. ses batailles ordena z se feri en eulx p meruelleux hardement aus

si cõe le lou affame se fiert entre les brebiz. ou no de la vtu mē seigneur. si fist si grant occision des enemis de la foy cristiene que si cõe lystoire tesmoigne il en occist en celle bataille. iij. iiij. v. mille et leur roy qui auoit no adyrama. lors pmes fu il appelles martiaux pour senno. car aussi cõe le martel de buise et froisse le fer et tous les autres metaux. aussi froissoit il et buisoit p bataille tous ses ennemis et toutes estranges nacions. si fu plus grant mueille qͥl ne pdi en celle bataille de toute sa gent que nulle v. s. homes. leurs tentes et leur hernois prist tout et fist proie de quiquil auoient z a ses homes pour la rayson de ce grant besoing prist il les dismes des eglises pour donner aus egͥes a ceulx tant seulement en deffendant la foy cristiene et le royaume par le conseil et par la volete des plas. et puisque se dieu li donoit vie il les restabliroit aus eglises et leur rendroit largement et ce et aut choses. Ce fist il pour les grans guerres que il auoit souuent et pour les continues z assaus de ses ennemis. eudes le duc daquitaine qͥ si merueilleux peuple de sarrazins auoit fait uenir en france fist tant qͥl fu recō cilie au prince charle martel si occist puis quiquil pot trouuer de sarrazins qͥ estoient eschapez de celle bataille. en lanee qͥ apͥs vint le noble prince charle martel rasembla ses oz. et entra en bourgoigne. les contrees du royaume cercha les citez z les chastiaux saisi et garni de sa gent z mist chevetains et chastelains seurtables et loyaux pour le pais iusticier et pour tenir aus rebelles. Quant il ot les choses ordenees a sa volente et mis pais p tout le pais. il retourna par la cite de lyons z se mist en possession de la cite puis la liura a garder a ceulx a qui il se fia et de la retourna en france. En ce teps mourut eudes le duc daquitaine. charle martel qui nouuelles en sot mut a ost bannie pour sa terre saisir par le cõseil de ses barons. Le fleuue de loire passa et puis gironde. la cite de bordiaux prist et puis celle de bleues. toute celle region mist a sa seigneurie citez z chastiaux ap

Carlos Martel

Cerca de 680-741

Que sabemos de Carlos Martel, excetuando-se o fato de que ele freou os árabes em Poitiers em 732 (na verdade, em 731)? A documentação é insuficiente e disparatada, mas permite medir a importância do personagem que lançou as bases do poder carolíngio sem jamais ter buscado ser rei. Filho de Alpaida, segunda mulher de Pepino II, não estava destinado a "herdar" o poder de seu pai, que venceu os neustrianos e reunificou o reino em 687. Por ocasião de sua morte, em 714, Pepino II só deixa filhos menores, dado que seus filhos Drago e Grimoaldo o haviam precedido na tumba. Plectrude, viúva de Pepino, apodera-se dos tesouros reais para assegurar uma espécie de regência em nome de seus netos, e prende Carlos em Colônia, onde ela conta com aliados. Mas os neustrianos revoltam-se e escolhem um intendente do palácio, Ragamfred, que se alia ao duque dos frísios, Radbod. Eles marcham sobre a Austrásia, pilhando e devastando o país. Carlos, que conseguira libertar-se, recruta um exército, mas é batido pelo exército de Ragamfred e do rei Chilperico II, um clérigo chamado Daniel que os neustrianos tiraram de seu monastério para fazer dele um rei. Plectrude negocia sua partida, mas Carlos os ataca e, desta vez, em Vinchy [atual comuna de Rue-des-Vignes], em 717, a vitória é suficiente para obrigar Plectrude a lhe ceder os tesouros de seu pai. Entretanto, Chilperico II encontra refúgio com o duque dos aquitanenses, Eudes, e ainda são precisos quatro anos de combates para que Carlos vença as resistências. Em 721, Chilperico II morre e Carlos o substitui por Teodorico IV, que reina até 737. Seu célebre cognome [*Martel* significa "martelo" em francês antigo e occitano] já indica que Carlos é, antes de tudo, um homem de guerra, combatente poderoso e temido. Com a ajuda de tropas a cavalo, recrutadas entre seus fiéis, dedica-se a "pacificar" o país e a estender o poderio franco. Até o início do século IX, a guerra ofensiva e vitoriosa é o motor do poder carolíngio. Ela reforça a autoridade do príncipe, traz prestígio e riquezas, permite ganhar as fidelidades indispensáveis e manter os territórios submissos.

Uma escaramuça que se tornou mítica
Jean Fouquet, *Carlos Martel combatendo os sarracenos em Poitiers em 732*, século XV, página extraída de *Grandes crônicas da França*, Paris, Biblioteca Nacional da França

A situação do reino dos francos não é brilhante. Do outro lado do Reno, na Turíngia, na Alamania e na Baviera, os duques tornaram-se autônomos. Ao sul da Gália, o duque da Aquitânia se tornou quase independente. No sul da Borgonha e na Provença, os bispos estabeleceram verdadeiros principados eclesiásticos. Carlos luta então sem descanso para reduzir o poder dos *príncipes*, laicos e eclesiásticos. Do lado da Germânia, o ducado da Turíngia desmorona nos anos 720, sem dúvida sob a pressão de Carlos. Ele submete definitivamente a Frísia, integrada ao reino franco. Em duas campanhas, ele restabelece ao menos de modo provisório a influência franca na Baviera, onde encontra sua segunda esposa, Swanahilde, prima do duque Odilon. Para encorajar a influência franca na Germânia, ele apoia as missões do anglo-saxão Bonifácio, enquanto estreita uma aproximação com Roma que valerá a realeza ao seu filho Pepino.

Essa aproximação também é devida ao prestígio adquirido por sua luta contra as incursões árabes, e em particular à sua vitória contra Abd-ar-Rahman, perto de Poitiers. Ele havia sido chamado pelo duque Eudes, que doravante deve prestar juramento de fidelidade àquele que os textos se põem a designar como "príncipe dos francos". O poderio de Carlos se reforça consideravelmente nos anos 730. Para manter o território conquistado, ele recorre à fidelidade, instalando homens de confiança, a quem concede terras, frequentemente tomadas da Igreja, em troca de serviços militares. Os francos, em sua maior parte originários da Austrásia, tais como os pipinidas, são enviados para a Nêustria, a Borgonha, a Aquitânia, para aí ocupar os cargos de conde, bispo ou abade. Na qualidade de príncipe, Carlos é protetor das igrejas e dos mosteiros, mas se serve dos encargos episcopais e abadiais como instrumento político. O acúmulo dos encargos lhe permite controlar regiões inteiras por meio de alguns homens de confiança: seu sobrinho Hugo é, ao mesmo tempo, bispo de Paris, de Rouen, de Bayeux, de Lisieux e de Avranches, abade de Saint-Denis, de Saint-Wandrille e de Saint-Vaast d'Arras... O bispo Bonifácio lança violentos ataques contra esses clérigos a quem acusa de serem devassos, guerreiros e caçadores. Convém nuançar essas críticas, pois Bonifácio entrou em conflito com o episcopado por outras razões. Em que pesem as escolhas por vezes criticáveis, e apesar da utilização das terras da Igreja para fins políticos, a ação de Carlos inscreve-se em linha direta com aquela de seus predecessores e sucessores: ele intervém nas nomeações, mas favorece a fundação de monastérios, promove o culto dos santos e a veneração das relíquias, tudo isso somado também a importantes doações às igrejas. || R. L. J. ||

O antigo intendente do palácio é integrado à linhagem dos reis da França
Carlos Martel e os mensageiros, cerca de 1375-1380, miniatura extraída de *Grandes crônicas da França de Charles V*, Paris, Biblioteca Nacional da França

les fais du noble prince Charle Martel
et coment il eschapa de la prison sa mar-
rastre et puis il fu prince de ij. royaumes.

A ce point morut le no-
ble prince pepin qui fu ape-
lé le buef en lan vij. xv.
la seigneurie du palais tint
xxvij. ans et demi entiers de

Alcuíno

Cerca de 735-804

Um encontro entre dois grandes homens teve venturosas consequências. Em 780, o rei Carlos Magno, que tinha ido à Itália, encontra-se em Parma ao mesmo tempo que o anglo-saxão Alcuíno, dito também Albinus. Os dois homens simpatizam-se mutuamente, e quando Carlos Magno fica sabendo que Alcuíno é um grande cientista, pede-lhe que o siga até a corte. Alcuíno havia feito seus estudos em York e, tendo se tornado diácono, era tão famoso que dirigia a escola e a biblioteca da igreja. Escreveu um poema épico de 1.657 hexâmetros sobre a história de sua pátria e dos bispos de York. Tendo tido relações com os reis anglo-saxões e tendo seguido Carlos Magno, ele continua a aconselhar os príncipes de Mércia e Nortúmbria sobre sua vida moral e religiosa. Na corte carolíngia, faz a mesma coisa com Pepino e Carlos, filho de Carlos Magno. Alcuíno se interessa de perto pela instrução dos condes e duques. Para Guy da Bretanha, escreve um livro de 36 capítulos sobre as virtudes e os vícios.

Na corte, Alcuíno é o verdadeiro artesão do "primeiro Renascimento carolíngio". Ele ajuda Carlos Magno a restabelecer o ensino nas escolas catedrais, e certamente é um dos redatores da *Admonitio generalis* (789). Perfeito pedagogo, ele usa a forma do diálogo para instruir seus discípulos. Sua gramática é uma conversação entre um jovem anglo-saxão e outro franco. Para a retórica e a dialética, terceiro ramo do *trivium*, ele imagina um diálogo com o rei. Graças a ele, a dialética, que descobre nas obras de Agostinho e de Boécio, reabilita a importância da razão e da reflexão teológica.

Carlos Magno pede-lhe para lutar contra o adocionismo, heresia surgida na Espanha e que postulava que o Filho havia sido adotado e não engendrado pelo Pai. Daí os tratados de Alcuíno contra Félix de Urgel e seus quatro livros dirigidos a Elipando, arcebispo de Toledo. Essa querela é, para ele, a ocasião de dedicar a Carlos Magno seus três livros "sobre a Trindade", nos quais apresenta um ensaio de sistematização da doutrina católica, enquanto aqueles que o precederam se baseavam apenas em compilações. Ele anuncia, assim, os trabalhos dos escolásticos.

O renascimento carolíngio: saber e poder
Alcuíno apresentando Rabanus Maurus ao bispo de Mogúncia, século IX, manuscrito carolíngio, Viena, Biblioteca Nacional da Áustria

Rabanus mag[iste]r   Albinus abbas.   Otgarius ep[iscopu]s magutinus

79

Alcuíno é também um grande exegeta. Ele comenta vários livros do Antigo e do Novo Testamentos. Sob forma de diálogos, dedicados a um de seus mais antigos discípulos, Sigulf, ele redige suas *Questões e respostas sobre o Gênesis*, assim como um tratado sobre os Salmos no qual irá se inspirar a carolíngia Dhuoda para escrever seu *Manual*. Ele interpreta de maneira alegórica o Cântico dos Cânticos. Sua obra exegética mais importante é o *Discurso sobre o Evangelho de São João*, que destina às suas discípulas Gisele, irmã de Carlos Magno e abadessa de Chelles, e Rotrude, sobrinha deste último. Seus comentários sobre a Epístola a Tito e a Filemon, escrita por São Paulo, são inspirados em São Jerônimo, e aquele da *Carta aos hebreus* retoma as homilias de João Crisóstomo.

Alcuíno sempre se interessou pela Bíblia. Para bem comentar as Escrituras, o exegeta deve trabalhar sobre um texto corretamente estabelecido. Carlos Magno, em seu *expositivo generalis*, pede que o texto bíblico seja corrigido. Ele deseja que todas as igrejas possuam o mesmo texto, pois antigas versões se encontravam misturadas à Vulgata de São Jerônimo. O rei pede então ao espanhol Teodulfo e a Alcuíno que efetuem essa revisão. Alcuíno e sua equipe entregam-se a essa tarefa e oferecem uma nova versão no dia de Natal de 801, data de aniversário da coroação do imperador. A revisão de Teodulfo não conhecerá nenhum sucesso, mas a de Alcuíno será usada em todas as igrejas medievais. Em 796, numa carta que se tornou célebre, Alcuíno encoraja Carlos Magno a se fazer coroar imperador: *"É somente em você que se apoiam as Igrejas de Cristo, só de você que elas esperam a salvação, de ti, vingador dos crimes, guia daqueles que erram, consolador dos aflitos, apoio dos fracos."*

Alcuíno é então abade de São Martinho de Tours. Ele continua seus trabalhos e revisa as biografias de santos que escrevera: a *Vida de Santo Ricardo* (ou Riquier) e a *Vida de São Willibrod*. Também compõe poemas usando hexâmetros e os dirige aos funcionários do reino, aos bispos, aos arcebispos, aos príncipes e aos seus discípulos. Algumas dúzias deles subsistiram ao tempo.

A escola de São Martinho é bastante ativa. Alcuíno escreve a Carlos Magno dizendo que sob o teto de São Martinho ele oferece a alguns o mel das Escrituras Sagradas, a outros busca embriagar com o provecto vinho das disciplinas antigas, a outros ainda começa a alimentar com o fruto das sutilezas gramaticais e ensina a mais alguns a ordem das estrelas. Entre seus discípulos conhecidos figuram Rabanus Maurus, futuro abade de Fulda; Aldric, futuro arcebispo de Sens, que assinala ter assistido às aulas do célebre mestre em Ferrières, em que Alcuíno também era abade; e Fredegísio, um anglo-saxão que se tornou célebre por seu tratado enviado a Carlos Magno para explicar se o nada e as trevas "são alguma coisa ou a ausência de alguma coisa". Fredegísio torna-se abade de São Martinho de Tours depois da morte de Alcuíno, ocorrida em 19 de maio de 804, aos 65 anos. Ele havia ficado cego, como afirmou numa carta dirigida ao arcebispo de Cantuária. Trezentas cartas de Alcuíno são conservadas e suas traduções começam a ser feitas.

No final do século IX, Notker de Sankt-Gallen lembra que Carlos Magno havia tido como mestre Alcuíno, "o mais sábio dos tempos modernos", e acrescenta que seu ensino foi tão frutífero que os modernos gauleses e francos se igualaram aos antigos de Roma e de Atenas. Esse tema será retomado seguidamente no decorrer da Idade Média e alguns, falando da *translatio studii*, verão em Alcuíno o ancestral distante da Universidade de Paris, que tomará seu impulso no século XIII. Poderia o diácono anglo-saxão ter sonhado com tal apadrinhamento? || P. R. ||

Bento de Aniane

750-821

A época carolíngia conheceu outro Bento. Ele é frequentemente chamado de Bento II, em memória de Bento de Núrsia. É uma das grandes figuras de Luís, o Piedoso, filho de Carlos Magno. Em sua infância, Bento é chamado de Witiza, nome de origem familiar, pois seu pai é um conde visigodo que lutou contra os bascos. Como é habitual, Witiza é enviado à corte de Pepino II, mas já sonha em se tornar monge. Em 773, participa do exército da Itália. Seu biógrafo, Ardon, nos conta que, tendo escapado de um afogamento para salvar seu irmão, ele decide, apesar da recusa de seu pai, escolher a vida monástica. Ele toma simbolicamente o nome de Bento, autor da célebre ordem, instala-se em Saint-Seine, perto de Dijon, e durante seis anos entrega-se a uma ascese muito rigorosa. Nomeado administrador, depois abade, fica chocado com a vida pouco rigorosa dos monges e volta para sua terra para fundar a abadia de Aniane. Constatando que seus companheiros não podem aceitar seu gênero de ascetismo, consegue no entanto organizar seu monastério segundo a regra beneditina.

Em 814, Bento entra em contato com Luís, então duque da Aquitânia. Quando Luís, substituindo Carlos Magno, que acaba de morrer, torna-se o novo imperador Luís, o Piedoso, ele o chama para a corte, o encarrega de continuar o programa dos monastérios, dos quais redigirá os princípios na *Concordia regularum*, e de prosseguir a obra reformadora que já aplicara em muitos monastérios, esboçando uma espécie de *congregatio*. Ele manda construir, para si e seus discípulos, o monastério de Inde, atualmente Cornelimünster, a seis quilômetros de Aquisgrana [Aachen].

Bento torna-se um dos mais ouvidos conselheiros do imperador quando este decide reformar todos os monastérios do Império. Citemos Arduíno, que escreve: "Luís o colocou à testa de todos os monges de seu Império para que, da mesma forma que havia instruído a Aquitânia e a Gódia sobre a regra da salvação, também reforme a França pelo exemplo salutar."

O direito de visita é dado inicialmente para os monastérios do Império, mas Bento e o imperador querem ir mais longe. A partir de 816, os bispos são consultados. No ano seguinte, durante a dieta[1] de 817, decide-se que todos os monges seguirão a regra beneditina. Bento reúne todos os abades do Império e o soberano promulga o célebre *Capitulum monasticum* de 10 de julho, nova carta dos monastérios do Império. A regra beneditina está na base do monarquismo, com algumas atenuações naquilo que diz respeito ao regime alimentar e à vestimenta para a adaptação às terras do norte, mas em outros lugares ela é reforçada. Os monges, antes dos cantos matinais, devem executar a *Triple oratio*; o mesmo deve ocorrer depois das *completa* ["a última hora dos ofícios divinos"]. O trabalho manual é obrigatório e a escola interna é excluída do monastério, exceto para os agregados. No *Plano de Sankt-Gallen*, vemos o esboço da escola externa, na qual clérigos e laicos são admitidos.

Os monges ficam totalmente isolados do mundo. Quando um noviço se apresenta ao monastério, deve doar seus bens pessoais à sua família, e não ao monastério. O abade vive com os monges, faz suas refeições com eles e deve administrar suas penas diante de todos os irmãos. O monastério torna-se uma entidade isolada do mundo. Os encargos militares dos monastérios, antigamente tão pesados, são doravante abrandados.

O imperador e o abade aproveitam-se das reuniões para fazer correções na vida do clericato secular e estabelecer um novo regulamento, o *De institutione canonicarum*, que, mesmo não fazendo nenhuma alusão à regra de Chrodegand, nela se inspira amplamente. Também se redige a regra das canonisas para reformar a vida dos monastérios femininos. Apesar da dupla autoridade do imperador e de Bento de Aniane, essas diferentes regras não são aplicadas em todos os lugares. Assim, em Saint-Denis, abadia real, os monges recusam-se a aplicar esses ordenamentos. A Alemanha e a Itália permanecem com seus antigos costumes, apesar da intervenção dos *missi dominici* representando o imperador.

A obra de Bento de Aniane foi considerável. Ele é chamado de "pai formador do monarquismo beneditino". É precursor da grande reforma dos clunísios do século X. Aliás, Bernon, primeiro fundador de Cluny, e Guilherme, o Piedoso, neto de Dhuoda, vieram da abadia da Baume, que em 890 havia adotado a regra de Bento de Aniane. || P. R. ||

---

[1] *Dieta*, em alemão *Reichstag*, consistia numa assembleia de príncipes, leigos e eclesiásticos de cada um dos estados imperiais (*Reichsstände*) cujos governantes, de acordo com o uso feudal, só estavam submetidos à autoridade do imperador. [N.T.]

Beato de Liébana

Morto em 798

Sabemos pouca coisa a respeito de Beato de Liébana, monge e abade no monastério de San Martín de Turieno, no vale de Liébana (Astúrias). Neste local, ele cercou-se de um pequeno círculo de monges eruditos. É famoso por haver composto, a partir de 776, os *Comentários sobre o Apocalipse*, associando passagens de autores precedentes, tais como Jerônimo, Agostinho, Gregório, o Grande, Fulgêncio, Irénée, Ticonius, Isidoro de Sevilha e muitos outros ainda; não é um acaso, portanto, que em nenhuma das cópias conservadas o nome do beato apareça como autor.

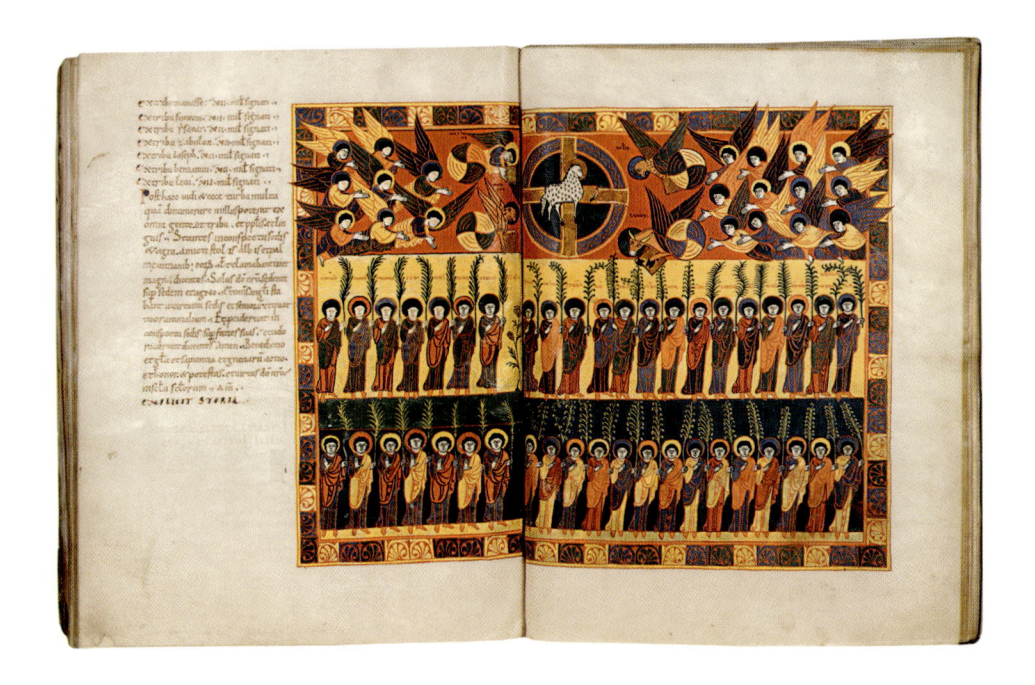

Stephanus Garsia, *Adoração do cordeiro*, 1060?-1070?, páginas extraídas dos *Comentários sobre o Apocalipse*, de Beato de Liébana, realizados em Saint-Sever, Paris, Biblioteca Nacional da França

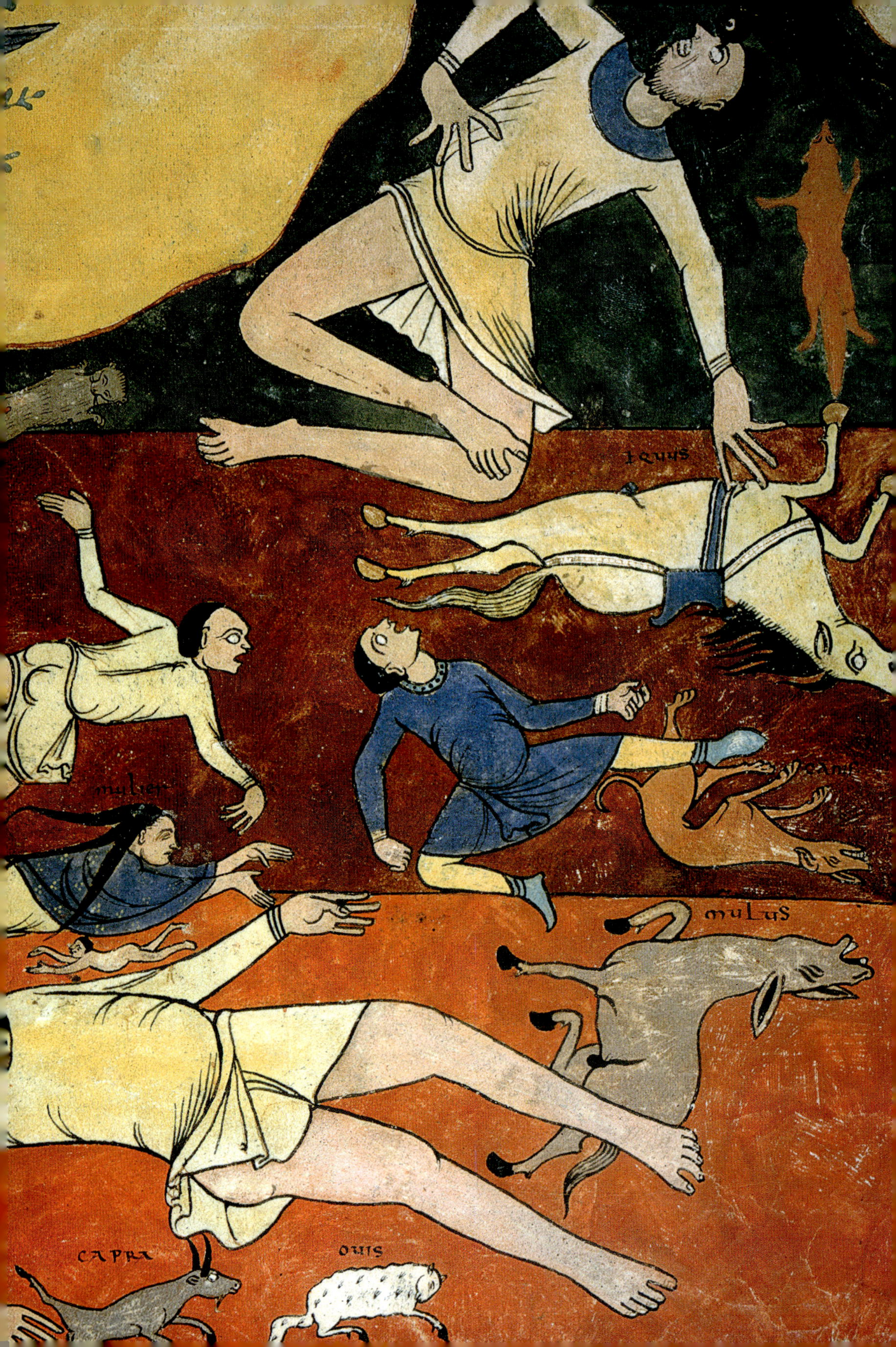
EQUUS
mulier
MULUS
CAPRA
OUIS

Babilonia a nemroth gigante fundata est cuius latitudo murorum cubitorum quinquaginta. Altitudo cc. habere dicitur. Circuitus eius cccclxxx. stadiis concluditur. Id est milia lx viii. stadiis quatuor. Distructa est a medis et caldeis et reparata est a semiramide regina. Condita uero sunt corpora sanctorum. ananie. azarie. et misaelis.

Et uasa dni nabuchodonosor rex de ih[erusa]l[e]m ablata sunt in ambitu uero eius pre ira furoris domini habitant ibi dracones strucciones et pilosi. habitant in ea ulule et sirene in delubris uoluptatum ululant per ea.

Página dupla precedente: **A grande fonte evangélica dos grandes temores da Idade Média**
Stephanus Garsia, *O dilúvio*, 1060?-1070?, páginas extraídas dos *Comentários sobre o Apocalipse*, de Beato de Liébana, realizados em Saint-Sever, Paris, Biblioteca Nacional da França

Stephanus Garsia, *Babilônia cercada de serpentes*, 1060?-1070?, páginas extraídas dos *Comentários sobre o Apocalipse*, de Beato de Liébana, realizados em Saint-Sever, Paris, Biblioteca Nacional da França

Nenhum manuscrito de sua época chegou até nós (o mais antigo data do final do século IX). Trinta e quatro manuscritos datáveis entre os séculos IX e XII são conservados, dentre os quais 26 são ilustrados. Com o tempo, o nome de Beato adquiriu uma significação particular, pois indica um tipo de códex abundantemente ilustrado, e de maneira especial. As miniaturas, encerradas num enquadramento, mostram figuras de desenho simplificado e incisivo, colocadas por cima de tiras de cores muito vivas, aplicadas de maneira uniforme, segundo uma disposição que os pesquisadores pensam em classificar como remontando àquela do arquétipo (mesmo que, com o decorrer do tempo, as contribuições das miniaturas tenham se ramificado em vários grupos estilísticos). A influência da arte mourisca – isto é, da cultura arábica dos cristãos que viviam em territórios controlados pelos muçulmanos – é profunda: são testemunhas disso a brilhante policromia e as arquiteturas pontilhadas por característicos arcos em forma de ferradura.

Considera-se que o testemunho mais próximo do original seja o manuscrito do monastério de Saint-Sever, no sudoeste da França, comandado pelo abade Gregório de Montaner (1028-1072) e com iluminuras de Stephanus Garsia. Na miniatura, que pertence a esse manuscrito e que ilustra *O dilúvio*, o realismo impiedoso dos cadáveres que flutuam, os animais escolhidos a dedo entre aqueles que se poderiam encontrar nos vilarejos (um cavalo ainda porta sua sela e seus arreios, um cão, uma galinha, uma cabra, uma mula, identificados por inscrições), produzem um efeito chocante. As cores irreais fazem esquecer a montanha incandescente que a narrativa apocalíptica transforma num mar de sangue. O pintor da iluminura exerce sua arte quase como se pensasse no silêncio que apaga qualquer traço de vida depois da incursão dos saqueadores, tão frequentes em sua época.

Os manuscritos de Beato e suas maravilhosas iluminuras desempenharam um notável papel numa das crenças mais importantes e surpreendentes a inflamar a devoção de homens e mulheres na Idade Média: a influência do Apocalipse, próxima daquilo que chamamos de "milenarismo", sendo o *Millenium*, segundo os textos mais antigos e seguidamente apócrifos, o período de mil anos durante o qual Cristo voltaria sobre a terra, entre a morte do Anticristo e o Julgamento Final. Esses textos e imagens pertencem ao gênero, notável na Idade Média, da visão e da profecia que alimentam os temores individual e coletivo, tão frequentes e perturbadores, da proximidade do fim do mundo. O texto fundador, no cristianismo, do sucesso do pensamento apocalíptico é o Apocalipse do final do século I, atribuído ao apóstolo João em Patmos. Ele foi retomado e meditado principalmente nos meios monásticos até o século XIII, pois havia sido integrado pela Igreja ao Novo Testamento antes do século VI.

No século XII, o trapista Joaquim de Fiore (cerca de 1130/1202) dá um novo impulso muito potente ao pensamento apocalíptico. A teologia escolástica, que tem tendência para rejeitar as visões, não se ocupa muito do Apocalipse. O florescimento iconográfico inspirado pelo Apocalipse, do qual os manuscritos de Beato são o pico, prossegue nas miniaturas, nos portais e em alguns palácios até o fim da Idade Média.

Em 1937, Picasso inspirou-se justamente na miniatura do *Dilúvio universal* de Beato para grande parte de *Guernica*, tela em que descreve os efeitos do bombardeio da aviação alemã sobre a cidade espanhola de Guernica durante a guerra civil na Espanha. Que Picasso tenha tomado como modelo os efeitos do Dilúvio no mar incandescente confirma o peso evocador do modelo, imagem convincente do horror da guerra urbana. || C. F. e J. L. G. ||

Stephanus Garsia, *A grande teofania*, 1060?-1070?, páginas extraídas dos *Comentários sobre o Apocalipse*, de Beato de Liébana realizados em Saint-Sever, Paris, Biblioteca Nacional da França

Carlos Magno

Cerca de 742-814

Grande personagem histórico, Carlos Magno tornou-se, desde a Idade Média, um herói mítico. Isso se deve às suas vitórias – é o guerreiro típico medieval –, à recuperação da coroa imperial romana, ao prestígio da corte de letrados da qual se cerca, sinal daquilo que se chamou de Renascimento carolíngio e, por fim, ao fato de ter inspirado algumas das obras mais brilhantes da literatura medieval, em particular no campo da epopeia. Filho de Pepino, o Breve, tornado seu único sucessor pela morte do primogênito Carlomano I, em 771, ele recebe a opção da sagração por duas vezes, a primeira pelos francos e a segunda em 754, da parte do papa Estêvão II. Guerreiro, acumula vitórias, em particular contra os povos germânicos, a quem deseja submeter, pois é habitado por dois sentimentos profundos: por um lado o patriotismo franco, por outro a vontade de fazer renascer o Império Romano.

Vencedor cruel, ele bate os saxões, não hesitando em executar os prisioneiros. Depois, vence os bávaros, os ávaros, e, na Itália, os lombardos. Ele protege esse vasto domínio por territórios semissubmetidos chamados Marches e, ao se tornar o protetor do papado na Itália, recebe em Roma a coroa imperial das mãos do papa Leão III no Natal do ano 800, na Basílica de São Pedro. Colocando-se numa posição simultaneamente superior e marginal em relação aos soberanos cristãos, Carlos Magno, ao tornar-se imperador, perde o título de rei, que é de fato uma contribuição política importante na Idade Média.

Oficina de Mogúncia, *Moeda em prata com busto laureado, drapeado e encouraçado de Carlos Magno*, 812-814, Paris, Biblioteca Nacional da França

Página da direita: **A cabeça imperial é um tesouro**
Busto relicário de Carlos Magno, 1215, esmalte [*émail*], ouro e pedras preciosas, Aquisgrana, capela palatina de Carlos Magno

Pouco depois de sua morte, no decorrer do século IX, recebe o qualificativo de *magnus* (grande) e Carlos, o Grande, se torna Carlos Magno.

A primeira mitificação de sua imagem aparece numa *Vida* redigida aproximadamente em 840 por um aristocrata franco que o conheceu bem, Eginhardo. Esta *Vida* completa a imagem de Carlos Magno, insistindo no fato de que ele era fisicamente um colosso. Apesar de Carlos Magno ter se voltado para o passado, não conseguiu fazer de Roma, cidade do papa, a capital do império restaurado. Instala-se então em Aquisgrana, onde faz construir um suntuoso palácio e uma magnífica igreja; são, contudo, criações de um império efêmero, que rapidamente conhecerão o declínio. Não obstante, Aquisgrana permanecerá o lugar de coroação dos imperadores germânicos; será substituída nessa função por Frankfurt, no século XVI. Em que pese isso, Carlos Magno não consegue se tornar o santo imperador que muitos de seus sucessores desejaram fazer dele. Uma primeira exumação de seu corpo, ordenada em 1000 pelo imperador da nova dinastia, Oto II, dá à Igreja a prova de que esse famoso personagem é submetido, como todos os homens, à degradação física, à espera do Julgamento Final. Uma segunda exumação, ordenada em 1165 por Frederico Barba Ruiva, permite ao imperador canonizar o morto ilustre. Contudo, a canonização será pronunciada por um antipapa nomeado pelo imperador, e a Igreja a recusará. Assim, nos séculos XIX e XX, Carlos Magno só será santo por ocasião de uma festa escolar, chamada de Saint-Charlemagne.

O mito de Carlos Magno espalhou-se em grande parte da Europa, da Escandinávia — onde este imperador se encontra com Ogier (Holger), o Dinamarquês — até Roncevaux,

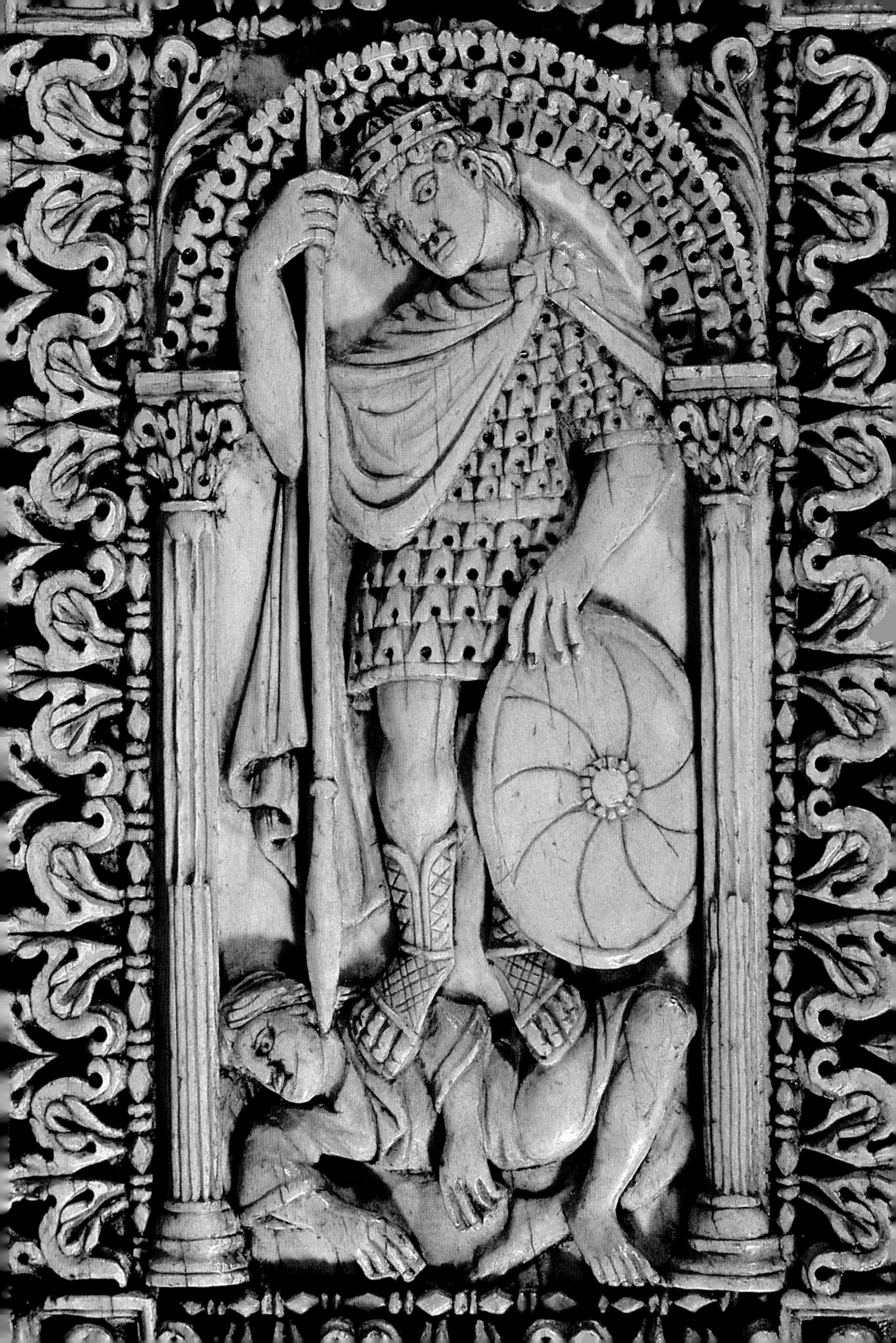

nos Pirineus, local em que ocorre a batalha que seu sobrinho Rolando teria perdido contra os muçulmanos. Nesse meio-tempo, Carlos Magno, imberbe na vida real, tornou-se "o imperador de barba florida". Sua glória não cessa do século XV, época em que o poeta Villon escreve sua balada "Mas por onde anda o valente Carlos Magno?", até o século XIX, quando Napoleão vai até Aquisgrana e organiza sua sagração conforme o provável modelo de Carlos Magno. Victor Hugo evoca o herói numa passagem célebre de *Hernani* e, longe de levar esse imperador cristão ao declínio, a Terceira República francesa exalta-o como suposto criador de escolas. Ele se torna o Jules Ferry medieval.

Desde sua morte, constantes discussões opuseram franceses e alemães sobre sua verdadeira nacionalidade. A realidade é complexa, mas clara: é um nacionalista franco, e se por meio da partilha de Verdun (832) criou um verdadeiro país, este foi a França. Apesar disso, não se pode esquecer de que o reino criado por Carlos Magno ultrapassa amplamente aquilo que será mais tarde a França.

O século XIX agregou matéria à glória do imperador e também encontrou, pelas pesquisas da história "científica", os grandes defeitos que mesmo as fontes medievais não conseguiram sufocar. Carlos Magno foi de fato polígamo. Sem dúvida teve relações incestuosas, talvez com suas filhas e quase seguramente com sua irmã. Os próprios textos medievais aludem — sem precisão — ao "seu" pecado, o que imprime, apesar de tudo, uma feia mancha sobre a glória do personagem.

Na segunda metade do século XX, a disputa entre alemães e franceses sobre a nacionalidade de Carlos Magno é substituída por uma nova imagem do imperador. A construção da Europa faz de Carlos Magno um grande europeu. Uma comissão franco-alemã concede a cada ano um Prêmio Carlos Magno a grandes europeus contemporâneos ou a grandes amigos da Europa. Assim, foram contemplados Jean Monnet, Conrad Adenauer, Robert Schuman, Václav Havel e Bronisław Geremek e, fora da Europa, Bill Clinton. Carlos Magno é também um dos melhores exemplos da continuidade e das mutações dos mitos históricos. || J. L. G. ||

A luta contra os bárbaros continua a ser, desde o Império Romano, o dever civilizador dos dominantes
Carlos Magno vitorioso contra os bárbaros (detalhe), século IX, relevo em marfim, Florença, Museu Nacional de Bargello

Dhuoda

Meados do século IX

Quem conhecia a aristocrata Dhuoda no fim da Idade Média? Ninguém. Nenhum historiador, nenhum cronista sequer menciona a nobre carolíngia. Para que essa mulher letrada fosse conhecida, foi preciso que Mabillon publicasse parcialmente sua obra, e que em seguida um manuscrito da Biblioteca de Nîmes fosse descoberto (1887). Alguns cientistas alemães estudaram os poemas contidos nesse *Manual*. Por fim, na Biblioteca de Barcelona, um manuscrito do século XV nos fornece o texto integral da obra.

O estudo do *Manual* foi apresentado como tese anexa em 1962 e apareceu como *Manual para meu filho* (texto e tradução), na coleção "Fontes cristãs", em 1975 (reeditado em 1997 e em 2006). Esse *Manual para meu filho* obteve grande sucesso: foi traduzido nos Estados Unidos, na Inglaterra, na Itália, na Catalunha, na Espanha e no Japão em 2010.

Mas quem era Dhuoda? Ela própria o diz no livro que escreveu para seu filho Guilherme, que tem então dezesseis anos e acaba de entrar para a corte de Carlos, o Calvo. Em seu prefácio, ela conta que se casou com o duque Bernardo, em Aquisgrana, em 29 de junho de 824, na presença do imperador, seu parente, e da imperatriz Judith. Ela auxilia seu marido em sua empreitada na Marcha de Espanha, então chamada Septimanie. Em 29 de novembro de 826, dá à luz um filho que recebe o nome de Guilherme em memória de seu avô, que era primo de Carlos Magno e que acabou seus dias fundando a abadia de Gellone (Saint-Guilhem-le-Désert). Em 827, o duque Bernardo obtém uma vitória contra os árabes, é nomeado *chambrier* (*camerrarius*) em Aquisgrana e instala sua mulher em Uzès, depois de lhe ter pedido, para ajudá-lo, que tomasse empréstimos dos judeus. É o primeiro exemplo nessa região.

Bernardo raramente vai a Uzès, exceto depois da morte de Luís, o Piedoso, pois Dhuoda nos diz ter um segundo filho em 22 de março de 841. Mas nos diz também que não sabe o nome de seu menino, pois antes mesmo de seu batismo Bernardo o envia para o bispo Éléphantus para que este se ocupe pessoalmente de sua educação. Em seu *Manual*, Dhuoda pede a Guilherme que leia esse livro para seu irmãozinho, quando este tiver atingido a idade adequada.

Tendo ficado só, Dhuoda certamente fica sabendo das discórdias entre os herdeiros do imperador Luís, o Piedoso, mas só faz algumas alusões a essas desavenças "no reino e na pátria". Ela começa a escrever seu *Manual* em 3 de novembro de 841 e nos conta que o terminou em 2 de fevereiro de 843, mesmo ano da partilha de Verdun.

De que família veio Dhuoda? A esse respeito, só podemos tecer hipóteses. Seu nome é de origem germânica e é encontrado nas regiões setentrionais do Império. Quando pede a seu filho que reze pelos mortos, ela só cita, além dos nomes da família de Bernardo, "seu senhor e mestre", dois nomes que parecem ser os de seus pais. Também ignoramos a data de sua própria morte. Ela diz ter o projeto de escrever outro livro para seu segundo filho, mas está muito doente e tem pressa de terminar aquele que já começara, antes que venha a morrer. Tem o cuidado de escrever seu próprio epitáfio.

Sua morte evita-lhe a dor de assistir aos dramas engendrados pela guerra civil. De fato, tendo desejado fundar um principado no sul da França, em 843, Bernardo é decapitado em Toulouse; cinco anos depois, tendo tido os mesmos projetos, Guilherme tem destino similar. Quanto a Bernardo, seu segundo filho, conhece uma bela carreira política sob o nome de Plantevelue. Ele morre em 886 e seu filho, Guilherme, o Piedoso, associa-se ao abade Bernon em 909 para fundar a abadia de Cluny. Este é um belo triunfo póstumo para Dhuoda. O *Manual* faz parte de um gênero literário bem conhecido na época carolíngia, o dos *espelhos*. Em que pese Dhuoda ter feito um índice de 73 capítulos, podemos reagrupar o livro em dez partes. Em primeiro lugar, a autora fala de Deus, depois apresenta o mistério da Trindade e oferece conselhos práticos para orar. Vem então uma exposição de moral social. Três capítulos são dedicados aos deveres: fidelidade ao rei Carlos, seu senhor, relações com os grandes, os bispos e os padres. Uma quarta parte fala de vícios e virtudes. Depois são evocadas as atribulações que ameaçam o homem, e Dhuoda mostra como os sete dons do Espírito Santo e as oito beatitudes permitem estabelecer os quinze degraus que conduzem à perfeição. Dhuoda se pergunta em seguida sobre os dois nascimentos, carnal e espiritual, e sobre a dupla morte, temporal e eterna. Guilherme, tal como um monge, deve pontuar cada momento do dia com a prece dos Salmos, dos quais ela escolhe alguns trechos. Cita outras passagens da Bíblia, que conhece de cor – contam-se mais de 650. Faz um douto desenvolvimento sobre a aritmologia sagrada, estudando a significação simbólica das quatro letras do nome de Adão e as quinze graças. Enfim, termina seu livro com uma lembrança histórica da vida de Guilherme, escrita em versos, uma lista dos mortos da família e seu próprio epitáfio, sempre em versos, e que deve ser gravado em sua tumba.

Assim termina esse *Manual* que é um documento singular, o único livro de educação escrito por uma mãe para seu filho na alta Idade Média. Dhuoda fez assim jus à honra de dar seu nome para duas ruas, em Nîmes e em Uzès. || P. R. ||

DE CARLOS MAGNO
AO ANO MIL
814-1000

De 800 ao ano mil a cristandade progride na direção da constituição daquilo que se tornará a Europa das nações. Os tratados de Verdun (843) entre os filhos de Luís, o Piedoso, filho de Carlos Magno, deixam transparecer mais claramente uma futura França e uma futura Alemanha, nações em evolução, dentre as quais a Lotaríngia, estrutura artificial, seria durante muito tempo o objeto de conflitos e divisões. Carlos Magno fez com que entrassem na cristandade os saxões, os bávaros e os italianos, com exceção dos Estados pontificais. A Inglaterra anglo-saxônica tende a se reagrupar, em particular sob Alfredo, o Grande (878-899).

As expedições dos vikings escandinavos na Europa do Oeste configuram-se tanto como manifestações de trocas comerciais quanto como atos de pilhagem. Os homens do norte tendem a buscar as ilhas britânicas e do continente europeu. No início do século X, uma parte deles se instala, com seu chefe Rollon, ao norte da França ocidental, que se torna a Normandia. As trocas comerciais com os vikings intensificam-se ao norte da cristandade e também ao sul, no Mediterrâneo, na Itália, sobretudo em Gênova, Pisa e Amalfi.

Os islandeses, descobertos no século VIII por monges irlandeses, constituem no século X um Estado republicano dirigido por uma assembleia aristocrática, a Althing. Em torno do ano mil tem início a cristianização da ilha.

O cristianismo latino conquista também a parte centro-oriental da cristandade: Polônia, Boêmia, Hungria entram na futura Europa; nascem aí os santos que se tornarão os patronos dessas futuras nações.

A cultura desenvolve-se principalmente a partir da corte de Carlos Magno, tendo como maestro cultural o anglo-saxão Alcuíno. É o primeiro renascimento cultural da futura Europa, chamado de "Renascimento carolíngio". Ele faz apelo à literatura latina romana e reivindica sua patronagem, mas de fato se apoia num pensamento novo e criativo, do qual o cristianismo é a matriz; a inovação que dela decorre é tal que o grande medievalista Robert Lopez pode formular a questão: "Século X, um novo Renascimento?"

Apesar dos sarracenos atacarem Roma e pilharem São Pedro em 846, e de Carlos, o Gordo, morto em 888, ser o sexto e último imperador carolíngio, a cristandade não cessa de se reforçar. O monasticismo cristão, que se tornara muito poderoso, é unificado em 817, sob a lei beneditina, por Bento de Aniane. Em 909, Guilherme IX, duque de Aquitânia, funda a abadia de Cluny, que se tornará, durante dois séculos, com suas inúmeras filiais, uma grande potência cristã, quase igual à da Santa Sé.

Uma nova dinastia imperial, desta vez germânica, dos otonianos, surge com a coroação de Oto I em Roma, em 962, celebrada pelo papa João XII. || J. L. G. ||

Alfredo, o Grande

Cerca de 848-899

Se Alfredo é duplamente célebre – tanto como um rei vitorioso, que foi o primeiro a arrebatar a Inglaterra do domínio viking, quanto como o fundador da língua inglesa –, também é uma personalidade dupla, que durante muito tempo sofreu de perturbações psicossomáticas (Doença de Crohn), nascidas da tensão entre suas duas vocações, de guerreiro e do clero. A narrativa de sua vida, feita pelo padre gaulês Asser, mesmo a ser usada com precaução, permite de fato conhecê-lo muito bem. Nascido em torno de 848 e quarto filho do rei de Wessex, Aethelwulf (morto em 858), acompanhou seu pai a Roma, em 854, onde o papa o nomeou cônsul, o que lhe conferiu certa legitimidade; em 868 ele desposou Ealshwith, com quem teve cinco filhos, entre os quais seu sucessor, Eduardo, o Antigo. Sua mulher era descendente de um rei de Mércia, o que mais tarde o ajudará a ser aceito neste reino.

Alfredo começa a desempenhar um papel militar importante sob o reinado de seu irmão Aethelred (866-871), do qual ele se torna uma espécie de adjunto. Ele o sucede em 871, quando já havia se tornado célebre numa dezena de batalhas contra a grande armada dinamarquesa que, desde 865-866, tinha feito da Inglaterra seu centro de operações. Os dinamarqueses implantaram-se nas regiões de York e Ânglia Oriental, e a partir daí oprimiam os reinos anglo-saxões (Nortúmbria, Mércia e Wessex). Wessex é o único reino capaz de opor uma verdadeira resistência aos dinamarqueses. Em 871, Alfredo é inicialmente vencido, e deve aceitar uma trégua que é rompida em 876 pelo novo chefe viking Guthrum; por um momento vencedor, Alfredo é obrigado a refugiar-se em 878 na ilha de Athelney, perdida no meio dos pântanos de Somerset. Edifica ali um forte, de onde consegue remobilizar seu exército, preparando uma revanche que ele vence, brilhantemente, na batalha decisiva de Edington. O tratado de Wedmore divide então a Inglaterra entre o Danelaw e o Wessex, que em 881-883 absorve a Mércia, a qual conserva certa autonomia sob o *earldorman* Aethelred, marido da filha de Alfredo, Aethelflaed. De 878 a 892, os dinamarqueses mostram-se especialmente ativos no continente e Alfredo aproveita-se dessa pausa para reorganizar o sistema de defesa da Inglaterra, onde quase

Poder e moeda
Penny de prata com efígie do rei da Inglaterra Alfredo, o Grande; no verso desta peça figura o monograma de Londres: Lundonia, 889-899, Londres, Museum of London

todos os anglo-saxões se encontram doravante sob sua dependência. Ele usa a *hide*, unidade que serve de base à contribuição ao *geld* (por exemplo, quando é preciso reunir os *danegeld* pagos aos dinamarqueses para comprar sua partida); organiza o *fyrd*, o exército, que ele divide em duas partes, de modo que durante o combate de uns os outros possam reabastecê-los; e, sobretudo, cria uma rede de *burhs*, burgos fortificados que serviam simultaneamente de centros de defesa e de povoamento, e permitiam mobilizar com rapidez até cerca de 25.000 homens. Da mesma forma, implanta uma marinha equipada por navios de sessenta remos. Em 886, graças a essas medidas e às forças que elas permitem levantar, Alfredo consegue libertar Londres das mãos dos dinamarqueses revoltados. Em 892, quando estes se voltam contra a Inglaterra, uma guerra devastadora os opõe aos anglo-saxões: Alfredo sai vencedor em 897, e os dinamarqueses devem recolher-se a um Danelaw reduzido ao reino de York. Alfredo morre pouco depois, em 899.

Alfredo é também o pai da língua inglesa. Apesar de ter aprendido o latim só tardiamente, lançou-se à tradução da *Pastoral* de Gregório, o Grande, dos *Solilóquios* de Santo Agostinho, da *Consolação da filosofia* de Boécio, e dos Salmos (só traduziu os primeiros 51). O objetivo do rei, ao traduzir esses livros essenciais, é lançar as bases de um ensino destinado às elites laicas de seu reino — o programa de Carlos Magno, em suma, mas com a diferença capital que desta vez se trata de língua vernácula, e não de latim. A redação da *Crônica anglo-saxã* e outras traduções (Orósio, os *Diálogos* de Gregório, o Grande) reforçam esse projeto. E, lançando o mais vasto programa de traduções antes daquele de Alfonso X em Castela três séculos mais tarde, Alfredo deu à língua da Angelcyn (a palavra aparece então e se põe a apagar, numa unidade que Beda já vislumbrava, as divisões dos reinos anglo-saxões) um impulso decisivo. Se suas vitórias salvaram militarmente a Inglaterra dos dinamarqueses, suas traduções a salvaram para muito além disso, dando à língua e à cultura inglesas as bases que lhe permitirão sobreviver à conquista normanda. || J.-P. G. ||

Oto, o Grande

912-973

Oto I ocupa um lugar primordial na galeria dos grandes imperadores medievais: meio século depois de sua morte, o cronista Thietmar de Merseburgo escrevia que seu reino abria uma nova "idade de ouro". Esse julgamento, que testemunha o qualificativo "o Grande", atribuído desde o século XII ao nome de Oto, se explica por vários motivos. O primeiro é de ordem cronológica. É a ele que se deve a ressurreição, em 962, do título imperial em proveito do reino da Germânia, o que fundava uma simbólica universal que duraria até 1806. O segundo motivo é de ordem geográfica: a expansão otoniana adiciona ao coração da realeza germânica ganhos territoriais resultantes de um triplo avanço em direção do reino da Borgonha, do reino da Itália e das marchas setentrionais e orientais da Hungria e da Boêmia. O terceiro motivo é de ordem política ou estatal: ele institui no Império o sistema dito da Igreja imperial, assegurando ao rei o apoio dos grandes abades e padres para fazer contrapeso ao poder dos duques e condes laicos. Nascido em 912, Oto tem a seu favor o fato de ser o filho primogênito de Henrique I, dito o Passarinheiro, duque da Saxônia e rei da Germânia ou França oriental desde 919. Eleito pelos grandes do reino, é coroado e levado ao trono de Carlos Magno, em Aquisgrana, em 936. De partida, três elementos devem reter a atenção. Em primeiro lugar a eleição, princípio que perdurará mesmo quando a coroa passar de pai para filho sob os otonianos, os francos sálios, os Staufens, os Luxemburgos e os Habsburgos. Em segundo lugar, o novo rei, para impor-se, deve dispor de um estrato dinástico e patrimonial sólido, como já era o caso para o ducado lindulfiano da Saxônia no primeiro terço do século X. Em terceiro lugar, a simbólica carolíngia permanece atual.

Precisamente, é a lembrança da glória carolíngia, a despeito, ou melhor, por causa da desagregação dinástica e territorial que completa o desaparecimento em 911 no trono

O poder marial
A coroação de Oto I do Santo Império pela Virgem, século X, página extraída de *Sacramentarium Episcopi Warmundi*, Ivrée, arquivos capitulares

qd eas etiā corporalib; pfecti spacijs spūa
lib; amplificet augmentis. P

PRO BENE DEFENSO VVARMVNDO

MVNERE TE DONO

PRESVLE FACTO

CAESAR DIADEMATIS O= =TO

MISSA PRO REGIBVS

S REGNORVM
omium & xpiani maxi
me ptector imperii.
Da seruo tuo imperato
ri nro OTTONI triūphum

lxxxvii

Noch nun auff die zeytt Otto des kaysers ȳm ko
men, so wil ich von den dingen sagen die zu sei
nen zeytten zu augspurg gescheen send. Do sich d'
kayser otto beraytet wider berengarium den kunig vō
lomparden als wider ain wietrich vnd geitigen vn
der alle gerechtikait vmb gelt gab. Doch so forcht
in der selb wietrich. wan er die machtikait des kay
sers wol wisset. vnd durch ratt des hertzogen bo luth
ringen. kam er zu dem kayser vnd begeret frid. Do

da Germânia do último carolíngio Luís IV, dito o Infante, que permite a Oto impor a ideia de uma realeza face às veleidades de divisão manifestadas pelos príncipes de sua própria família na Baviera, na Francônia ou na Lotaríngia.

Naturalmente, é também a pressão exterior exercida no decorrer das primeiras décadas do século X, aquela conjugada dos vikings e dos húngaros, que levou os grandes a confiar a coroa ao mais poderoso guerreiro dentre eles. O triunfo nos campos de batalha permanece, ao longo da Idade Média, como sinal de eleição e preferência divinas. Isso ocorre com Oto, ao qual a incontestável vitória sobre os húngaros em 955, em Lechfeld, perto de Augsburgo, confere uma reputação transcrita por seus cronistas, enquanto ele ainda era vivo, prolongada pela continuação das missões orientais (formação e fundação do arcebispado de Magdeburgo), e reconhecida pelo papa João XII que, para garantir seu próprio poder numa Roma atribulada por desordens, oferece-lhe a restauração em seu favor do título e da coroa de *imperator*; ele os recebe em 2 de fevereiro, em troca da confirmação das possessões e dos direitos da Igreja Romana na tradição carolíngia, instituída pela coroação de Carlos Magno em 800. A tripla conjunção de sua ascendência sobre os grão-duques, de seu prestígio guerreiro e de sua coroa imperial permitem a Oto sonhar, para a Germânia, uma realeza hereditária em favor de seu filho Oto II, já eleito rei em 961, enquanto o imperador ainda era vivo, e proclamado coimperador em 967.

Uma eleição real bem-sucedida em 936, instituindo uma relação de forças favorável diante dos grandes principados germânicos, uma vitória militar marcante em 955, impondo respeito diante de outros reinos do Ocidente, uma coroação imperial em Roma em 962, instaurando o reconhecimento da Igreja e do papado, escrevem o roteiro de um reinado feliz, apoiado sobre a tripla égide reunida da Germânia, da cristandade do Ocidente e do Império universal. Se um desses elementos vier a faltar, vacilará todo o complexo amálgama da realeza imperial da Germânia. Tal é, desde o século X, a herança; tais são, simultaneamente, pouco antes do ano mil, as promessas e as vicissitudes do reinado de Oto, o Grande, ora chamado rei dos alemães, ora rei dos romanos ou rei dos francos, ora ainda imperador augusto, segundo uma titulação situada no cruzamento dos princípios eletivo, hereditário e imperial que fundam a longa duração das construções territoriais e políticas na escala da história alemã e, portanto, forçosamente, da história europeia. || P. M. ||

A história no século XV: o Império, os bárbaros, a batalha
Hektor Muelich, *Vitória de Oto I às margens do rio Lech em 10 de agosto de 955*, 1457, iluminura para a *Crônica de Meisterlin*, Berlim, Biblioteca do Estado

Gerbert d'Aurillac

Cerca de 950-1003

Quantas lendas nasceram por volta do ano mil, tantas que até hoje precisamos combatê-las! Entre elas encontra-se a figura de Gerbert d'Aurillac, que Michelet, em 1833, na sua *História da França*, chama de mágico.
É verdade que a vida de Gerbert não foi banal e pôde surpreender seus contemporâneos e sucessores. Pequeno monge na abadia de Saint-Géraud d'Aurillac, onde seus modestíssimos pais colocaram-no com a idade de sete anos, sua primeira chance foi ser confiado, na época de sua adolescência, ao conde de Barcelona, então de passagem pela abadia. No decorrer de seus anos na Catalunha, trabalha muito e lê os escritos científicos árabes que haviam sido traduzidos. É assim que adquire um saber que surpreenderá seus contemporâneos.
Tendo ido a Roma com o abade de Vich, Gerbert encontra o papa João XIII e o imperador Oto I. Ambos desejam retê-lo em Roma; entretanto, como desejasse aperfeiçoar seus conhecimentos em lógica, ele segue um mestre de Reims e instala-se nessas regiões setentrionais. Em breve é nomeado professor[1] da igreja pelo arcebispo Adalbéron. Depois do sucesso obtido por ocasião de uma controvérsia em Ravena com um mestre de Magdeburgo, o imperador Oto II, que assistia à "disputa", nomeia-o jovem beneditino abade do importante monastério de Bobbio, que possui então uma das mais ricas bibliotecas da Europa: 650 manuscritos, dos quais ainda temos a lista.
Após a morte de Oto II, Gerbert volta a Reims, onde divide seus dias entre o ensino e a política. Ele auxilia seu arcebispo a fazer triunfar Hugo Capeto contra o último carolíngio que reivindica a coroa (987), após a morte de Adalbéron.
Em 989, Hugo Capeto pensa que seria judicioso substituí-lo por um clérigo carolíngio que em breve trairá o rei. O fato dá origem a um conflito que acaba no Concílio de Saint-Basle em 991. O arcebispo desleal é julgado e Gerbert, que havia desempenhado um grande papel político, é nomeado em seu lugar. Contudo, o papado não aceita que os arcebispos franceses tenham agido sem o acordo de Roma. Durante seis anos, Gerbert precisa lutar contra o papado e defender — alguns diriam que de forma "*gallicane*"[2] — sua posição. Abrindo mão de resistir, em breve ele deixa a França e instala-se na Alemanha, onde encontra o jovem Oto III.

---

1 Em francês, *écolâtre*, eclesiástico que dirigia a escola ligada à igreja catedral; inspetor-eclesiástico das escolas de uma diocese. [N.T.]

2 Que concerne à Igreja francesa, considerada como relativamente independente da Santa Sé. [N.T.]

Este último, que conhece a reputação científica de Gerbert, pede ao exilado que se torne seu professor. Começa então uma nova etapa na vida de nosso auvérnio.

As cartas trocadas entre o jovem imperador e o velho cientista – ele já é quinquagenário – mostram a amizade que existe entre os dois homens. Oto III nomeia Gerbert arcebispo de Ravena, depois o indeniza pela perda de Reims (998). O papa Gregório V, primo do imperador, aceita de bom grado. A atividade religiosa de Gerbert é retomada. Continuando a deter o título de abade de Bobbio, ele concede privilégios à sua abadia. Em 18 de fevereiro de 999, Gregório V morre subitamente. Quem será seu sucessor? O imperador, que nessa época tem o poder de nomear os papas, não hesita. Ele designa seu antigo mestre, mas Oto, que se quer um novo Constantino, pede a Gerbert que tome o nome de Silvestre II, em memória de Silvestre I, que, em 337, havia batizado Constantino I. Muita gente diverte-se dizendo que Gerbert passou assim de R em R: Reims, Ravena, Roma. O papa do ano mil não é inativo. Mesmo continuando seus trabalhos científicos, colabora com seu leal aluno. Ele se põe em acordo com Oto para denunciar a falsa "Doação de Constantino" – papel falso feito na época carolíngia e que, dizia o padre Yves Congar, "tanto mal havia feito à Igreja" – e apoia o imperador nos negócios da Polônia e da Hungria.

O missionário Adalberto, um amigo de Oto III, tendo sido assassinado por pagãos, é enterrado em Gniezno, capital da Polônia. Oto III faz, no ano mil, uma peregrinação ao seu túmulo. O príncipe polonês Boleslaw deseja que o imperador lhe dê o título de rei, mas Oto III se contenta em fazer dele "um amigo e aliado do povo romano", enquanto aceita o acordo do papa de fazer de Gniezno um arcebispado com três arcebispos sufragâneos, entre os quais aquele de Cracóvia – João Paulo II se lembrará disso. Na Hungria, nessa época, reina o duque Estêvão. Não desejando que seu país fosse convertido por clérigos alemães, ele solicita ao imperador que lhe dê a coroa real. Oto aceita e Silvestre II envia uma coroa real ao duque. A "coroa de Santo Estêvão" é uma joia do novo reino. Assim, a fronteira da cristandade é ampliada para o leste, do Vístula ao Danúbio.

Como os romanos haviam se revoltado contra o imperador, este último e o papa partem para Ravena, mas em 1002 Oto III morre, com a idade de 22 anos. Silvestre II pode voltar para Roma e continuar a gerir os negócios da cristandade; ele morre em 3 de maio de 1003 e é enterrado em São João de Latrão, onde é conservado seu epitáfio, escrito por um de seus sucessores.

O que conhecemos da vida de Gerbert tem duas fontes: por um lado, o testemunho de seus discípulos da escola de Reims, Richer e outros; por outro lado, sua correspondência de 225 cartas nos é conservada por um manuscrito do século XI na Biblioteca de Leyden. Quanto à sua produção científica, ela chega ao nosso conhecimento por meio de suas obras e de inúmeros manuscritos. Mesmo que ainda se discuta sobre as invenções de Gerbert, sua obra religiosa e política é excepcional. Em torno do ano 2000, numerosos textos e eventos foram dedicados à sua memória. || P. R. ||

Santo Adalberto

Cerca de 957-997

Adalberto, em tcheco Vojtěch, bispo de Praga, é um dos santos nacionais da Boêmia. Ele pertence à família dos Slavnikidas, cujo território, situado na Boêmia ocidental, constitui o último obstáculo à unificação do Estado tcheco sob a égide dos Přemyslidas. Durante nove anos ele estuda em Magdeburgo e é nesta mesma cidade que será ordenado padre. Em seu retorno a Praga, em 982, é eleito bispo.
O jovem Adalberto deve receber a confirmação do imperador a fim de poder exercer sua função. Ora, este último encontra-se então na Itália. Adalberto vai até a península, onde conhece muitas pessoas que se esforçam por reformar a Igreja. Ele se familiariza com um meio novo para si, em que os dignitários eclesiásticos ocupam uma posição social elevada e privilegiada. Depois de receber sua investidura das mãos do imperador Oto II, em Verona, e ter sido ordenado pelo arcebispo de Mogúncia (Mainz, em alemão), em junho de 983, ele volta a Praga.
A situação da Igreja da Boêmia é então totalmente diferente da que ele havia conhecido no estrangeiro. O bispo não é um dignitário soberano; o duque o considera mais como seu vigário. E se a população é cristã, ela conserva apesar de tudo inúmeras práticas heréticas da época pagã. Por outro lado, Adalberto execra as vinganças sanguinárias, o casamento dos padres (clerogamia) ou ainda o comércio de escravos cristãos que, todavia, tomam grande parte de seu cotidiano. A partir de então ele entra em conflito com parte dos senhores tchecos e com o próprio duque. A crise atinge seu paroxismo em 988. Adalberto deixa então o país, abandona sua função episcopal e volta para Roma, acompanhado de seu meio-irmão Gaudêncio (Radim). Na abadia de São Bonifácio e Santo Alessio, situada no Aventino, ele pronuncia seu voto de castidade.
Entretanto, o duque Boleslaw II envia uma delegação que consegue, depois de lhe ter feito várias promessas, levar Adalberto de volta a Praga. Ele retorna então ao seu país, acompanhado de monges, e em 993 funda, em Břevnov, o primeiro monastério masculino. Contudo, a situação no ducado não evoluiu desde sua partida. Desapontado, torna a abandonar sua função em 994. Nesse ínterim, a animosidade que opõe os Přemyslidas e os Slavnikidas transformou-se em ódio escancarado. Em 995, quase todos os homens da família dos Slavnikidas são assassinados em Libice, e seus domínios são totalmente liquidados.

Adalberto volta para Roma, passando desta vez pela Hungria, onde confirma o príncipe Vajk (ou Vaik) como o futuro rei Estêvão I. Em Roma, ele aproxima-se do imperador Oto III e de um dos membros de seu cortejo, Gerbert d'Aurillac, o futuro papa Silvestre II. Oto III e seus conselheiros apoiam o projeto de restabelecimento do Império Romano (*Renovatio imperii Romanorum*), que tem como ambição reequilibrar os poderes temporal e espiritual. O Império Romano deve servir como instituição soberana acima de todos os países da cristandade, no quadro de um universalismo reafirmado. Os jovens Estados da Europa central, como a Boêmia, a Hungria e a Polônia, devem ser integrados a essa arquitetura.

A ideia agrada a Adalberto. Em seguida a uma queixa feita pelo arcebispo de Mogúncia quanto à deserção do bispo de Praga, Adalberto deve deixar a abadia situada no Aventino e esperar para saber se os tchecos estão ou não prontos para recebê-lo de volta como

Quem faz os bispos? O papa ou o imperador?
Adalberto de Praga recebendo o bastão pastoral de bispo das mãos de Oto III por seu trabalho de missionário na Prússia (detalhe), cerca de 1150, bronze, Gniezno (Polônia), porta da catedral

bispo. Se a resposta fosse negativa, ele partiria em missão entre os pagãos. Adalberto passa esse período de espera indo de monastério em monastério às margens do Loire e em torno de Paris. Quando finalmente os tchecos se pronunciam contra o seu retorno, Adalberto faz uma etapa na Polônia durante sua ida à Prússia para converter os pagãos. Entretanto, seus esforços de evangelização da população local são infrutíferos e ele é assassinado em 23 de abril de 997. Boleslaw, o Valente, tenta tirar proveito do fato e fazer de Vojtěch um mártir e um santo sob medida para a jovem Polônia. Ele compra o corpo de Adalberto dos prussianos e o deposita em Gniezno. A cidade é então elevada à categoria de arcebispado no ano mil, e Gaudêncio, o meio-irmão de Vojtěch, é seu primeiro bispo.

No mesmo ano, o imperador Oto III em pessoa inicia uma peregrinação a Gniezno. Ele se prosterna na tumba de seu amigo e encontra o duque da Polônia, a quem reconhece como soberano. Na Hungria, o colaborador de Adalberto, Asteric, negocia nesse mesmo ano a obtenção de um arcebispado para Esztergom, onde é consagrada a catedral Santo Adalberto; é lá que Estêvão é coroado, tornando-se assim o primeiro rei da Hungria. Oto III contribuiu enormemente para difundir o culto a Adalberto. Ele foi o iniciador da primeira via consagrada ao santo, *Vita sancti Adalberti*, e ordenou a construção de inúmeras igrejas em seu louvor nas cidades importantes do império, tais como Aquisgrana, Liège, Ávila, perto de Subiaco, Roma, Pereo, perto de Ravena, assim como em Reichenau.

Em 1039, o duque Břestislav I lança uma expedição na Polônia. Ele prosterna-se diante do monumento consagrado a Santo Adalberto e proclama então um conjunto de decretos que devem pôr fim às sobrevivências pagãs contra as quais Adalberto havia lutado com esforço – em vão. Ele leva solenemente as relíquias do santo – ou ao menos parte delas – até Praga e as faz inumar na catedral Saint-Guy, esperando obter a elevação da cidade à categoria de arcebispado. O empreendimento fracassa, mas Adalberto, a partir da segunda metade do século XII, torna-se um dos patronos do país, ao lado de São Venceslau.

O legado de Adalberto como evangelizador de algumas nações no quadro da política otoniana marcou duravelmente a história da Europa central. || M. N. ||

Corte celeste e corte terrestre – a mediação dos santos
A Jerusalém Celeste, embaixo, à direita, os santos patronos e a Boêmia: Adalberto, Prokop, Venceslau e Ludmila, 1150, iluminura extraída de *De civitate Dei* de Santo Agostinho, Praga, castelo real de Hradcany

HEC URBS EX VIVIS CONSTAT STRVCTA LAPILLIS

SCS PETR · SCS IACOB

EGO IN ALTISSIMIS HABITO · SCS · SCS

VIDEO DNM FACIE AD FACIEM

AD MVNENTE LEQVENS ES ANA VENTE

LAUDATE ETERNA DNM SIC CELICA TVRBA EOSACRA MAIESTAS ESTDECELIS

ANGELI

QVOD AVRIS NEC VIDIT OCELLVS · ID FACTOR NOB TRIBVIT PIO AT QVR EDETOR

CONFES SCS VIR NES BOE ONENSES

HI SIBI CON MISSA REDDVNT · QVOD CREDENDOPQ AVDIV · SPES AMOR ATQ FIDES IVSTOS
DVPLI CATA TALENTA · M ECCE VIDEMVS · LOCAT HIC BOE MENSES

IC SVNT TRANQVILLE SEDES EX GAVDIA MILLE

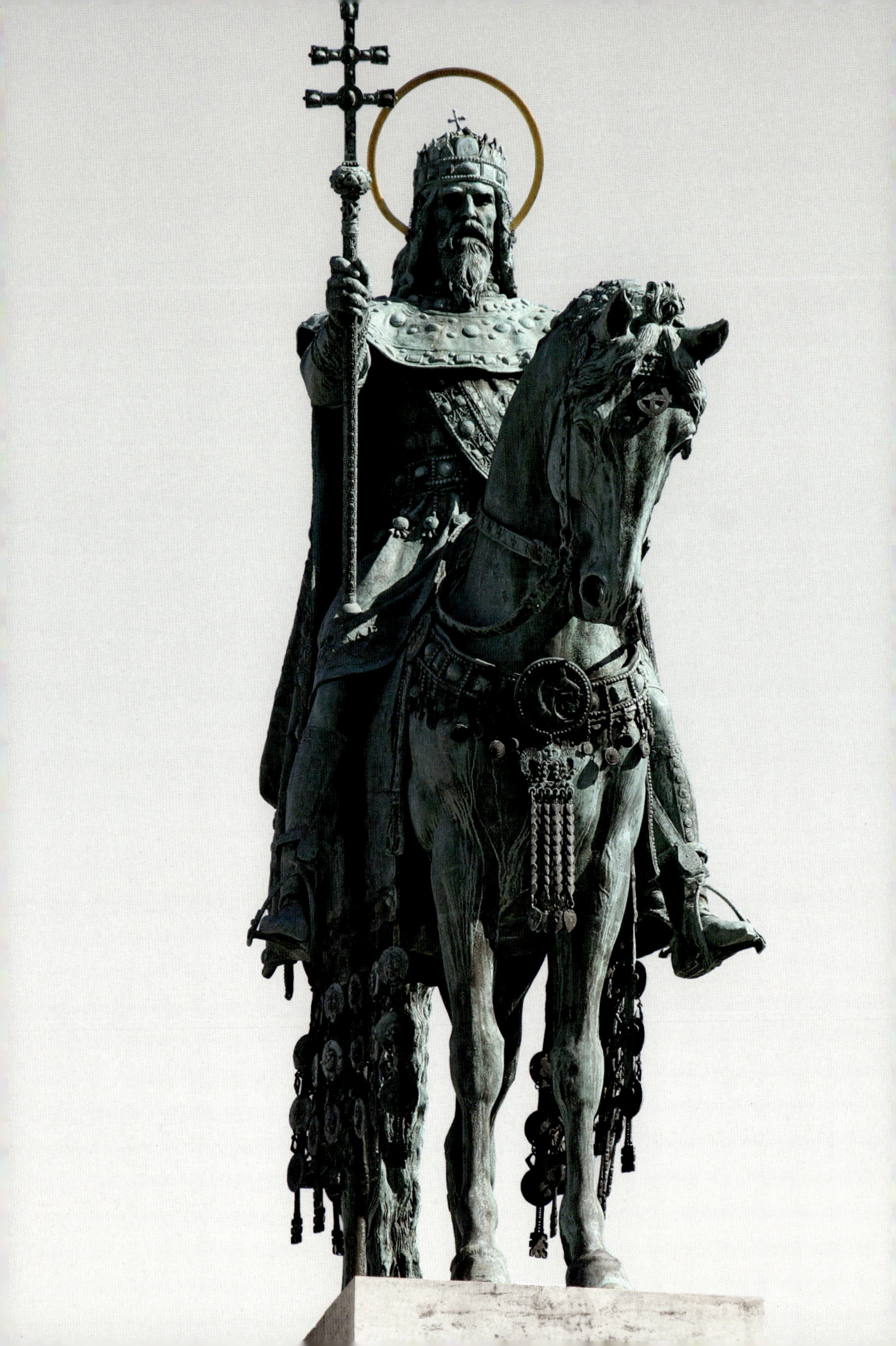

Santo Estêvão

Cerca de 970-1038

Descendente de Árpád, o príncipe que dirige a ocupação dos Cárpatos no final do século IX, Estêvão I é o fundador do reino cristão da Hungria. Seu pai, Geza, foi o grande-príncipe que, com mão de ferro, impôs um poder centralizado às tribos húngaras, após os revezes destas, e que colocou um fim às suas incursões devastadoras na Europa. Aceitando o batismo no rito latino, Geza promoveu a conversão de seu país à cristandade. Seu filho, Vaik (ou Vajk), nascido em torno de 970, tomou o nome de Estêvão (István) em seu batismo, talvez feito por Adalberto que, em 995, residia na corte húngara. Para seu filho, Geza escolhe como esposa Gisele, filha do duque Henrique II da Baviera. Quando Geza morre, em 997, seu filho se torna o grande-príncipe dos magiares. A aliança bávara foi útil para Estêvão, que precisou fazer face à revolta do pretendente rival, o chefe pagão Koppány, cuja derrota e execução cruel por esquartejamento inauguraram a reorganização da federação das tribos húngaras num verdadeiro Estado cristão.

Estêvão é coroado e sagrado rei da Hungria em Esztergom, no Natal do ano mil ou em 1º de janeiro de 1001, com o consentimento do imperador germânico Oto III e do papa Silvestre II. A história do envio de uma coroa pelo papa, contada numa narrativa lendária de sua vida no início do século XII, é provavelmente uma invenção tardia; é mais provável que as insígnias venham do imperador, tal como a "lança real", bem visível sobre a moeda que Estêvão mandou fazer após sua sagração. Essa história da doação papal nos adverte que, não obstante a importante ajuda que Estêvão recebeu do Santo Império para seu acesso ao trono, ele estava determinado a preservar a independência de seu reino. Aqui, a aliança com o papado, o outro poder universal do Ocidente, tornava-se muito importante, e é assim que, *a posteriori*, vemos em Estêvão a fonte da soberania dos reis húngaros.

O grande santo rei fundador zela continuamente pela cidade
Alajos Strobl, *Estátua de Santo Estêvão no Bastião dos Pescadores*, 1906, pedra e bronze, Budapeste

III

Estêvão impõe o cristianismo em todo o seu país: manda vir missionários e continua a combater a resistência dos chefes pagãos, como os "gyula" da Transilvânia, em 1003, ou Ajtony, que reinava sobre o sudeste da Hungria em 1008. Pannonhalma, a primeira abadia beneditina da Hungria, fundada em 996, recebe polpudas doações em 1002, segundo a carta de seus privilégios. A fundação do arcebispado de Esztergom e de sete outros bispados assegura assim a base das estruturas administrativas da Igreja da Hungria. O estatuto de Igreja e suas remunerações (os dízimos) são garantidos por lei. A atividade legislativa é então um traço distintivo do soberano cristão, e as leis promulgadas por Estêvão após sua coroação (e mais tarde, durante seu reinado), são recolhidas nos dois primeiros códigos jurídicos húngaros. Essa legislação contribui para a reorganização da sociedade: abolição do sistema tribal e transformação dos territórios dos clãs em condados (*vármegye*) em torno de um "castelo" gerido por um líder denominado *comes* (*ispán*). Os códigos enumeram os direitos dos senhores sobre seus servos, estabelecem os critérios de liberdade e os estatutos dos colonos estrangeiros (*hospites*) convidados pelo rei.

O grande mérito histórico de Estêvão é de ter preservado a independência de seu Estado nascente por uma combinação apropriada de diplomacia, relações dinásticas e força militar. Ele deseja estabelecer relações equilibradas para seu reino entre os dois impérios: o Santo Império Romano e Bizâncio. Ele presta ajuda a seu cunhado Henrique II em seu conflito com a Polônia de Boleslaw, o Valente. Ao mesmo tempo, em 1015, ele dá ajuda militar a Basílio II em sua campanha decisiva que esmaga o Estado búlgaro. A tudo isso se adiciona uma boa relação com Jaroslav, o Sábio, grão-duque do principado de Kiev (também conhecido como Rus de Kiev), e uma aliança com o doge Oto Orseolo, de Veneza, pelo casamento de sua irmã caçula. Veneza também é a terra de origem do eminente pensador e organizador eclesiástico, o bispo Gerardo Sagredo (Géllert[1]). O ideal de Estêvão é por um reino autônomo, que mantenha as portas abertas para todo tipo de convidados, mas que não dependa de nenhum deles. Uma das principais recomendações do "espelho de príncipe" que lhe é atribuído, o *Libellus de institutione morum*, dirigida ao seu filho Emeric, é a seguinte: "Um país com uma única língua e um único costume é fraco e vulnerável." Quando, em 1030, seis anos após a morte de seu cunhado Henrique II, o novo imperador germânico, Conrado II, o Sálico, ataca a Hungria e é preciso usar a força, Estêvão sabe defender seu país com vigor.

Os últimos anos de seu reinado são obscurecidos pela perda de seu filho e único herdeiro, Emeric – morto durante uma caçada ao javali, em 1031 – e pelos conflitos que deve afrontar para resolver sua sucessão. Ele escolhe seu sobrinho, Pedro Orseolo, o que provoca uma rebelião entre pretendentes rivais, que ele reprime cruelmente. Manda furar

---

1 Também conhecido como Gerardo de Csanád ou Gerardo da Hungria (em húngaro: Szent Gellért). [N.T.]

A História medieval: luta contra os pagãos e cristianização em massa
O rei Estevão I da Hungria combatendo as tribos eslavas e búlgaras lideradas por seu chefe Koppány, 1358-1370, miniatura extraída da *Crônica dos húngaros* do capelão Marci de Kalt, Budapeste, Biblioteca Nacional Szechenyi

os olhos e derramar chumbo fundido nos ouvidos de seu primo Vazul, príncipe primogênito da dinastia arpadiana, para afastá-lo da sucessão. Os filhos de Vazul fogem e se exilam na Polônia e no Rus de Kiev. Estêvão morre em 15 de agosto de 1038. Depois de sua morte, ocorre uma série de perturbações: seu sobrinho Pedro Orseolo e seu cunhado Samuel Aba lutam pelo trono e perdem suas vidas nesse combate. Em 1046, uma grande revolta pagã, dirigida por Vata, busca abolir a cristandade e o Estado de tipo ocidental. O retorno dos filhos exilados de Vazul restaura o reino da dinastia arpadiana, mas serão necessárias várias décadas e o aparecimento de Ladislau I para restabelecer o equilíbrio criado por Estêvão no início do segundo milênio. Será também Ladislau I que tomará a iniciativa para a canonização do primeiro rei e "apóstolo" dos húngaros em 1083. As lendas que cercaram a personalidade de Estêvão apresentam um rei forte, justo e piedoso, um *rex iustus*, cujo imenso mérito é a fundação do reino cristão da Hungria. Apesar de todas as flutuações da memória histórica e dos julgamentos sobre o passado, esse estatuto de Santo Estêvão jamais foi posto em causa ao longo dos séculos. || G. K. ||

Knut, o Grande

Cerca de 995-1039

"*Quid sunt regna nisi magna latrocinia?*", pergunta-se Santo Agostinho: "Que são os reinos, senão vastas rapinagens?". A justeza desse comentário desencantado talvez ofereça material para discussão, mas parece muito apropriada no caso de Knut, o Grande. Depois de ter regularmente pilhado os países cristãos durante séculos, os vikings da Escandinávia passam de forma progressiva à conquista organizada. Em 1013, o rei Sven I da Dinamarca conquista a Inglaterra, mas morre pouco tempo depois. Seu filho Knut volta à Dinamarca e depois retorna à Inglaterra no decorrer do verão de 1015. Em novembro de 1016, depois de muitas batalhas e da destruição de grandes regiões, ele conclui um acordo com o rei inglês Edmundo sobre a divisão do país. Edmundo morre pouco depois – sem dúvida assassinado – e Knut se torna o único rei da Inglaterra. Seríamos tentados a pensar que a passagem da rapinagem para a realeza estava fora de questão para o dinamarquês. Entretanto, ele consegue estabelecer um governo estável para o país, mesmo após a dissolução de seu exército, antes de voltar à Dinamarca, em 1018, para tomar posse da sucessão de seu irmão mais velho, Harald, à frente do reino. Ao contrário do que fará em seguida Guilherme, o Conquistador, Knut continua a tradição do poder anglo-saxão, apoiado pela Igreja e pela aristocracia local. Ele corrige as leis e se mostra generoso em relação à religião. Em 1027 faz uma peregrinação a Roma onde, aliás, é celebrada a coroação do imperador germânico Conrado II. Numa carta, ele se descreve então como um humilde peregrino, rezando nas tumbas dos Apóstolos para a remissão de seus pecados e para atrair a proteção de Deus sobre seu povo. Ele também menciona as honras que recebera do papa e do imperador.

Conquistas, cristianização, exaltação celeste
O rei Knut, o Grande, e a rainha Ælfgyva oferecendo uma cruz para Newminster. Acima, Cristo dentro de uma glória cercada dos santos patronos da Igreja, Maria e Pedro, cerca de 1031, iluminura, Londres, The British Library

Ælfgyfu

ſur
Ri
gi
na

CNVT

Rex

Algum tempo depois, Knut se lança à conquista da Noruega: chegando à frente de uma frota de cinquenta navios, é reconhecido por uma maioria de membros da alta nobreza local, descontentes com o rei Olaf II. Destituído e exilado na Rússia em 1028, este último será finalmente assassinado em seu retorno à Noruega, em 1030. Assim, de 1028 a 1035, Knut domina três reinos que constituem um verdadeiro império no Mar do Norte. Apesar disso, esse império tem curta duração. Todos os filhos de Knut morrem na década seguinte à sua própria morte e outras linhagens apoderam-se dos tronos; as antigas dinastias são restabelecidas na Inglaterra e na Noruega, e uma linhagem secundária se instala na Dinamarca. Em que pese tudo isso, a fama de Knut, o Grande, permanece gloriosa, tanto na Inglaterra quanto na Escandinávia. O historiador dinamarquês Saxo (cerca de 1200) apresenta-o como um grande conquistador, bom legislador e modelo para seus sucessores. Historiadores ingleses, como Guilherme de Malmesbury e Henrique de Huntingdon consideram-no um grande soberano. Historiadores islandeses como Snorri Sturluson (início do século XIII) citam poemas escáldicos em sua honra e mencionam seu grande poder e sua generosidade para explicar sua conquista pacífica da Noruega. Knut tornou-se, assim, um exemplo da passagem dos *latrocinia* vikings aos *regna* da alta Idade Média. || S. B. ||

São Venceslau (Vacłav)

Cerca de 906-929/935?

O Estado tcheco entra em cena na segunda metade do século IX e na primeira metade do século X, reunindo as diferentes tribos em torno da dinastia dos Přemyslidas. Uma etapa importante ocorre em 883: a admissão do cristianismo do rito eslavo pelo príncipe Bořivoj, da parte de São Metódio. A esposa do príncipe, Ludmila, também admite a fé cristã.

Venceslau, neto de Bořivoj, é filho de Vratisłas, que reina na Boêmia nos anos 915-921. A mulher de Vratisłas, Dragomira, pertence aos eslavos pagãos que habitam o norte da Boêmia. O reino de Venceslau (915-929/935?) conhece as invasões germânicas; seu território depende do reino alemão, na qualidade de feudo. As influências alemãs são visíveis na Boêmia desde o desmoronamento da Grande Morávia, e elas se ligam com o reforço do rito latino que substitui o rito eslavo – este, proveniente da Morávia – e com o pertencimento do território ao bispado germânico situado em Ratisbona.

Dispondo de pouquíssimas fontes, dificilmente se pode apresentar a pessoa do príncipe e seu reino. É somente a partir da segunda metade do século X que as lendas aparecem, cada vez mais abundantes, nas quais o príncipe é objeto de um culto. As lendas são escritas em língua arcaica eslava e em latim. As duas formas são bem enraizadas na Boêmia, que se torna mais forte no decorrer do século X, com a Igreja latina em progressão. Nessas lendas, o destino dramático e o martírio de Venceslau desenham-se claramente. Ele está ligado às lutas encarniçadas praticadas então pela unificação do Estado, entre os Přemyslidas e os chefes de tribos.

Retrato do jovem Venceslau, diante de uma paisagem, segurando uma espada e um livro (detalhe), cerca de 1490-1497, miniatura extraída do breviário de Isabela, encomendado por Isabela de Castela, Londres, The British Library

Nos primeiros anos, o reino, em nome do jovem Venceslau, permanece nas mãos de sua mãe, Dragomira. Ele recebeu uma excelente educação, entre outros, nos campos das línguas eslava, latina e grega, sob a curatela de sua avó, Ludmila. O reino de Dragomira é apresentado nas lendas como a época de uma forte reação pagã. Dragomira acaba por conseguir a morte de Ludmila, cujo culto vivíssimo, como o de um mártir, vai se espalhar, ao lado do culto de seu neto. Por sua vez, Venceslau é assassinado, em 929 ou 935, por seu irmão Boleslaw (morto em 976). Este unifica finalmente as tribos tchecas e forma um organismo estatal poderoso.

As lendas esboçam a personalidade de Venceslau como a de um homem e soberano educado, cristão fervoroso e construtor de igrejas. Sua piedade pessoal liga-se à preocupação que tem com os outros, incluindo os escravos. Ele é cuidadoso com a justiça e mal disposto em relação à pena de morte.

Seu culto se propaga principalmente a partir da segunda metade do século X. A fundação do bispado em Praga, nos anos 970, também tem sua importância. Mais tarde, o personagem do bispo Vojtěch (Adalberto), martirizado pelos pagãos em 997, também enraizou o culto de Vacłav na qualidade de patrono da Boêmia. Com o tempo, o culto toma um caráter bem especial: Venceslau é mais ou menos tratado como "o príncipe eterno", sendo cada soberano atual seu "substituto temporário". É nesse contexto que o rei da Boêmia e imperador Carlos IV, em 1341, ordena que a coroa tcheca seja doravante depositada na catedral de Praga, "sobre o crânio de São Venceslau". Além da Boêmia, o culto a Venceslau espalhou-se pela Polônia, pela Alemanha e pela Rússia (Rus) de Kiev, onde se conservou no círculo do rito ortodoxo. || J. K. ||

Escola tcheca, *São Venceslau*, cerca de 1085, iluminura extraída do *Codex de Vysehrad*, Praga, Biblioteca Nacional da República Tcheca

VEN
ZLA
VS DVX

IN
V
DV
S

O APOGEU MEDIEVAL
1000-1300

Desde o século XIX, a maior parte dos medievalistas está de acordo para datar o século XI como uma largada, marco de um impulso do mundo medieval europeu. Esse impulso é um fenômeno global, mas se apresenta sob diferentes formas, entre as quais se podem notar os componentes mais importantes. Se a economia da cristandade continua a ser fundamentalmente rural, ela conhece progressos reais nesse âmbito. A introdução do arado de ferro e munido de aiveca contribui para o aumento sensível dos rendimentos e, portanto, para um crescimento das riquezas que auxiliarão na criação e no desenvolvimento de certo número de cidades e na construção de monumentos imponentes, como as catedrais.

Sem dúvida, o fenômeno mais interessante é mesmo o impulso urbano ao qual está ligada a construção de catedrais. Esta transfere o prestígio dos monumentos religiosos dos monastérios do campo para as grandes cidades episcopais. A cidade se torna, ao mesmo tempo e por sua vez, concorrendo com o campo, um centro de produção. Ela é a sede da atividade que dará a imagem dinâmica característica à economia medieval, acima dos trabalhos do campo: a do artesanato. Esse artesanato conta com a ajuda tecnológica obtida da água que, além dos rios e dos lagos ligados principalmente à atividade rural, alimenta um intenso desenvolvimento de canais urbanos, o que fez das cidades medievais, segundo a expressão de um medievalista, "pequenas Venezas". O curtimento do couro, as formas artesanais da metalurgia, a multiplicidade de moinhos urbanos, sobretudo sobre as pontes, como em Paris, dão à cidade medieval dos séculos XI-XIII uma animação excepcional. O espaço do mercado torna-se um lugar de sociabilidade que marca o retorno, sob novas formas, da ágora ou do fórum antigos.

Ainda que o período vivencie certo recuo das guerras e das pilhagens, as cidades começam cada vez mais sistematicamente a se proteger por uma muralha que é, ao mesmo tempo, um instrumento de segurança, a marca de uma fronteira jurídica e um objeto de orgulho coletivo para os citadinos. Pouco a pouco, são também introduzidos, nas ruas e praças, métodos de limpeza que marcam os progressos de higiene coletiva. A cidade também é o espaço de uma localização social. Ela divide-se concreta ou administrativamente em bairros, nos quais a sociabilidade é favorecida pelo pertencimento majoritário a uma classe de nível social mais ou menos elevado. Em algumas regiões da cristandade, sobretudo na Itália, onde, diferentemente da maioria das outras regiões a nobreza amiúde possui um palácio ou uma casa na cidade, os lugares nobres são assinalados pela presença de torres mais ou menos altas, das quais a pequena cidade toscana de São Gimignano é um dos raríssimos vestígios. Apesar disso, em que pesem as características especificamente urbanas e a frequente presença de muralhas, a cidade medieval continua ligada ao seu meio ambiente campesino: a verdadeira realidade econômica, social e política continua a ser o conjunto burgo-periferia-campo.

A cidade torna-se também um centro de ensino e de cultura; ela com frequência eclipsa os mosteiros que, antigamente, haviam desempenhado com destaque esse papel. As escolas urbanas multiplicam-se, e no final do século XII nascem as escolas de ensino superior estruturadas por estatutos, o que faz com que se dê a elas o nome de universidades. Os primeiros exemplos ocorrem em Bolonha, Paris e Oxford.

Vê-se aparecer nas cidades uma classe social da qual certos membros acumulam uma importante riqueza, mas poucos desses burgueses deixaram um traço notável na história medieval. A cristandade continua a expandir sua influência. Os normandos conquistam a Inglaterra, pondo fim à dominação anglo-saxã. Os príncipes cristãos da península hispânica rechaçam os muçulmanos para o sul. A partir do fim do século XI, as cruzadas criam efêmeros Estados cristãos na Palestina, mas nenhum deles, instalados no Oriente Próximo, deixou lembranças memoráveis. Em revanche, as regiões já organizadas em nações veem os Estados monárquicos se reforçarem e se delimitarem com mais precisão. Guilherme, o Conquistador, dá à Inglaterra uma estrutura monárquica baseada numa boa administração financeira e policial, pela fundação do *Exchequer*[1] e pela criação de *sherifs*, magistrados encarregados de aplicar a lei num condado. No início do século XIII, sob Felipe Augusto, os soberanos da França substituem oficialmente seu título de *rex Francorum* por aquele de "rei da França". Os sucessores de Felipe Augusto desenvolvem o sistema de sua administração regional, dirigida por bailios no norte e por senescais no sul. O papado torna-se uma monarquia pontifical. Os reis de Castela, principalmente Alfonso X, o Sábio (1221-1284), também oferecem uma estrutura administrativa firme aos seus Estados. O direito é, em geral, consignado por escrito,

---

1. Em francês, *l'échiquier*, instituição financeira normanda imposta à Inglaterra por Guilherme, o Conquistador, depois da batalha de Hastings. Esse foi o terceiro ministério criado na Inglaterra e tinha por missão controlar o orçamento advindo dos impostos. [N.T.]

incluindo-se aí o direito costumeiro que ocupa o lugar deixado livre pelo direito canônico, reservado à Igreja. Esta é profundamente transformada por uma longa ação pontifical, comumente designada como reforma gregoriana, promovida pelo papa Gregório VII (1021-1065). Este último emancipa a Igreja da tutela dos poderosos laicos (originando um longo conflito entre papas e imperadores), mas também cede mais independência e importância aos laicos na sociedade. Parte desses laicos, em particular aqueles que doravante são chamados de burgueses, conquista uma importância urbana relativamente grande, fazendo de suas cidades o que se denomina uma comuna. O movimento comunal obtém um sucesso particular na Itália. Esses progressos provêm parcialmente do impulso demográfico que, por sua vez, repercute sobre o crescimento da cristandade. Em muitas regiões, tais como o sul da França, a fundação de novas cidades é o resultado, ao mesmo tempo, desse aumento da população e do domínio dos monarcas sobre regiões semi-independentes.

No século XIII, o grande movimento intelectual por um lado prolonga a criação poética, que se havia precedentemente desenvolvido em torno de Carlos Magno e outros heróis e, por outro, se manifesta pela produção de textos universitários cujo protótipo é constituído, a partir da segunda metade do século XII, pelas *Sentenças* de Pietro Lombardo. Deu-se o nome de "escolástica" ao seu desabrochar e ele produziu muitos dos maiores intelectuais da Idade Média, tais como Alberto, o Grande, e Tomás de Aquino.

O mundo dos mestres e estudantes, que frequentemente circulam de uma universidade a outra, pois a língua comum nesse meio é o latim, se impõe. Apesar disso, as línguas vernáculas não cessam de progredir e se tornam línguas literárias, nas quais se afirmam poetas e romancistas. A arte, por sua vez, conquista com dificuldades seu território específico e ainda continua a ser com frequência anônima na construção das catedrais romanas e posteriormente góticas. No entanto, os pintores veem evoluir seu estatuto e são cada vez mais considerados artistas que artesãos. O primeiro a desfrutar dessa promoção parece ter sido o italiano Giotto (1257-1336). Pode-se marcar o aspecto cultural desse apogeu da Idade Média notando a onipresença da música: sem produzir ainda músicos conhecidos individualmente, ela instaura, a partir de Guido d'Arezzo (cerca de 900-cerca de 1030), um sistema de notação que dura até os nossos dias, enquanto que em Paris o canto religioso na escola de Notre-Dame recentemente reconstruída suscita a admiração. Outro testemunho desse desabrochar da cultura é o fato de que o século XIII é aquele dos enciclopedistas, que escrevem tanto em latim quanto em língua vernácula. Citaremos aqui, nessa categoria, Brunetto Latini (cerca de 1220-1294), um franco-italiano que foi o mestre de Dante.

Enfim, o século XIII viu o aparecimento de um novo tipo de clérigos regulares, bastante diferentes dos monges do período precedente, e muito ligados, ao mesmo tempo, às cidades que foram suas residências e à escolástica, na qual se inspiraram, seja como estudantes, seja como mestres: as ordens mendicantes. Amiúde predicadores — tais como os dominicanos, oficialmente chamados de "pregadores" —, eles difundem uma "nova palavra", que é uma das grandes criações da cultura medieval, enquanto a leitura se tornava, nesse século XIII, "silenciosa". Essas novas ordens regulares urbanas devotam-se à luta contra um flagelo que tende a se expandir, duro preço de todos esses progressos: a pobreza.

Esse período do apogeu medieval é aqui coroado pelo retrato de Dante (1265-1321), monumental gênio literário da Idade Média. || J. L. G. ||

Claues ꝑ quoſdã ſunt triginta. quiꝫ ſepte de ſis ⁊ quatuordeci de ꝑ
cus ⁊ ſeptem de quartas ⁊ ſepte de q̃tis. ⁊ ẽ triginta quiꝫ ſed ĩ
alios nõ ſ ñ ſepte ⁊ lam ille q̃ ſ ĩ ſis ⁊ p eoſdẽ pũctos. ſ ĩ eris ⁊ q̃tas ⁊
q̃tis ſꝯ aumentat̃ copulando curſu ſuũ ſ ꝗ nata de eris ⁊ q̃tis ⁊ qui
tis reꝗt. Aſſertiue dico q̃ ſi ẽ ñ unica claues cō multiplicat̃ ſepa
es uno pũcto minus ꝑ xix pũctos quos hñs ĩ palma. Sit poſſ multipli
Q̃s ẽ claues ĩ hac arte Claus est ſciam artis Cauri ĩ infinita
muſice aperiens artificialr̃ ſepte lr̃is ⁊ ſex pũctos a doctoribꝰ nr̃is.
Inſtinctu diuino reperi

Guido d'Arezzo

Cerca de 990-cerca de 1030

Guido d'Arezzo nasceu na Toscana e morreu no monastério de Avellanao. Ainda criança, teria recebido sua formação musical na escola da catedral de Arezzo, onde em seguida foi subdiácono, segundo os arquivos episcopais da catedral. A documentação sobre sua vida é lacunar. Alguns momentos importantes são relatados na dedicatória de seu tratado de música, *Micrologus* (cerca de 1025), assim como na *Epistola ad Michahelem*, a *Carta a Miguel*, frade no monastério de Pompsa, onde Guido viveu por algum tempo. Seu contemporâneo, o monge beneditino Sigebert de Gembloux (cerca de 1028-1113), relata em sua *Crônica* que Guido teria nascido na região de Arezzo. A partir dos anos 1013, ele entra para o monastério beneditino de Pompsa, perto de Ferrara. Entretanto, em torno de 1020, ele entra em conflito com o abade e com a comunidade, seja devido às suas inovações musicais e pedagógicas, seja em razão de tensões entre o monastério e o arcebispo de Ravena. Ele é então chamado pelo bispo Teobaldo para assegurar a educação musical das crianças da catedral de Arezzo. O grande renome de Guido o leva até Roma, onde em 1028 é recebido pelo papa João XIX (1024-1032). Seu novo sistema de notação musical obtém o reconhecimento pontifical, marcando assim uma mutação maior na história da escritura, dos métodos e das práticas musicais no Ocidente.

"Uma grande distância separa os músicos (*musicorum*) dos cantores (*cantorum*): estes executam, aqueles sabem do que é feita a música." É nesses termos que Guido d'Arezzo estabelece duravelmente a distinção entre o sábio (*musicus*) e o prático da música (*cantor*). Ao lado da prática das artes liberais, ele ensina a ciência racional dos números, as proporções da oitava, da quinta e da quarta, assim como os oito modos. A aprendizagem do canto sobre o livro dos Salmos era indispensável ao louvor litúrgico, o que explica a importância dos tratados de música. Retomando Platão, eles definiam a *mousikè* como "a arte musical que ouvimos", capaz de engendrar a ordem e a harmonia do mundo.

O *Micrologus* é de grande modernidade. Explicitando as regras da monodia litúrgica, ele

Um momento essencial no desenvolvimento da maior arte medieval: a música
A mão de Guido d'Arezzo, na qual são colocadas as chaves (atuais claves) que, no campo do solfejo, permitiam visualizar mais facilmente os intervalos, século XI, iluminura extraída de Scienta Artis Musicae, de Hélia Salomon, coleção privada

transformou a música ocidental, a saber, a notação e a extensão musicais, o ensino do canto pela divisão do monocórdio, assim como a quironomia, pela mão dita "guidoniana". No século XI, a notação musical perdura sob a forma de neumas. Surgidos no século VIII, esses signos gráficos consistiam em longos melismas cantados sobre uma sílaba e em fórmulas melódicas e rítmicas conhecidas dos monges. No plano semiológico, eles correspondiam às representações musicais das sílabas, das quais facilitavam a memorização e a pronúncia: o eclesiástico que dirigia a escola ensinava as crianças a "cantar tudo o que se diz". Inscritos em diferentes alturas sobre uma linha imaginária horizontal acima das palavras, os neumas nem sempre indicavam os intervalos, nem as alturas de notas. A grande inovação de Guido é a invenção da notação sobre a pauta, um conjunto de linhas coloridas de vermelho, amarelo e verde: ele atribui uma colocação para cada som e posiciona os sons sobre e entre as linhas. O número de linhas varia até ser fixado em quatro, no século XIII, e depois em cinco, no século XVI. Respeitando as regras da teoria modal do canto litúrgico, Guido adiciona às pautas algumas letras-chave (F, C ou G), permitindo as alterações. Esse sistema de notação da melodia é o precursor da pauta musical moderna. Como bom pedagogo, Guido d'Arezzo aplica o antigo sistema de intervalos à notação musical de seu tempo. Ele adapta as relações pitagóricas à divisão do monocórdio de Boécio. Em *Epistola ad Michahelem*, ele expõe seu método pedagógico de memorização das seis notas da gama (hexacorde): chamada de solmização, ela consiste em cantá-los sobre as sílabas "Ut-Ré-Mi-Fa-Sol-La", dispondo o meio-tom (*mi-fa*) no meio de quatro intervalos de um tom. Conjuntas e ascendentes, as seis notas provêm do início dos versos do hino de vésperas de São João Batista: "*UT queant laxis/ REsonare fibris/ MIra gestorum/ FAmuli tuorum/ SOLve polluti/ LAbii reatum*"[1]. Mais tarde se adicionará o Si para fazer a junção com a oitava superior ou inferior; é extraído do versículo seguinte do hino: "*Sancte Ioannes*". A tradição atribui a composição deste hino a Paulo, o Diácono (cerca de 720-799). As notas tomaram então o nome das sílabas, cuja designação é conservada atualmente nos países de língua latina, tendo somente o *ut* se transformado em *do* na Itália, no século XVII. Nos países germânicos e anglo-saxões, as letras do alfabeto ainda são utilizadas em nossos dias para designar as notas da gama. Guido d'Arezzo também recorreu à quironomia: esse procedimento pedagógico da mão harmônica, dita "guidoniana", situa os tons e os meios-tons nas articulações e nas extremidades dos dedos, visualizando assim as correspondências entre as notas. Os sistemas pedagógicos e musicais do monge beneditino exerceram uma longa influência sobre os teóricos e os compositores, de Guillaume de Machaut a Joaquin Després, de Monteverdi a Johann Sebastian Bach, e até sobre o *Tratado de harmonia*, de Jean-Philippe Rameau, em 1750. || M. C. ||

---

[1] "Para que teus grandes servos possam ressoar claramente a maravilha dos teus feitos, limpe nossos lábios impuros, ó São João." [N.T.]

Gudrid Thorbjarnardottir

Século XI

Gudrid Thorbjarnardottir, uma islandesa do século XI, é uma das personagens principais de duas sagas islandesas que, juntas, são designadas como "as sagas do Vinland", segundo o nome dado pelos imigrantes *norrois*[1] vindos da Groenlândia para o país que eles descobriram na última década do primeiro milênio. Nascidas de tradições orais, foram escritas na primeira parte do século XIII. Depois de alguns anos, os *norrois* foram obrigados a deixar o Novo Mundo. A informação sobre o local de seu estabelecimento perdeu-se até os anos 1960, quando Helge e Anne Stine Ingstad descobriram em Anse-aux-Meadows, na Terra-Nova (atual Canadá), um habitat que atestava a proveniência *norroisana* dos ocupantes. A despeito do fascínio moderno por essa descoberta, o interesse principal dos autores concentrou-se não sobre os exploradores masculinos, mas sobre uma mulher, Gudrid, fornecendo mais informações sobre ela que sobre os outros personagens. Gudrid é uma das primeiras mulheres sobre as quais é possível estabelecer uma biografia. Reteremos duas de suas contribuições pessoais mais significativas: suas viagens e sua descendência. Depois abordaremos sua importância a longo prazo: o papel para a transmissão de elementos da cultura de um canto do mundo para outro.

Gudrid é uma heroína na Islândia. No lugar em que nasceu, ela é comemorada por um mapa-múndi em que são mostradas suas inúmeras viagens. Uma estátua a honra numa fazenda do norte onde passou seus anos de mulher madura, com o marido e os filhos, depois de seu retorno de Vinland e da Groenlândia. Chegada à Groenlândia com seus pais, Gudrid se casa com Thorstein, filho primogênito de Eric, o Vermelho. O casal inicia uma viagem para outra colônia da Groenlândia, onde Thorstein morre, e Gudrid volta para junto de Eric. O outono seguinte vê a chegada de novos imigrantes, entre os quais um mercador islandês, Thorfin, apelidado Karlsefni, com quem ela se casa pouco tempo depois. Karlsefni deseja continuar suas atividades de mercador, mas a animada discussão em torno de "Vinland, o Bom", o país recentemente descoberto, o excita vivamente. Encorajado pela mulher, ele decide ir para lá e instala-se de maneira estável, mas seu grupo só permanece por poucos anos. Gudrid dá à luz um bebê, um menino chamado Snorri, primeiro autóctone de raízes europeias no Novo Mundo. Quando Snorri tem três anos,

---

[1] Povo que falava o *norrois* (norreno), língua arcaica dos povos escandinavos, também chamada de *velho islandês*, nórdica ou *germânica setentrional*. [N.T.]

Karlsefni toma a decisão de retornar à Groenlândia devido às hostilidades dos índios e à falta de mulheres entre os *norrois*, dois problemas que comprometem o projeto de uma colônia permanente. Após ter passado algum tempo na Groenlândia e na Noruega, Karlsefni volta com a família para a fazenda de seus pais. Depois de sua morte, Gudrid, auxiliada por Snorri, assume a direção. Quando Snorri se casa, "Gudrid vai para o estrangeiro, para o sul". Durante sua ausência, Snorri construiu uma pequena igreja em suas terras, e quando Gudrid volta se instala nela como *einsetukona* (freira). No discurso das sagas, "ir para o sul" é a fórmula que assinala uma peregrinação a Roma. Se os leitores modernos ficam impressionados por essas viagens, os antigos sentiam mais interesse pela descendência de Gudrid, em particular pelo extraordinário fato de que quatro bispos islandeses se encontram entre seus descendentes. Sem dúvida é esta a razão pela qual Gudrid tem tal lugar nas duas sagas. Esses bispos são mencionados indiretamente no primeiro texto, numa cena situada na Groenlândia, onde o futuro de Gudrid lhe é predito por uma profetisa pagã, e no outro por Thorstein, seu primeiro marido, então em seu leito de morte. Os nomes de três bispos são ligados à árvore genealógica de Gudrid, e o quarto é mencionado em outro texto. Todos eles remontam ao casal ancestral por sua própria mãe. Devido a essa filiação materna e pelo fato de que Gudrid viveu mais longamente que seu marido, a importância de seu papel é sublinhada. Quando deixam a Islândia, Gudrid e seu pai já são cristãos. Forçados a desembarcar no sul da Groenlândia, eles passam o inverno entre pagãos. Quando seu hospedeiro se propõe a arranjar um rito para determinar quando a escassez de alimentos acabará, o pai abandona a casa, recusando-se a participar, mas Gudrid se presta a cantar para ajudar a profetisa encarregada, mesmo que ela não seja "nem mágica, nem profetisa, mas de fato cristã".

Como Thorbjorn e Gudrid se tornaram cristãos? Um ancestral celta, chamado Vifil, está indubitavelmente na origem de sua conversão. Sendo escravo e já cristão ao chegar à Islândia, ele transmite sua religião aos seus filhos, que por sua vez a perpetuam. Assim, Gudrid manteve vivo esse cristianismo celta que já atravessou quatro gerações. Na Groenlândia, ela se mostra capaz de manter um discurso cristão, a crer nos autores das sagas. Nesse ínterim, na Islândia, o cristianismo foi oficialmente aceito, e em seu retorno Gudrid pode apoiar-se nas instituições da Igreja. Suas convicções pessoais são realçadas por sua notável peregrinação a Roma e por sua posterior vida de religiosa. Se os textos evidenciam Gudrid como mediadora das duas religiões, seu papel na transmissão dos saberes históricos é menos fundamental. Parece natural que na Islândia ela tenha falado de suas viagens, sobretudo a respeito do Vinland. Será possível que também tenha falado disso em Roma? Pode-se considerar que Gudrid possa ter sido a primeira a informar o Antigo Mundo sobre a existência do Novo – ideia emprestada de Halldór Laxness. Mas não é preciso imaginar que Gudrid tenha se confessado a um monge e que ele a tenha depois escrito, como afirma Laxness. Ela certamente soube se fazer entender. A hipótese de Laxness deve ser conectada aos trabalhos de Adam, em Bremen. Uma geração após a visita de

Gudrid a Roma, a informação concernindo ao Vinland pode passar de Roma a Bremen. Nesta cidade, em meados do século XI, o clérigo Adam redigia a história da diocese de Hamburgo-Bremen, desde o estabelecimento até sua época. Ele menciona que o rei da Dinamarca lhe falara "de uma ilha no oceano descoberta por muitos e chamada de ilha dos vinhos, porque as vinhas selvagens que lá nasciam produziam o melhor vinho." O livro de Adam antecede em 65 anos a fonte mais antiga na Islândia que faz menção ao Vinland, e em quase dois séculos as duas sagas. Dito de outra forma, Adam é o primeiro a mencionar o Vinland. Estaria ele disposto a incluir essa história fantástica já que as narrativas dos dinamarqueses se encontravam confirmadas por suas próprias fontes vindas de Roma? Uma das duas sagas oferece uma rara explicação da criação delas ao declarar que o próprio Karlsefni relatou as histórias mais detalhadas de suas viagens. Havíamos deixado Gudrid em sua pequena igreja, ela que conheceu tanto quanto Karlsefni as histórias do Vinland. Devido à sua longa vida e às suas aventuras na Europa, ela tinha mais narrativas em reserva que ele. Ela teve todo o tempo para entreter sua família e seus convidados com a história de sua vida. Quem outro senão a própria Gudrid teria podido tão bem assim transmitir essas histórias? || J. J. ||

Gregório VII (Hildebrando)

Cerca de 1020-1085

O papa Gregório VII é a figura emblemática da grande reforma da Igreja iniciada em meados do século XI por Leão IX, e cuja fase polêmica termina com a convenção de Worms em 1122. A marca de Gregório VII na história é de ter deixado um qualificativo: reforma "gregoriana", ou teocrática "gregoriana". Nascido numa família modesta de Savona (Toscana), Hildebrando recebe sua primeira educação religiosa no monastério de Santa Maria do Aventino, em Roma, onde são observados os costumes clunisianos. Entretanto, contrariamente a uma lenda tenaz, Hildebrando não

Rex rogat abbatem, Mathildim supplicat atq;

pertenceu à própria igreja clunisiana. No meio romano, o jovem toscano se insere pouco a pouco nas engrenagens do aparelho da Igreja, graças a Giovanni Gratian Pierleoni, que se torna papa em 1045, sob o nome de Gregório VI. No decorrer dos pontificados de Leão IX, Victor II, Nicolau II e Alexandre II, ele progride no *cursus honorum* como cardeal subdiácono, encarregado de importantes missões diplomáticas na Alemanha e na França; arquidiácono encarregado das finanças da Igreja; principal conselheiro de Alexandre II, ao qual sucede em 22 de abril de 1073 por decisão dos cardinais eleitores instituídos nessa função pelo recente decreto de Nicolau II (1059). Os anos passados em Roma e em missões situaram-no no âmago dos problemas que agitam a cristandade: relações dos poderes temporal e espiritual, vida e conduta dos clérigos que maculam com dois males principais, a simonia (compra e venda de um cargo eclesiástico) e o nicolaísmo (concubinato ou casamento dos padres). Hildebrando escolhe o nome de Gregório VII em sinal de admiração por Gregório I, o Grande (590-604), e seu ideal de "reitor cristão". Seu pontificado é caracterizado por uma longa luta para impor a ordem romana aos quadros da Igreja e as prerrogativas da soberania romana aos grandes senhores, príncipes, reis e imperadores cristãos, pouco inclinados a submeter-se ao espiritual. O afrontamento de Gregório VII e do imperador Henrique IV cristaliza-se em torno das "investiduras", isto é, a instalação ritualizada num cargo espiritual, tal como o episcopado, por um detentor do poder temporal. Excomunhão do imperador (1076), penitência em Canossa (1077), eleição de um antipapa (Clemente III) pelo partido imperial (1080), cerco de Roma (1081) e liberação de Gregório VII pelo príncipe normando Robert Guiscard (1083): o pontificado de Gregório VII é uma longa odisseia que acaba em exílio, em Salerno, onde o soberano pontífice morre em 25 de maio de 1085. A doutrina em ação na reforma dita "gregoriana" está contida num conjunto de cartas (especialmente as duas enviadas, em 1076 e em 1080, ao bispo Hermann de Metz) e nos *Ditos do papa* (*Dictatus papæ*), conjunto de proposições cujo caráter programático permite assimilá-lo a uma coleção canônica. O mais célebre desses "ditos" é relativo à doutrina da infalibilidade do papa, que não pode errar, e contra o qual ninguém pode se insurgir, sob pena de cair na heresia. A finalidade principal dessa reforma "teocrática" é justificar, em teoria, e impor, nos próprios territórios de combate, o poder dos clérigos. Trata-se de assimilar a Igreja ao mundo e colocar os que lidam com o espírito numa função de enquadramento e de controle da sociedade cristã, dado que, na ordem do mundo cristão, a carne obedece ao espírito, e que, numa concepção harmônica das hierarquias que comanda o cosmos, a sociedade e o coração dos homens, o inferior (homem) não pode aceder ao superior (Deus) senão pela mediação de uma instância intermediária ocupada pela instituição eclesiástica. || D. I.-P. ||

A grande arma da Igreja: penitência e humilhação
O imperador germânico Henrique IV com roupa de penitente implora pelo perdão do papa Gregório VII, refugiado no palácio da condessa Matilde da Toscana, em Canossa, em 25-28 de janeiro de 1077, miniatura do século XII, Roma, Biblioteca do Vaticano

Guilherme, o Conquistador

Cerca de 1027-1087

Guilherme é o filho único do duque Roberto II da Normandia e de sua *frilla* (concubina livre) Herleue. Quando Roberto II parte em peregrinação a Jerusalém, em 1035, faz reconhecer o pequeno Guilherme como seu herdeiro. Contudo, a união *more danico* (à moda dinamarquesa) com uma *frilla*, durante muito tempo tolerada, não é mais admitida, e a minoridade do "bastardo", realçada por ocasião da morte de seu pai no caminho de retorno, é um tempo de anarquia, em que os "ricardistas" – descendentes do duque Ricardo I – recusam sua autoridade. Eles se despedaçam, levando consigo nas lutas seus vassalos, aristocracia instável em que se mesclam descendentes dos vikings, bretões e franceses. A anarquia impera em todos os lugares: o tutor de Guilherme, Gilbert de Brionne, é assassinado; seu protetor, o senescal Osbern, é degolado no quarto da criança. Um complô para destituir o herdeiro em proveito do ricardista Guy de Brionne falha por pouco: Guilherme pede o auxílio do rei da França, Henrique I, e com ele consegue, em 1046, uma vitória decisiva em Val-ès-Dunes.

A infância de Guilherme explica seu caráter: a dureza e o rigor confinam com a crueza desse guerreiro, organizador tenaz e paciente. De seu casamento com Matilde, filha do conde de Flandres, ele tem nove filhos; não terá nem amantes, nem bastardos. De 1046 a 1066, pacifica o ducado, apoiando-se na Igreja e usando a Trégua de Deus[1]. Matilde e ele fundaram duas grandes abadias em Caen, a Abbaye-aux-Hommes e a Abbaye-aux-Dames, e graças ao prior do Bec (na Alta Normandia), Lanfranc, ele conta com o apoio da Igreja. Ele destrói os castelos construídos sem o aval ducal e elimina os ricardistas. Apodera-se do Maine, contém a Bretanha, o Anjou e o rei da França. Em 1015, seu primo, Eduardo, o Confessor, último rei anglo-saxão, escolhe-o como sucessor, apesar da hostilidade da aristocracia anglo-dinamarquesa, embora um de seus chefes, Harold, parece tê-lo aceito. Seguro de seu prestígio, bem respaldado por seus meios-irmãos Eudes, bispo de Bayeux, e Robert, conde de Mortain, Gui-

---

1 Suspensão da atividade guerreira durante certos períodos do ano, imposta na Europa pela Igreja Católica Romana durante a Idade Média – em geral, entre a noite de quarta-feira até a manhã da segunda-feira, assim como durante o Advento, o Natal, a quaresma e entre a Páscoa e o domingo de Pentecostes. Esta era uma iniciativa da Igreja para controlar a violência feudal por meio da aplicação de sanções religiosas, constituindo a primeira tentativa organizada de controlar a sociedade civil por meios não violentos. [N.T.]

Uma batalha decisiva que decide o destino da Inglaterra
O rei da Inglaterra Harold II morto por Guilherme, o Conquistador, na batalha de Hastings, em 14 de outubro de 1066. Cerca de 1280-1300, iluminura, Londres, The British Library

Apres seynt Edward reg-
na Harald le fiz Gode-
wyn, counte de Kent, a force a tort. ix. moys. dunk le
centrwilll bastard. e ly tol-
ist la vye e le regne e quist
a tete. harald gist a Waltham.

Puis regna Will' bast-
ard xxi. an. puis mo-
rust e gist a Kame en
Nimundie

lherme está pronto. Todavia, quando Eduardo morre (janeiro de 1066), Harold é coroado rei. A investida militar na Inglaterra, sobre a qual a tapeçaria de Bayeux oferece uma preciosa comprovação, é uma façanha. Guilherme obtém o apoio do papado reformador de Alexandre II, discípulo de Lanfranc em Bec, que lhe confia o estandarte, legitimando a empreitada. Ele constrói uma imensa frota e recruta cavaleiros vindos de toda a França: sua armada é só um pouco menor que aquela de Harold. Bloqueada pelos ventos durante todo o verão, ela atravessa o Canal da Mancha no final de setembro. Harold não a esperava mais: ele precisara precipitar-se para o norte para enfrentar o rei da Noruega, Harold Hardrada, a quem eliminou em Stamfordbridge. Em seguida retornou para bater-se, em 14 de outubro, na batalha de Hastings. Durante muito tempo indefinida, a vitória é alcançada pelos normandos, cujos ataques aniquilaram a infantaria inglesa. Com Harold morto, os anglo-saxões cedem. Guilherme marcha sobre Londres e as elites inglesas aderem: ele é coroado em Westminster no Natal. Mas a desconfiança não desapareceu: quando os normandos que permaneceram no exterior da igreja ouvem as tradicionais aclamações, creem numa rebelião e incendeiam as casas do burgo.

Guilherme tenta primeiramente governar com as elites anglo-saxãs, mas incessantes revoltas põem fim a essa política. A guerra de conquista será total. Guilherme faz várias campanhas terríveis; em consequência, a política da terra arrasada, o massacre e a deportação de populações arruínam o norte. Os castelos, com torres, fortificações e paliçadas quadrilhando o território, são a arma normanda por excelência: a Torre de Londres, edificada não para defender a cidade, mas para controlá-la, é um bom exemplo disso. Um estrito sistema feudal disciplina e mobiliza a aristocracia guerreira: os *tenants en chef*[2], diretamente dependentes do rei, dele recebem conjuntos de feudos e lhe retribuem garantindo o apoio de sua cavalaria para formar o contingente do exército; por sua vez, os cavaleiros assim mobilizados retiram das terras os benefícios necessários à sua manutenção. Esses conjuntos são dispersos, salvo exceção. A mutação da classe dominante é total: quando o Conquistador morre, 95% das terras senhoriais estão nas mãos dos normandos ou de franceses que também abarrotam a Igreja, tal como Lanfranc, arcebispo de Cantuária. Em que pese tudo isso, o Conquistador se pretende um sucessor do Confessor: ele conserva as instituições inglesas, o condado com sua corte e seu *sheriff*, e defende as leis inglesas e a paz do rei. Pouco a pouco, a Inglaterra é pacificada: disso dá testemunho o levantamento do *Domesday Book*, radiografia da Inglaterra, vilarejo por vilarejo. De fato, as dificuldades de Guilherme vêm não da Inglaterra, mas da França: o rei Felipe I, o Anjou, a Bretanha e Flandres desafiam-no em duras batalhas e ele deve enfrentar duas revoltas de seu filho primogênito, Robert Courteheuse. Ele morre de um ferimento recebido em Mantes, em 1087. Se por um lado o "bastardo" soube se fazer "Conquistador", por outro teve acima de tudo a incansável energia e o pragmatismo necessários à fundação de um império duradouro que mudaria para sempre o destino da Inglaterra. || J.-P. G. ||

---

2 Donatários, vassalos de Guilherme, a quem ele entrega as terras que se encontravam sem senhores – cerca de metade do reino da Inglaterra. [N.T.]

Santo Anselmo de Cantuária

Cerca de 1033-1109

Anselmo de Cantuária (ou do Bec) é uma grande figura intelectual da Idade Média que atravessou a história da cultura ocidental até nossos dias. Célebre por sua tese da prova e da necessidade da existência de Deus, ele é discutido por toda a tradição filosófica moderna, de Descartes a Karl Barth, passando por Leibniz e Hegel.

Anselmo nasceu numa nobre família lombarda. Como outros filhos de famílias aristocráticas do norte da península atraídos pelo monarquismo então florescente na França do sul e na Normandia – Guilherme de Volpiano, Heldric de Auxerre, Lanfranco –, ele deixa os seus para dedicar-se a uma busca intelectual que o conduz a Cluny (?), a Paris e ao Bec-Hellouin. É neste último lugar que ele se fixa, na companhia de Lanfranco de Pávia (1010?-1089), mestre em artes liberais, que se torna célebre na polêmica contra Berengário de Tours sobre a questão eucarística e a interpretação simbólica proposta por Berengário e os "berengarianos". No Bec, em 1060, Anselmo escolhe a vida monástica e, três anos mais tarde, sucede a Lanfranco como prior do monastério e como mestre-escola. Quando o abade Herluin morre, em 1079, os monges da comunidade escolhem Anselmo como seu novo pastor. Eadmer, o biógrafo de Anselmo, vê no Bec e em sua escola monástica o farol da vida espiritual e intelectual daquele tempo.

Em 1093, Anselmo vai da Normandia para a Inglaterra, conquistada em 1066 pelos príncipes normandos comandados por Guilherme, o Conquistador. O rei Guilherme, o Ruivo (1087-1100) nomeia-o arcebispo de Cantuária. Começa então para Anselmo uma vida de afrontamentos e de exílios ao sabor dos episódios da luta que trava pela liberdade da Igreja contra Guilherme, o Ruivo, e seu sucessor, Henrique I Beauclerc (1100-1135). Defensor de uma reforma radical da Igreja ao lado do papa Urbano II (1088-1099), o novo primaz da Igreja da Inglaterra se opõe à ingerência da política real nos negócios clericais. Em nome da distinção das esferas, ele recusa a investidura de seu cargo das mãos do soberano. O conflito, que o obriga duas vezes a deixar a ilha (1097 e 1103), só tem fim com o compromisso mantido entre as duas potências no acordo de Londres, em 1107. Anselmo morre dois anos mais tarde.

Na história intelectual do Ocidente latino, Anselmo é uma figura maior do impulso das artes liberais e da dialética (ou lógica) como técnica de demonstração sob a forma da dúvida metódica do crente que busca justificar sua fé na razão (*fides quærens intellectum*). Ele ocupa um lugar original entre o pensamento e as técnicas dos pais latinos (começando por Agostinho) e os futuros mestres da universidade (Tomás de Aquino). Sua obra percorre todo o arco da doutrina cristã: a existência de um Deus trino (*Monologion, Proslogion*), necessidade de encarnação de Deus (*Cur Deus homo*), divindade e ontologia da verdade (*De veritate*), vontade, livre arbítrio e ação da graça (*De libertate arbitrii, De concordia*). Essa obra marca duravelmente a evolução do pensamento ocidental em três direções principais nas fronteiras da teologia e da filosofia.

Sua primeira contribuição determinante é de ordem linguística. Na dinâmica de Agostinho (*De trinitate*) e da teoria agostiniana do signo, Anselmo se questiona, no *Monologion*, sobre as relações entre linguagem e realidade, partindo do Verbo criador, portador ao mesmo tempo do Criador e da essência de todo objeto, que obriga a pensar a Criação como uma relação entre modelo (*exemplar*) e forma (*forma*) contida *ab ovo* no espírito do Criador. É por meio dos "verbos naturais", conceitos universais pré-existentes, que o homem pode atingir o conhecimento, ao menos por aproximação, sobre o modo da semelhança entre modelo e forma. Em *De veritate*, ele insiste sobre os fundamentos ontológicos da verdade das coisas enunciadas. Assim fazendo, ele se opõe à corrente então nascente no mundo dos mestres em artes (que ele denuncia como "heréticos da dialética") do nominalismo, para o qual os conceitos universais não passam de comodidades linguageiras, "sopros de voz" (*flatus vocis*) sem referentes ontológicos. Para Anselmo, é impossível aceder ao objeto do pensamento sem passar pela via do espírito, nem se referir aos conceitos universais. Outra linha pioneira da obra de Anselmo encontra-se no campo das provas de Deus e das necessidades da Encarnação. No *Monologion*, ele desenvolve a tese da incomensurabilidade de Deus, definido negativamente como essa "coisa tal que nada maior pode ser pensado", como *maius omnibus*, que só saberíamos atingir sob a forma de um remontar dos efeitos em direção a sua Causa, uma Causa primordial na qual a essência de Deus se diz e se define por si mesma. Em *Cur Deus homo*, primeiro tratado conhecido no Ocidente medieval de um diálogo entre religiões, numa busca da prova "na razão", Anselmo retorna à ordem necessária ao mundo para que ele esteja conforme ao projeto do Criador: o prejuízo colocado pelo pecado à ordem e à harmonia primordial; os retornos impossíveis à ordem (o castigo que o Deus bom não pode querer, a satisfação que excede as possibilidades humanas); a necessidade de uma ação divina, da parte Daquele que é verdadeiramente Deus (para a vontade e o poder) e verdadeiramente homem (para a satisfação).

A dependência do homem pecador está no âmago da reflexão ética que Anselmo desenvolve em *De trinitate*. Condenando toda vontade própria como *hybris* fatal à humanidade, Anselmo ata a liberdade à bondade moral. Somente o homem bom pode aceder à liberdade pela graça de Deus, a qual permite ao homem pecador moralmente mau retornar à bondade perdida. Para esse mestre espiritual de todo impregnado do ideal contemplativo do monarquismo, esse caminho de redenção é um problema interior, um problema de intenção, de tensão na direção do aperfeiçoamento *ad intra* com finalidade *ad extra*. Mede-se a influência da ética anselmiana no individualismo que marca o movimento de interiorização característico do século XII, grande época de renovação do gênero das Confissões imitando Agostinho, tal como a autobiografia (*Monodie*) de Guibert de Nogent (1055-1125). || D. I.-P. ||

El Cid, o Campeador

1043-1099

Rodrigo Díaz de Vivar, El Cid, é um personagem exemplar da Reconquista espanhola. A realidade de sua vida histórica oferece uma imagem mais complexa e mais verdadeira que aquela, racionalizada, apresentada a seu respeito pela história oficial, fazendo dele um dos heróis da luta dos cristãos contra os muçulmanos. Ora, a Espanha medieval é o teatro de múltiplos combates, frequentemente cruzados, não somente entre muçulmanos e cristãos, mas também entre os próprios cristãos — e em certa medida também entre os muçulmanos. El Cid é o modelo desses guerreiros que evoluem entre a pequena e a grande nobreza cristã, e que amiúde põem sua espada a serviço de um ou outro príncipe cristão, ou até mesmo, ocasionalmente, de um chefe muçulmano. Enfim, ele não é desinteressado: nesse mosaico político e religioso que é a Espanha da Idade Média, ele se esforça por constituir para si mesmo um território soberano. Quanto a isso, ele representa, não mais numa escala espanhola, mas europeia, a ascensão social de um pequeno nobre.

Rodrigo Díaz, nascido em Vivar, pequena cidade de Castela próxima a Burgos, é um cavaleiro de média nobreza que se pôs a serviço tanto dos reis de Castela quanto de emires muçulmanos, antes de conseguir um feudo em Valência. Na história ele surge numa luta entre reis cristãos, ficando a serviço de Alfonso VI, rei de Leão e Castela, contra o rei de Navarra, mas em seguida cai em desgraça e é exilado. Ele passa então a servir a Muqtadir, rei muçulmano de Zaragoza, contra o conde de Barcelona e o rei de Aragão e Navarra, ambos

Cronica del muy esforçado cauallero el Cid ruy diaz campeador.

cristãos. É então (cerca de 1084) que recebe o cognome de Cid, do árabe *sayyid*, senhor. Reconciliado com Alfonso VI, ele defende os cristãos, na região do Levante, contra os almorávidas vindos da África. Vitorioso, ele consegue estabelecer um principado na região conquistada. Inicialmente a serviço de um príncipe muçulmano, aliado de Alfonso VI, ele liberta-se dessa tutela e em 1094 apodera-se de Valência, onde estabelece o primeiro Estado cristão em terras do Islã; porém, em 1102, três anos após sua morte, sua viúva Ximena deve deixar aos mouros esse principado. Antes, contudo, El Cid consegue casar suas duas filhas, uma com o rei de Navarra, outra com o conde de Barcelona. Denis Menjot definiu bem o Cid histórico: "um aventureiro da fronteira, ávido de proezas e de pilhagens, servindo aos soberanos cristãos e muçulmanos, e a quem a guerra assegurou a promoção social consagrada pelo casamento de suas filhas." Desde o fim de sua vida, torna-se um herói mítico pela celebração de seus feitos. Um poema latino, *Carmen Campidoctoris*, lhe é dedicado, e lhe vale o segundo cognome: Campeador (Campeão).

A reputação de glória, ou até mesmo de santidade, de El Cid e de sua mulher Ximena, é mantida após sua morte pelos monges beneditinos da abadia de Cardeña, próxima a Burgos, onde o casal foi enterrado. Um poema épico, *Cantar de mio Cid*, no qual este é definitivamente transformado em herói cristão, é escrito em castelhano por um anônimo entre 1110 e 1140. Uma crônica em latim também lhe é dedicada em meados do século XIII: *Historia Roderici*. Em 1272 o rei de Castela, Alfonso X, o Sábio, faz uma peregrinação à sua tumba. Em 1541, os monges abrem a tumba de El Cid de onde, dizem, emana o odor de santidade, mas o processo de canonização não obtém êxito em Roma. A reputação de El Cid prossegue no século XVI, em particular com a crônica publicada em Burgos em 1512, *Crónica del famoso cavallero De Cid Ruy Días Campeador*, reeditada em 1552 e 1593. O século XVII, na peça *Las Mocedades de Rodrigo*, de Guillén de Castro, transforma El Cid em personagem de teatro, atormentado entre o respeito paterno e o amor conjugal. Esta peça inspira quase que de imediato a célebre tragicomédia francesa de Corneille, *Le Cid* (1636). Por fim, o século XX prolongou e transformou a imagem de El Cid, herói da guerra e do amor, com a publicação da magnífica obra de Ramón Menendez Pidal, *La España del Cid*, em 1929. Em seguida, o teatro e o cinema amplificaram a glória de El Cid mitificado. O mito de Rodrigo associou-se então àquele, novo, de um jovem ator: Gérard Philipe, em Paris e na Avignon de Jean Vilar[1], no início dos anos 1950.

El Cid é, portanto, o exemplo de um herói histórico promovido pela lenda, pela literatura e pelo teatro, reunindo assim diversos fatores que produzem o imaginário heroico: a memória do povo, a poesia, o teatro e a intervenção genial de certos artistas. || J. L. G. ||

---

1 Em 1947 Jean Vilar funda, no quadro de uma exposição de arte moderna que ocorre no Palácio dos Papas, a importante mostra de teatro que, repetida anualmente, em 1954 recebe o nome oficial de Festival de Avignon, uma das mais antigas manifestações artísticas descentralizadas da França. [N.T.]

Na Espanha da *Reconquista* dos cristãos sobre os muçulmanos, mercenários e heróis passam de um campo ao outro
O cavaleiro castelhano Rodrigo Díaz de Vivar, dito El Cid, representado no frontispício de Crónica del muy esforzado caballero, século XI, Madrid, Biblioteca Nacional da Espanha

Robert d'Arbrissel e Hersende de Montsoreau

Meados do século XI-1116 e ?-cerca de 1110

"Robert d'Arbrissel, fundador de Fontevraud". Esta fórmula tem um ar simples, mas demanda duas correções: uma diz respeito ao homem, outra à fundação. Robert nasce em meados do século XI em Arbrissel, na diocese de Rennes. Como seus ancestrais, seu pai era padre. É provável que Robert tenha se tornado pároco de Arbrissel e se casado. Depois de um período nômade, nós o encontramos estudando em Paris. Em 1089, o bispo de Rennes, Sylvestre de La Guerche, lhe pede ajuda na reforma da diocese. Como pároco delegado, Robert luta contra o nicolaísmo (casamento dos padres – ele se junta à causa que proibia esse vínculo) e a simonia (domínio dos laicos sobre a Igreja). Com a morte de Sylvestre em 1093, Robert precisa fugir, pois é perseguido por seus confrades. Ele retoma os estudos em Angers, de onde sai em 1095 para se tornar um eremita na floresta de Craon, no limite entre o Anjou e a Bretanha. Nesse local entrega-se a múltiplas práticas de ascetismo e sua fama cresce. Àqueles que o buscam, prega o arrependimento e a conversão. Uma comunidade eremítica se forma assim em La Roë. Em 11 de fevereiro de 1096, de passagem por Angers, Urbano II aprova La Roë como comunidade de cânones regulares.

Na véspera, o papa atribuiu a Robert o cargo de predicador". Este último retoma então a estrada e deixa definitivamente La Roë em torno de 1098. A multidão de homens e mulheres que o segue rapidamente causa um escândalo. Os bispos de Angers e de Rennes criticam Robert de forma contundente, em particular quanto à promiscuidade entre os dois sexos. Em 1101, Robert fixa seu cortejo no vale de Fontevraud, perto do Loire, na intersecção do condado de Anjou e da diocese de Poitiers.

Fontevraud, que constitui atualmente o mais vasto conjunto monástico da França, não é, apesar de tudo, nem uma fundação real, nem condal. Os primeiros doadores foram os mestres de castelos vizinhos e seus vassalos. No início, os discípulos de Robert abrigam-se em cabanas rudimentares; depois, rapidamente são edificados um oratório e construções em pedra. Os homens são divididos entre clérigos e laicos, as mulheres entre virgens e "conversas", isto é, aquelas que conheceram o mundo e os homens antes de se converter à vida religiosa; leprosos e leprosas também são ali acolhidos. Para não

Na conjunção das experiências monásticas, um caso único de sucesso, de sedentarização e de relacionamento entre os sexos
Tumba de Robert d'Arbrissel, 1862, decalque, Biblioteca Nacional da França

renunciar à predicação, Robert designa uma "adjunta e amante": sua escolha recai sobre Hersende da Champagne, advinda de uma família nobre de Anjou, viúva do suserano Guillaume de Montsoreau, senhor do castelo mais próximo de Fontevraud.

Depois da morte de seu marido, Hersende se junta a Robert; é provável que ela tenha contribuído para fixar o cortejo itinerante em Fontevraud – neste local, veste o hábito como conversa e também é atestada como "prioresa" a partir de 1103, constando em mais de quarenta atos do cartulário. Um deles cita a "dama Hersende" como "fundadora da Igreja de Fontevraud". O termo não deixa de fazer justiça. Hersende, junto a Robert, é a representante do *consortium* de senhores locais que ofereceram o "fundo" com o qual o monastério foi edificado. Em 1106, em seguida a uma carta na qual Geoffroy de Vendôme reprova Robert, entre outras coisas, por dividir o leito com suas monjas para provar sua resistência ao desejo, estatutos embrionários são redigidos. No mesmo ano, o bispo de Poitiers confirma a fundação e, de concerto com o papa Pascoal II, o assegura de sua proteção. Donativos da família do conde de Anjou começam a afluir ao monastério. É muito provável, devido à sua origem, que Hersende tenha tomado parte nessas tratativas e também tenha intervindo no projeto de estruturação da comunidade. Segundo o obituário do monastério, que a celebra como "chefe de todo nosso bem", Hersende morre em 30 de novembro de 1109 ou de 1112/1113. No *rotulae mortuorum*[1] de Vital de Savigny, as monjas de Fontevraud põem em pé de igualdade seu "pai" Robert e sua "mãe" Hersende.

Robert havia providenciado uma auxiliar para ela, Pétronille de Chemillé, do mesmo meio, que se torna prioresa depois da morte de Hersende. Em 28 de outubro de 1115, sentindo a morte aproximar-se, Robert escolhe Pétronille como abadessa, confiando-lhe tanto temporal quanto espiritualmente uma congregação mista, drasticamente centralizada, já dotada de inúmeras dependências. Pétronille completa os estatutos e inicia a compilação do cartulário, enquanto Robert parte para uma última turnê de predicação. Ele morre em Berry, em 25 de fevereiro de 1116; Pétronille remove seu corpo para Fontevraud, onde ele é enterrado em 7 de março. Pétronille continuará a ser abadessa até sua morte, em 1149, completando aquilo que Hersende havia iniciado.

Recentemente a historiografia apoderou-se de Hersende, propondo identificá-la como sendo a mãe de Heloísa. Daí a fazer de Robert o seu pai... Independentemente do que se possa pensar dessa hipótese, há de fato uma continuidade espiritual e institucional entre Fontevraud e a abadia do Paracleto, para a qual Pedro Abelardo projeta a regra teórica na carta VIII da *Correspondência*, ao passo que Heloísa redige suas *Instituições* reais entre 1142 e 1147.

Robert d'Arbrissel, que se estabeleceu em Fontevraud nos últimos quinze anos de uma vida tumultuada e de lá se ausentou frequentemente, não é então somente o fundador desta abadia. Também não é o único fundador. Mas ele é muito representativo dos problemas e das evoluções dos padres e dos monges na época da reforma gregoriana. || J. D. ||

---

1 *Rolo dos mortos* ou *rolos mortuários*, feitos com peles de animais especialmente preparadas para receber a escrita. Na Idade Média, quando um clérigo morria, sua comunidade emitia a perda e fazia o rolo circular em outras abadias. Estas, por sua vez, adicionavam algumas linhas em homenagem ao falecido e repassavam o rolo, o que por vezes o fazia ser constituído por vários metros ou expandido em outro rolo. O expediente permitia, assim, cimentar os laços entre diferentes comunidades. [N.T.]

Matilde de Canossa

1045/1046-1115

Fora da Itália, Matilde de Canossa é conhecida principalmente por seu papel na querela das Investiduras, esse longo conflito que no decorrer dos séculos XI e XII opõe os papas aos imperadores germânicos a respeito da nomeação dos bispos. Matilde foi de fato a mais poderosa aliada do papado na fase mais dramática desse conflito, quando o imperador Henrique IV, excomungado pelo papa Gregório VII, teve que se resignar a solicitar o perdão do soberano pontífice. O encontro entre o imperador e o papa ocorreu no castelo da família de Matilde, em Canossa, onde aconteceu a célebre cena do imperador forçado a permanecer três dias inteiros com os pés descalços no frio e no gelo às portas da fortaleza que se desenha nos primeiros contrafortes dos Apeninos, ao sul de Reggio Emilia.

O episódio, um dos mais célebres da história do Ocidente medieval, aconteceu no final do mês de janeiro de 1077. Matilde é então uma jovem mulher de 31 ou 32 anos. Órfã de pai aos seis ou sete anos, casada em 1069 com o filho do segundo marido de sua mãe, Godofredo, o Corcunda, duque da Alta Lotaríngia, tornou-se, depois da morte materna, a única herdeira de um território que se estende da planície do Pó à Toscana, e que faz dela a mais importante suserana do reino da Itália. No interior desse vasto território, ela possui imensas propriedades, detém dezenas de castelos, percebe múltiplos direitos e dispõe assim de recursos que certamente ultrapassam aqueles do papa e do imperador. Além da riqueza, Matilde herdou, de seu pai Bonifácio, títulos que lhe asseguram um enorme prestígio, mas que também são acompanhados de pesadas responsabilidades, em particular no campo

A feudalidade medieval admite grandes damas ao lado de grandes senhores
Corte de Matilde de Canossa, século XIII, miniatura extraída de *Vita Mathildis de Donizone de Canossa*, Lucca, Biblioteca Governativa

da justiça: condessa de várias cidades, entre as quais Módena, Reggio, Mântua, Bréscia e Ferrara, ela também é – honraria pela qual é mais conhecida em nossos dias – marquesa da Toscana. Ora, ela tem uma ideia tão alta dos encargos e dos poderes ligados a esses títulos que reivindica para si um papel quase equivalente ao do imperador. São provas disso os signos e símbolos de poder dos quais ela não hesita em se apropriar, encorajada nisso por alguns dos intelectuais que a cercam.

Mulher ambiciosa, Matilde seguramente é uma personalidade fora do comum, elevada às nuvens por seus admiradores e acusada dos piores feitos por seus detratores. Casada com um homem por quem não sente mais do que uma forte repugnância, é acusada por algumas pessoas de ter encomendado o assassinato dele, enquanto outras atribuem a responsabilidade do desentendimento somente ao esposo que, muito ligado ao imperador germânico, sempre se recusou a se aliar à política filopontifical de sua esposa. Sem cair na hagiografia, é preciso admitir que Matilde, na qualidade de vassala do imperador, tem muito mais a perder que a ganhar ao se enfileirar nas hostes daqueles que, ao lado do papado, aspiram a uma verdadeira reforma da Igreja. Entretanto, essa dama piedosa e realmente ligada aos ideais religiosos dessa reforma é, antes de tudo, uma mulher de poder, devotada à causa do papado, é claro, mas não a ponto de se esquecer do governo de seus territórios e da defesa de seus interesses. Em termos, Matilde nunca parou de viajar e sem dúvida passou mais tempo a cavalo que em seu palácio de Mântua ou em seus castelos nos Apeninos emilianos. Seu estilo de governo implicava um contato direto com seus súditos, e não somente com seus vassalos mais próximos, o que a levou a percorrer incansavelmente o conjunto de seus vastos territórios, tanto ao sul quanto ao norte dos Apeninos, ao que convém adicionar as inúmeras estadias na Lorena e em Roma. O exercício da justiça parece ter sido uma de suas atividades prediletas, a julgar pelo número de atos judiciais assinados por sua mão que chegaram até nós. A guerra também não a amedrontava. Mesmo sendo improvável que ela tenha combatido ao lado de seus cavaleiros, as tropas sob suas ordens travaram inúmeras batalhas, cujos resultados estão longe de lhe terem sido sempre favoráveis.

Coisa raríssima para uma mulher de sua época, Matilde sabe ler e escrever. Ela fala "a língua dos teutônicos e dos francos", como afirma o mais conhecido de seus biógrafos; por outro lado, aprecia cercar-se de clérigos cultivados que lhe dedicaram várias de suas obras. É sem dúvida insuficiente para fazer dela uma verdadeira intelectual, mas pode-se compreender que sua abertura de espírito, somada à sua força de caráter e à sua incansável combatividade, tenham levado alguns adeptos da *gender history* a fazer de Matilde uma espécie de precursora do movimento feminista. A isso se acrescenta o fato de ter esperado mais de vinte anos, após o insucesso de seu primeiro casamento, para tornar a se casar. Tudo indica que ela só tomou essa decisão para assegurar sua descendência, mas a tentativa foi infrutífera, pois seu marido, vinte ou trinta anos mais novo que ela, mostrou-se impotente; além disso, ela era muito idosa para procriar. A Grande Condessa, como seus contemporâneos a chamavam, morreu em 1115 sem deixar descendência. || J.-C. M.-V. ||

A grande dama diante do poder eclesiástico
A condessa Matilde de Toscana encontra o bispo de Módena (detalhe), século XII, miniatura extraída de *Relatio de innovatione ecclesia Sancti Geminiani*, Módena, arquivos capitulares

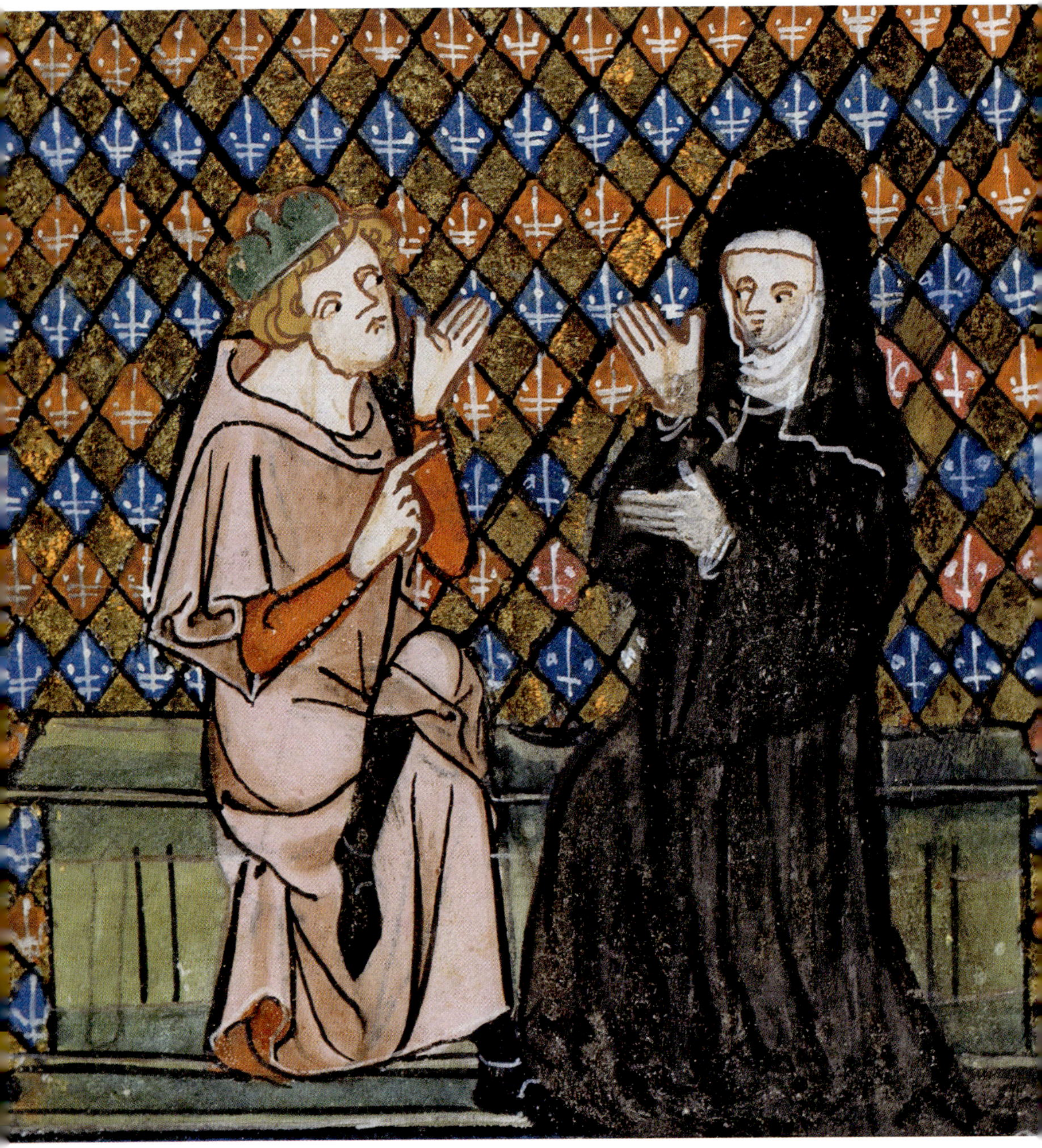

Abelardo e Heloísa

Cerca de 1079-1142 e cerca de 1100-1164

A história de Abelardo e Heloísa começa na Paris do século XII; é uma imagem romanesca, mas exemplar da grande efervescência intelectual dessa época à qual se deu o nome de "Renascimento do século XII". Abelardo (Pierre Abélard) nasceu provavelmente em 1079 no castelo do pequeno burgo de Pallet, a cerca de vinte quilômetros ao sul de Nantes; ele é o filho primogênito do modesto senhor do lugar. Destinado a ser cavaleiro e sucessor de seu pai, desvia-se bem cedo do ramo das armas para centrar-se nos estudos. Mesmo nestes, não deixa de ser combativo; se por um lado desdenha das armas da guerra, por outro se inicia com ardor naquelas da dialética. A dialética medieval, segundo Jean Jolivet, é mais rica que aquela de Aristóteles e representa um progresso na vida intelectual. Abelardo se instrui primeiramente nas escolas das cidades do Loire, depois vai para o lugar que está se tornando ao mesmo tempo a capital política do reino e o centro inovador dos estudos: Paris. Rebelando-se contra seu mestre Guillaume de Champeaux, abandona-o para fundar sua própria escola em Melun e depois em Corbeilles. Ele ensina em Paris de 1110 a 1112. Depois de ter completado sua formação no grande centro de teologia que é então Laon, dá aulas na escola Notre-Dame em Paris. Ele escreverá em sua autobiografia: "Eu era célebre, jovem e belo." Um dos efeitos dessa beleza e desse saber é a sedução de uma de suas jovens estudantes. No final de 1115 ou começo de 1116, Abelardo, então com 36 ou 37 anos, é escolhido, por ser muito popular, pelo tio cônego de uma jovem devotada aos estudos, Heloísa, que tem apenas dezesseis ou dezessete anos. O mestre seduz a garota e se torna seu amante. O escândalo explode: o tio despede Abelardo, mas este rapta a jovem, que espera um filho dele, e lhe propõe casamento. O tio, furioso, contrata alguns esbirros que surpreendem Abelardo e o castram. O bispo de Paris aconselha-o a esconder sua humilhação e fazer penitência num convento. Abelardo é recebido em Saint-Denis em 1118. Em pouco tempo ele está em pé de guerra com o abade e os monges, denunciando as infrações da

O primeiro amor moderno
Abelardo e Heloísa, 1460, miniatura extraída do *Romance da rosa*, de Jean de Meung, Chantilly, Museu Condé

regra e as fraudes na invenção dos textos; não obstante, é ele que o Concílio de Soissons condena, em 1121, por sua *Teologia do bem supremo*, escrita em Saint-Denis. Seus inimigos se encarniçam sobre ele, sobretudo Bernardo, o novo trapista de Clairvaux, e seu antigo mestre Roscelin, que lhe escreve: "Já cortaram sua cauda; em breve cortarão sua língua." Sob a mediação de Suger, abade de Saint-Denis, Abelardo permanece na Champagne e funda uma ermida à qual dá o nome provocador de Paracleto, isto é, Espírito Santo. Entretanto, ele precisa mais uma vez afastar-se e se exila entre os monges de Saint-Gildas de Rhuis, na Bretanha. Ele não esconde que os acha incultos e bárbaros, e estes tentam envenená-lo. Ele deixa Saint-Gildas para uma curta estadia no Paracleto, onde Heloísa se tornara abadessa. Eles trocam então uma longa e admirável correspondência na qual a evocação de seu amor se encontra com aquela de Deus. Em 1131-1132, Abelardo redige a *História de minhas calamidades* [*Historia calamitatum*], autobiografia de rara sinceridade na Idade Média. Ele volta a Paris em 1135 e retoma com grande sucesso seu ensinamento na montanha Sainte-Geneviève. Em torno de 1140, o abade trapista Guilherme de Saint--Thierry, manipulado por Bernardo de Claraval, lança uma acusação contra suas teses e um novo concílio é reunido em Sens. O julgamento de Abelardo é reservado ao papa, mas Bernardo envia-lhe um emissário que obtém do soberano pontífice que Abelardo seja condenado ao "silêncio perpétuo".

Pedro, o Venerável, chefe da ordem mais poderosa da cristandade, a ordem de Cluny, acolhe com bondade e misericórdia o condenado na prelazia cluniasiana de Saint-Marcel em Chalon-sur-Saône, onde Abelardo morre em paz em 21 de abril de 1142.

Mais de vinte anos depois, em 1164, Heloísa morre no Paracleto, onde nunca deixou de rezar por seu bem-amado, cuja morte lhe fora anunciada em 1142 por Pedro, o Venerável, numa carta admirável, exemplo excepcional de tolerância e de caridade cristã para a Idade Média. Célebre pelas vicissitudes de sua vida, Abelardo permanece como um dos grandes intelectuais de seu tempo – dialético, lógico e filósofo da linguagem, como disse Jean Jolivet. Seu famoso *Sic et non* fundou uma ética histórica dos textos baseada na oposição entre uma afirmação teológica e seu contrário. Em sua ética, ele propôs uma nova concepção do pecado fundada na intenção. Escreveu um surpreendente "diálogo" entre um filósofo, um judeu e um cristão, que pode ser considerado como o primeiro ensaio de diálogo intercultural.

Abelardo foi o primeiro intelectual moderno e o mais fascinante dos mestres; ele praticou oratória e sempre se referiu aos textos e à razão; uniu a pesquisa, a reflexão pessoal e o ensino. Da mesma forma, o amor de Abelardo e Heloísa foi o primeiro exemplo do amor moderno. Amor louco, que a fez recusar o casamento pretextando que este impediria a carreira intelectual de Abelardo. No século XIX, o romantismo reuniu os

O romantismo relança o modelo do casal de amantes moderno
Tumba de Abelardo e Heloísa, 1707, Paris, cemitério do Père-Lachaise

dois amantes numa mesma tumba, no cemitério de Père-Lachaise, em Paris, e ainda hoje se leem os versos de Villon escritos no século XV:

Où est la très sage Héloïse	Onde está a muito sábia Heloísa
Pour qui châtré fut et puis moine	Por quem castrado foi e depois monge
Pierre Abélard à Saint-Denis	Pedro Abelardo em Saint-Denis
Pour cet amour eut cet essoine	Por esse amor teve pena
[...]	[...]
Mais où sont les neiges d'Antan?	Mas onde estão as neves de antanho?

|| J. L. G. ||

Suger

1081-1151

De nascimento modesto, o que fez dele um alvo de pilhérias, Suger é a prova de que um homem modesto pode, no século XII, tornar-se um homem influente, graças a dois trunfos. O primeiro, um estatuto eclesiástico importante; o segundo, o serviço esclarecido de uma monarquia que está afirmando seu poder. Oferecido em 1091 por seus pais como oblato à ordem beneditina da abadia de Saint-Denis, ele estuda em Saint-Benoît-sur-Loire. Nessa época tem a ocasião de conhecer o futuro rei da França, Luís VI, o Gordo, em Saint-Denis, abadia real. Tendo feito brilhantemente um sermão em 1107 em Charité-sur-Loire diante do papa Pascoal II, ele se faz notar como um poderoso argumentador. Suas excepcionais qualidades de administrador e de interlocutor lhe permitem aceder a altos postos na Igreja e no Estado em construção, o que prova a possibilidade, na Idade Média, para um clérigo dotado, de fazer uma carreira brilhante, em que pese sua modesta origem. O abade de Saint-Denis, Adam, confia-lhe as funções de preboste em duas regiões clunisianas normandas, onde ele confirma sua notável formação prática. O príncipe Luís, que em 1108 se tornara o rei Luís VI, o Gordo, lhe confia importantes missões junto a diversos papas e no Latrão. Em março de 1122, quando Adam morre, Suger o sucede como abade da poderosa abadia real de Saint-Denis. Mesmo dirigindo notavelmente esse importante centro religioso e político, ele não deixa de reforçar sua posição junto ao rei que, em 1124, fala a seu respeito: "O venerável abade que admitimos em nossos conselhos como fiel e familiar." Ele assiste, por exemplo, em 1099, à coroação do príncipe herdeiro Felipe, que morre acidentalmente em 1131. Em 1137 ele acompanha o príncipe herdeiro Luís a Bordéus, onde este deve desposar Leonor de Aquitânia. Depois da morte de Luís VI, em 1137, ele inicia o jovem rei na política e nos seus deveres reais — apesar de São Bernardo, que lhe reprova servir a César mais que a Deus —, e lhe ensina a seguir os ensinamentos da história. Ele próprio se manifesta como ator na matéria, dado que escreve sobre a vida de Luís VI, o Gordo — o que anuncia, sem ter todos os encantamentos, as *Memórias* de Joinville sobre São Luís. No final de sua vida, ele compõe um tratado sobre sua administração da abadia de

A Virgem dirigindo a obra de um dos mais inovadores homens da Idade Média: Teologia da luz e das cores (arte dos vitrais), a luz na arquitetura (a arte gótica), a política real inspirada pela Igreja (Saint-Denis)
A anunciação com o abade Suger aos pés da Virgem Maria, século XII, vitral, Saint-Denis, basílica de Saint-Denis

AVE MARIA

SUGERIVS AB[B]

Saint-Denis; este texto dá um importante testemunho do governo monástico na Idade Média. Ele também redige um relatório sobre a consagração da nova igreja da abadia e, por fim, seu testamento. Todos os que com ele tiveram contato e todos os que o ouviram afirmam que ele foi um narrador incomparável. Suger morre em 1151, deixando uma *Vida de Luís VII* apenas iniciada.

Abade de Saint-Denis e conselheiro influente de dois reis da França numa época em que se elabora a monarquia burocrática — se seu papel tivesse sido exclusivamente este, Suger ainda ocuparia um lugar importante na história da França. Contudo, uma terceira atividade faz dele um personagem de primeiro plano na história de toda a cristandade medieval: foi ele o inventor da arte gótica.

A abadia, no século XII, é antiga e já ilustre. Ela fica próxima a Paris, numa região em que pululam mitos e lendas, e onde existe há muito tempo uma das principais feiras do reino, a do Lendit. Graças à riqueza que cerca o abadiado, ela dispõe de fundos importantes. Desfruta, portanto, de uma situação atraente, perto de uma grande cidade, no caso a capital do reino — além de ser ela mesma uma cidade importante — e de financiamentos abundantes, o que se tornaria a condição essencial para o florescimento de um novo estilo a que se dará o nome de gótico. Assim, ela estabeleceu laços estreitos com a realeza e acolheu o túmulo de Dagoberto, o que oferece aos monarcas franceses a ideia de fazer da igreja que Suger vai construir a necrópole dos reis da França. Saint-Denis já pode se orgulhar de tesouros como o *oriflamme*, estandarte ou bandeira das armas francas, que ela conserva, assim como do famoso grito de guerra que está em vias de provocar um eco nacional: "*Montjoie Saint-Denis!*"[1] Suger edifica uma igreja cujas joias são a extraordinária novidade do coro e a excep-

---

[1] Segundo o *Dictionnaire encyclopédique de la noblesse de France*, de Nicolas Viton de Saint-Allais (1773-1842), Paris, 1816, esse grito era dado para o alerta das tropas e significava "Sigam", ou "Marchem sob a bandeira de Saint-Denis". [N.T.]

A árvore de Jessé, pai de Davi, vinda das profecias de Isaías (Isaías, XI) traz à sociedade feudal a imagem da genealogia
O abade Suger diante da árvore de Jessé (detalhe), XII, vitral, Saint-Denis, basílica de Saint-Denis

cional beleza do grande pórtico. Do ponto de vista estrutural e técnico, vê-se aparecer, amplamente difundido, o cruzamento de ogivas, mesmo que se tenha feito muito melhor em seguida nas grandes catedrais góticas da segunda metade do século XII e em especial naquelas do século XIII. Uma preocupação primordial do conceptual Suger e de seus arquitetos – desconhecidos – foi a busca da luminosidade. A arte romana encontrava uma atmosfera favorável ao desabrochar da fé na penumbra; a arte dita francesa e depois gótica inaugurada em Saint-Denis buscou por seu lado o florescimento da fé na luz, da qual Suger se fez o teólogo, tanto em sua obra escrita quanto em sua direção artística. || J. L. G. ||

Arnaldo de Bréscia

Cerca de 1090-1152

Arnaldo de Bréscia passou para a história com uma dupla reputação: aquela de um predicador devotado a denunciar as depravações da Igreja medieval, e aquela de um agitador político que teria encorajado, ou até mesmo suscitado, a revolta dos romanos contra o papado. Na realidade só dispomos, a respeito desse personagem histórico bem real, testemunhos muito injustos e sobretudo de extrema parcialidade, dos quais o medievalista italiano A. Frugoni mostrou, num livro hoje considerado como um dos grandes clássicos da historiografia italiana, que no fundo eles nos revelavam bem pouca coisa do homem e de sua obra.

Nascido em torno de 1090, cânone e talvez preboste de uma igreja em Bréscia, Arnaldo milita ardentemente pela reforma do clericato e toma parte ativa na vida comunal de sua cidade onde, como nas outras da Lombardia, a aspiração dos fiéis a uma vida religiosa mais de acordo com os preceitos do Evangelho se mescla às reivindicações políticas de uma população que pretende se livrar da tutela episcopal. Obrigado pelo papa a afastar-se de sua cidade, ele vai em 1139 ou 1140 para Paris, onde seus laços com Abelardo, sua predicação e seu ensinamento hostis à hierarquia da Igreja atraem a ira de São Bernardo, e este consegue fazer com que o rei Luís VII o expulse do reino. Arnaldo encontra refúgio na Suíça e de lá volta para a Itália, ficando primeiramente em Viterbo, onde consegue a absolvição do papa, depois em Roma, onde chega em 1145.

Ele ficará em Roma até 1152, e é nessa longa estadia que nasce a lenda que faz dele um dos paradigmas medievais do homem revoltado ou, melhor dizendo, do predicador que atiça a cólera das multidões contra o poder temporal dos papas e, mais genericamente, contra toda forma de poder que não emane do próprio povo. Ora, se é verdade que os anos que sucedem sua chegada a Roma são também aqueles nos quais a jovem comuna consegue consolidar seu poder sobre a cidade às expensas do papado, nada mostra que Arnaldo tenha tomado qualquer parte na ação dos romanos no decorrer desses mesmos anos. Na verdade, não se dispõe de nenhum testemunho digno de fé sobre as atividades de Arnaldo durante sua estadia em Roma. A lenda do predicador hostil a qualquer poder estabelecido, seja aquele do papa, seja o do imperador, é somente o fruto do amálgama operado por cronistas que tinham todo o interesse em pôr no mesmo saco os partidários de uma reforma religiosa e os defensores de uma nova ordem política. Aliás, quem encontramos na primeira fila desses cronistas-manipuladores? Ninguém menos que o arcebispo Oto de Freising, o próprio tio do imperador Frederico Barba Ruiva. Preso ao tentar fugir de Roma em 1152, Arnaldo será enforcado por ordem de um alto oficial pontifical. Em seguida seu corpo será queimado e as cinzas serão jogadas no rio Tibre para evitar que ele se tornasse um objeto de veneração popular. || J.-C. M.-V. ||

São Bernardo de Claraval

1090-1153

Canonizado em 1174, apenas vinte anos após sua morte, proclamado doutor da Igreja em 1830, em plena restauração das ordens religiosas do Antigo Regime, Bernardo de Claraval (Bernard de Clairvaux) é uma figura de proa do monacato medieval, cuja importância atravessou os séculos até os nossos dias. Ele encarna simultaneamente a renovação do monacato beneditino impulsionado por Cîteaux, o engajamento dos monges a serviço da Igreja, o espírito de cruzada, o despojamento ascético e a força dos arroubos místicos.
Nascido em Fontaines-lès-Dijon, Bernard de Fontaine, futuro abade de Clairvaux, é o terceiro dos sete filhos de Tescelin, o Ruivo, senhor de Fontaine, e de Aleth, filha da prestigiosa linhagem dos Montbards. Destinado ao clericato, ele se forma em letras com os cônegos regulares de Châtillon-sur-Seine. Profundamente afetado na adolescência pela morte de sua mãe, ele leva, durante algum tempo, a vida mundana de um filho de família nobre; depois decide, em 1112 (ou 1113), abraçar a vida monástica com cerca de trinta companheiros, irmãos e próximos, que o acompanham ao monastério de Cîteaux, ao sul de Dijon. Fundado em 1098 por Robert de Molesme, Cîteaux é ainda uma comunidade iniciante que reúne irmãos em busca de ascese e de uma aplicação estrita de São Bento. É nessa lógica que Bernardo combaterá mais tarde o fasto senhorial dos clunisianos. Em junho de 1115, é enviado com dozes companheiros, no modelo dos doze apóstolos, para fundar um novo estabelecimento em Clairvaux, um "claro vale", isolado a cerca de quinze quilômetros de Bar-sur-Aube, em terras cedidas pelo conde Hugo da Champagne. É o ponto de partida de uma expansão surpreendente na escala de toda a cristandade latina. Quando Bernardo morre, em 1153, a ordem de Cîteaux conta com 345 centros dependentes, dos quais mais da metade saiu do próprio ramo claravaliano. Adepto do retiro monástico no silêncio e no despojamento, Bernardo, paradoxalmente, encontra-se no âmago da vida de seu século. Ele vivencia o conflito dos puros que, segundo a imagem evangélica, são como uma luz impossível de ser escondida sob uma vasilha ou como uma montanha se impondo na paisagem[1]. É a esse preço que se instaura a reforma

---

1 Referência a Mateus 5, vs. 14 e 15: "Vocês são a luz do mundo. Não se pode esconder uma cidade construída sobre um monte. E, também, ninguém acende uma candeia e a coloca debaixo de uma vasilha. Ao contrário, coloca-a no lugar apropriado, e assim ilumina a todos os que estão na casa". [N.T.]

da Igreja nos séculos XI-XII, que vê o papado apelar para os mais puros para cristianizar a sociedade de forma profunda. "Nenhuma das coisas de Deus me é estranha" (carta 20), reconhece Bernardo, engajado em todas as frentes: conflitos senhoriais; organização da ordem do Templo (1129-1130); eleições episcopais contestadas (em Langres, em 1137-1138; em York em 1140-1147); o cisma de Anacleto (1130-1138), no qual Bernardo toma o partido vitorioso de Inocêncio II; luta contra a heresia – heresia "letrada" (Abelardo: 1140; Gilbert de la Porrée: 1148) ou heresia maniqueísta no Languedoc (1145); prece da segunda cruzada, em Vézelay (1146); defesa das comunidades judaicas do vale do Reno contra o batismo forçado (1148). "Quimera de seu século", como lhe aconteceu dizer (carta 250), Bernardo encarna maravilhosamente o "monacato intramundano" do modelo weberiano e sua integração à "teocracia romana", esse modelo de tomada da sociedade pela instituição eclesiástica.

Profundamente ancorada em sua atividade por sua rica correspondência, a obra de Bernardo é, no essencial, composta por sermões, reescritura erudita de suas preces em comunidade, as quais ultrapassam o simples desenvolvimento do ideal de despojamento que está no centro do monacato cisterciense e de sua arte monumental. A imponente extensão dos *Sermões sobre o Cântico dos Cânticos* é exemplo da presença das Escrituras em Bernardo, incansável comentador da Palavra divina, em busca de um sentido moral e simbólico que permita ao espírito se elevar. É no comentário que Bernardo constrói sua teologia mística, sob a forma de um itinerário exemplar, que é aquele do monge, numa vida de retiro propício à meditação, ao conhecimento de si para sair da "região de disparidade" e atingir a Deus na unificação e êxtase do puro amor. Por demais negligenciada, a vertente eclesiológica de sua obra é de primeira importância para compreender a coerência de seu engajamento nas coisas do século: para Bernardo, a *una anima* do monge ou do místico só é realizável dentro da "unanimidade" da comunidade de fiéis (o monastério ou a Igreja). Em *Da consideração*, obra dirigida ao papa cisterciense Eugênio III, Bernardo desenvolve uma teoria do poder espiritual dos papas que exercerá uma influência duradoura sobre as teorias do poder no Ocidente medieval e além. Para Bernardo, o papa, cabeça espiritual da *Ecclesia*, não é o sucessor de Constantino ou de Justiniano, mas de Pedro, e é, principalmente, o "vigário de Cristo". Eugênio III deve "fazer uso" da dignidade papal "como se ele não a usasse", e "portar a púrpura" com o desprendimento de um pastor que permanece atento às exigências do despojamento evangélico. Daí a necessidade de distinguir a pessoa da dignidade: o papa continua a ser um homem e não haveria santidade institucional. O papado não é um domínio, mas um serviço. O titular do cargo não é um mestre, mas um "administrador": o administrador da Casa de Deus, regulada pela força da transmissão da caridade. || D. I.-P. ||

Colocação de São Bernardo na tumba, século XII, Paris, Biblioteca do Arsenal

de aduentu dñi · z sex consta-
eius
mo
nul
cipi
odie
celebr
aduen
dñi ĩ
eñi ut
siĉ z
tariũ s
lempn
tũ noñ
de cele
satis
tũ mu
s; ratio
minis forte ĩ ita. Infelices eñi fili
omissis ueris z salutarib' studijs
ca potiꝰ z transitoria qr̃. Qb; assim
bm̃ hoĩes gñationis huĩ· ait qb

mater mia sče (et) spes. et uia ueni
e(?) pia p(ro)tum p(ro)noberea filium

Pedro, o Venerável

1092/1094-1156

Pierre de Montboissier, chamado de "Pedro, o Venerável" a partir do fim do século XII, é o nono abade de Cluny (1122-1156). Filho de Maurice III de Montboissier e de Raingarde, benfeitores do monastério clunisiense de Sauxillanges (Auvérnia), Pedro, nascido em 1092 ou 1094, entra para a comunidade como oblato. Uma vez terminados seus anos de educação na *schola*, ele vai à abadia-mãe para se dedicar à profissão monástica. Segue um *cursus* típico da mobilidade dos encargos na Igreja clunisiense: monge de coro em Cluny, escolasta[1] em Vézelay e pregador em Domènes. É neste último estabelecimento, próximo da Grande-Chartreuse, que descobre, por se dedicar muito tempo a ele, o modelo de eremitismo implantado nos *Costumes* de Guigues I. Pedro é eleito abade de Cluny depois da abdicação de Pons de Melgueil, que abre uma grave crise na abadia. Cabe a ele restaurar a ordem dentro da abadia-sede e de sua rede de dependências, além de defender o modelo clunisiano contra os ataques vindos do monasticismo reformado de tipo cisterciense. Uma série de estatutos vem completar, ou até mesmo corrigir, os antigos costumes de Cluny e infletir para maior austeridade os usos dessa igreja monástica criticada por seu fausto senhorial e o brilho superabundante de sua liturgia. Com a ajuda de Henrique de Winchester, Pedro busca reorientar a economia do monastério, estruturalmente dependente de doações, para uma valorização direta e mais racional de seu território.

Como todo abade clunisiano, Pedro, o Venerável, é muito engajado nos negócios do século e na promoção da reforma da Igreja, numa época em que o papado romano aumenta seu poder e em que a cristandade se afirma como estrutura integrante da sociedade ocidental. Considerando o monge como "um pregador taciturno", ele dedica parte de sua atividade à defesa da Igreja por escrito. O essencial de sua produção consiste em cartas, em uma coletânea de milagres e em tratados doutrinais de grande amplitude. A coleção de cartas reúne textos de circunstância e de verdadeiros pequenos

---

1 Eclesiástico que dirigia a escola ligada à igreja catedral. [N.T.]

O culto mariano: o cabeça da maior ordem monástica (Cluny) aos pés da Virgem e do menino Jesus
Pedro, o Venerável, em prece diante da Virgem, pós-1189, extraída da coletânea litúrgica e histórica concernindo a Cluny, Paris, Biblioteca Nacional da França

tratados, tais como a carta 20 dirigida ao recluso Gilbert, que contém um elogio da vida solitária, e as cartas 28 e III dirigidas a Bernardo de Claraval, que constituem uma defesa do modelo monástico cluniasiano. A coletânea de milagres (*De miraculis*) mescla narrativas edificantes e ensinos teológicos ou eclesiológicos. Pedro esmera-se em descrever Cluny como uma pequena Roma, uma Igreja universal, forma acabada da incorporação eclesial, simultaneamente refúgio dos laicos (vivos e mortos) e reunião das diferentes formas de pertencimento à ordem sagrada (padres, bispos, cardeais, papas; monges, eremitas, reclusos e reclusas de Marcigny-sur-Loire, onde sua própria mãe, Raingarde, acabou seus dias).

Pedro redige três grandes tratados doutrinais contra os adversários da Igreja: os hereges petrobrusianos (*Contra petrobrusianos*), os judeus (*Adversus judæos*) e os sarracenos (*Contra sectam sarracenorum*). Esses tratados polêmicos são redigidos no espírito e à moda da nascente escolástica, representada por Abelardo, que Pedro acolhe em Cluny no final de sua vida. Para responder aos seus adversários, Pedro lê seus escritos – o Talmude e a literatura rabínica para os judeus, o Alcorão, do qual ele é o responsável pela primeira tradução conhecida em latim, para o Islã. Ele define uma axiomática ao fixar o quadro no qual o debate é possível. Discute, mesclando argumentos de autoridade (se seus adversários reconhecem as mesmas autoridades que ele) e razões suficientes, isto é, a lógica argumentativa então em voga nos debates escolares. Apesar disso, a elevação e a sofisticação não devem mascarar a rudeza do propósito. O combate contra os inimigos da cristandade, tratados em bloco, é revelador da obsessão de uma "heresia geral", a qual oferece a ocasião de definir *ad intra* os traços constitutivos da sociedade cristã. O tratado contra Pierre de Bruis e seus discípulos permite apreender os grandes traços de funcionamento da sociedade segundo Cristo, grande corpo solidário irrigado pela "caridade" própria para gerar laços entre os vivos (batismo, casamento), e entre os vivos e os mortos. Sua defesa resoluta das igrejas de pedra, consideradas como lugares em que Deus – apesar de não localizável – está "mais presente", representa uma elaboração doutrinal importante na justificativa da metonímia continente/conteúdo constitutiva da Igreja (simultaneamente construção e comunidade), numa época em que o realismo eucarístico tende a dramatizar ao extremo a função do lugar da transubstanciação real das espécies em corpo e em sangue do Cristo. Os tratados contra os judeus e os sarracenos conheceram uma importante recepção no decorrer da Idade Média e até a Reforma. O primeiro denuncia os judeus talmúdicos e seus desvios propriamente "bestiais" e, ao lado das lendas contemporâneas sobre as mortes rituais de crianças cristãs, contribui para alimentar toda uma verdadeira judeufobia. O segundo consolida um ódio durável do proselitismo muçulmano, e estereótipos tenazes sobre o falso profetismo de Maomé e os prazeres do sexo no paraíso de Alá. || D. I.-P. ||

Hildegarda de Bingen

Cerca de 1098-1179

A abadessa Hildegarda, pela abundância e diversidade de suas obras escritas, ocupa um lugar excepcional na cultura latina medieval, amplamente dominada pelos homens da Igreja. Nascida numa família de cavaleiros a serviço do bispo de Spira, ela teria tido visões desde a idade de cinco anos, antes de entrar como oblata no monastério beneditino de Disibodenberg, dirigido pela abadessa Jutta de Sponheim, a quem sucede em 1136. Em 1150, funda seu próprio monastério em Rupertsberg. Em 1141, Hildegarda teria recebido de Deus a ordem de publicar suas visões; obteve a autorização para fazê-lo em 1147-1148 do abade cisterciense Bernardo de Claraval e do papa Eugênio III. Entretanto, as narrativas e as imagens de visões ocupam em sua obra um lugar maior, mas não exclusivo: em torno de 1150, ela termina o *Liber Scivias* (*Saiba as vias*), em que descreve grandes visões cosmológicas inspiradas no Apocalipse de João, acompanhadas por um comentário teológico que lhe teria sido ditado pela voz do próprio Deus, e ilustradas desde o manuscrito original. Seguem-se, em torno de 1163, o *Liber vitæ meritorum* (*Livro da vida meritória*), e em torno de 1170 o

Visão e ciência
Hildegarda de Bingen recebendo a inspiração divina por uma de suas visões e transcrevendo-a sob o olhar do monge Volmar, cerca de 1180, miniatura extraída do *Codex de Rupertsberg*, coleção privada

Dupla página seguinte:
A visão da Jerusalém Celeste por Santa Hildegarda, representada embaixo, à direita, cerca de 1230-1240, página extraída do manuscrito *Sanctæ Hildegardis Revelationes*, Lucca, Biblioteca Governamental

Os homens cultivam plantas e árvores sobre a Terra, enquanto os planetas agem sobre eles por meio do vento e da chuva
A influência dos astros sobre o mundo descrito por Santa Hildegarda, representada embaixo, à esquerda. Cerca de 1230-1240, página extraída do manuscrito *Sanctæ Hildegardis Revelationes*, Lucca, Biblioteca Governamental

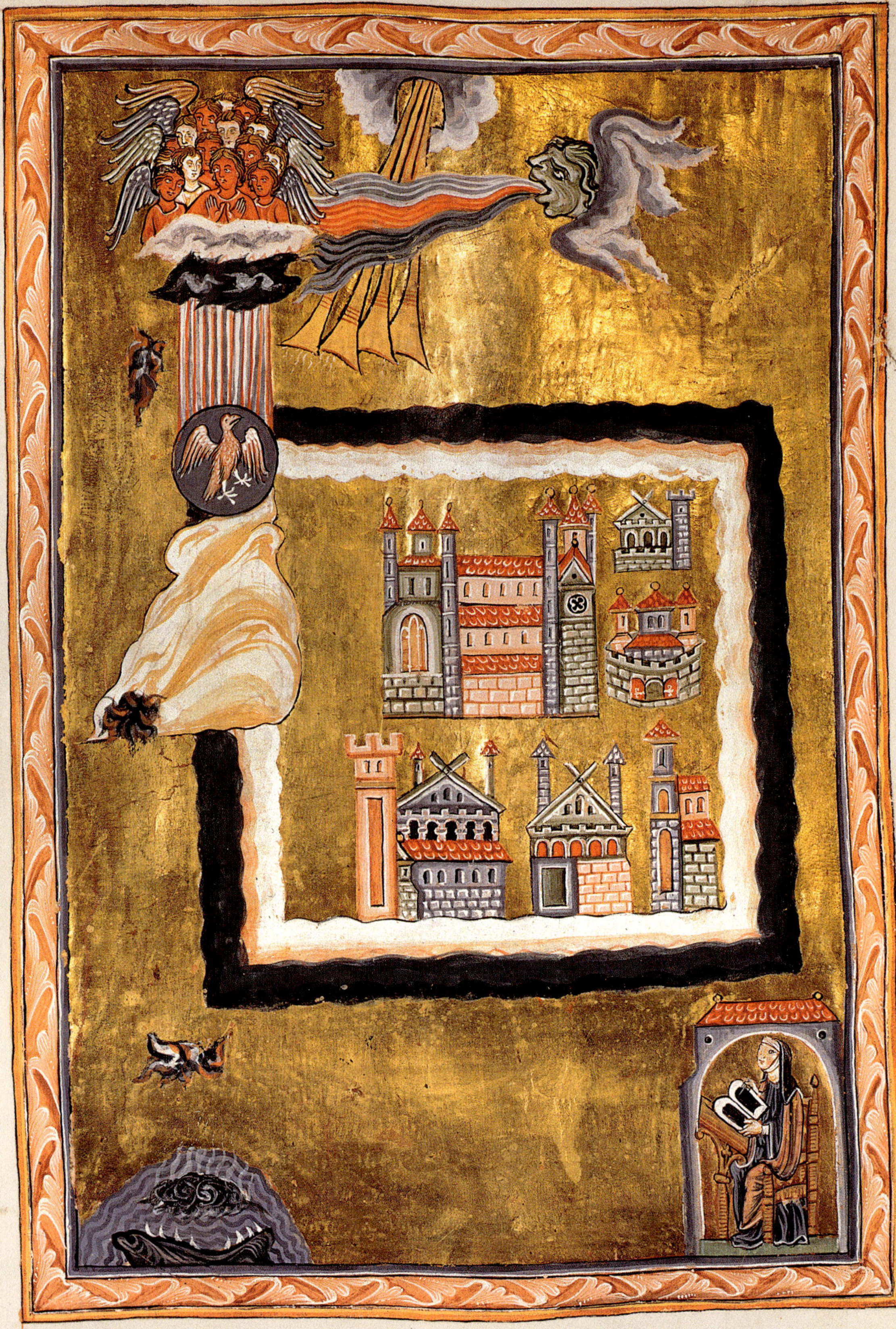

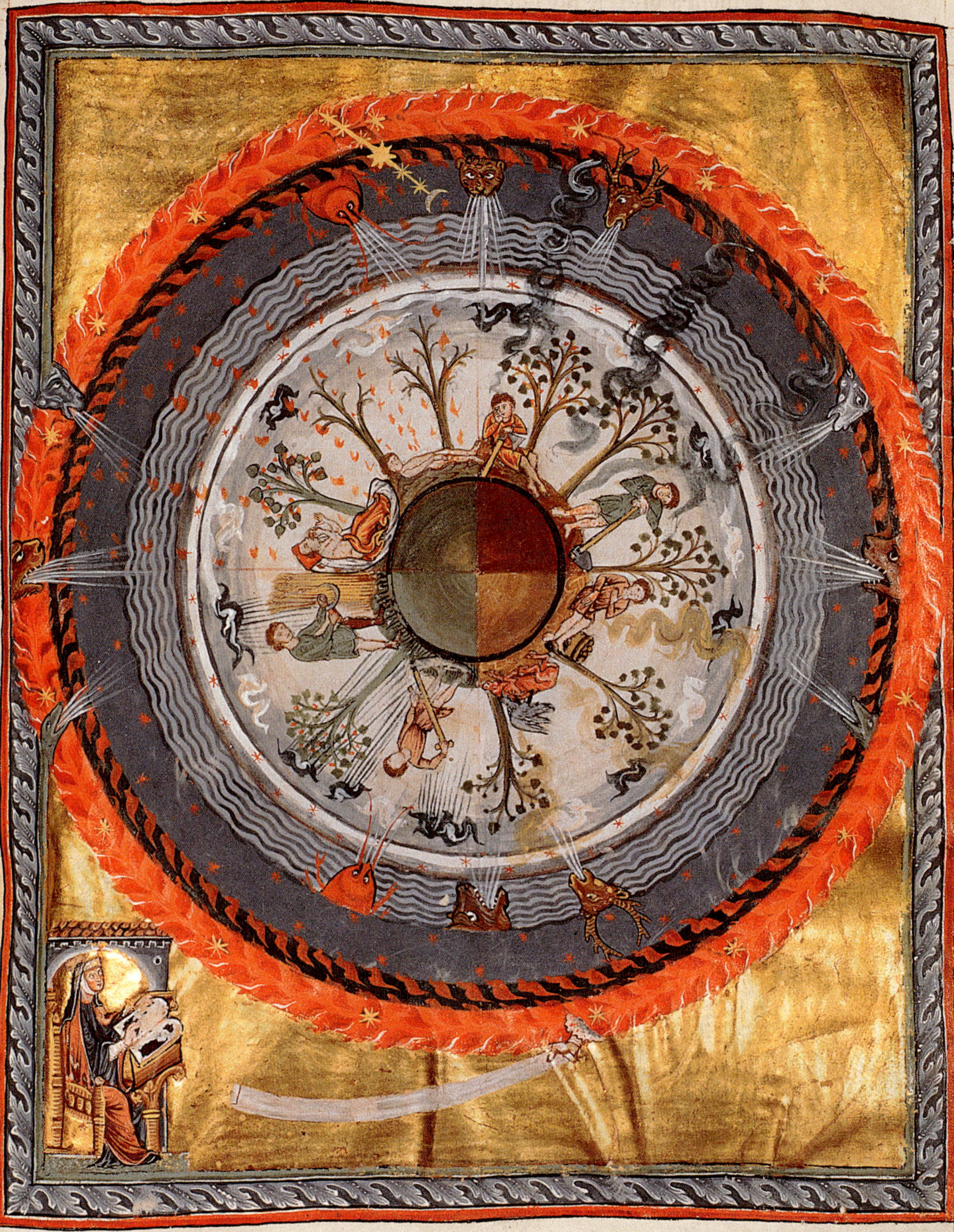

Liber divinorum operum (*Livro das obras divinas*), sobre o qual o manuscrito de Lucca (século XIII) também apresenta importantes miniaturas. O saber enciclopédico e médico de Hildegarda a faz redigir um vasto *Liber subtilitatum dieversarum naturarum creaturarum* (*Livro das sutilezas das criaturas divinas*), transmitido à posteridade sob a forma de duas obras: a *Physica* e o *Cause et cura* (*As causas e os remédios*). Também é dela um estranho glossário de setecentas palavras desconhecidas intitulado *Lingua ignota*, algumas *Vidas* de santos fundadores de seus monastérios, Disibod e Rupert, uma ampla correspondência (perto de trezentas cartas) trocada, entre outros, com Bernardo de Claraval, Sigebert de Gembloux (que posteriormente escreverá a *Vida* de Hildegarda) e com o imperador Frederico Barba Ruiva. Cuidadosa com a vida litúrgica de sua comunidade, Hildegarda também compôs uma *Symphonia celestium revelationum* (*Sinfonia das revelações celestes*), que está entre as obras-primas do canto gregoriano.

Por meio dessa imensa obra, que trata ao mesmo tempo da teologia visionária e da ciência médica e natural, Hildegarda se inscreve numa longa tradição de inspiração escatológica, mas se distingue tanto das personagens extáticas (como sua contemporânea cisterciense Elizabeth de Schönau), quanto das místicas que iriam florescer no vale do Reno no século XIV. Seu discurso profético lhe vale, desde essa época, o cognome de "Sibila do Reno". Em 1233, e depois novamente em 1243, o papado instrui dois processos de canonização que acabam malogrando. Todavia, em 1324, o culto a Hildegarda é autorizado localmente, e no final do século XV as autoridades eclesiásticas aprovam a veneração de suas relíquias em Rupertsberg. Sua celebridade atual, sobretudo entre os adeptos da espiritualidade e de medicinas alternativas, contrasta com as reticências passadas da Igreja em reconhecer uma santa nessa douta mulher. || J.-C. S. ||

Pietro Lombardo

Cerca de 1095/1100-1160

Nascido em Lumellogno, perto de Novara (Lombardia), de origem modesta, Pietro Lombardo dedicou-se à carreira eclesiástica e aos estudos. Inicialmente, frequenta escolas italianas, sobretudo em Lucca, e prossegue na França seus estudos bíblicos, primeiro na escola catedral de Reims (em torno de 1134-1136), cujos mestres são antigos alunos de Anselmo de Laon, e mais tarde em Paris. Depois de ter frequentado a escola dos cônegos de Saint-Victor, onde foi aluno do mestre Hugo, ele vai fazer parte da igreja de Notre-Dame; em torno de 1145, ele se torna cônego nesse local, mestre da escola catedral e arquidiácono (vigário-geral). Eleito bispo de Paris em junho de 1159, ocupa essa função até sua morte, em 20 de julho de 1160, deixando principalmente a lembrança de um teólogo prestigioso.

Sua obra, conservada em inúmeros manuscritos, comporta 36 sermões, com destaque para a "grande glosa" e o *Livro das sentenças*. Glosa e sentenças são o produto direto de seus estudos e de seu ensino.

A glosa é a ferramenta fundamental da exegese medieval desde a época carolíngia, em que autores se puseram a extrair comentários feitos pelos Pais da Igreja a respeito dos elementos de explicação do texto bíblico que eles reúnem de maneira sistemática e copiam nas margens e entre as linhas do texto sagrado para facilitar sua compreensão. Esse trabalho é retomado no início do século XII na escola de Laon por Anselmo e seus alunos, que compõem uma glosa bastante completa (a "glosa ordinária") sobre toda a Bíblia. Pietro Lombardo retoma a glosa laoniana para os Salmos e as epístolas de São Paulo e a enriquece consideravelmente, acabando por substituir um simples sistema de anotações marginais por verdadeiros pequenos tratados autônomos. Nas bíblias para uso escolar, doravante quase sempre "glosadas", a ponto de que o texto revelado e sua glosa formam um todo para aqueles que os estudam, a "grande glosa" de Lombardo substitui aquela de Laon para os Salmos e para São Paulo, dois livros muito lidos na Idade Média.

Mais importante ainda na história da teologia cristã é o *Livro das sentenças*. Tida durante muito tempo como uma compilação medíocre pelos historiadores, essa obra foi reabilitada nos dias de hoje. Claro, Pietro Lombardo não inventou o gênero. Desde o início do século XII, Oto de Lucca, assim como os mestres de Laon e de Paris, compuseram coletâneas de "sentenças", isto é, de extratos dos Pais da Igreja reagrupados tematicamente com a finalidade de apresentar a Revelação cristã como uma doutrina coerente e articulada. Por vezes, uma simples citação patrística basta, mas em outros lugares o compilador pôde reunir várias sequências, eventualmente divergentes, e formular um ponto de vista pessoal, tentando resolver as dificuldades aparentes. Pietro Lombardo inspirou-se, quanto ao conteúdo e ao método, em obras anteriores (*Summa sententiarum*, de Oto de Lucca, *Sic et non*, de Abelardo, *Sententiæ*, de Robert de Melun, *De sacramentis*, de Hugo de Saint-Victor), mas sua própria obra, reflexo de seu ensino magistral, longamente amadurecida até o final de sua vida, logo se impõe como a mais clara e mais completa.

Ela divide-se em quatro livros, eles mesmos subdivididos em 182 "distinções" e 933 capítulos. O livro I trata de Deus, isto é, da Trindade e dos atributos divinos; o livro II, da criação, da queda e do pecado; o livro III, de Cristo e da vida cristã; o livro IV, dos sacramentos e dos desfechos. Esse plano permitia apresentar de maneira sistemática o conjunto do dogma cristão e ele será retomado por todos os compêndios teológicos posteriores. A partir dos anos 1230, o *Livro das sentenças* se tornará o manual universitário de base que todos os grandes teólogos da Idade Média comentarão; seu estudo será obrigatório até o século XVI. Isso não significa que se trata de um texto sem originalidade. Algumas de suas teses, por exemplo aquela sobre a Encarnação, suscitaram reservas que só serão levantadas no IV Concílio de Latrão (1215).

Figura emblemática do impulso escolar do século XII, Pietro Lombardo é ao mesmo tempo o herdeiro da tradição exegética dos Padres e da alta Idade Média, pouco preocupado com dialética e com filosofia, uma testemunha de seu tempo (ele reserva apenas ao casamento, à época tão debatido, 87 dos 233 capítulos dedicados ao sacramento) e o iniciador de uma escolástica fundada na autoridade e na razão, que amplia a fé cristã às dimensões de uma visão coerente de Deus, da criação e da vida humana. || J. V. ||

São Tomás Becket

1117-1170

Santo político, Tomás Becket é o homem de todos os contrastes; ele fascinou seus contemporâneos, que nos deixaram uma dúzia de biografias escritas nos quinze anos que se seguiram ao seu martírio. Ele nasceu em 1117 em Londres. Era filho de um cavaleiro normando que se tornou comerciante e *sheriff* de Londres. Educado no priorado agostiniano de Merton, foi em seguida passar um ano em Paris. O brilhante e sedutor Tomás se refaz com facilidade depois da ruína de seu pai: uma pessoa de suas relações, o comerciante e banqueiro Osbern Huitdeniers, faz dele seu agente; depois, ele passa ao serviço do arcebispo de Cantuária, Teobaldo, homem-chave de uma Inglaterra atormentada por uma guerra civil. Rapidamente indispensável, ele recebe inúmeros benefícios, entre os quais a arquidiocese de Cantuária, e tem a ocasião de completar seus estudos de direito em Bolonha e de visitar a *cúria* pontifical, onde faz preciosas amizades.

Quando Henrique II Plantageneta se torna rei, o fiel do arcebispo vai encontrá-lo. Henrique, cujas finanças são um precipício, deseja explorar as riquezas da Igreja. Em Tomás, que se tornara seu amigo e seu chanceler, ele encontra um executor eficaz: bom administrador, embaixador e até mesmo chefe de guerra, este não tem escrúpulos em tirar proveito da Igreja. Quando Teobaldo morre e Henrique pretende julgar os clérigos criminosos em seus tribunais – e não mais nos da Igreja, a despeito de seu estatuto –, decide também eleger seu chanceler como arcebispo de Cantuária.

Mesmo hesitando, Tomás é ordenado padre e consagrado como arcebispo (junho de 1162). Pode-se então falar de uma verdadeira conversão. A atitude de Becket muda radicalmente: o cortesão, mundano e ambicioso, torna-se um padre austero, que exige de seus antigos colegas da casa real que devolvam à Igreja as terras que usurparam, e que protesta contra a tirania do rei, suas exigências financeiras e a ameaça que ele faz pesar sobre o estatuto clerical. A profunda amizade que unia Becket e Henrique dá lugar à incompreensão, à desconfiança e à amargura: a oposição se torna tão viva no Concílio de Clarendon que Becket, temendo por sua vida, se exila em novembro de 1164 com seus conselheiros (entre

---

Dupla página seguinte: Assassinato de um bispo diante do altar: o mais terrível dos assassinatos medievais
O assassinato de São Tomás Becket na catedral de Cantuária, em 29 de dezembro de 1170, sob o olhar do clérigo Edward Grimm, cujo braço avermelhado de sangue queria proteger o santo. Cerca de 1215-1225, detalhe da vidraça da "Vida de São Tomás Becket", vitral, Chartres, Catedral Notre-Dame

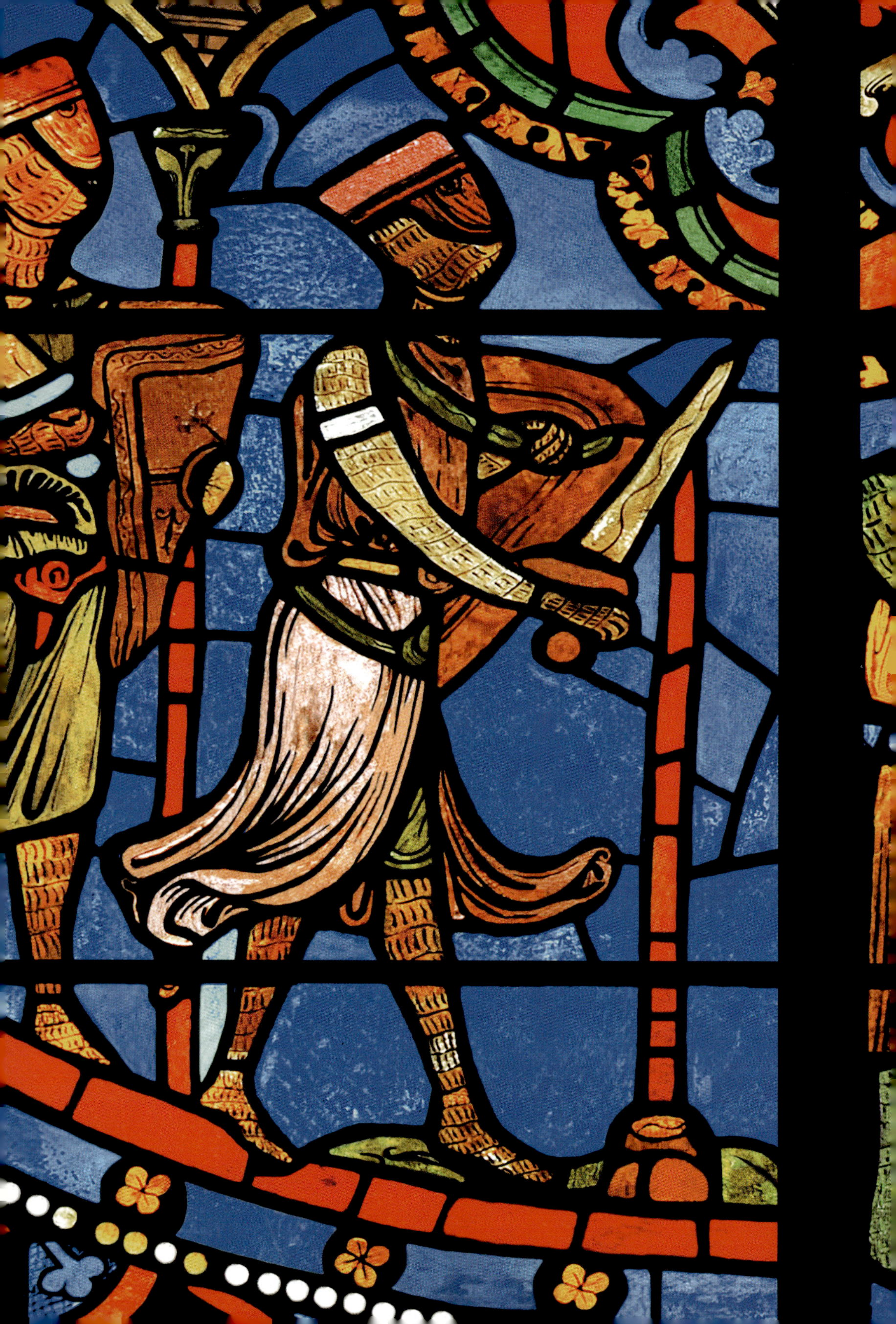

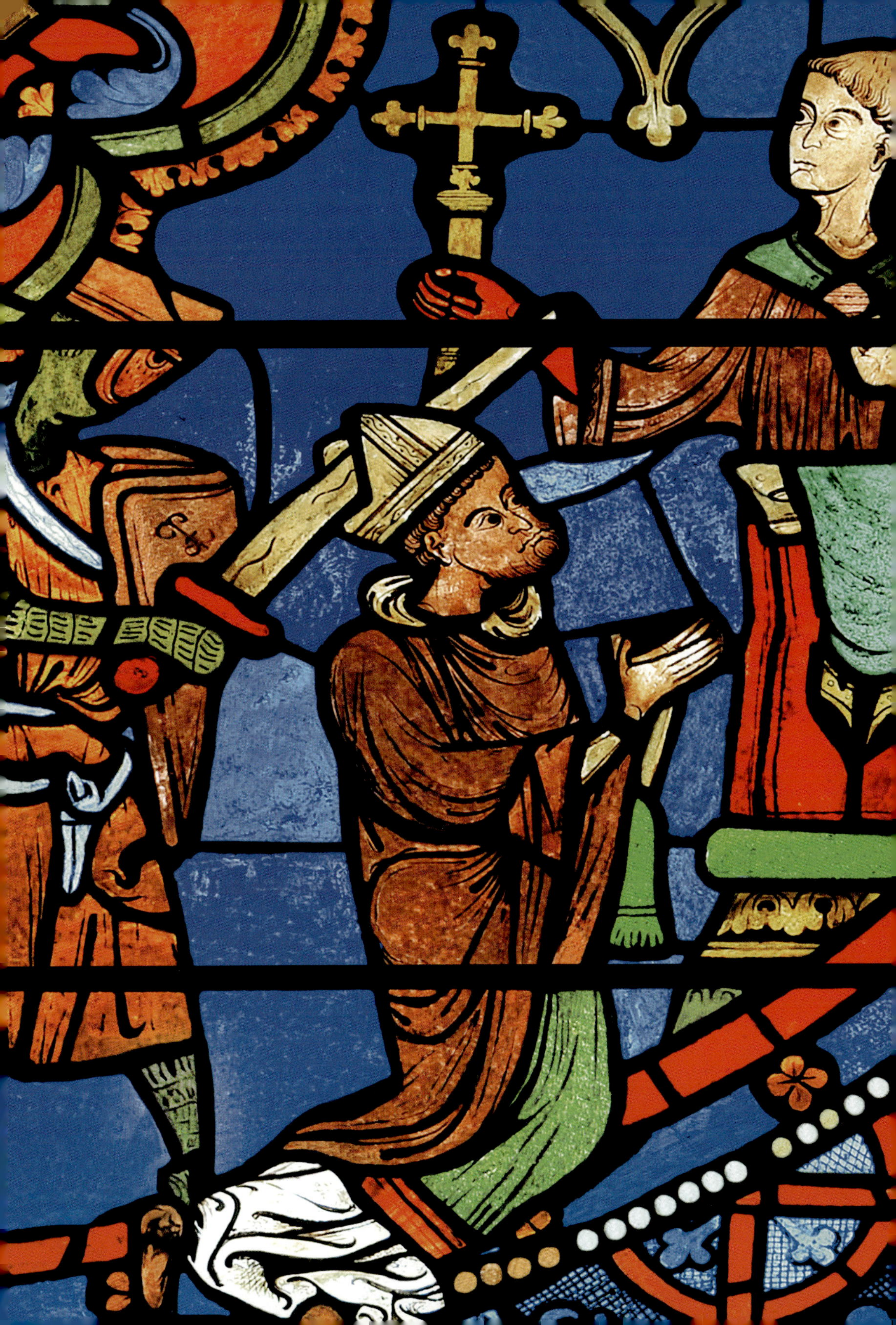

os quais João de Salisbury, autor do célebre *Policraticus*) e se coloca sob a proteção do rei da França, Luís VII, e do papa Alexandre III. Refugiado entre os cistercienses em Pontigny, depois em Sens, ele permanece intransigente, pedindo ao papa que excomungue Henrique II e que lance o banimento sobre a Inglaterra. Contudo, os bispos ingleses não o apoiam e chegam a permitir, desprezando os privilégios da igreja primacial de Cantuária, que o filho do rei, o jovem Henrique, seja coroado pelo arcebispo de York; e o papa, às voltas com um antipapa apoiado pelo imperador Frederico Barba Ruiva, não deseja romper com Henrique. Becket não pode recusar uma reconciliação formal em Fréteval, na presença dos dois reis, onde Henrique II se compromete a respeitar os privilégios da Igreja.

Apesar de tudo, Tomás, que não tem nenhuma dúvida sobre as intenções do rei, volta para a Inglaterra em 30 de novembro de 1170, depois de ter suspendido os bispos ingleses que usurparam os privilégios de Cantuária. Mal acabara de chegar, ele protesta junto ao papa e a Luís VII contra a má-fé de Henrique II. Este último quer freá-lo, gritando: "Quem me livrará desse clérigo impertinente?" Imediatamente, quatro de seus cavaleiros partem para Cantuária: em 29 de dezembro, eles entram no palácio e tentam prender o prelado, que se refugia em sua catedral. Os cavaleiros alcançam-no e, como ele se recusa a fugir ou a resistir, lhe fendem o crânio.

Não é sua vida que fez de Tomás um santo, mas seu martírio: Alexandre III, depois de ter imposto a Henrique II o exílio e a penitência, canoniza Tomás em 21 de fevereiro de 1173. Mártir da defesa da Igreja, ele é objeto de um culto popular, atestado por inúmeros milagres. O formidável sucesso da peregrinação à sua tumba (Henrique II é um dos primeiros a fazê-lo) faz dessa vítima da tirania o santo inglês mais popular: nada ilustra melhor as diferenças entre a França e a Inglaterra que as duas figuras antitéticas de São Luís e de São Tomás Becket. Mas seu culto estendeu-se pela Europa (suas *Vidas* foram traduzidas numa saga islandesa), onde ele se tornou o mártir do privilégio do Estado clerical. || J.-P. G. ||

Mestre de Espinoselvas, *O martírio de São Tomás Becket* (detalhe da abside), século XIII, Terrassa, igreja de Santa Maria

Bernard de Ventadour

Cerca de 1150-cerca de 1200

Bernard de Ventadour, um ícone que concentra criações de imenso prestígio em língua d'oc: a poesia dos trovadores. Uma preciosa lembrança cultural, mas a fidelidade à "verdade" se choca com a ilusão da memória. Bernard de Ventadour parece ter uma identidade recomposta, pois as telas se interpõem diante dele, tanto para nosso olhar quanto para nossos ouvidos. Não somente por se tratar do estranho documento biográfico que nos fez conhecê-lo, mas também pela questão da autenticidade de sua voz. Bernard de Ventadour é, entretanto, o emblema da criação lírica do século XII, aquele que pratica o *trobar*: o trovador, o *"trouveur"* (o "encontrador" ou o "inventor"). Autor de 41 *cansos*, os cantos de amor, e de três *tensos*, o poeta compôs os mais refinados poemas da produção lírica em língua occitana, e é no âmago das cortes meridionais que foi inventada a arte de amar, a *fin'amor*, pela virtude de eruditas composições verbais e musicais. Os documentos que os trovadores evocam nas diversas origens esboçam as figuras sociais: trata-se tanto de grandes senhores, tal como Jaufré Rudel, príncipe de Blaye, quanto de camponeses de pequena nobreza, por vezes de pobres poetas, filhos dos domésticos do castelo. Há ainda clérigos, quase maltrapilhos, outros são comerciantes ou antigos saltimbancos. Seu estatuto aparece sempre ligado a protetores, a mecenas, ou até mesmo à dama amada. A notoriedade de Bernard de Ventadour também está ligada às grandes figuras dos meios da corte, do Midi à corte de Leonor.

Retrato feito desde a época medieval, uma *Vida* mostra o esquema da jornada do poeta: é uma biografia bem fundamentada num real geográfico e temporal, do nascimento modesto à criação admirada, dos exílios à retirada para a vida monástica. Mas é uma biografia imaginária, uma restituição singular, elaborada segundo a percepção que a sociedade da época teve. Ela quer a todo preço individualizar a voz do poeta, seu percurso de vida, do nascimento à morte. Apresentando-se como uma introdução à obra poética, a *Vida* é, ao contrário, somente seu fruto, testemunhando o prestígio do antigo occitano como língua literária, até na Itália e na Catalunha, e mais amplamente na escala européia. Portadoras de elementos autênticos, sem dúvida, as *Vidas* desse gênero organizam sobremaneira aquilo que as próprias canções revelam. Elas são tiradas da voz poética: a obra constrói a vida. Frequentemente acompanhadas de *Razos* (comentários de poemas), elas foram redigidas em língua occitana bem depois da atividade dos poetas. Revelam a curiosidade dos públicos pelos trovadores, baseando a invenção poética nos acontecimentos de sua vida, estabelecendo a fidelidade do poeta ao seu protetor, animado pelo amor que porta à sua esposa. Tal foi o caso de Bernard de Ventadour, se acreditarmos na *Vida* escrita por Uc de Saint-Circ.

Bernard é de origem modesta: seu pai, padeiro, faz o pão do castelo. Ele revela muito cedo seus talentos para o canto e a criação poética, "cortes et enseingnatz", cortês e instruído. Seu protetor, Ebles II de Ventadour, que Bernard chama de "le Cantador", lhe teria ensinado a arte do "trobar", e o teria coberto de marcas de honra. A jovem esposa e o poeta apaixonam-se. Seu amor permanece secreto por longo tempo. Quando é descoberto, Bernard é despedido, a esposa é posta em reclusão e repudiada. O poeta vai para a corte da duquesa da Normandia, Leonor, a quem suas canções deixam maravilhada. Eles apaixonam-se, amor mais uma vez escondido, fonte de maravilhosas composições poéticas. O rei Henrique II Plantageneta casa-se com a dama, e juntos partem para a Inglaterra. Atormentado, Bernard vai para a corte de Raimundo V, conde de Toulouse. Quando o conde morre, ele se torna monge cisterciense em 1194, na abadia de Dalon, na Dordonha. Quanto ao redator da *Vida*, originário de Quercy, perto de Rocamadour, é filho de um pobre vassalo. E ele não compõe um grande número de canções, pois não se apaixonou por nenhuma mulher! Eis então a quem se deve a inscrição histórica de Bernard, o retrato de um poeta de estatuto precário. Restam ainda algumas efígies, uma pequena silhueta de poeta pontuando as iniciais ricamente historiadas de alguns *Cancioneros*.

Não menos ambígua é a questão da autenticidade dessa voz poética. Será que encontramos nela uma verdade de ordem sentimental? Os trovadores dominavam códigos poéticos sofisticados, indo de uma invenção límpida, o *trobar eu*, a uma arte muito complexa, o *trobar clus*. À primeira vertente pertencem a voz de Bernard, cantando sua dor, a esperança e o deslumbramento diante da renovação da natureza: "Quando vejo o pardal tremer de alegria, suas asas em contraluz num raio de sol desvanecer e se abandonar à doçura que no coração lhe impera, Ah, quanta inveja me assombra, vinda daqueles que vejo desfrutar de seu amor! Eu me surpreendo que imediatamente o coração de desejo não me derreta" (transcrição musical de *La doussa votz ai auzida*, BnF ms. fr. 22543 ou fr. 200050, P. Bec Anthologie). A delicadeza poética, apontada por eruditos jogos de palavras, engendra o entrelaçamento do motivo tão amado da felicidade primaveril e do abandono à felicidade do mundo:

"Tenho tanto amor no coração, tanta felicidade e doçura, que o gelo me parece flor, e a neve, verdor." Nu sob a camisa, o poeta permanece protegido do frio invernal, sofrendo o martírio por sua dama, e ele pena mais que Tristão penou por Isolda, a Loura. Ele perde-se nos olhos de sua dama "como se perdeu o belo Narciso na fonte". A verdade

Um grande trovador
Letrina "Q" com o trovador Bernard de Ventadour. Pós-1273, Biblioteca Nacional Francesa

de Bernard deve-se aqui à virtualidade dos sons, ao esplendor dos versos, ao imaginário das situações de escuta: os círculos de ouvintes, esses desfrutadores de beleza. Nossa memória cultural faz viver Bernard de Ventadour, reunindo em sua arte virtuosa os meandros de sentimentos complexos, associando a felicidade e o sofrimento, o paradoxo da "doce dor" e do "prazer doloroso".

Petrarca, em 1352, no *Triunfo de amor*, fala de uma celebridade assegurada. Mas a fama expõe à impostura. No século XVI, Jehan de Nostredame, historiador provençal, redige *Les viés des plus célèbres et anciens poètes provensaux qui ont floury du temps des comtes de Provence*, fabulações destinadas a lisonjear o orgulho das grandes famílias, fazendo remontar sua origem até a um trovador ilustre. A tradução de Giovanni Mario Crescimbeni difunde pouco tempo depois essa moda na Itália. Por outro lado, o erudito filólogo La Curne de Sainte-Palaye, combatendo a imagem falsificada de "insossas galanterias" saberá, na *Vida dos trovadores* (1774), louvar a vivacidade, a beleza das imagens, a paixão nascente e os riscos realmente enfrentados por Bernard de Ventadour. Em nossos dias, o marketing turístico não deixa de explorar a figura desse trovador, que legitimamente dá seu nome a estabelecimentos escolares, berço de uma memória viva. E, sobretudo, iniciativas notáveis, em Ventadour mesmo, dedicam-se a manter vivos o poeta e a cultura occitana, graças a Luc de Goustine, ele próprio escritor e autor de uma romance, *Bernard de Ventadour ou les Jeux du désir* (2007). || D. B. ||

Leonor de Aquitânia

1124-1204

Leonor de Aquitânia não deixa ninguém indiferente. Ela é a mais conhecida, a mais amada ou a mais detestada das rainhas medievais. Quando viva, os escritores lhe teceram coroas de louros ou, ao contrário, arrastaram-na na lama. Alguns louvaram sua beleza, sua piedade ou seu mecenato; outros a trataram de ninfomaníaca e acusaram-na de incesto. Ainda no século XX, os medievalistas sérios a rotulam de "verdadeira piranha, preocupada unicamente com o poder e com o sexo", "loba ávida de poder", ou até mesmo "uma das mulheres mais cruéis e desconsideradas que a história nos tenha deixado lembrança", etc. O florilégio de citações pouco amáveis poderia ser estendido. Partindo da constatação de que os homens detestam as mulheres de poder, esses insultos tardios provam ao menos que Leonor soube dar provas de autoridade e intervir nas lutas de seu tempo.

Duas rainhas enterradas em Fontevraud, no feudo francês de Anjou, então inglês
A partida para o cativeiro de Leonor de Aquitânia, tornada prisioneira por seu próprio esposo, Henrique II Plantageneta, cercada por sua filha Joana e seus filhos Ricardo (Coração de Leão) e João Sem-Terra. Final do século XII, afresco, Chinon, capela de Santa Radegunda

Em 1137, aos treze anos de idade, Leonor perde seu pai, Guilherme X, duque da Aquitânia. Ela se torna a herdeira mais cobiçada do Ocidente, pois a Aquitânia compreende então um vasto território: Poitou, Gasconha, Limousin, Bas-Berry e Auvérnia. O abade Suger, que controla o reino da França junto ao moribundo rei Luís VI, faz viger a tutela feudal sobre essa órfã tão apreçada para casá-la imediatamente com o futuro Luís VII. Depois de sua coroação, Leonor marca a política de seu marido. Por um lado, em 1141 ela o engaja num combate contra Toulouse, local de expansão tradicional da Aquitânia. Por outro, ela casa sua irmã Petronille com Raoul de Vermandois, oficial real da França. Essas núpcias visam a impedir que a irmã caçula reclame a herança da Aquitânia. Contudo, elas causam o repúdio de Raoul por sua mulher, parente do conde de Blois e da Champagne, o qual imediatamente entra em guerra contra Luís VII. Provocado pela tropa real, o incêndio da igreja de Vitry — no qual morrem todos os habitantes locais, que nela se refugiavam — põe fim a essas operações.

Luís VII pretende expiar seus maus atos integrando, em 1147, a segunda cruzada; ele leva consigo Leonor, por quem os cronistas afirmam ser ele "perdidamente apaixonado, de modo pueril". Para esses clérigos, impregnados de ataraxia estóica, uma paixão que dizem "tão veemente" nada pode trazer de bom. Ela de fato azedou na Terra Santa, no decorrer de uma batalha desastrosa. Leonor apoia a política de seu tio paterno, Raimundo, príncipe de Antioquia, defensor da tomada de Alepo, opondo-se a Luís VII, que quer cercar Damasco, cidade até então amiga dos latinos. Essa disputa traduz o desejo da rainha de pesar sobre as decisões militares, porém as más línguas da corte recusam sua intervenção num campo reservado aos homens e lhe atribuem uma ligação culpável com seu tio. No retorno à França, é acusada até mesmo de ter cometido adultério com Godofredo, o Belo, conde de Anjou — ela, que deveria mais tarde desposar o filho dele, Henrique II Plantageneta. Sem fundamentos, esses mexericos buscam de fato vingar-se de uma mulher que se apodera do campo político. De resto, a rainha é originária da longínqua e meridional Aquitânia, cujos modos são tidos como dissolutos, e ela é neta de Guilherme IX, bígamo notório e primeiro trovador conhecido, cujas canções adotam por vezes um tom licencioso. Leonor, cantada por Bernard de Ventadour, o mais notável dos trovadores, guardará dele o gosto pelas letras. De fato, ela só deu duas filhas a Luís VII, cuja sucessão está em perigo. O rei obtém então o direito de repudiar sua esposa, sob o pretexto de consanguinidade, no Concílio de Beaugency (1152).

Quase em seguida Leonor casa-se novamente, desta vez com Henrique II, conde de Anjou e duque da Aquitânia, que em 1154 é coroado rei da Inglaterra. Ela desmente sua pretensa esterilidade trazendo ao mundo seis meninos e três meninas. Essas seguidas gravidezes limitam seu papel no governo real. Em 1167, o nascimento de João Sem-Terra, seu últi-

Estátua sobre o túmulo de Leonor de Aquitânia, século XIII, tufa calcária policromada, Fontevraud, abadia real

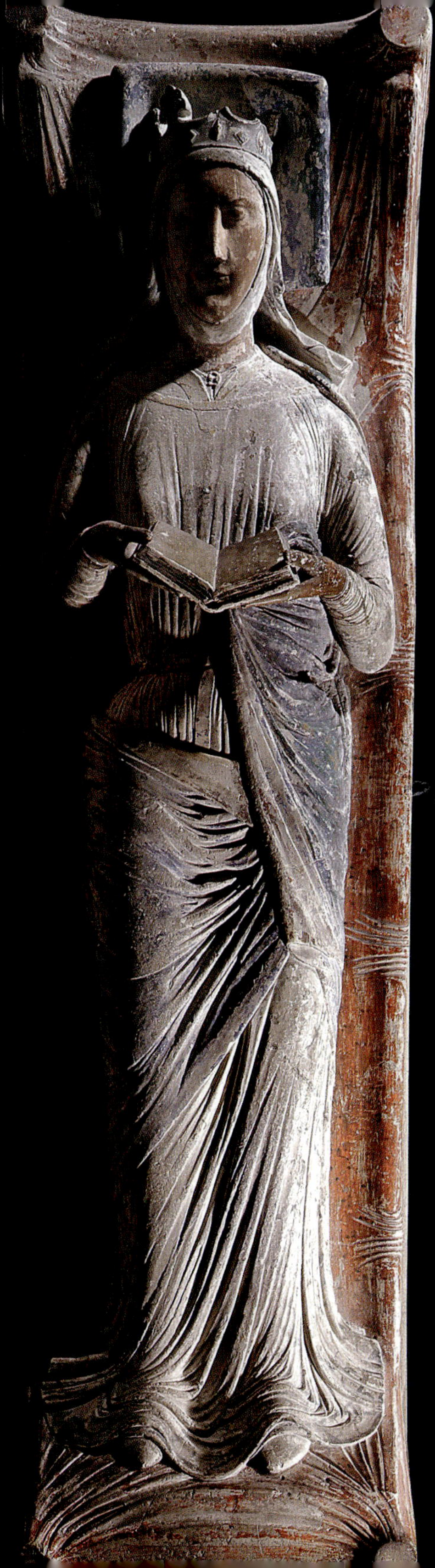

mo filho, muda a situação. Mais que quadragenária, ela pretende controlar diretamente a Aquitânia, com Ricardo Coração de Leão, seu filho predileto, em detrimento da administração autoritária de seu marido. Seus dois outros filhos, Henrique, o Jovem, e Godofredo da Bretanha, também reclamam mais poder e riquezas. Em 1173, sua revolta comum, fomentada contra Henrique II, é atiçada por Leonor que, segundo o mau jogo de palavras do abade de Mont-Saint-Michel, "aliena" (de seu nome em francês, *Aliénor*) seus filhos do rei. A rebelião fracassa e a rainha se torna cativa até sua viuvez, ocorrida em 1189.
Doravante, Leonor desfruta de um poder sem precedentes. Para Ricardo Coração de Leão, que se tornou rei, ela obtém a mão de Bérengère de Navarra, cujo pai, Sancho VI, doma desde então as sucessivas revoltas da aristocracia gascã. Na ausência de Ricardo, que havia partido numa cruzada e se tornado prisioneiro do imperador, ela se opõe a João Sem-Terra, que pactua com Felipe Augusto, rei da França, o inimigo inveterado, e ela paga o resgate para libertar Ricardo. Entretanto, quando este morre, em 1199, Leonor luta – para que João Sem-Terra aceda ao trono – contra seu neto Arthur da Bretanha, que ela consegue vencer ao defender pessoalmente, em 1202, a cidade de Mirebeau, no Poitou. Leonor morre dois anos mais tarde, aos oitenta anos. Seu desaparecimento, enquanto Felipe Augusto conquista a Normandia e o Anjou, coincide com o desmoronamento do império Plantageneta que ela havia lutado tanto para edificar. Ela é enterrada na abadia de Fontevraud, onde havia uma década compartilhava intermitentemente a vida das monjas e onde havia sediado a necrópole dinástica dos reis da Inglaterra da casa de Anjou. || M. A. ||

Frederico I, o Barba Ruiva

Cerca de 1122-1190

Filho do duque Staufen da Suábia e de uma princesa *welf* (antiga casa da Baviera), Frederico sucede, em 1152, seu tio Conrado III na qualidade de rei dos romanos, que lhe confere a soberania sobre as coroas da Germânia, da Borgonha e da Itália, a suserania sobre a Boêmia e a promessa da dignidade imperial, obtida por ocasião da coroação romana em 1155. Como para todos os reis alemães, a incursão na Itália constitui ao mesmo tempo um teste e um desafio, que impõe primeiramente dar garantias aos grandes da Germânia a fim de assegurar a paz durante a estadia na península. Na própria Itália, o imperador não somente é confrontado com a necessidade de consolidar suas posições no norte, mas deve também fazer face à oposição das ricas e turbulentas cidades da Lombardia e da Toscana, às manobras dos bizantinos e dos normandos no sul e na Sicília, assim como às pretensões do papado em frear o poder universal secular. Entre as campanhas militares (destruição de Milão, em 1162), a impossível resolução do cisma pontifical que vê dois papas disputarem o trono de São Pedro, e a renovação contínua das linhas urbanas no norte, Frederico, o Barba Ruiva, deve concentrar seus esforços na vertente italiana de seu império, onde ele passa mais tempo que na própria Alemanha, e onde só consegue restaurar a paz pelos tratados de Veneza, em 1177, e de Constância, em 1183. Pode-se considerar que nessa data os destinos alemão e italiano do Império acabam de se distinguir, enquanto que na confrontação dos dois poderes universais da cristandade o papado ganha uma autonomia maior, prelúdio de uma ascensão que durará ao menos até os concílios do século XV. Absorvido pela aventura italiana, o imperador bem que tentou pôr ordem no coração germânico de seus reinos — essencialmente pelo controle dos feudos e pela

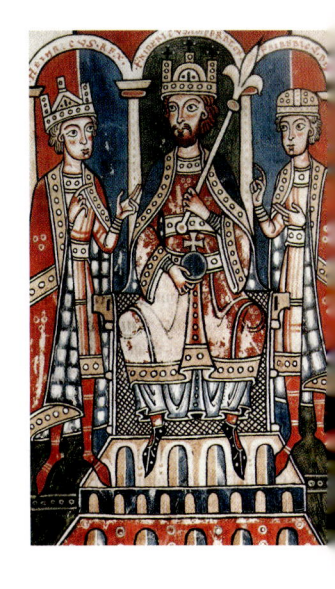

Uma família imperial
Frederico, o Barba Ruiva, com seus filhos, Henrique VI e Frederico V da Suábia, seu primogênito (1167-1191), página extraída da Crônica dos Guelfos. Cerca de 1179-1191, miniatura, Fulda, Hessische Landesbibliothek

183

imposição de paz territorial –, mas não pôde impedir os grandes príncipes alemães de afirmar seu poder em detrimento das prerrogativas da Coroa. Nada assinala melhor o problema senão o conflito que, desde o fim das campanhas italianas, o opõe ao seu primo Henrique, o Leão, duque da Saxônia e da Baviera. Essa confrontação se completa em 1179-1180 por um ensurdecedor processo feudal que termina com o banimento do guelfo para fora do Império; seus bens são confiscados e os ducados, cindidos. Se essa vitória parece confortar o poder real, também assinala a dependência em que Frederico incorreu. Por um lado, em relação aos poderosos nobres do reino, de quem foi preciso comprar a fidelidade durante a querela com Henrique, o Leão. Por outro, em relação à Igreja do Império, cujo apoio – adquirido graças à posição episcopal de próximos ou de parentes, tais como Christian de Mogúncia, Rainald de Dassel e Oto de Freising, futuro historiógrafo do imperador – se torna ainda mais necessário, dado que o papado reforçou suas posições na Itália, se pôs como garantia da independência do espiritual face ao poder imperial secular e estreitou sua aliança com os reis da França e da Sicília. Desse ponto de vista, por ocasião da grande dieta de Mogúncia de 1184, Frederico I parece mais do que nunca um imperador cavaleiro e feudal, mas também cada vez mais germânico, e de certa forma é para restaurar seu prestígio universal e levar consigo os príncipes e os grandes de seus reinos que ele se engaja, em 1188, na aventura da cruzada, desafiando Saladino para um duelo. Barba Ruiva jamais pôde encontrá-lo, pois se afogou em 1190 nas águas do rio Saleph, na Anatólia.

Tanto para a autoridade quanto para a simbólica imperiais, o inventário do reino continua contrastado: cruzada inacabada; manutenção árdua da predominância imperial seja em Roma, seja na própria Alemanha (o que é assinalado pela canonização claudicante de Carlos Magno, feita por um antipapa em 1165); afirmação dos reinos da França, da Inglaterra, da Sicília (não obstante, conservada por Frederico I, que em 1186 casa seu filho, futuro rei e imperador Henrique VI, com Constance de Hauteville, provável herdeira do trono normando), da Boêmia (que se tornara reino em 1198) às periferias do Império; afirmação dos poderes citadinos; impulso dos direitos romano, canônico, urbano e real, mais que do direito imperial... Tudo isso explica os julgamentos ambivalentes feitos sobre seu reino a partir do século XIII e mais ainda no decorrer dos séculos XIX e XX, em que Frederico encarna ora as últimas chamas da honra staufiana do Império, ora a figura de um vendilhão da Alemanha em proveito da Itália, ora como o primeiro dos soberanos propriamente germânicos impondo à Europa seus sonhos de conquista. A Alemanha romântica e depois nacionalista pôde desde então esculpir o monumento do imperador barbudo, adormecido na gruta de Kyffhäuser, cujo despertar soaria a salvação do povo, enquanto Barba Ruiva pôde dar seu nome à campanha da Rússia, desencadeada pelo III Reich nazista em 1941. || P. M. ||

Triunfo de Henrique VI do Sacro Império, filho e sucessor de Frederico I, o Barba Ruiva. Tancredo de Lecce vencido e retirado de seu palácio de Palermo. Cerca de 1190, página extraída de Liber ad honorum Augusti sive de rebus Siculis, *de Pierre de Eboli, Berna, Biblioteca da Burguesia*

Serenissim' imperator Henr' sabaria venies nuncios ab urbe panor' recepit

nuncii panormi

tristis uxor tancredi

cu popa nobili et triupho glorioso august' igredit' panormu.

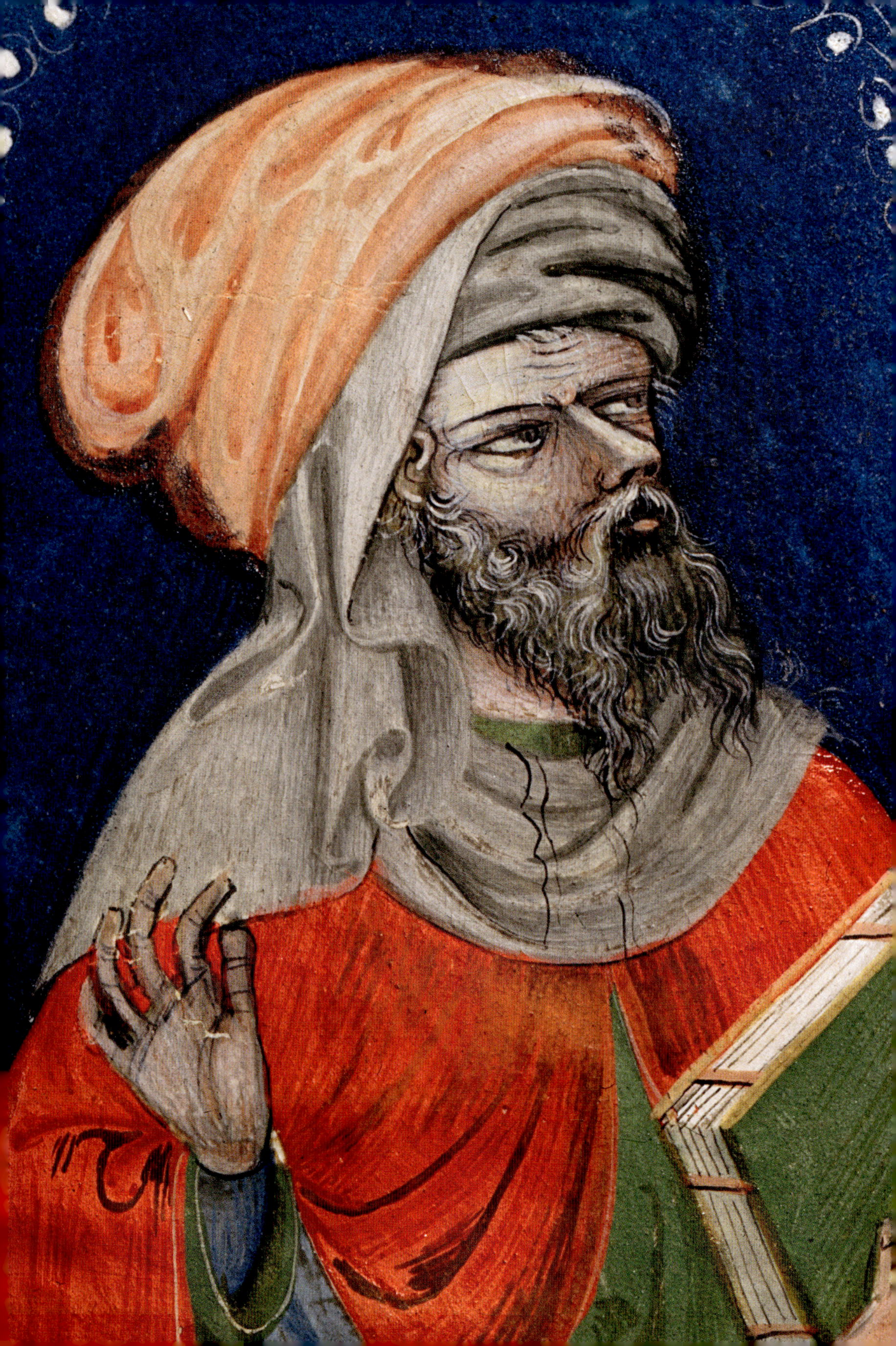

Averróis

1126-1198

Abu-I-walid Mohammed ibn Ahmed ibn Rushd, ou Averróis, é, como sublinha Alain de Libera, "o pai espiritual da Europa". Médico, juiz e filósofo andaluz, ele contribuiu de maneira decisiva para impulsionar uma tradição racionalista que continua ativa até nossos dias. Nasceu em Córdoba e pertence a uma família de magistrados: seu pai e seu avô foram juízes e ele mesmo não escapa a esta filiação, exercendo a profissão em Córdoba e em Granada. "Amigo da lógica", comentador de Aristóteles, Averróis escreveu obras originais, como o *Discurso decisivo* ou o *Desvelamento dos métodos de prova em religião*; também redigiu inúmeros comentários sobre a obra de Aristóteles. Este filósofo grego é, para ele, "uma regra da natureza e um modelo no qual ela buscou expressar o tipo da última perfeição" (*Comentário sobre o De anima*, L.III). Lendo os textos de Aristóteles e os textos sagrados que a tradição muçulmana produziu – Alcorão e ditos proféticos –, Averróis visou conciliar o dado revelado com as formas saídas do intelecto. Esta conciliação toma a forma de uma harmonização metodológica. É assim que no versículo corânico "Chama os homens para o caminho de teu senhor por meio da sabedoria e da bela exortação; e disputa com eles da melhor maneira" (Alcorão 16, 125, citado no § 17 do *Discurso decisivo*), Averróis irá construir um paralelo com a lógica de Aristóteles. A sabedoria aqui é o equivalente da demonstração, a bela exortação é uma forma de persuasão retórica e a disputa é dialética. Demonstração, dialética e retórica são as três formas aristotélicas segundo as quais se desdobra o conhecimento. Para Averróis, o texto sagrado é inteiramente inteligível, mesmo que seu pleno entendimento só pertença aos "homens da demonstração". Estes sabem dar conta das imagens e parábolas religiosas e dar conta das coisas especulativas. Outros, buscando a polêmica, introduzem em matéria religiosa o método dialético e acabam por degradar a religião em superstição. Eles não mais permitem fazer o ponto de partida proposto pelo próprio texto entre versículos unívocos e versículos equívocos. Os teólogos, divididos em múltiplas seitas, são excelentes nesse método de divisão.

O grande interlocutor muçulmano dos grandes escolásticos medievais
Letrina com o retrato de Averróis (detalhe), século XIV, miniatura, Cesena, Biblioteca Malatestiana

A Charia, que podemos traduzir por "lei divina", ou mesmo por "religião", no *corpus* de Averróis, não é uma lei positiva. Conforme as ocorrências no Alcorão da palavra "charia" – que significa mais "via" que "lei" (cf. Alcorão 45, 18: "Nós o pusemos numa via pertinente, siga-a") –, a Charia é uma lei divina no sentido de uma orientação que prescreve ao homem usar o intelecto. Ela remete a uma ordem geral do universo instituída por Deus. É, portanto, de natureza cosmológica. A palavra "charia" é frequentemente usada por Averróis no sentido de religião em geral. Ele fala então tanto de "charia" do islã para tratar da religião muçulmana quanto "charia" de Jesus, que é o cristianismo (Averróis, *Incoerência da incoerência*, Beirute, Edições Bouygues, 1992, p. 583).

Detenhamo-nos nessa noção de intelecto. Não se trata certamente da luz natural no sentido de Descartes e da filosofia moderna, que se inclina à subjetividade. O intelecto pensa, é certo, mas o homem à altura de seu esforço adere ou não ao intelecto. Portanto, o intelecto não é, para Averróis, uma das potências da alma humana, como o pensará mais tarde São Tomás, para quem o intelecto agente "é algo da alma" (Tomás de Aquino, *Suma contra os gentios* II, § 76). A alma humana, para Averróis, desaparece com a morte: tudo o que a individualiza (imaginação, sentimento) se corrompe. É uma posição aristotélica estrita. Mas não diz o Alcorão que os homens são criados uma segunda vez depois de sua morte? Durante a Idade Média latina, emprestou-se a Averróis a tese da "dupla verdade": uma verdade da fé ao lado de uma verdade da razão. Ora, o reconhecimento de uma dupla legitimidade enfraquece a verdade. Qualquer verdade testemunha em favor de si própria, portanto é una e coerente. A noção de "dupla verdade" é, portanto, um contrassenso. No *Discurso decisivo*, Averróis escreve: "a verdade não pode ser contrária à verdade, mas concorda com ela e testemunha em seu favor" (§ 18). Viver sob um regime de verdade visando à promoção da demonstração é um modo de vida de filósofo. Este foi o modo de Averróis. || A. B. ||

Joaquim de Fiore

Cerca de 1135-1202

Joaquim de Fiore, uma das figuras maiores do profetismo medieval, elaborou uma filosofia da história cuja influência se faz sentir até o final da Idade Média e na época moderna. Originário da Calábria, ele inicialmente foi eremita na Terra Santa, depois em sua terra, antes de entrar, em 1177, para o monastério de Corazzo, que ele afilia à ordem cisterciense. Em 1186, ele deixa sua abadia e se retira com alguns companheiros para o maciço montanhoso de Sila, onde em 1188 funda a abadia de San Giovanni in Fiore. Condenado pelo capítulo geral da ordem cisterciense por ter violado seu voto de estabilidade, ele escapa à sanção que o ameaça graças à intervenção do papa Clemente III, que em 1196 aprova a ordem de Fiore, reputada pela austeridade de seu modo de vida. Joaquim morre em 1202 e é enterrado em San Giovanni in Fiore, onde um culto não tarda a se desenvolver junto à sua tumba. Contudo, a Igreja romana não reconhece sua santidade, sem dúvida porque algumas de suas teses sobre a Trindade foram condenadas em 1215 pelo IV Concílio de Latrão.

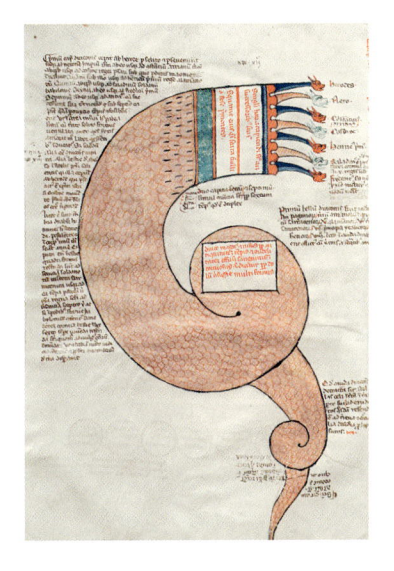

Joaquim de Fiore não se considerava um profeta, mas estimava ter recebido de Deus o dom de interpretar as Escrituras. Duas intuições maiores marcam toda sua obra: uma é a concordância do Antigo e do Novo Testamentos, em virtude da qual todos os acontecimentos e os personagens que figuram no primeiro devem ter seu correspondente no segundo, e reciprocamente; a outra é a atribuição de um significado de atualização no livro do Apocalipse, no qual Joaquim via uma grade de leitura que permitia interpretar

O surrealismo apocalíptico medieval
Escola italiana, *Um dragão apocalíptico*. Século XIII, página extraída de *Liber Figurarum*, de Joaquim de Fiore, Perugia, abadia de San Pietro dei Cassinensi

os diversos episódios da história. Diferentemente da maioria de seus contemporâneos, convencidos de que o mundo declinava ao envelhecer, Joaquim pensava que a Igreja conheceria um novo impulso depois de ter afrontado a resistência das forças do mal encarnadas por diversos "Anticristos místicos" – isto é, simbólicos: Herodes, Nero, os heréticos, Maomé, Saladino, etc. –, cada um deles constituindo uma emanação do demônio e desempenhando o papel de precursor do grande Anticristo que deve se manifestar ao termo do "reino de mil anos", ou *millenium*, precedendo o final dos tempos. Essa visão original da história da salvação tem relação com as concepções teológicas de Joaquim, que acentuava a distinção das pessoas divinas no seio da Trindade e o caráter progressivo da revolução cristã. Aos seus olhos, de fato, a evolução da humanidade caminha no sentido de uma clarificação crescente da mensagem divina e de uma melhor compreensão desta última por parte daqueles que são seus destinatários. Ele também distinguia uma idade do Pai, que havia durado desde Adão até o primeiro ancestral conhecido de Cristo, depois uma idade do Filho, que correspondia ao tempo de encarnação e da pregação do Evangelho; este último, segundo cálculos complexos inspirados por diversos textos proféticos do Antigo Testamento, encontrava seu fim: depois de uma crise violenta suscitada pelo Anticristo, deveria começar, por volta de 1260, a idade do Espírito, ponto culminante da história da humanidade. A Igreja de Pedro, com seu clero, suas estruturas e suas leis, cederia então lugar à de João, animada por uma elite de "homens espirituais" e pobres. Esse seria o tempo do "Evangelho eterno", compreendido e vivido por todos os cristãos em espírito e em verdade. A doutrina de Joaquim não tinha, à primeira vista, nada de revolucionário e não foi, portanto, condenada inicialmente. Entretanto, ao situar no futuro a realização da perfeição cristã, Joaquim punha em causa os esforços dispendidos pelos papas de seu tempo para edificar *hic et nunc* uma cristandade perfeita sob sua direção. Ao termo das tribulações dolorosas que marcariam a passagem da Igreja "carnal" a uma Igreja espiritual, as realidades institucionais seriam transformadas num espírito novo, começando pelo papado, que seria então presidido por um papa angélico. Para dar mais eficácia à mensagem de seu mestre, os discípulos de Joaquim, depois da morte deste, retomaram suas ideias sob uma forma simultaneamente sintética e ilustrada por esquemas imagéticos no *Liber figurarum* ("Livro das figuras"). Seus escritos autênticos e aqueles que lhe são atribuídos a seguir deveriam exercer uma profunda influência sobre os melhores espíritos do tempo – a começar por Dante, que fez um vibrante elogio de Joaquim de Fiore em sua *Divina comédia* – e estiveram na origem de uma corrente profética e contestadora a que se chamou joaquimismo. || A. V. ||

A árvore, grande suporte simbólico medieval da vida humana (árvore de Jessé)
A árvore da história humana, da criação do homem até a vinda do Espírito Santo. Século XIV-XV, página extraída do manuscrito Liber Figurarum, de Joaquim de Fiore, Reggio Emilia, seminário arcebispal

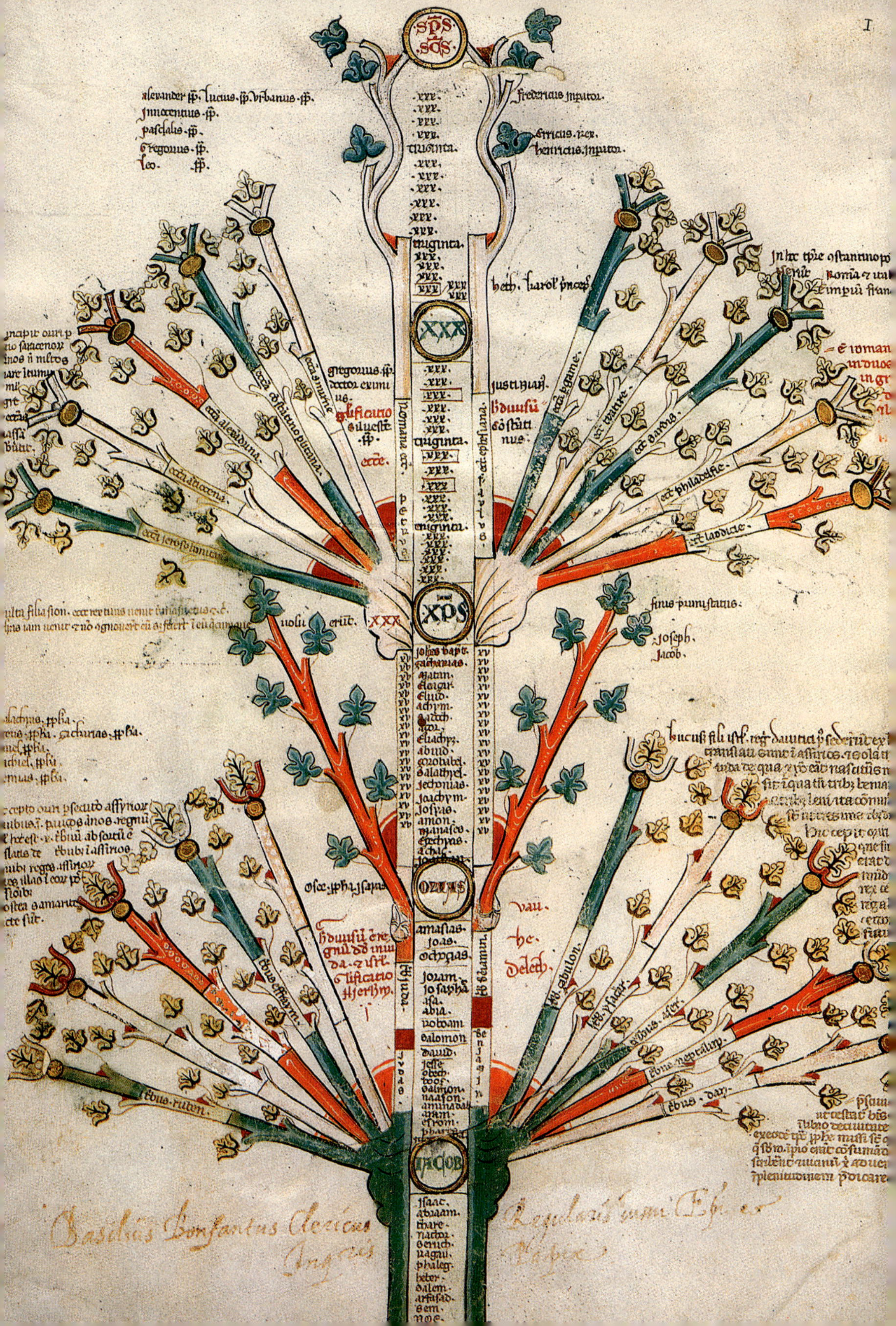
alexander pp. lucius pp. urbanus pp.
Innocentius pp.
pascalis pp.
Gregorius pp.
leo pp.
Fredericus imperator
henricus imperator
XXX
XPS
finis primi status
Joseph
Jacob
IACOB

Chrétien de Troyes

Cerca de 1140-cerca de 1190

Chrétien de Troyes é sem dúvida o primeiro e o maior dos romancistas franceses da Idade Média. Provavelmente o gênero nasce com ele, todavia nada mais sabemos sobre essa proeminente figura. A obscuridade de sua vida é ainda maior que a de muitos artistas medievais, e os únicos detalhes que parecem fiáveis foram criados ou deixados por ele de viés num de seus romances. Chrétien de Troyes seguramente não é seu nome verdadeiro. Mas ele tomou como prenome aquele que melhor expressava a natureza profunda dos homens desse tempo, o pertencimento a uma religião. Ignoramos onde ele nasceu, mas é provável que tivesse vivido em Troyes; ele teria escolhido esse nome por duas razões. A primeira é que foi ligado durante muito tempo, inclusive na sua produção literária, à corte da Champagne, que residia em Troyes. A segunda é que esta cidade era, no século XII, um brilhante centro cultural, chegando até mesmo, talvez, a permitir lembrar a célebre cidade antiga de Troia, dada como origem dos franceses. Em todo caso, está claro que ele se beneficiou do apoio de duas grandes cortes feudais: a primeira é a da Champagne, que tira proveito da popularidade e da riqueza das feiras da região, na época do conde Henrique, o Liberal (1152-1181) e de sua esposa, Marie (1145-1198), filha de Luís VII e de Leonor da Aquitânia. A segunda é a de Flandres, em particular no final de sua vida, sob Felipe de Flandres (1157-1191).

Chrétien é um clérigo que certamente desde muito cedo se dedica à literatura e contribuirá de modo considerável para duas inovações: o interesse de um poeta francês pela matéria da Bretanha[1], que se iniciou na Inglaterra, e o abandono da poesia épica das canções de gesta por uma nova forma literária escrita no século XII em versos, mas em octossílabos, e não em decassílabos, o romance. De ponto de vista social e cultural, a obra de Chrétien de Troyes ocupa um lugar destacado na nova sociedade cristã do século XII, aquela da cortesia. Mas ele preserva sua individualidade nessa atitude comum, e em particular é um defensor do matrimônio, diante da abundância de casais em que a dama e seu cavaleiro não são casados ou são mesmo adúlteros. Ele não é um discípulo de André le Chapelain, autor, em torno de 1184, do tratado *De amore*, em que todos os excessos parecem permitidos. Formado nas letras latinas, é em princípio um

---

[1] Por este nome são conhecidas as lendas, frequentemente de origem celta, que têm como cerne a história da Bretanha e das ilhas britânicas, tais como a do rei Arthur e os cavaleiros da Távola Redonda. [N.T.]

discípulo de Ovídio. Faz adaptações versificadas desse autor e ele próprio escreve poemas amorosos, mas parece encontrar sua vocação na década de 1160-1170, na qual, se não inventa, traz à moda o romance escrito em versos e em dialeto franciano, a língua d'oïl. A inovação desse gênero literário, de seus personagens, de sua inspiração, de sua intriga cria casais que podem ser considerados como a antítese daquele formado por Tristão e Isolda. Não se tem certeza de que Chrétien tenha escrito um *Guilherme da Inglaterra*, mas não há dúvida sobre as cinco obras maiores que seguem: *Érec et Énide* (provavelmente em 1169-1170), *Cligès* (1176-1177), *Ivã, o cavaleiro do leão* e *Lancelote, o cavaleiro da carreta* (entre 1176 e 1181), e enfim *Perceval ou O conto do Graal* (iniciado entre 1181 e 1190, e inacabado). Chrétien estima que o romance seja uma criação literária artística e dá a esta construção o nome – essencial para compreender sua obra – de "conjuntura". É de alguma forma um punhado de intrigas e de desenvolvimentos. Essa concepção aproxima Chrétien de Troyes dos construtores de catedrais de sua época.

Érec et Énide parte de um tema frequente no conto popular e para-histórico: a caça ao cervo branco. No decorrer dessa caça, Érec encontra Énide e a leva para a corte do rei Arthur, onde a desposa antes de envolvê-la numa série de tribulações e combates, e por fim consagrá-la numa última prova iniciática, uma coroação esplêndida. *Érec et Énide* instala na literatura e no imaginário um ideal cavalheiresco fundado, por um lado, no par casado, e por outro no poder real, garantia dos valores superiores e da justiça. *Cligès* é um romance que conta primeiramente os amores de Alexandre, filho do imperador de Constantinopla, que faz uma estadia na corte de Arthur, onde ele encontra Soredamor, com quem se casa. Eles têm um filho, Cligès, que se lançará na perigosa e mirabolante reconquista de seu trono, usurpado por um tio. Levando o leitor do mundo da Bretanha de Arthur para o mundo do Oriente, lugar tradicional de maravilhas, *Cligès* exalta as paixões razoáveis e substitui ainda o casal transgressor dos amantes arthurianos pelo casamento. *O cavaleiro do leão* é a história de Ivã (Yvain). Vencedor de um torneio, ele desposa o prêmio, Laudine, com quem vive feliz até que Gauvain o leva para a aventura. Tendo ultrapassado o prazo para retorno que combinara com Laudine, é expulso por ela; tomado de loucura, ele se transforma num homem selvagem e vai viver na floresta. Essa passagem é particularmente surpreendente na obra de Chrétien de Troyes, mais caracterizado como romancista de castelos e cidades. Pierre Vidal-Naquet e eu sondamos esse episódio para nele encontrar as origens de um maravilhoso etnólogo num artigo dedicado a Claude Lévi-Strauss e intitulado "Lévi-Strauss em Brocéliande[2]" (1973). Finalmente, Ivã, doravante acompanhado por um leão – que no século XII se tornara o rei dos animais, no lugar do urso –, depois de libertar num castelo trezentas

---

2 Floresta mítica inventada por Chrétien de Troyes. [N.T.]

Dupla página seguinte:
Entrada na cultura e no imaginário europeus do mais deslumbrante objeto simbólico da mais alta espiritualidade
A chegada do Santo Graal, 1350, miniatura extraída do *Romance de Perceval* de Chrétien de Troyes, Paris, Biblioteca Nacional da França

Et apres venoient homes qui

nule riens ne s aresnoient
ne cil qui mot ne lor sonnoient

portoient une biere une espe

Et durement se merveillo-
it se pense est sanz dou-
 que ce est le graal et la lance

mulheres obrigadas por um castelão pré-patrão capitalista da seda a um trabalho extenuante, reencontra Laudine, que o perdoa, e o romance acaba no retorno prolongado ao casamento feliz.

Le Chevalier à la charrette introduz na obra de Chrétien de Troyes e na literatura romanesca da Idade Média um personagem que iria adquirir um grande prestígio, Lancelot. *Le Chevalier à la charrette* mostra também certo retorno à cortesia fora do casamento. Gauvain encontra Lancelot num caminho; este conduz uma pobre carroça puxada por um anão. Eles estão em busca da esposa infiel de Arthur, Guinevere. Depois de muitas aventuras guerreiras e amorosas, Lancelot reconquista Guinevere e volta a ser seu amante.

Por fim, *Le Conte du Graal* introduz um personagem que não é um homem, mas um objeto maravilhoso, que conhecerá, a partir desta obra, uma extraordinária glorificação no imaginário medieval, e pode-se até mesmo dizer no imaginário europeu, até os nossos dias. O novo herói é Percival. Ele assiste, sem compreender, a um estranho desfile em que o rei pecador porta um estranho vaso ritual, o Graal. Nesse romance inacabado, o Graal não se desvelará mais que o próprio Chrétien de Troyes, que acaba sua vida no anonimato.

Numa sociedade que limita e controla o sagrado, e que rejeita a mágica, mas exalta entre esses extremos o maravilhoso, Chrétien de Troyes é sem dúvida o maior incitador da busca e do deleite do prodigioso. Ele lançou no romance em versos da segunda metade do século XII personagens e temas centrados na aventura, no maravilhoso, na dupla casada, que conhecerá no século XIII um extraordinário sucesso. Esses romances e seus principais personagens, em particular Lancelot e Percival, serão ampliados de modo excepcional pelos romances em prosa do final do século XII e da primeira metade do XIII. O *Lancelot Graal*, grande ciclo composto na região de Meaux por uma equipe de escritores, é seu mais surpreendente produto, usando todas as virtudes da prosa para dar ao romance um novo impulso que não findará, apesar de mergulhar Chrétien de Troyes mais ou menos nas trevas.

Depois de ter ficado, entre a Idade Média e o século XX, relativamente apagado por trás de seu mistério e afastamento das sociedades modernas em relação à cortesia, Chrétien de Troyes retorna com força no século XX. Em primeiro lugar, na história cultural: ele é recolocado em seu lugar pelo grande historiador da literatura medieval, Jean Frappier, que reconhece o papel eminente e inovador que ele desempenhou na literatura e na cultura medievais. Seu espírito, seus personagens, suas intrigas assombram mais ou menos abertamente os romancistas mais originais do século XX, em particular os italianos Umberto Eco e Italo Calvino. Acima de tudo, ele retorna em pano de fundo num dos maiores sucessos romanescos do século: a *Medieval Fantasy*, vinda de Chrétien de Troyes, que produz em 1950 um dos mais famosos *best-sellers* contemporâneos, *O senhor dos anéis*, de Tolkien. || J. L. G. ||

Saladino

Cerca de 1137-1198

S aladino (em árabe Salah al-Dîn) é um personagem excepcional na história e praticamente único no mundo medieval pois, tendo desempenhado um grande papel do lado islâmico no afrontamento entre cristãos e muçulmanos, tornou-se desde seu tempo, e principalmente desde sua morte, um ídolo, o protótipo do cavaleiro, grande guerreiro e grande chefe político, venerado tanto por muçulmanos (exceto os xiitas) quanto por cristãos.
Saladino é um curdo nascido em Tikrit, no norte do Iraque, cidade da qual seu pai Ayyûb é governador a soldo dos turcos seldjúcidas. O mundo muçulmano é então dividido entre dois grandes califados: o califado abássida sunita de Bagdá e o califado fatímida xiita do Cairo.
À época, todas as populações muçulmanas de raças e de línguas diferentes são então em boa medida linguística e culturalmente arabizadas. Pouco depois do nascimento de Saladino, seu pai Ayyûb e seu tio Shîrkûh entram a serviço do turco Zengi, que reina soberano em Mossul e Alepo. As rivalidades e os conflitos são contínuos entre califas abássidas e sultões seldjúcidas. O Egito xiita dos fatímidas é também sacudido por graves conflitos internos. Por fim, o conjunto do mundo muçulmano é inflamado pela presença dos cristãos na Palestina, especialmente em Jerusalém, cidade santa tanto para muçulmanos quanto para cristãos, naquilo que então se chama de reino de Jerusalém, dividido ele também em pequenos Estados.
Saladino passa sua infância entre seu pai Ayyûb e seu tio Shîrkûh que o introduz junto ao sultão Nûe al-Dîn, filho de Zengi, em Alepo. O jovem Saladino aí recebe uma educação militar rigorosa, compreendendo o pólo e a caça, assim como uma educação literária e religiosa. Sem dúvida ele escreve em árabe desde a mais tenra infância. Um jurista reputado de Alepo compõe para ele um opúsculo contendo os princípios essenciais da fé muçulmana.

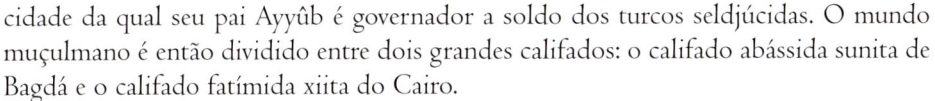

Cavaleiro muçulmano simbólico, cuja arma exótica não é a espada
Saladino empunhando uma cimitarra, 1490, iluminura extraída de *Six Âges du monde*, Londres, The British Library

A verdadeira carreira de Saladino começa em 1164, em guerras ao lado de seu tio Shîrkûh, no Egito. Em 1169, o califa fatímida o nomeia vizir (governador do califado) no Cairo. Em 1174, com a morte de Nûr al-Dîn, ele se torna sultão no Cairo e inaugura a dinastia dos aiúbidas, pondo fim aos duzentos anos de reinado dos califas fatímidas xiitas. Seu reino vê a multiplicação das operações guerreiras, e ele estende seu poder sobre um vasto território, da Cirenaica à alta Mesopotâmia, e do Iêmen à Síria do norte. Ele obtém importantes vitórias sobre os francos, isto é, sobre os cruzados cristãos estabelecidos na Palestina, e seu maior título de glória entre os muçulmanos é a tomada de Jerusalém em 1187. Contudo, não consegue expulsar os francos de toda a Palestina. Ele continua a ser, para os muçulmanos — exceto para os xiitas —, ao mesmo tempo o modelo do cavaleiro guerreiro e religioso que põe em execução a jihad contra os cristãos, e a referência de príncipe justo e sábio. Se, na tradição muçulmana, é normal que Saladino tenha aparecido e permanecido no decorrer dos séculos como a ima-

Enfrentamento em pé de igualdade de dois grandes bravos cavaleiros inimigos: o rei cristão e o sultão muçulmano, cujo símbolo é negro, cor do mal
Combate entre Saladino e Ricardo Coração de Leão. Cerca de 1300-1340, iluminura, Londres, The British Library

gem do libertador, é mais surpreendente e mais notável que seu prestígio quase mítico tenha impressionado os cristãos durante sua própria vida, fato que permanece até hoje. Entre os cristãos, e de maneira geral no Ocidente, ele foi considerado um soberano ideal que, não obstante sua fé diferente, encarnava o cavaleiro perfeito e o bom rei definido pelos espelhos dos príncipes. Para os cristãos ele foi, primeiramente, "um flagelo enviado por Deus para puni-los de sua impiedade" (Anne-Marie Eddé), mas logo se tornou a imagem ideal do cavaleiro magnânimo que tem uma ascendência franca e mesmo convertido ao cristianismo. Ele foi sobretudo considerado um herói de romance de cavalaria e de canção de gestas, o modelo viril da moda dessa época. Esse aspecto prestigioso e mítico de Saladino prolongou-se através dos séculos no Ocidente. Dante colocou-o no limbo, ao lado de Avicena, de Sócrates e de Platão. Boccaccio cita-o no *Decamerão*, e Lessing, em sua peça, *Nathan, o Sábio*, na qual aparece como um príncipe tolerante, respeitando as três religiões monoteístas. Voltaire afirma que poucos príncipes cristãos tiveram sua tolerância e sua magnificência. E num filme recente de Ridley Scott, *Cruzada*, ele é representado, como indica Anne-Marie Eddé, "como um sultão respeitoso da palavra dada e tolerante para com o cristianismo, chegando mesmo a recolher um crucifixo caído por terra numa igreja devastada". No mundo muçulmano, com mais forte razão, a figura de Saladino continua a ser aquela de um grande herói ao qual pretenderam se identificar, entre outros, Gamal Abdel Nasser, Hafez al-Assad e Saddam Hussein. A literatura, o cinema e a televisão nunca deixaram de retomar, para louvá-la, sua figura de libertador e de unificador do mundo árabe-muçulmano. || J. L. G. ||

Ricardo Coração de Leão

1157-1199

Raramente um rei assumiu tanto os valores da cavalaria. A curta vida de Ricardo Coração de Leão desenrolou-se sob o signo da guerra. Nascido em Oxford, no seio da conflituosa família do rei Henrique II da Inglaterra, ele acede bem cedo ao poder. Sua mãe, Leonor, associa-o ao governo do duque da Aquitânia. Em junho de 1172, com a idade de quinze anos, ele é investido solenemente, na igreja Saint-Hilaire de Poitiers, da santa lança e do estandarte, símbolos da função ducal. Em Limoges, recebe o anel de Santa Valéria, uma mártir local, patrona do ducado. Essas cerimônias mostram, aos olhos de seus novos servos, que ele está doravante sob a tutela de sua mãe, a verdadeira senhora da Aquitânia. Essa, contudo, não é uma situação fácil, pois os barões do ducado desejam a independência de suas terras, rejeitando qualquer tentativa do duque de lhes impor seu poder. O jovem Ricardo combate-os de modo impiedoso. Ele também imita as insurreições, revoltando-se contra seu próprio pai em 1173, logo após ter recebido a ordenação ou *adoubement* – rito iniciático de entrada no grupo adulto dos cavaleiros – do rei Luís VII da França. Até a morte de Henrique II, haverá uma sequência interminável de lutas e reconciliações com seu genitor e com seus irmãos nas disputas familiares exacerbadas pela busca de poder e de patrimônio desses "jovens" (*juvenes*) em mal de herança.

A história inglesa é aquela de reis protetores de igrejas
Os reis da Inglaterra, tendo ao alto Henrique II e Ricardo Coração de Leão, e embaixo João Sem-Terra e Henrique III. Cerca de 1255, miniatura extraída de História da Inglaterra, de Matthieu Paris, Londres, The British Library

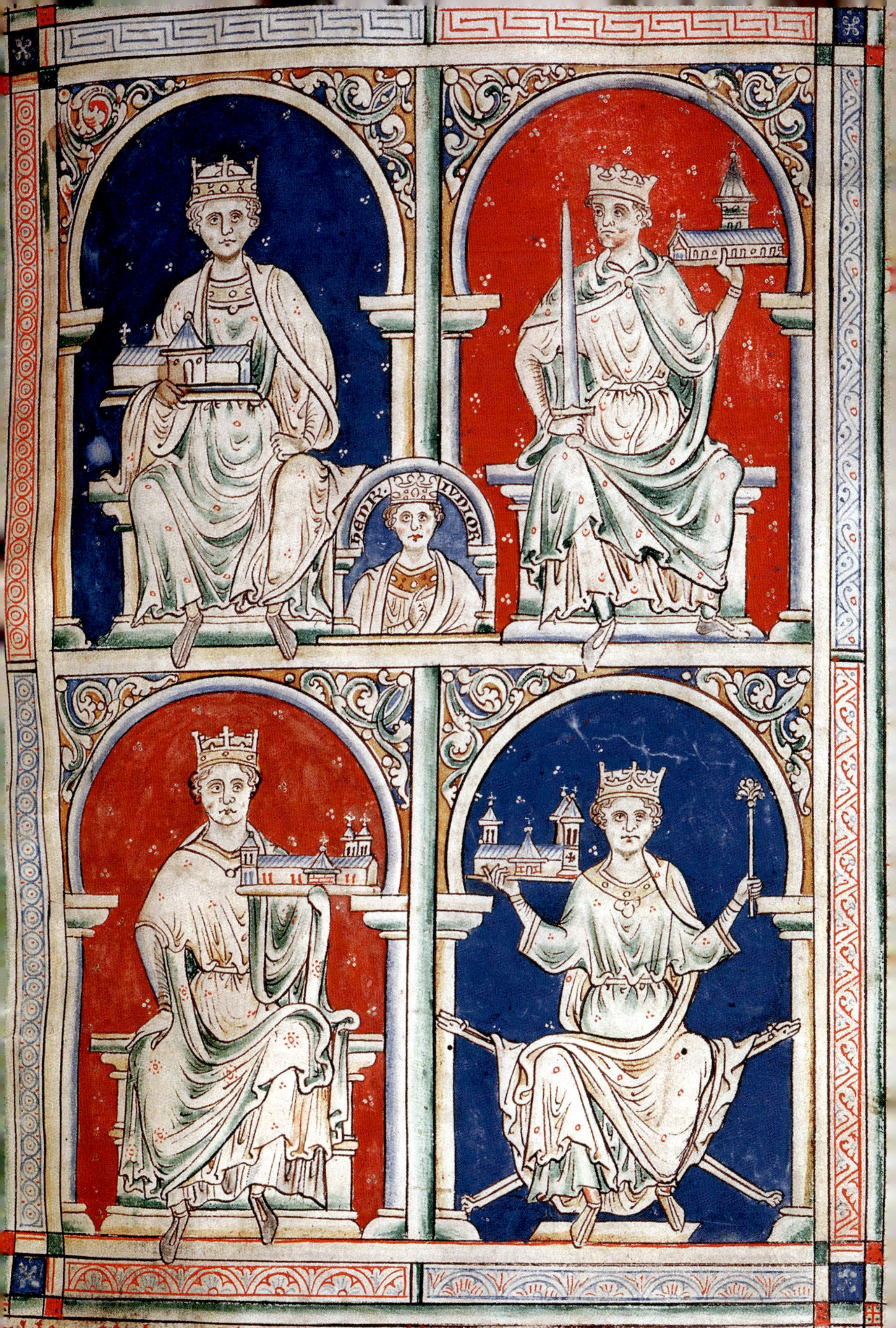
HENR. IVNIOR

Rei dos sitiadores, ele morre no decorrer de um cerco
Maître de Fauvel e Guilherme de Tiro, *Chegada de Ricardo Coração de Leão em Beît Nûbâ*, 1337, extraído do *Romance de Godefroi de Bouillon*, Paris, Biblioteca Nacional da França

Em 1189, quando morre seu pai, esse jovem da Aquitânia por parte de mãe, e que nunca viveu na Inglaterra, vai a Westminster para ser coroado. Logo após, deixa a ilha e vai para a Terra Santa, onde pretende reconquistar Jerusalém recentemente ocupada por Saladino. Depois de ter conquistado Chipre e participado do cerco de Acre, ele ganha a batalha de Arsûf e toma Jaffa, em inferioridade numérica e num ato de bravura brilhante. Ele restabelece, desta forma, uma faixa de portos cristãos fortificados ao longo do litoral palestino. No caminho de volta, torna-se cativo do imperador Henrique VI, que exige um resgate. Por fim, retornando em abril de 1194, ele perdoa seu irmão João Sem-Terra, que em sua ausência pactuou contra ele com Felipe Augusto, rei da França, que ele então combate com sucesso, principalmente nas batalhas de Fréteval (1194) e de Issoudun (1195). Como no passado, ele continua a reprimir as revoltas aquitanenses. No decorrer de uma delas, no cerco de Châlus (Limousin), é mortalmente ferido. A gangrena o leva em 6 de abril de 1199, com a idade de 41 anos. Dado que não deixou descendentes com sua esposa, Bérengère de Navarra, a coroa da Inglaterra e os principados continentais são transmitidos ao seu irmão mais jovem, João Sem-Terra.

O cronista Raoul de Coggeshall chama Ricardo de "o rei beligerante", pois ele divide com todos os nobres de seu tempo o gosto pelo engajamento militar e pelo risco. O próprio Saladino teria dito a seu respeito: "O rei tem muita valentia e muita audácia, mas se lança tão loucamente! Se eu fosse qualquer alto príncipe, preferiria mais ter liberalidade e julgamento comedido que audácia desmedida." Seu epíteto dá lugar à lenda do leão, do qual teria arrancado o coração com as mãos nuas. Sua temeridade custou-lhe a vida em Châlus, por ter provocado, sem cota de malhas, um soldado que, com uma besta, atira uma flecha nele, sob seus aplausos, uma flecha à qual ele tenta escapar no último instante.

A defesa do ideal cavalheiresco não impede Ricardo de integrar, em sua forma de conduzir a guerra, as inovações táticas e estratégicas mais recentes. Para tomar fortalezas julgadas inexpugnáveis, ele sabe cercar-se de engenheiros capazes de fabricar máquinas que bombardeiam os muros, e de sapadores que abrem fossos para causar o desmoronamento das muralhas. Ele é tido como mestre em poliorcética, a arte dos cercos. No final de sua vida, aplica sua experiência como conquistador de fortificações na construção de Château-Gaillard, bloqueio estratégico da Normandia, um dos mais impressionantes conjuntos fortificados jamais concebidos. Ricardo também sabe que o dinheiro é o nervo da guerra. Serve-se dele para "profissionalizar" seus exércitos, atraindo inúmeros mercenários, menos condescendentes em relação ao inimigo e mais dóceis às suas ordens que os cavaleiros da aristocracia senhorial. O impopular "dízimo saladino", que recolhe por toda parte na Inglaterra, lhe permite fretar uma esquadra impressionante para a cruzada. Por fim, baseado na experiência, ele sabe o quanto os torneios treinam para o combate, e os reaviva, trazendo-os de volta à moda na Inglaterra. Sua paixão pela guerra não o impede de se dedicar às letras: ele domina o latim e compõe canções em francês d'oc e d'oïl. || M. A. ||

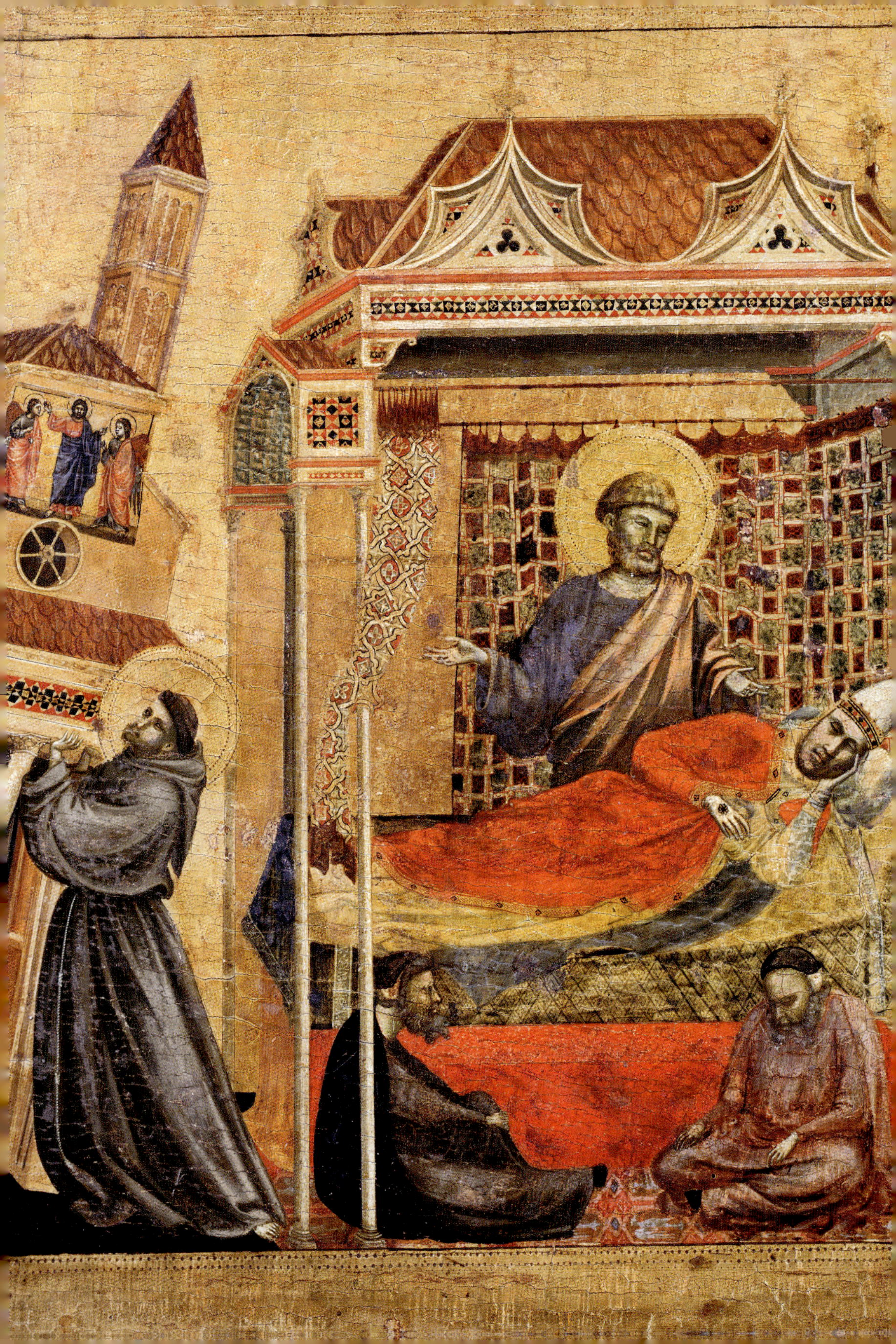

Inocêncio III

1160/1161-1216

Inocêncio III (Lotário de Segni) foi um dos papas mais importantes da Idade Média. Nascido numa família de condes do Latium, fez seus estudos em Roma e principalmente em Paris, onde seguiu os ensinamentos de Pierre de Corbeil e de Pierre le Chantre nos campos da teologia, da exegese e da moral. Por outro lado, não há certeza de que tenha seguido Direito em Bolonha, mesmo que tenha sofrido a influência do grande especialista em direito canônico Huguccio e promulgado uma importante coleção de Decretais. Personalidade brilhante, dotado de vasta cultura e de grande clareza de espírito, ele faz rapidamente carreira na cúria romana: cardeal-diácono em 1189, é eleito papa aos 37 anos, em 1198, desdobrando uma atividade incansável, tanto no plano político quanto no campo eclesiástico. Na linha da reforma gregoriana, ele reivindica para o papa um poder absoluto dentro da Igreja, em particular o direito de nomear e de deslocar os bispos, de taxar os benefícios eclesiásticos e de receber os dízimos em vista da cruzada em toda a cristandade. É o primeiro papa a tomar o título de "vigário de Cristo", e não mais de São Pedro. Desejou ver-se como o fundador da teocracia, o que talvez seja excessivo, pois, no que concerne aos princípios, jamais colocou em questão a autonomia do poder temporal em sua esfera própria. Todavia, ao colocar ênfase sobre a identidade da Igreja e da cristandade, e no papel do pontífice romano como chefe da sociedade cristã, ele se autorizou a intervir no campo político "em razão do pecado", isto é, quando os soberanos se comportavam de maneira contrária à moral e ao direito. Assim, ele dedicou muito tempo e energia aos negócios do Império e não hesitou em excomungar o imperador Oto IV, em 1211, quando este pretendia colocar sob sua autoridade o reino da Sicília. Da mesma forma, entrou em conflito com João Sem-Terra e decretou o banimento da Inglaterra em 1208. Porém, quando o rei foi se reconhecer como vassalo da Santa Sé, Lotário o apoiou contra os barões revoltados e anulou em 1215 a Carta Magna (*Magna Carta Libertatum*). Preocupado em reforçar a inde-

O papado precisa de ajuda para salvar a Igreja, mas o papa é o chefe dominador da sociedade humana
Giotto di Bondone, *O sonho de Inocêncio III. O papa vê em sonho a basílica de São João de Latrão ruir. São Francisco, cuja doutrina devia sustentar a Igreja, segura sozinho toda a construção*, cerca de 1295-1300, detalhe da predela da pintura *São Francisco de Assis recebendo os estigmas*, óleo sobre madeira, Paris, Museu do Louvre

pendência da Igreja Romana, ele consolidou as bases territoriais do Estado pontifical, que estendeu na Úmbria e nas Marcas. No Oriente, apoiou a Quarta Cruzada, que finalizou com a tomada de Constantinopla em 1204 e com a criação do Império Latino, no qual vislumbrou a possibilidade de união das Igrejas, submetendo o clericato grego à autoridade de Roma.

Entretanto, a parte mais durável de sua obra concerne ao campo eclesiástico e religioso: Inocêncio III reorganiza a cúria romana e em particular a chancelaria pontifícia, cujos primeiros registros conservados remontam ao seu pontificado; em 1208, ele lança a cruzada contra os albigenses, e em 1212 consegue que o imperador Frederico II aprove as constituições prevendo a pena de morte contra os heréticos. Ao mesmo tempo, mostra-se aberto às novas formas de vida religiosa e de apostolado que têm como eixo a pobreza e a prática da predicação itinerante. Em 1201, ele dota de uma regra os Humilhados da Lombardia que haviam sido condenados como heréticos menos de vinte anos atrás. Encoraja Dominique a prosseguir sua missão no Languedoc e, em 1209 ou 1210, aprova oralmente o modo de vida de Francisco de Assis e de seus companheiros, que são autorizados a pregar a conversão. No campo da assistência, reconhece a ordem hospitalar do Santo-Espírito e a dos Trinitários, pela redenção dos cristãos cativos em terras do islã. No final de sua vida, dedica todos os esforços para a reunião do Concílio de Latrão, cujos decretos reformadores irão marcar a vida religiosa no Ocidente durante todo o século XIII. Diante da contestação herética, a doutrina cristã é nele redefinida com precisão; a ênfase é posta na frequentação dos sacramentos, em particular na confissão e na comunhão, que se torna obrigatória ao menos uma vez por ano para todos os fiéis; o recurso às ordálias é proibido nos processos eclesiásticos e medidas são tomadas para melhorar a formação teológica e o nível cultural do clericato. Por fim, uma nova cruzada é prevista para libertar Jerusalém e a Terra Santa. Contudo, Inocêncio III morre pouco depois em Perugia e o corpo daquele que havia dirigido o mundo cristão e escrito o tratado *Sobre a miséria da condição humana*, desguarnecido de seus ornamentos, é relegado ao abandono[1], se crermos numa testemunha ocular, o bispo e futuro cardeal Jacques de Vitry. || A. V. ||

---

1 Falecido em 16 de julho de 1216, o corpo de Inocêncio III foi esquecido numa saleta durante alguns dias; posteriormente foi sepultado na catedral de Perugia, onde permaneceu até 1891, quando Leão III mandou transferi-lo para a basílica de São João de Latrão. [N.T.]

Giotto di Bondone, *O papa Inocêncio III* (detalhe de *São Francisco de Assis recebendo a aprovação da primeira regra pelo papa Inocêncio III*), 1297-1299, afresco, Assis, basílica superior de São Francisco

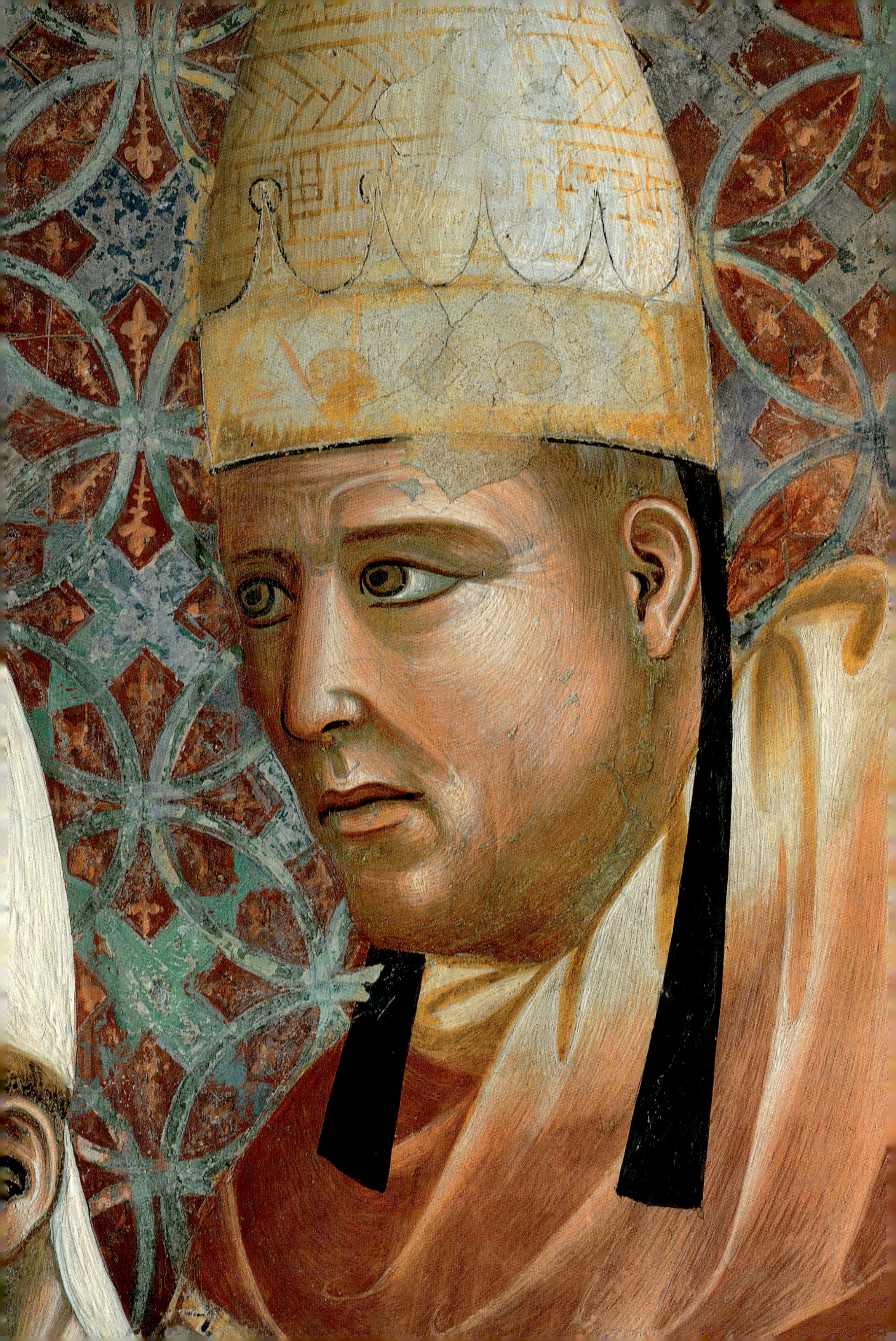

Felipe II Augusto

1165-1223

Sexto soberano da linhagem dos capetianos diretos, Felipe recebe inicialmente a alcunha de *"Dieudonné"* (*Dádiva de Deus*). Chegados ao trono da França no final do século X, os capetianos haviam dado sete gerações consecutivas de herdeiros masculinos e todos os soberanos haviam assegurado a continuidade dinástica pela unção real sacramental de seu herdeiro antes de morrer. Mas Luís VII, pai de Felipe, precisou casar-se três vezes e esperar décadas antes de ter enfim um filho. A alegria em Paris foi imensa com o nascimento do menino em 1165, marcado por suntuosas celebrações. Rigord, cronista oficial do reino, pôde assim proclamá-lo *"Dieudonné"*. Em 1179, Felipe recebe a unção real antes da morte de seu pai. Contudo, ele próprio, que deixou a Terceira Cruzada desde o primeiro ano, morrerá em 1223 ao preparar-se para a Quarta Cruzada, sem ter dado a unção real a seu filho. Luís VIII só será ungido depois dos funerais de seu pai: esse fato confirma que os capetianos consideravam doravante seu sangue como titular do trono da França, de modo hereditário e sem contestação possível.

Em 1191, Felipe II adquire os baronatos de Amiens, de Vermendois e de Artois, graças a hábeis alianças matrimoniais, aumentando assim em sessenta por cento o território real. Isto lhe vale, sob a pena de Rigord, a alcunha de *Augustus*, em relação com os imperadores romanos nivelados a uma majestade divina. Contudo, esse título é um tanto prematuro, pois Felipe II é então confrontado com poderosos soberanos, sobretudo com o rei da Inglaterra, Henrique II, aliás, duque da Normandia e da Aquitânia, e conde de Anjou, cujas possessões e vassalos fazem fronteiras com três lados do território capetiano. Voltando prematuramente da cruzada, Felipe II lança a ofensiva contra Ricardo Coração de Leão, herdeiro de Henrique II, mas com pouco sucesso, devido à ousadia guerreira de Ricardo e à lealdade de seus vassalos. Todavia, em 1198, a morte imprevista de Ricardo recoloca o destino da Inglaterra nas mãos de seu irmão João, que tem a reputação de ser instável e pouco dotado para assuntos de guerra. Felipe negocia com João um tratado que interina a sucessão deste último, com a condição de que ele reconheça a suserania de Felipe sobre as possessões continentais da Coroa inglesa. Assim que as hesitações de João oferecem aos tribunais de Felipe a ocasião de condená-lo por falta a seus deveres de vassalo, o capetiano passa à ofensiva. Beneficiando-se de financiamentos sólidos, de linhas de comunicação curtas e de um pouco de sorte, os exércitos de Felipe conquistam rapidamente a Normandia em 1204 e expulsam as tropas de João ao sul do Loire em 1206. Um poderoso vassalo é assim domado e o território real se vê quase duplicado.

Ainda que o termo seja anacrônico, seria preciso também conceder a Felipe Augusto o título de administrador. De fato, em 1191, antes de partir para a cruzada, ele publica um ordenamento que prefigura uma espécie de organização da monarquia capetiana. Os antigos prebostes são confirmados em suas funções administrativas, essencialmente encarregadas da fiscalidade do território real. Criam-se bailios, os novos funcionários judiciários que se deslocam em missões colegiadas encarregadas de administrar a justiça e de supervisionar os prebostes. Três vezes por ano, prebostes e bailios são convocados a Paris, num escritório central do Tesouro, para dar contas de suas atividades e de suas finanças. Cercada por poderosas muralhas, dotada de ruas principais e de praças pavimentadas, equipada com novos mercados cobertos, Paris é definitivamente a capital do reino. Em pouco tempo os arquivos são nela centralizados e a chancelaria começa

O rei herdou a majestade do imperador: coroa, cetro, globo com cruz (a flor de lis é o "signo" da dinastia capetiana). Tendo o ato escrito se tornado um instrumento de poder, o sinete é a ferramenta simbólica do poder real
Sinete do rei Felipe II Augusto, século XIII, gesso, Paris, Arquivos Nacionais

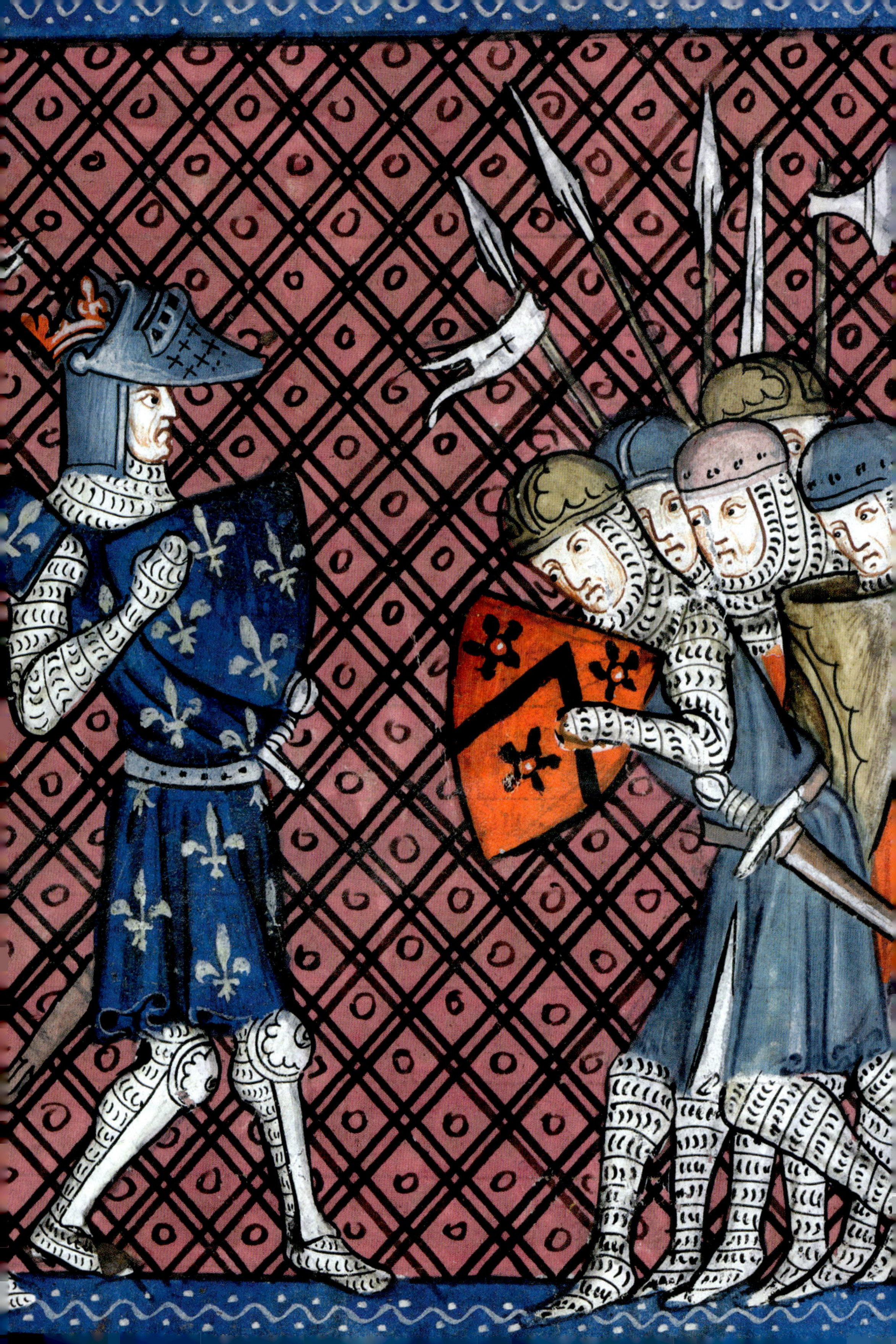

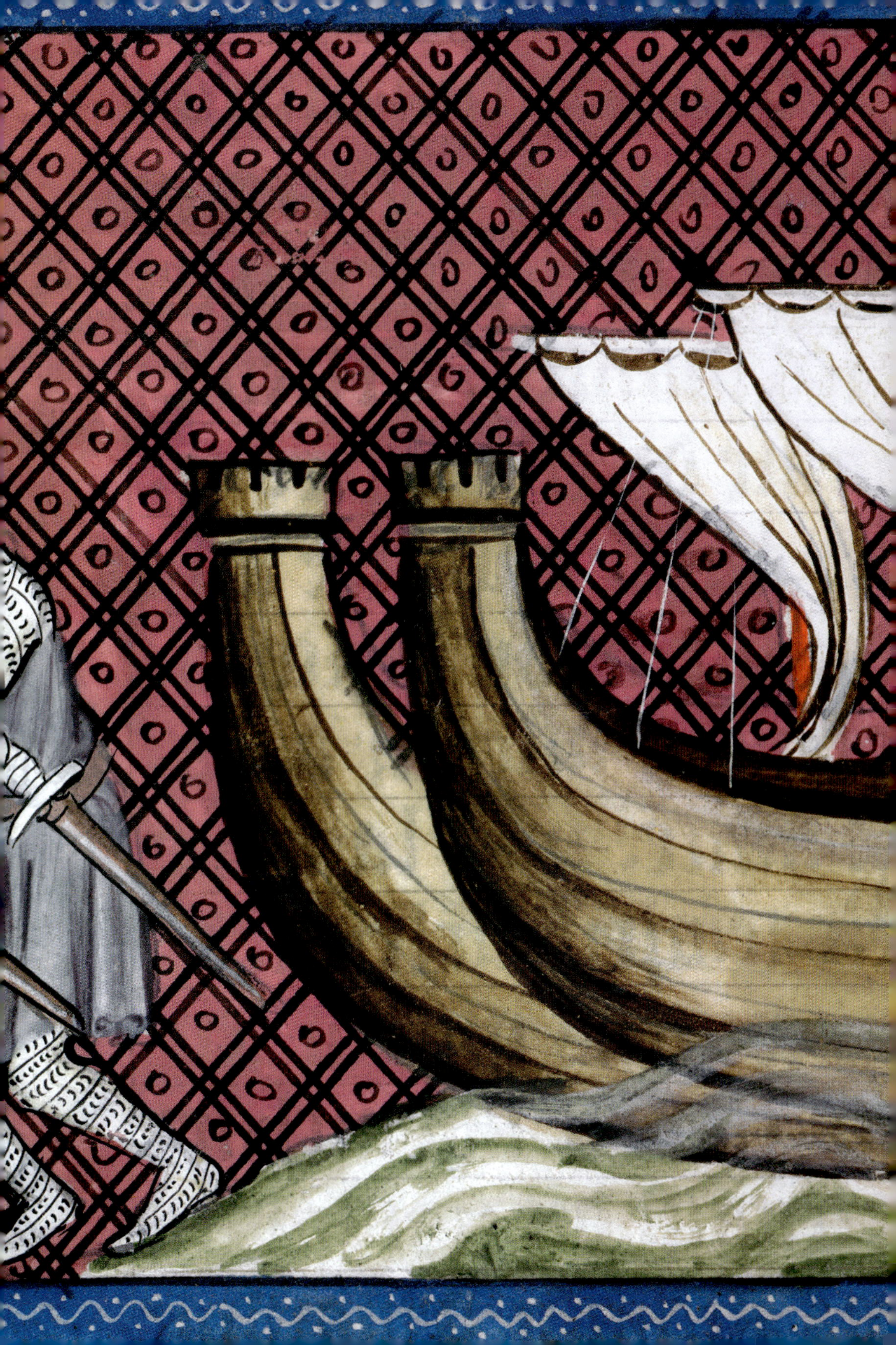

Dupla página precedente: **A imagem da cruzada, manifestação tanto do poder quanto da devoção: cavaleiro com elmos e escudos com flores de lis, soldados com cotas de malha, capacetes, escudos, lanças, alabardas, estandarte, espadas; mar com grandes navios e velas**
Terceira Cruzada: o rei da França, Felipe II Augusto, desembarca na Terra Santa em 20 de setembro de 1191. Século XIV, miniatura extraída das *Grandes crônicas da França*, Londres, The British Library

a estabelecer registros que coletam as informações úteis à gestão do reino. Felipe dota seus tribunais e seus corpos administrativos nascentes de homens jovens e leais, eficazes e corretamente retribuídos. Por mais embrionários que sejam, esses elementos são fundamentais para uma administração monárquica.

O rei João, despossuído, passa a década seguinte reunindo uma coalizão para recuperar suas terras, montando uma operação em tenalha contra a capital capetiana. Ao norte encontram-se prontos os condes rebeldes de Flandres e de Bolonha, assim como todos os contingentes ingleses comandados por Oto de Brunswick, sobrinho do rei João e imperador da Alemanha. O próprio João desembarca ao sul para encontrar vassalos e aliados das regiões do Loire. Confrontado ao príncipe herdeiro Luís perto de La Roche-aux-Moines, João recusa a batalha e suas tropas debandam; em que pese tudo isso, ele conseguiu dividir as tropas capetianas. Em Bouvines, perto de Lille, e com forças reduzidas, Felipe também deve afrontar Oto e seus aliados, mas seus cavaleiros, essencialmente recrutados no norte da França, fazem prodígios. Em 27 de julho de 1214, as tropas de Felipe obtêm uma vitória brilhante, pondo em rota de fuga o imperador Oto e capturando os condes rebeldes. Em Paris, as festividades são ainda mais suntuosas que aquelas feitas para comemorar o nascimento de Felipe. No final do reinado, Guilherme, o Bretão – novo cronista oficial – muda o epíteto real: Felipe Augusto se torna Felipe, o Magnânimo, referência evidente a Alexandre, o Grande. Deixando de ser Augusto, com as conotações romanas mais apropriadas a um imperador da Alemanha, Felipe se torna um conquistador em pé de igualdade com o grande Alexandre, precursor de Roma. Assim como o macedônio, Felipe também é fabulosamente rico e generoso. Os bens do reino, avaliados em cerca de 100.000 *livres parisis* em 1203, antes da conquista da Normandia, praticamente dobraram em 1221. Além disso, Felipe só gastou cerca de dois terços de sua riqueza, legando ao Tesouro Real enormes superávits (790.000 *livres parisis*), que durarão até o reinado de seu neto, Luís IX. Ele lega, então, aos seus sucessores, não somente um reino expandido e uma administração eficaz, mas também um caixa bem abastecido, que iria permitir os gastos extravagantes de Luís IX com santuários, aquisições de relíquias, esmolas e cruzadas ambiciosas. Graças aos feitos de Felipe Augusto, Luís IX foi um luxo que a França podia se oferecer. || J. B. ||.

São Domingos de Gusmão

Cerca de 1172-1221

Nascido em Caleruega, na Castela, numa família nobre, Domingos estudou em Palência e entrou para as ordens. Uma vez ordenado padre, ele se torna cônego do capítulo central de Osma em 1196, onde posteriormente é nomeado subprior, em 1201. De 1203 a 1205, ele acompanha seu bispo, Diego, à Europa do norte, onde constata as devastações perpetradas pelas hordas pagãs dos cumanos, que ele sempre teve o desejo de converter; em seu retorno, atravessando o sudoeste da França, toma consciência do sucesso da contestação religiosa, qualificada pela Igreja como heresia "albigense". Em 1206, no Languedoc, na companhia de monges cistercienses, participa de uma campanha de predicação que não encontra sucesso; funda, então, um convento em Prouille para abrigar as mulheres que ele havia convertido. Com Diego, ele decide permanecer nessa região e aí pregar o Evangelho e a fidelidade à Igreja, enquanto praticava a mendicância a título pessoal e afrontava os vaudois e os "Bons Homens" (ou cátaros) nas controvérsias públicas, tais como aquelas que ocorreram em Montréal[1] e em Fanjeaux, entre 1207 e 1214. Em 1215, com o apoio de Simon de Montfort, ele cria uma comunidade de irmãos que viviam sob a regra de Santo Agostinho e dedicados ao apostolado, que são autorizados pelo bispo de Toulouse a pregar em sua diocese; no mesmo ano, participa do IV Concílio de Latrão, onde é possível – mas não dispomos de provas – que tenha encontrado Francisco de Assis. Entre 1216 e 1219, o papa Honório III amplia sua missão para o conjunto da cristandade e aprova a constituição de uma ordem dos Irmãos Pregadores, posteriormente chamados de dominicanos.

Em 1217, com a situação política tendo se tornado insustentável no Languedoc, depois da cruzada contra os albigenses, Domingos irá fundar conventos em Paris, em Bolonha e na Espanha. Ele envia irmãos para as cidades universitárias, onde conseguem inúmeros recrutas entre os estudantes e os mestres – em particular, Reginaldo em Orleans, Jordão da Saxônia em Paris e Rolando de Cremona em Bolonha –, o que confere à nova ordem um caráter intelectual acentuado. Em 1220 ocorre em Bolonha o primeiro capítulo geral dos Irmãos Pregadores que estende ao conjunto da ordem a prática da mendicância e promulga constituições definindo sua especificidade e enfatizando sua

---

1 Montréal de l'Aude (*Montréal, Mont-reau* em occitano) fica no atual departamento de Aude.

vocação "apostólica", isto é, comunitária e pastoral, e "mendicante". A ordem não deve ter rendas fixas, nem posse de imóveis; deve viver de doações e se contentar com instalações modestas. O pregador difunde a Palavra de Deus e, em troca, recebe de seus auditores o necessário para atender às suas necessidades e àquelas de sua comunidade. Instalados nas cidades, os irmãos se colocam em situação de dependência em relação à comunidade que eles têm por missão servir. Em 1221, Domingos organiza as primeiras províncias de sua ordem, funda em Roma o monastério feminino de São Sisto e o convento masculino de Santa Sabina all'Aventino, e em seguida se lança numa campanha de predicação na Lombardia. Esgotado, ele morre em 6 de agosto do mesmo ano e é enterrado no convento de Bolonha.

Por ocasião de sua morte, a ordem já conta com algumas centenas de irmãos, 25 conventos e cinco províncias; por mais modesta que ainda seja, ela já se pensa como universal. Algumas comunidades femininas se associam a ela, como a de Santa Inês em Bolonha, dirigida por Diana degli Andalò (ou d'Andalò). Domingos é canonizado em 1234 pelo papa Gregório IX, que o conheceu pessoalmente. Nesta ocasião, o papa faz um elogio vibrante de sua santidade e de sua ordem que, aos seus olhos, responde à perfeição às necessidades da Igreja de seu tempo, na medida em que é composta por clérigos zelosos, bem formados no plano doutrinário e agindo em função das diretrizes do papado.

Enquanto vivo, Domingos não foi um inquisidor, mas sua canonização ocorreu pouco depois da criação da Inquisição (1233), que foi confiada aos dominicanos em razão da experiência que tinham na confrontação com os heréticos. O culto a São Domingos difundiu-se em seguida em toda a cristandade por intermédio dos conventos dos Irmãos Pregadores, onde sua efígie é quase sempre representada, e das confrarias laicas que gravitam em sua esteira. || A. V. ||

A esmola e a luta contra a heresia confiada aos dominicanos. A dupla face do dinheiro e do livro
Auto-de-fé presidido por São Domingos, prova do livro herético e do livro ortodoxo. Século XV, miniatura extraída de *Espelho historial* de Vincent de Beauvais, Chantilly, museu Condé

215

Santa Edwiges da Silésia (Jadwiga)

1174-1243

Santa Edwiges — que não deve ser confundida com Hedwige (1370-1399), rainha da Polônia, casada com Ladislau Jagellon, príncipe da Lituânia — era duquesa da Silésia, nascida em 1174. Casada em 1186 com o duque Henrique, o Barbudo, da Silésia, ela funda o convento feminino de cistercienses de Trzebnica (Trebnitz) e leva uma vida particularmente ascética. Apesar de suas relações estreitas com a ordem dos franciscanos, seu estilo de vida aproxima-se mais do antigo ascetismo cisterciense — ela anda de pés descalços e só bebe água. Contudo, ela compartilha com as ordens mendicantes, em particular aquela dos franciscanos, uma caridade extrema para com os pobres. Enquanto viva, efetua vários milagres, em geral de caráter tradicional: cura de doentes, manutenção em vida de um enforcado, transformação de vinho em água e vice-versa. Canonizada em 1267 pelo papa Clemente IV, é adotada como patrona da Polônia pelos poloneses a quem pertence então a Silésia. Ela inspira bem cedo os artistas cristãos, e uma *Vida de Santa Edwiges* em latim, composta em 1363, representa muitos de seus milagres antes e depois de sua morte. Importantes afrescos lhe foram também dedicados a partir do século XIV na igreja de Santa Bárbara de Breslau (Wroclaw), onde Edwiges morreu em 1243. No século XVIII, quando a Prússia conquistou a Silésia, os católicos prussianos retomaram por conta própria o culto de Santa Edwiges e deram seu nome à igreja católica de Berlim, construída conforme o modelo do Panteão de Roma. Ela é frequentemente representada seja com os calçados na mão, para mostrar seu hábito de caminhar com os pés nus, seja segurando uma miniatura da igreja de Trzebnica, que ela fundou. É ao mesmo tempo um exemplo de certo tradicionalismo da devoção católica na Europa do centro-leste e das vicissitudes religiosas que acompanharam as alternâncias políticas nessa região, em particular entre a Polônia e a Alemanha. || J. L. G. ||

Snorri Sturluson

1179-1241

S norri Sturluson é conhecido entre nós por meio das sagas islandesas. Narrativas em prosa dos séculos XII e XIII, as sagas nos contam a história das principais dinastias escandinavas, mas também a descoberta da Islândia, essa grande ilha de 100.000 quilômetros quadrados, povoada pelos vikings no final do século IX. Snorri é ao mesmo tempo um protagonista das sagas e um dos grandes criadores do gênero.

Nascido três séculos depois da descoberta do país, e quase dois séculos depois da conversão de seus habitantes ao cristianismo, Snorri Sturluson cresceu numa sociedade que em muitos aspectos é uma anomalia na Europa de então. Não reconhecendo a autoridade de nenhum rei, os chefes locais resolvem seus conflitos num parlamento anual, onde também votam as leis que regem a vida do país. A centenas de milhas marítimas dos países mais próximos, a Islândia não precisa de exércitos; consequentemente, nenhum poder de tipo executivo se forma em suas terras. Os laços permanecem fortes com a Noruega, cuja corte seduz os islandeses oferecendo-lhes uma possibilidade de ascensão social na qualidade de poetas ou *scaldes*. A poesia escáldica celebra os grandes feitos de um soberano ou de um guerreiro usando métricas de uma grande complexidade, lançando mão de uma linguagem fundada num vocabulário especializado e elaborando perífrases que amiúde fazem referência aos antigos mitos pagãos do norte.

Os acontecimentos da vida de Snorri foram consignados numa saga que relata os fatos principais da história islandesa, do final do século XII ao terceiro terço do século XIII. Um desacordo opõe seu pai ao principal senhor da Islândia, Jón Loptsson, e com a ida-

Escola islandesa, *Cavaleiro*, século XVIII, detalhe de uma página extraída de *Edda*, de Snorri Sturluson, Reykjavik, Institut Árni Magnússon

de de três anos Snorri, como garantia de reconciliação, é acolhido no lar deste último. Jón Loptsson é neto de um rei da Noruega, mas também de Sæmundr, o Sábio, um dos fundadores das letras islandesas, e seu castelo, Oddi, onde Snorri cresceu, é um dos grandes centros intelectuais do país. Pode-se presumir que ele tenha sido aí iniciado à maneira de viver e de pensar de um grande senhor, às armas, à poesia e ao direito. Com a idade de 24 anos, ele desposa uma rica herdeira do oeste do país. Em alguns anos, ele acumula poder e riquezas e alimenta uma reputação de jurista, de poeta e de fino estrategista político. Aos 35 anos, ele se torna "declamador de leis", uma das raras funções

Os deuses preferidos do panteão nórdico
Escola islandesa, *Odin*, século XVIII, miniatura extraída de *Edda*, de Snorri Sturluson, Reykjavik, Institut Árni Magnússon

Escola islandesa, *Heimdal soprando em sua corneta diante de Ragnarok*, século XVIII, miniatura extraída de *Edda*, de Snorri Sturluson, Reykjavik, Institut Árni Magnússon

honoríficas da Islândia àquela época, cujo papel é dirigir o corpo legislativo da assembleia anual. Snorri envia vários poemas aos dirigentes noruegueses, que em retorno o convidam para a corte. Ele é aí recebido pelo jovem rei Haakon, ainda menor de idade, e pelo regente Skule, que fazem dele um barão do reino – uma façanha para um islandês. Ele retorna ao seu país com a tarefa de submeter a Islândia à autoridade real. Durante os quinze anos que se seguem, Snorri se entrega a uma estratégia de acumulação de poder, mas não parece ter tentado cumprir sua missão. Na Noruega, as relações entre o jovem rei Haakon e seu regente se degradam. Snorri fica do lado do regente, enquanto um de seus principais rivais, seu sobrinho Sturla Sighvatsson, apoia o jovem rei. Achando-se forte por esse apoio, o sobrinho invade as terras de seu tio e Snorri é obrigado a exilar-se na Noruega, onde o regente fomenta uma revolta contra o rei. Quando seu sobrinho morre, Snorri retorna à Islândia para retomar posse de suas terras, apesar da interdição do rei. Depois do fracasso da insurreição, o rei Haakon envia para a Islândia algumas cartas pelas quais convoca Snorri à corte. Se ele se recusar a obedecer, deve ser morto. Não lhe é dada escolha. Na noite de 23 de setembro de 1241, ele é surpreendido em seu castelo de Reykholt e brutalmente assassinado. No decorrer de sua movimentada vida, Snorri teve tempo de produzir ao menos duas das obras marcantes da literatura medieval germânica, a *Edda* e a *Heimskringla*. A *Edda* é um tratado de arte poética composto para pessoas desejosas de se iniciar na arte escáldica. Ela contém, entre outras, *A mistificação de Gylfi*, narrativa da origem do mundo segundo a antiga crença norueguesa, assim como os principais acontecimentos próprios às divindades nórdicas. Em seguida vem um tratado sobre a linguagem poética escáldica, seguido de um poema que ilustra as diferentes possibilidades métricas do gênero. A *Heimskringla* é uma coleção de sagas contando a história da dinastia real norueguesa, desde suas origens míticas. Bebendo em diferentes fontes, a obra descreve de modo realista as relações de poder no seio do reino com uma simpatia certeira pelos grandes senhores locais, em seus conflitos com o rei. Snorri poderia ser o autor de uma terceira obra maior, a saga do escaldo islandês Egill, narrativa de cores fortes sobre um conflito entre uma linhagem islandesa e a família real norueguesa. Dado que a ação se passa no século X, essa obra reflete os sentimentos contraditórios dos senhores islandeses diante da influência crescente do rei em seu país no século XIII.

Ator maior num momento de mudanças na história da Islândia, historiador, poeta e inventor literário, Snorri Sturluson produziu uma obra de primeiro plano que permitiu conservar um número precioso de fontes e de informações sobre a cultura e a mitologia nórdicas. Ele marcou com uma pegada durável o conjunto da cultura europeia do norte. || T. T. ||

São Francisco de Assis e Santa Clara

1182-1226 e 1193-1253

São Francisco de Assis e Santa Clara surgem na virada entre os séculos XII e XIII, período de grande impulso da sociedade medieval. Esse impulso é baseado primeiramente num poderoso crescimento econômico, no aumento das trocas comerciais com o Islã, nos progressos da agricultura e na produtividade agrícola, no desenvolvimento do artesanato, no surgimento de feiras muito ativas e frequentadas, das quais as mais célebres são as da Champagne. Esse crescimento faz nascer uma nova sociedade em que as cidades são, mais do que nunca, os motores da atividade e do poder, mesmo que a economia continue a ser fundamentalmente rural, e de onde, ao lado da nobreza feudal tradicional, surgem novos ricos, novos poderosos, os comerciantes e os burgueses. Foi a obsessão negativa do dinheiro que fez de São Francisco um reformador e um santo.

Francisco é filho de um comerciante na pequena e ativa cidade de Assis, na Úmbria; este, num estágio ainda amiúde itinerante do comércio, percorre por seus negócios longas estradas, principalmente na França. Depois do dinheiro, o francês foi uma obsessão, desta vez positiva, de São Francisco. Quando nasce, seu pai está na França, então recebe o nome tradicional de Giovanni (1182), que ele mudará mais tarde por outro mais novo, desconcertante para sua época, Francesco, sem dúvida inspirado por esse fascínio pela França (aonde apesar de tudo ele jamais irá), pela língua e pela cultura francesas. Segundo um de seus biógrafos, "quando estava impregnado de ardor do Santo Espírito, falava em voz alta em francês e cantava nos bosques também em francês." Em Assis, adolescente, ele leva a alegre vida dos filhos de ricos burgueses e sonha em se tornar um grande guerreiro, como todos os jovens da classe aristocrática. Preso numa escaramuça durante

A Virgem benze as novas ordens mendicantes do século XIII
Gentile da Fabriano, *Virgem com criança em glória com São Francisco de Assis e Santa Clara*, cerca de 1390-1395, têmpera sobre madeira, Pavia, Pinacoteca Malaspina

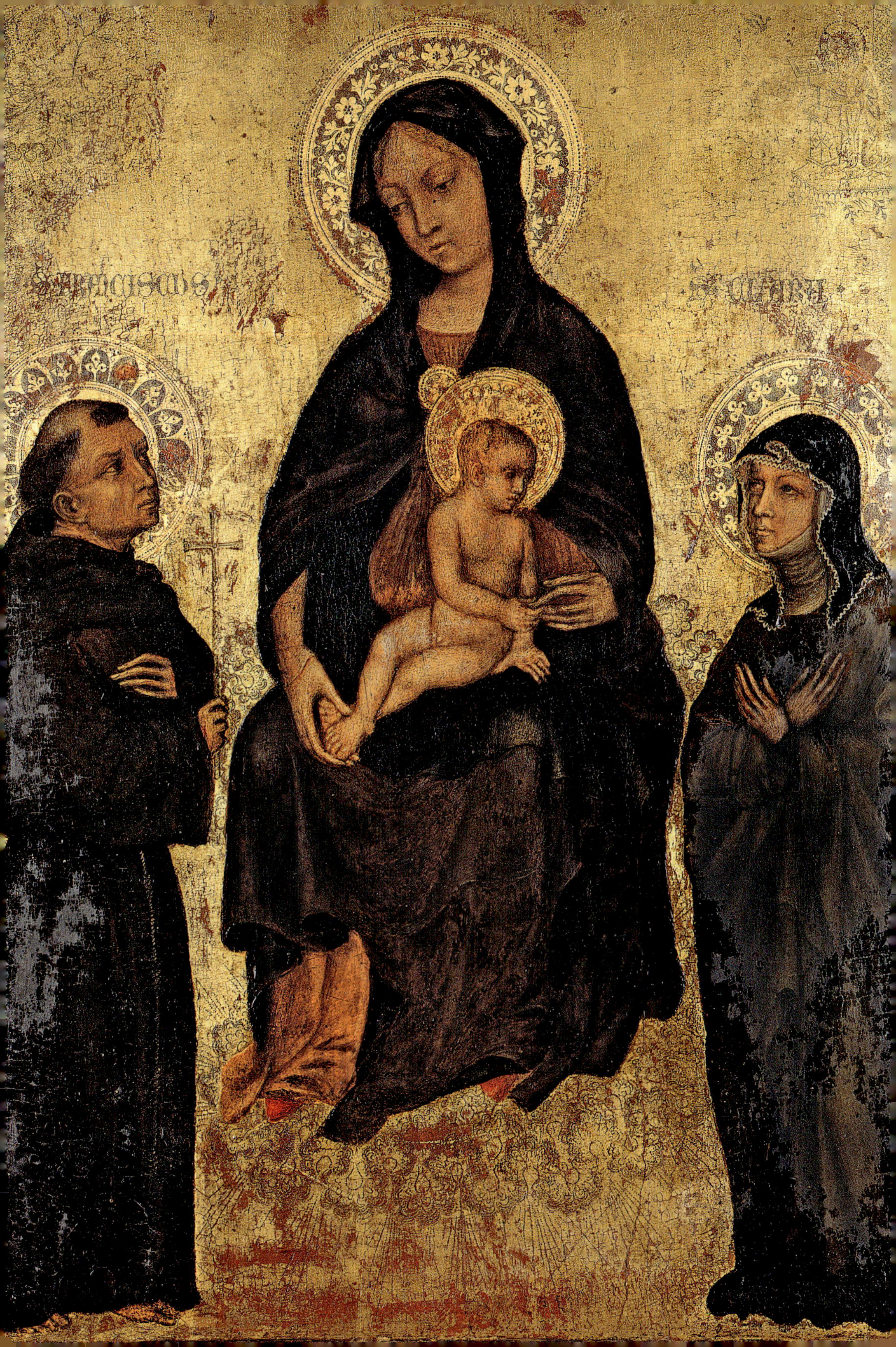

as lutas intercomunais entre os habitantes de Assis e os de Perugia, é feito prisioneiro em 1202 e purga sua pena durante um ano nesta última cidade. Quando é liberado, livra-se dessa miragem militar e, voltando para Assis, fica emudecido pela pobreza que percebe nos bairros e ruas por onde anda. É o preço pago pelos pobres, que sofrem com o aumento das desigualdades provenientes do enriquecimento de outros. Ao mesmo tempo, fica chocado com a degradação da modesta igreja de San Damiano, ao pé da cidade, pois o pobre padre encarregado não tem meios de fazer face às reparações. Ele pega um conjunto de lençóis na loja de seu pai, vai a cavalo vendê-los em Foligno, volta sem cavalo nem lençóis e dá o dinheiro da venda ao padre de San Damiano. Louco de raiva, seu pai o obriga a confessar-se publicamente diante dos habitantes de Assis, que o chamam de louco e lhe atiram lama e pedras, e depois o trancam, amarrado, no porão de sua casa. Libertado por sua mãe, ele se refugia junto ao bispo, convoca o povo de Assis na praça pública, renuncia a todos os seus bens e fica completamente nu, manifestando sua adesão aos "indignados" da época, entre os quais a palavra de ordem é "seguir nu o Cristo nu". Indo rezar no oratório de Porciúncula, fora da cidade, ele ouve o padre ler o capítulo 10 do Evangelho de Mateus: "Ide, diz o Salvador, e anunciai em todos os lugares que o reino de Deus está próximo. Não leveis nem ouro nem dinheiro em vossos cintos, nem sacola para a estrada, nem túnica, nem calçados, nem cajado. Ide de

Um santo próximo do ermitão e do predicador itinerante. Certamente se trata da primeira representação do santo, feita quando ele ainda estava vivo, representado sem estigmas e sem auréola
Mestre de São Francisco, *São Francisco de Assis*, cerca de 1228, afresco, Subiaco, santuário de São Bento, capela de São Gregório

cidade em cidade, e de vilarejo em vilarejo." Francisco encontrou seu destino: tira suas sandálias, joga fora seu cajado e fica só com uma túnica, que amarra com uma corda à guisa de cinta – mais tarde se dará o nome aos franciscanos de Cordeliers.

Francisco se põe a pregar. Onze de seus companheiros se juntam a ele na Porciúncula – eles então são doze, como os Apóstolos – no inverno de 1209-1210. O bispo fica desconfiado e, diante de suas ameaças, Francisco e seus companheiros vão até Roma para demandar o aval do papa. Inicialmente, Inocêncio III fica chocado. Depois ele vê, em sonho, a basílica de Latrão inclinar-se como se fosse desmoronar, e um religioso, pequeno e feio, vindo sustentá-la em suas costas. Só pode ser Francisco. O papa aprova o texto – sem dúvida o versículo evangélico citado acima – que Francisco lhe submete, mas exige que o grupo lhe obedeça e tenha como única atividade a predicação. Francisco volta para a Úmbria, desgostoso com as torpeza dos romanos, em particular dos membros da cúria pontifical. Chegando a Bevagna, faz um sermão aos pássaros, mas não aos belos passarinhos de sua lenda posterior: ele evoca os pássaros agressivos, os pássaros predadores, os corvos, todos os que têm um bico grosso, para atacar os clérigos que abusam de seu poder e violam a verdadeira fé cristã. A partir do final de 1210, Francisco deixa Porciúncula e vai pregar com frequência em Assis, depois na Itália do norte e do centro, até a montanha de Verna, no norte, que lhe foi dada por um senhor.

Beleza e santidade
Simone Martini, *Santa Clara*, cerca de 1332, afresco, Assis, basílica inferior de São Francisco

Em 1212 ele consegue um importante recruta. Uma jovem nobre de Assis, Clara, inflamada por seus sermões, abandona a moradia familiar na companhia de uma amiga e se refugia na Porciúncula, onde Francisco lhes corta os cabelos e as veste com um traje de lã marrom; em seguida, leva-as para um monastério de beneditinas no monte Subasio, que domina Assis. O bispo, criando então uma ala masculina e outra feminina na ordem, dá a Clara e a suas "pobres damas" – que mais tarde serão chamadas de clarissas – a capela de São Damiano. Doravante, Francisco e Clara caminharão paralelamente, e Francisco promete velar sobre ela como o faz por seus irmãos. Ele faz vários milagres, entre os quais a domesticação do lobo agressivo de Gubbio; também viaja várias vezes à Terra Santa para se encontrar com o sultão, que não conseguirá converter ao cristianismo, e volta persuadido de que é preciso converter pela palavra, e não pelas armas. Os cinco primeiros mártires são massacrados em 1220 no Marrocos. A fraternidade de Francisco é sacudida pelas dissensões entre seus membros, que ele só consegue acalmar com dificuldade. Os temas em discussão são a instrução universitária, que ele só autoriza a Antonio de Pádua, a mendicância, que ele prefere ao trabalho manual, a desobediência ao superior indigno. Em 1221, ele redige uma regra bastante rigorosa que a Santa Sé recusa. Ele a corrige em profundidade para que seja aceita pelo papa Honório III em setembro de 1223. Durante algum tempo, Francisco fica tentado à rebelião contra a Igreja, depois se submete, mas continua a ser laico. Em 1226, na Porciúncula, ele morre sobre um cilício, depois de uma longa doença.

Francisco deixou várias obras, que recentemente foram reeditadas com excelência; dentre estas, há uma que é considerada um dos grandes poemas da literatura universal: o *Cântico do irmão Sol*, iluminado por um ardor que hoje se diria ecológico.

Como as discussões continuassem na ordem, em particular sobre as verdadeiras ideias de São Francisco, o superior dos franciscanos, São Boaventura, decide, em 1260, escrever uma vida oficial de São Francisco e manda destruir todas as vidas escritas anteriormente. Esse incrível ato de censura prolongou até nossos dias uma "questão franciscana". Quanto a Clara, viveu por mais cerca de trinta anos após a morte de Francisco, dentro de uma reputação de devoção que resplandece em toda a cristandade. Primeira mulher a dar mostras dessa coragem e desse saber, ela recusa a regra dada às suas irmãs pelo papa Inocêncio IV em 1247 e redige de próprio punho a regra para sua ordem, que o papa aprova em 9 de agosto de 1253, dois dias antes da morte de Clara. O papado, desejando pôr um fim às discussões em torno de Francisco e de Clara, escolhe anexá-los ao invés de combatê-los: ele canoniza Francisco em 1228, dois anos após sua morte, e Clara em 1255, também dois anos após sua morte. Francisco continua a ser hoje, contra a tradição cristã que o precedeu e que se prolongou depois dele, o grande apóstolo da pobreza, da natureza e mesmo do riso. É um santo moderno. || J. L. G. ||

Alberto, o Grande

Entre 1193 e 1200-1280

Alberto, o Grande, foi o grande organizador do saber no século XIII. Esta imensa tarefa, que nada tem de formal e passa por lutas incessantes, é a obra de uma vida fecunda e variada. Contudo, antes de retraçar seus grandes momentos, é preciso afastar os clichês que desgastam essa trajetória.

De fato, a figura de Alberto, o Grande, foi durante muito tempo obscurecida por seu real interesse pelo oculto, o que lhe fez serem falsamente atribuídas muitas obras de magia prática. Alguns o acusaram também de corromper o estudo da teologia por uma intrusão excessiva da ciência. Outro aspecto, desta vez verídico e menos tendencioso, mascara apesar de tudo a amplitude de sua originalidade própria: aquele que o liga essencialmente à formação de Tomás de Aquino. É verdade que Tomás de Aquino, no início de sua vida na ordem dominicana, seguiu seus ensinamentos em Paris (de 1245 a 1248) e em Colônia (de 1248 a 1252), e que conservou em relação a ele uma fidelidade amical e constante. Por sua vez, Alberto vem já idoso a Paris, em 1277, especialmente para defender a memória de Tomás (falecido em 1274), atacada pelas condenações do bispo Tempier. Mas as duas figuras dominicanas são bem diferentes. A paixão de Alberto pelas ciências do concreto e pela metafísica não conhece a mesma intensidade em Tomás. Alberto engajou-se mais intensamente no mundo: prior provincial da Teutônia de 1254 a 1257, torna-se bispo de Ratisbona (Regensburg) em 1260, cargo do qual pede dispensa em 1263, embora continue a pregar a cruzada. Alberto, até o fim de sua vida, alternou os períodos de ensino e de missões institucionais.

Albrecht von Böllstadt, nascido em Lauingen an der Donau, na Suábia, numa família de estatuto cavalheiresco, entra para a ordem dominicana em Pádua, em 1223, depois de fazer estudos em arte e em medicina (ou ao menos um início de curso) nesta cidade.

Um grande intelectual escolástico do século XIII
Tommaso Barisini da Modena, *Santo Alberto, o Grande* (detalhe), 1352, afresco, Treviso, igreja San Nicolo, sala capitular dos dominicanos

225

aere ille. Alia aut alia pilosa domos hut ad
q̃ virgatam tpi frigoris reuertunt. qui aut sere-
nū e liuium aperiunt aerem eo q̃ corpa pilosa acupta aeri medicina putudis gutture-
lis supius dcm̃ ubi assignaui̅m cam̃ cani-
ciei capillorū. Puidentie aū op̃a qdam eorum
p̃ticipant sine omi premeditatione futuror̃
s; ille instinctu i qn̅ ggregant n̅ q̃ deaurant
futuri tp̃is destit. s; ex aviditate abi plur̃is
sp̃ qr̃ qdam aĩa l̃e apes plus mlto ggregnt
q̃ sufficiat ad nutrituĩ p una hyeme tn̅ fa-
ciunt ut dm̃ est ex abi p̃sentis aviditate.
sine futuri q̃ deauratione. Incapm̃ lib noni
de aĩbus qui e de pncipijs i origĩe gñatois
tpis. Tractatus pm̃s de origĩe q̃ exper̃ m̃-
turi spmatis. c. i. de signis pub̃tatis qn̅ pri-
mum incipit descendere semen ad inguina.

E-
autem reuerten-
tes ad principi-
um gñationis
hominis sicut
supius p̃misi-
mus dicemus de prin-
cipio gñonis et
tam in maire
q̃ muliere. et de
principio eius
ultimo s̃ tempus h̃ est qn̅ potest spregnari
mulier t spregnari iur. t usq̃ ad quatā eta-
tem p̃seuat h̃ virtus deus. Dicem̃ de oĩbus re-
bz accidb; qm̃ut uirt gnomi siue i ee siue
t loco t in t causa gñonis accidunt. Supr̃ autem qña dn̅a siunt de dist̃ca mañis t scie de
diuisitate mbror̃ placuit ad gñonē. qm̃
mas e gñans t alta siue tp̃e ex semine p̃io
formauẽ t distinguente creaturā. Femina
aut e gñans in se ex uirtute scīs mañis tui

=// biascoride // alberto. m.

Dupla página precedente:
O sábio: anatomia do corpo humano
Partos e gravidezes múltiplas, século XIII, *marginalia* e carta ornamentada extraídas do tratado *Animais*, de Alberto, o Grande, Paris, Biblioteca Nacional da França

Alberto, o Grande, entre os mestres do livro
Giovanni Cadamosto da Lodi, *Médicos célebres: Alberto, o Grande* (detalhe), 1471?, extraído do *Libro de componere herbe et fructi*, Paris, Biblioteca Nacional da França

O mestre da ordem, Jordão da Saxônia, o envia para terminar sua formação e completar um ciclo de teologia em Colônia. A partir de 1228 ele ensina como assistente nos *studia* da ordem naquela cidade, depois em Hildesheim, Friburgo, Ratisbona e Estrasburgo. Em 1241, assume a cadeira do *studium* dominicano da rua Saint-Jacques, antes de se tornar, em 1245, como mestre regente, o titular da cadeira dominicana da Universidade de Paris. Em 1248 ele se torna o primeiro mestre do *Studium generale* de Colônia, recentemente fundado, para onde traz Tomás de Aquino.

Alberto deixou uma obra imensa, da qual todo o pensamento escolástico alimentou-se. Seu ponto central é distinguir, sem opô-los ou hierarquizá-los, dois campos de saber que ganham em ser cultivados e desenvolvidos de modo independente. Não obstante as tendências que se podem grosseiramente chamar de neoplatônicas, ele considera que a fonte principal do saber científico se encontra em Aristóteles. Mais que qualquer outro, ele quis mostrar que essa ciência não era de nenhuma forma incompatível com o cristianismo, muito pelo contrário. Desde o início de sua carreira, ele tem a ambição de comentar o conjunto conhecido dos textos de Aristóteles. Ele junta a isso o estudo do pensamento árabe (al-Kindi, al-Hazen, Avicena, al-Farabi, Averróis), sem negligenciar o pensamento judaico. Não se trata aí de uma postura erudita: importa-lhe encontrar o fundamento de uma "vida filosófica" articulando todos os aspectos peripatéticos do pensamento grego e árabe.

Concebidos sobre o modelo aristotélico, seus tratados de ciências naturais condensam os textos gregos e latinos comentados e completados por aqueles árabes, sobretudo nos campos da astronomia, das matemáticas, da medicina. Alberto adiciona suas próprias críticas e observações, não hesitando em se opor a Aristóteles. Ele defende a experiência e vai pessoalmente interrogar os especialistas. Desse ponto de vista, é um incansável enciclopedista, tomando suas informações em todas as coisas diretamente com os peritos.

Assim, seu tratado *Animais*, acabado em 1270, é composto por dezenove livros relatando os dados antigos, e de sete livros que são o fruto de suas observações e de suas pesquisas junto a caçadores, falcoeiros, baleeiros.

O outro campo do conhecimento percorrido desde seus *Comentários* de Pietro Lombardo, tão influentes sobre Tomás de Aquino e Boaventura, repousa sobre a revelação da Escritura. Ele tenta repetidas vezes fazer uma exegese atenta delas, mesmo que esse lado de sua obra continue a ser amplamente inexplorado. Em todo caso, ele ilustrou mais que qualquer outro a virtude escolástica da curiosidade. || A. B. ||

Frederico II

1194-1250

"Virgílio esboçou o retrato do futuro soberano do mundo." Foi com essas palavras que, em 1927, em sua monumental biografia, que se tornou uma das obras preferidas de Hitler, Ernst Kantorowicz, nascido em Poznań, intelectual judeu adepto do conservadorismo nacional alemão, professor expulso da Universidade de Frankfurt em 1934, abre a história de Frederico II. Para esse medievalista, assim como para os contemporâneos do século XIII, o jovem "menino da Apúlia", Federico Ruggero, nascido em 1194, filho da rainha Constância da Sicília e do imperador Henrique VI de Staufen – e, por conseguinte, neto de Barba Ruiva –, rei eleito dos romanos aos dois anos, órfão desde a idade de quatro anos, rei da Sicília aos cinco anos, criado no sul da Itália sob a tutela do papa e dos barões normandos e alemães, encarna o herói situado no cruzamento da ideologia imperial romana, depois germânica, e das narrativas proféticas e messiânicas que fizeram do soberano, ao sabor de seus partidários e adversários, o *Stupor mundi* ("a maravilha do mundo") ou o "Anticristo". De todos os sucessos e

O falcoeiro, grande especialista da caça
Frederico II, século XIII, miniatura extraída de um tratado de falcoaria, Paris, Biblioteca Nacional da França

A rosa, flor simbólica do amor cortês
Mestre de Frederico, *Frederico II oferece a rosa à sua esposa, a princesa Isabela da Inglaterra* (detalhe), 1239, afresco, Bassano del Grappa, palácio Finco

revezes que uma abundante literatura desejou atribuir a esse longo reinado, a profusão dos panfletos e escritos de propaganda não é certamente a menor das novidades, à imoderação de um personagem inclassificável: rei-padre e imperador, chefe de guerra, poeta, filósofo, autor de um livro sobre a caça com falcões, tradutor, astrônomo e anatomista em certos momentos, arquiteto, etc. É que a vida daquele que foi o rei da Alemanha e dos romanos, imperador, rei da Sicília e rei de Jerusalém, casado quatro vezes com filhas dos reis de Aragão, de Jerusalém e da Inglaterra, pai de dois reis alemães, de três reis da Sicília e de um rei da Sardenha, é digna de um romance.

A morte prematura de Henrique VI, em 1197, não somente arruína os projetos staufianos de uma dupla monarquia da Alemanha e da Sicília em favor do jovem Federico Ruggero, como atiça, tanto na Alemanha quanto na Itália, o conflito entre os defensores gibelinos da dinastia dos Staufens e aqueles dos guelfos da Saxônia, finalizando numa dupla eleição real em 1198, aquela de Felipe da Suábia, tio do jovem Frederico, e aquela de Oto IV. Não somente essa situação dá ao papa Inocêncio III uma posição de arbitragem, como termina por arruinar qualquer chance para o jovem príncipe de reaver um dia o trono alemão dos romanos. Entretanto, o assassinato de Felipe da Suábia, em 1208, e a excomunhão de Oto IV (ainda que coroado imperador em 1209) pelo papa em 1212, e depois sua derrota ao lado do rei inglês João Sem-Terra para o rei da França, Felipe Augusto, na batalha de Bouvines, em 27 de julho de 1214, restauram o destino alemão de Frederico, já eleito e coroado rei da Germânia em 1211, depois novamente em 1212 e em 1215. Essas eleições e contraeleições reais na Alemanha não somente são o signo do fortalecimento dos príncipes alemães, como também aquele de uma dominação crescente do papa sobre os negócios do Império. Num primeiro momento, Frederico permanece fiel à sua promessa de disjunção dos dois reinos germano-italiano e siciliano, que circundavam Roma como uma pinça e, assim fazendo, pôde obter a coroa imperial em Roma em 1220. Pouco depois, ele restabelece os laços com a ambição da glória e da universalidade do Império, engajando por um lado uma ativa e rude política de retomada em mãos da Sicília (progressão da prerrogativa real pela corte de Cápua em 1220 e as Constituições ou Augustales de Melfi em 1231, fundação da universidade de Nápoles em 1224), e por outro preparando a consolidação do poder real na Alemanha (eleição real de seu filho Henrique VII, concessões aos príncipes eclesiásticos em 1220, depois laicos em 1231, proclamação da bula de Rimini em favor da ordem teutônica na Prússia em 1226). Frederico provoca assim a radicalização do poder pontifical, que por sua vez o combate conclamando-o à promessa, arrancada desde 1215, e confirmada por ocasião do casamento de Frederico com a filha do rei de Jerusalém em 1225, de tomar a cruz para libertar os Lugares Santos. Os esforços de reorganização italiana e alemã provocam o atraso da cruzada do imperador, e Frederico é excomungado em 1227; ele só consegue comutar essa pena indo para a Terra Santa onde, em 1228-1229, negocia com o sultão egípcio Al-Kamil – que, dizem, ficou impressionado pela cultura árabe do imperador – o reconhecimento de uma presença cristã. Glorificado por esse prestígio, Frederico volta para o Ocidente; contudo, a respeito dos negócios da Igreja, da Itália e da Sicília, ele se choca novamente com a oposição do papa, que o excomunga uma segunda vez, em 1239, faz com que o Concílio de Lyon o deponha em 1245 e provoca o surgimento na Alemanha de dois antirreis sucessivos, em 1246 e em 1247. O fim do reinado, até a morte de Frederico em 1250 (quando é enterrado em Palermo), é marcado por uma luta mortal (atentados, tentativas de envenenamento, execuções, traições) entre os dois poderes universais rivais, carregando em seu rastro reinos, principados, ordens religiosas e universidades. || P. M. ||

Haakon IV Haakonsson, o Antigo

1204-1263

Em 29 de julho de 1247, Dia de Santo Olaf, Haakon Haakonsson — soberano eleito pela assembleia do reino a partir de 1217 — é oficialmente coroado rei da Noruega, na presença do cardeal Guilherme de Sabine, legado do papa Inocêncio IV. O cronista da saga aproveita esse acontecimento para celebrar toda a glória e os fastos do reino de Haakon: as festas suntuosas, o apoio da população e, acima de tudo, o reconhecimento do rei pelo legado pontifical como um modelo de soberano cristão. Seu país, no longínquo norte, está doravante integrado à comunidade dos reinos cristãos. A situação era bem diferente na época do nascimento de Haakon, bastardo do rei Haakon III, seis meses após a morte de seu pai, em 1204. O reino era então dividido e Inge II Bardsson governava o norte e o oeste do país. Apesar da dificuldade em fazer reconhecer sua legitimidade, Haakon consegue ser eleito depois da morte de Inge II, em 1217, sem dúvida por causa da lembrança vívida deixada por seu avô, o rei Sverre, cujos seguidores continuaram a exercer influência no país. Contudo, ele encontra um rival na pessoa do *jarl*[1] Skuli Bardsson,

---

1 Os *jarls* (pronuncia-se *"yarls"*) eram homens da classe dominante, grandes proprietários de terra e guerreiros da elite, treinados nas artes do combate desde a infância e que defendiam seus senhores, configurando-se

meio-irmão de Inge, regente do reino durante os primeiros anos do reinado de Haakon. Este impõe progressivamente seu poder sobre o país. Depois da rebelião e da morte de Skuli (1239--1240), Haakon se torna o único senhor e pode dedicar-se inteiramente às suas diversas tarefas. Haakon IV procede a uma revisão legislativa, finalizada no reinado de seu filho, Magnus VI (1263-1280), e reforça a justiça real. Ele envia emissários a numerosos soberanos estrangeiros (entre os quais o imperador Frederico II e o sultão do Marrocos) e casa sua filha com o filho do rei de Castela. Também aumenta sua influência na Escandinávia por meio de intervenções na Dinamarca, despedaçada por conflitos internos. Anexa a Groenlândia (1261) e a Islândia (1262) ao seu reino e lança ao mesmo tempo a evangelização e a colonização na Noruega setentrional. É o primeiro rei da Noruega a mandar construir residências em pedra e a fundar inúmeras igrejas. Também promove a tradução, para o norreno antigo[2], dos livros de cavalaria francesa e de partes da Bíblia, e apoia obras históricas e didáticas em língua vernácula. Ele morre em 1263, durante uma infeliz batalha contra a Escócia para defender as possessões norueguesas de Man e das Hébridas.

O essencial do que conhecemos do reinado de Haakon IV vem de sua saga, compilada pouco depois de sua morte pelo chefe islandês Sturla Thordarson (1264-1265). Em que pese uma massa de informações detalhadas, a figura do rei continua a ter contornos imprecisos, originando interpretações modernas bastante diversas. Muitos acham que o personagem popular de Haakon é, em grande parte, lendário. De qualquer forma, ele não poderia ter feito tudo o que realizou sem capacidades consideráveis de líder e de político. Suas principais qualidades parecem ter sido a paciência e a prudência, aliadas a grandes talentos diplomáticos. Ele só pôde triunfar sobre Skuli com o apoio da maioria da aristocracia e do povo, antes de aumentar progressiva e metodicamente sua influência e sua aura, tanto em seu país quanto no estrangeiro.

A saga também aponta seus interesses literários. Em seu leito de morte, Haakon IV pede que lhe leiam livros em latim. Como essa língua aos poucos se lhe tornara difícil de compreender, devido ao seu enfraquecimento, pede em seguida livros em norueguês: primeiramente, histórias de santos, depois as sagas de seus ancestrais, até o reinado de Sverre. "Em torno da meia-noite, 'a leitura da saga de Sverre' foi terminada. Pouco depois, Deus Todo-Poderoso levou o rei Haakon da vida deste mundo." O pio soberano letrado – sobre quem o legado pontifical havia feito o elogio quando de sua investidura em 1247 – mostrou sua cultura e sua piedade até o fim. E ele morre simbolicamente no momento em que finda a saga de seu avô e modelo. || S. B. ||

---

assim como os líderes do exército escandinavo ou viking. É possível que essa denominação tenha dado origem à palavra anglo-saxã *earl* (conde). [N.T.]

2 Antiga língua dos povos escandinavos, chamada *nórdica* ou *germânica setentrional*, escrita em caracteres rúnicos, o mais antigo alfabeto germânico, e aos quais se atribuíam certas virtudes mágicas. [N.T.]

Santa Elizabeth da Hungria

1207-1231

"Jamais se viu a filha de um rei tecer a lã!", maravilhava-se, fazendo o sinal da cruz, um conde húngaro. Ele desejava levar da Turíngia para a corte real húngara a princesa Elizabeth, em torno de 1225, quando ela ficou viúva de seu marido Luís, conde (*Landgraf*) da Turíngia. Segundo o testemunho de suas servas, essa delegação encontrou-a ao lado de uma roda de fiar, tecendo a lã. Em sua vida e em seu culto de santa, essa princesa tornou-se a encarnação suprema do ideal franciscano de pobreza voluntária.

Elizabeth é filha do rei André II da Hungria e de Gertrude de Meran. Com a idade de quatro anos é enviada como noiva do filho primogênito do conde Hermann I à corte da Turíngia. Esta é então um dos centros emergentes da cultura dos trovadores alemães (os *Minnesänger*), acolhendo Walther von der Vogelweide e Wolfram von Eschenbach. Criada nessa atmosfera frívola e casando-se com Luís aos quatorze anos, Elizabeth é convertida por um dos primeiros missionários franciscanos na Alemanha, o irmão Rodeger, e em seguida escolhe como diretor espiritual outro predicador fervoroso das novas ideias religiosas, Conrado de Marburgo.

Essa influência religiosa traz profundas mutações na vida da princesa, assim como na vida dos que a rodeiam. Elizabeth adota uma prática ostensiva, denegando seu status, misturando-se aos pobres nas processões religiosas, mostrando-se em vestimentas em frangalhos, de mendicante, diante de suas servas. Nos almoços festivos, ela causa escândalo ao recusar toda alimentação provinda de fonte "injusta" (isto é, da expropriação de bens dos pobres ou da Igreja). Ela prega às damas da corte evitar as vestimentas da moda e as danças imorais, assume o papel de criticar a cultura cortês, que pouco tempo antes havia se disseminado por toda Europa central. Ao mesmo tempo, começa a exercer a caridade com uma intensidade absolutamente surpreendente: está pronta para distribuir os estoques do conde em tempos de fome e transforma seu palácio de Wartburg em hospital. Depois da morte de seu marido (persuadido a ir para as cruzadas por Conrado) em 1227, ela abandona a corte e funda em Marburgo um hospital para leprosos dedicado a São Francisco de Assis, que acaba de ser canonizado. Dedica-se aos

O exame das urinas, ato essencial da medicina medieval
O exame das urinas de Santa Elizabeth da Hungria a fim de saber se está grávida, século XV, miniatura extraída da Bíblia dita de João XXII, Montpellier, Museu Atger

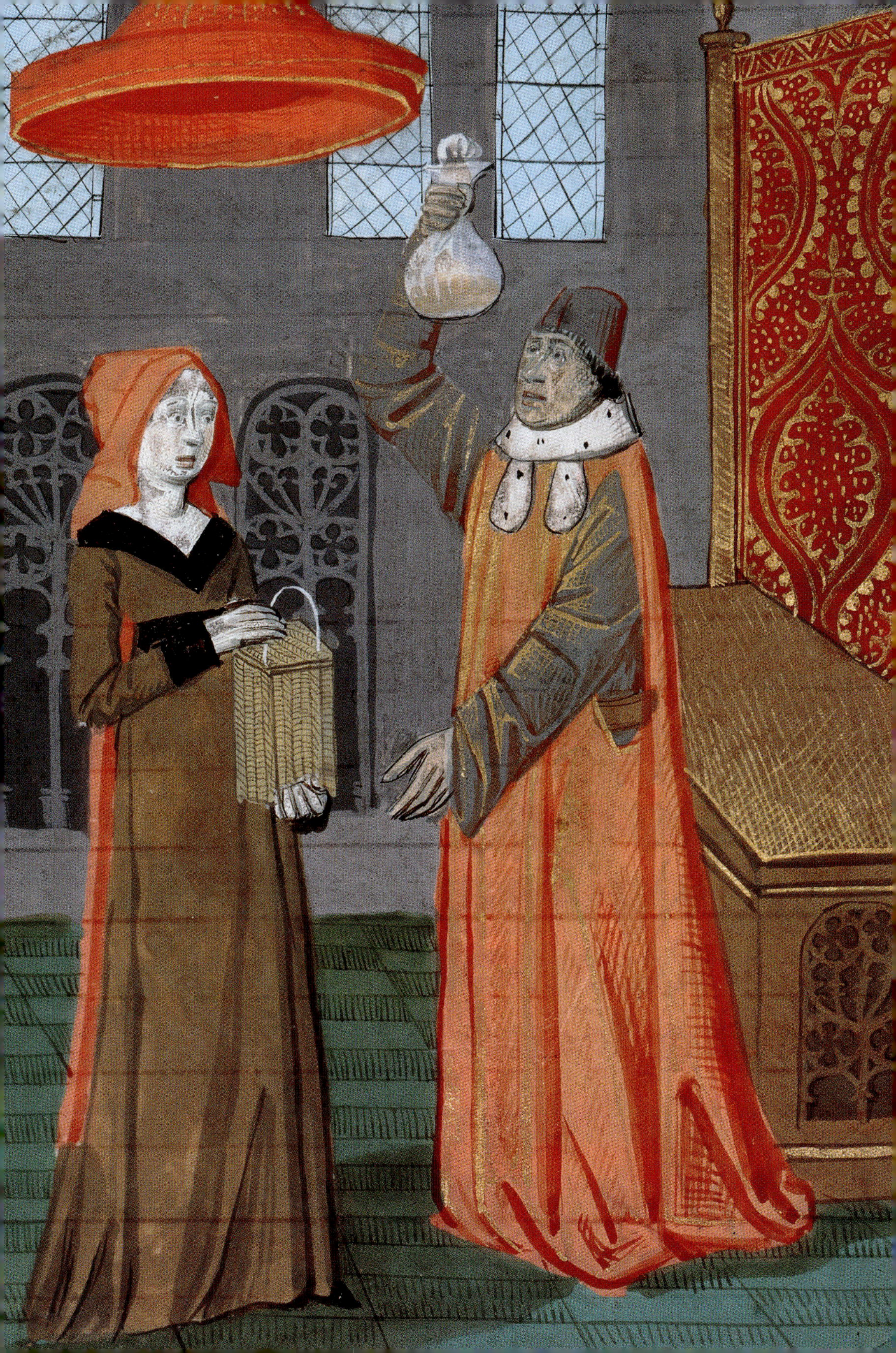

cuidados para com os doentes e acaba sua vida em condições bastante humildes. Diante do impulso do novo evangelismo representado pelas ordens mendicantes, o exemplo de Elizabeth conta entre os sucessos mais espetaculares: as renúncias da filha de um rei, sua profissão de fé pela pobreza voluntária e sua dedicação na assistência voltada para os pobres lhe valem um culto imediato, assim como a canonização, em 1235.

O mestre dos ramos de ouro, *Santa Elizabeth da Hungria e Santa Marta*, 1430?-1450?, extraído de *Horas ao uso de Roma*, Paris, Biblioteca Nacional da França

O charme e a atração que a personalidade de Elizabeth exerce residem não somente na radicalidade pela qual ela rejeita sua posição social, o esplendor da corte, as posses mundanas "como sujeira e excremento", mas também na maneira terna com a qual negocia essa atitude com seu marido e com aqueles que a cercam. Sua revolta é doce, mas perspicaz; é só por meio da radicalidade de seus atos que ela humilha seus adversários: por seu cuidado pessoal com os doentes, pela renúncia que faz de todos os seus bens depois da morte de seu marido para oferecê-los às causas que ela serve. Essas causas são o socorro aos pobres, a cura, a reparação da injustiça do mundo. É assim que ela pôde tornar-se o símbolo medieval de outro poder, aquele da assistência social, a patrona dos hospitais e da caridade.

Uma segunda característica talvez seja ainda mais notável: Elizabeth é bem diferente das santas virgens e viúvas ascéticas que a precederam. Ela dedica a seu marido um amor terno, tem três filhos dele, seu casamento é pontuado pelo respeito das vontades e das preferências mútuas. A recepção da ossada de seu marido é acompanhada pelas emocionantes palavras da jovem viúva: uma confissão de amor conjugal, sacrificado em defesa da Terra Santa. O modelo proposto por Elizabeth nesse campo não é menos inovador que sua rebelião contra o luxo aristocrático: ela dá passos definitivos para a reabilitação do casamento como sacramento na espiritualidade medieval.

Para o sucesso imediato e imprevisto do novo culto de Santa Elizabeth também era necessário o apoio entusiasta das dinastias aparentadas, das quais ao mesmo tempo ela aumentava o prestígio: os arpadianos da Hungria, os ludowingos da Turíngia, os capetianos da França e os angevinos de Nápoles. Além disso, o exemplo de Elizabeth não era somente "admirável", mas também "imitável". Ela iniciou um verdadeiro movimento religioso nas cortes da Europa; todo um viveiro de santas-princesas seguiu-a: Inês da Boêmia, Edwiges da Silésia, Margarida da Hungria, Cunegunda de Cracóvia, Elizabeth de Töss, Isabelle da França, Sancha de Maiorca, Isabela de Portugal. Em termos de política eclesiástica, esse "movimento" também significa o triunfo da influência dos irmãos mendicantes, diretores espirituais dessas princesas, e em seguida confessores e conselheiros da maioria dos reis e rainhas da época.

O culto a Santa Elizabeth reuniu uma série de modelos da santidade feminina. Ele promoveu uma síntese entre a espiritualidade franciscana mediterrânea, a mística alemã e a santidade dinástica centro-europeia. Esta santa é ao mesmo tempo aquela das cortes e aquela das cidades, aquela das princesas e aquela dos pobres; santa como criança e virgem, *mulier fortis* como crítica dos modos dos que a cercavam, mas preservando o amor terno no casamento; comparada à Virgem, quando esta segura seu filho recém-nascido nos braços, viúva exemplar, e de alguma forma também mártir de sua vocação, filha de rei morta aos 24 anos, cuidando dos leprosos. Uma mulher extraordinária. || G. K. ||

Douceline

Cerca de 1214-cerca de 1274

Nascida em Hyères[1], na família de um comerciante, Douceline é a irmã de Hugues de Digne (falecido em 1256), que foi uma das grandes figuras da ordem franciscana em meados do século XIII e um dos principais representantes da corrente joaquimita na Provença. Sob sua influência, Douceline funda em Hyères um estabelecimento de beguinas, isto é, de mulheres laicas vivendo em comunidade e na pobreza, no trabalho e na prece, designadas sob o nome de Dames de Roubaud, que proliferaram em seguida em Marselha e em Aix-en-Provence. Uma *Vida de Douceline* foi redigida em provençal em 1297 por uma de suas discípulas, Philippine de Porcelet, e completada por volta de 1315. Ela caracteriza-se pelo importante lugar que nela ocupam os fenômenos místicos, descritos com um luxo de precisões notável: êxtases, levitações, manifestações de insensibilidade e de rigidez corporais durante seus momentos de arroubo espiritual, que valeram a Douceline uma reputação de santidade já bem estabelecida enquanto era viva. Sua morte, ocorrida em Marselha em 1274, é seguida por cenas de delírio coletivo no decorrer do qual a população busca tomar posse das vestimentas que lhe pertenciam ou de qualquer outra coisa que pudesse ser considerada como relíquia. Em 1275, seu corpo é transferido para a igreja dos irmãos menores (franciscanos) de Marselha, onde ela repousa ao lado de seu irmão Hugues. Entretanto, seu culto nunca ultrapassou as fronteiras da Provença e não sobreviveu ao desaparecimento da instituição que ela havia fundado. Depois de conhecer uma primeira crise em torno de 1320, quando o papa João XXII tomou medidas contra as beguinas suspeitas de heresia, a instituição apagou-se definitivamente no século XV. || A. V. ||

---

1 Comuna do atual Departamento do Var e da região Provence-Alpes-Côte d'Azur. [N. T.]

São Luís (Luís IX) e Branca de Castela

1214-1270 e 1188-1252

Costuma-se aproximar com maior frequência, tal como ocorreu na história, o rei Luís IX – mais tarde São Luís – de sua mãe, Branca de Castela, que de sua esposa, Margarida de Provença (1221-1295). Joinville, o companheiro admirador de Luís IX, lhe reprova essa relativa indiferença em relação a uma esposa que lhe dera doze filhos, e a manifestação de uma afeição amiúde excessiva para com sua mãe. De fato, se por um lado o rei concede à sua mãe certa influência sobre o poder real e uma profunda afeição, por outro não deixa de ser o comandante de sua política e de suas decisões. O casamento do filho primogênito de Felipe Augusto, o futuro rei Luís VIII, em 1200, com Branca, filha do rei de Castela, patronado ao mesmo tempo pela rainha da Inglaterra, Leonor, e pelo rei da França, era o resultado de uma vontade de equilíbrio entre as grandes potências cristãs. Quando seu pai morre, em 1223, Luís VIII torna-se rei. Pouco depois, ele morre em 1226, enquanto seu filho primogênito, Luís, nascido em 1214, ainda é menor de idade. Antes de sua morte, Luís VIII designa sua esposa, Branca de Castela, como regente do reino até a maioridade do jovem Luís, fixada, como de hábito entre os capetianos, aos quatorze anos. Branca é uma mulher capaz e autoritária. Contudo, tem grande dificuldade para reprimir as revoltas ou as simples pretensões dos grandes vassalos franceses, à testa dos quais se encontra o conde da Champagne, Thibault IV, também rei de Navarra, e que com muito custo ela consegue fazer entrar na ordem. Alguns cronistas sugerem que ela só o conseguiu tornando-se sua amante, o que é pouco provável

A sagração real estende-se à rainha
Sagração de Luís VIII e Branca de Castela, século XIII, miniatura, Toulouse, Biblioteca Municipal

e não confirmado por nenhuma fonte considerada séria. Luís IX recorda-se de, na sua juventude e na companhia de sua mãe, ter sido cercado em Monthéry pelos senhores revoltados. Mesmo sendo muito ligado à justiça, foi também um soberano autoritário. Um dos traços excepcionais do personagem é, de fato, a complexidade e a complementaridade de suas qualidades. Ele foi mesmo o rei de três funções, definidas pelo bispo Adalbéron de Laon no século XI, na ótica do pensamento indo-europeu: rei dos *oratores* (clérigos e fiéis que rezam), dos *bellatores* (guerreiros) e dos *laboratores* (trabalhadores) pois, célebre principalmente pela sua piedade, ele é também, segundo o ideal do século XIII, um brilhante cavaleiro e, no quadro das instituições monárquicas que muito ajudou a desenvolver, um burocrata bastante ativo.

Ele mostra seu primeiro gesto de independência ao pôr fim, em 1229, à greve dos professores e estudantes da jovem Universidade de Paris, dirigidos pela política de Branca de Castela. Seu reinado é dominado por três ideias. A primeira, tradicional, está em declínio: a ambição de uma cruzada e a reconquista da tumba de Cristo, em Jerusalém. A segunda é a proteção dos pobres. Neste sentido, ele é plenamente um rei do século XIII, época da fundação e da atividade caridosa das ordens mendicantes. Ele as favorece a tal ponto que certos críticos lhe reprovam por ser somente o "rei dos irmãos". Por fim, ele busca fazer do trono da França o reinado-modelo e mesmo o reinado dominador da cristandade inteira. Para tanto, ele se esforça de várias maneiras. Afirma, como seus predecessores, a primazia do rei sobre os grandes senhores, incluindo os estrangeiros, como o rei da Inglaterra, que ele não hesita em combater, aliás vitoriosamente, em Taillebourg e em Saintes, no oeste da França (1242). Também atua na consolidação da integração nos reinos da França do Midi, ou Languedoc, obtendo vitória contra Raimundo VII de Toulouse e contra diversos senhores da região em 1242-1243, além de confirmar as senescalias reais de Nîmes-Beaucaire e Béziers-Carcassonne. Também sai vitorioso, em 1240-1241, contra Raymond Trencavel, visconde de Béziers. Para conseguir seus fins, recorre simultaneamente à guerra e à paz. Sua influência é grande na Europa, pois é repetidamente encarregado por estrangeiros de arbitrar conflitos internos, por exemplo, entre o rei da Inglaterra e seus barões. Por último, um meio que satisfaz ao mesmo tempo a profundidade de sua devoção e de sua política de dominação pacífica, mas simbólica, da cristandade: sua política de compra de relíquias, em particular aquelas de Cristo. Sua grande aquisição é a coroa de espinhos, comprada dos venezianos – que a possuíam como garantia do imperador de Constantinopla –, e para a qual mandou construir a magnífica capela do palácio real, a Sainte-Chapelle, inaugurada em 1248, pouco antes da partida para sua primeira cruzada.

Entretanto, ele nem sempre escolheu a paz e mais de uma vez fez recurso à repressão. Em 1244, manda queimar solenemente o Talmud em Paris e ordena que suas tropas tomem,

Vida de São Luís: nascimento, Luís IX aprendendo a ler, Luís IX e os pobres, Luís IX e o monge leproso, Luís IX recolhendo ossadas, penitência e Luís IX. Cerca de 1375-1380, página extraída das *Grandes crônicas da França de Carlos V*, Biblioteca Nacional da França

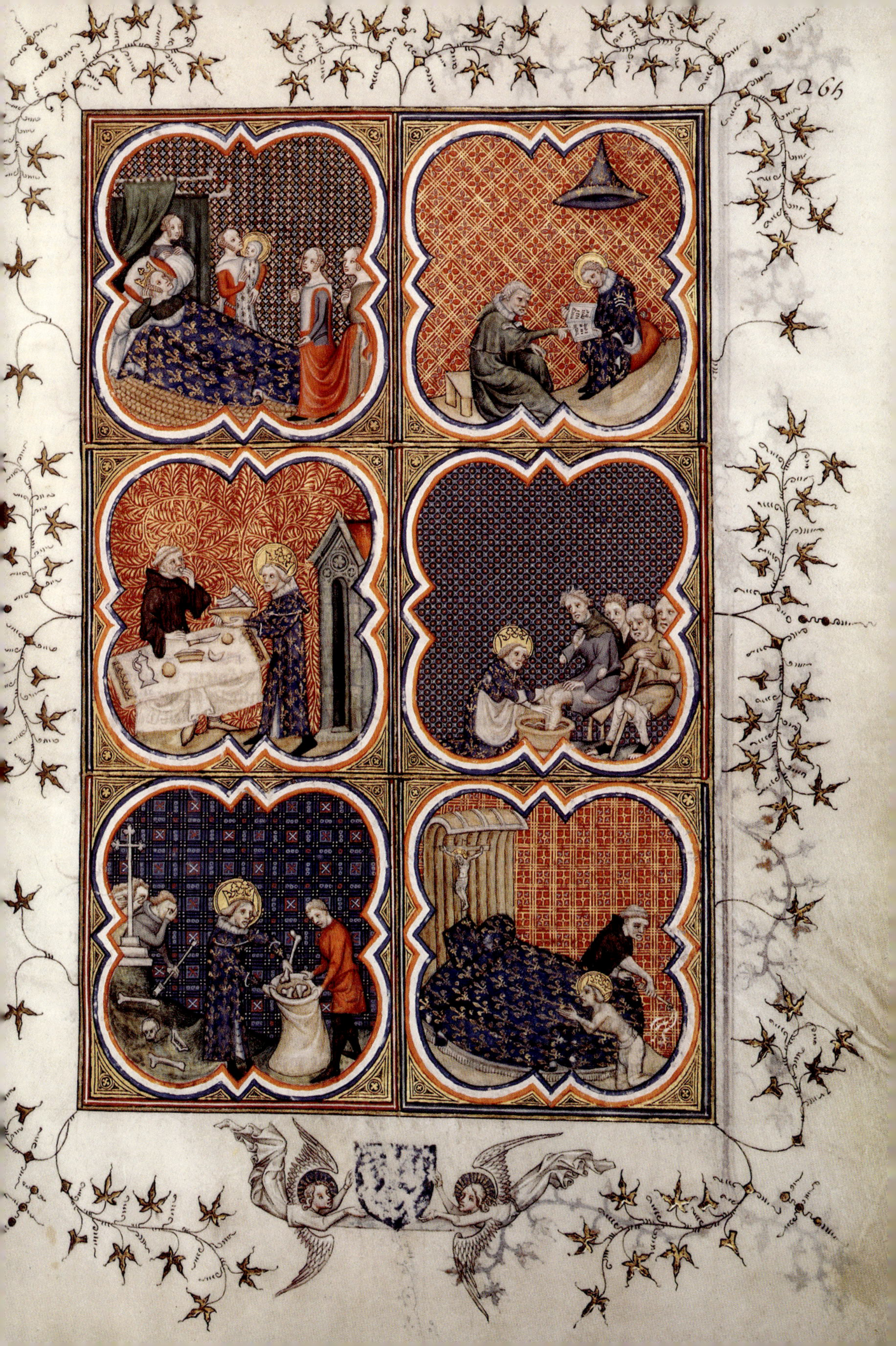

no Midi, o castelo cátaro de Montségur. Por outro lado, apoia e desenvolve na França a Inquisição instituída pelo papado em 1233. Vai uma primeira vez para a cruzada em 1248, deixando a regência do reino para sua mãe. Sua frota levanta âncoras num porto artificial cuja construção havia sido ordenada por ele num pequeno trecho de terreno com acesso ao Mediterrâneo, Aigues-Mortes: ele chega a Chipre, desembarca no Egito, é vencedor em Damiette, mas cai prisioneiro dos muçulmanos na derrota de Mansourah, em abril de 1250. A rainha consegue pagar rapidamente o resgate e ele é libertado no mês de maio. Todavia, na França, sua mãe encontra dificuldades, particularmente em face de um movimento de jovens, os *pastoureaux*[1]. Luís, sem ter conseguido retomar Jerusalém, decide permanecer na Palestina para colocar os pequenos territórios que continuaram cristãos em condições de defesa contra os muçulmanos. As notícias, que só lhe chegam tardiamente, da efervescência social na França, e depois a da morte de sua mãe, em novembro de 1252, o fazem retornar a seu país depois de ter fracassado em estabelecer uma aliança com os mongóis contra os muçulmanos. Na sua volta, a fim de preencher a terceira missão que se havia imposto, ele decreta uma grande prescrição para a reforma do reino com a finalidade de nela estabelecer simultaneamente a obediência à realeza, a justiça e a ordem, em particular a ordem moral. Em 1260, ele é bastante afetado pela morte de seu filho herdeiro Luís. Nos últimos anos de seu reinado, consegue regulamentar os setores essenciais do governo, assim como o mundo universitário, oferecendo casas para estabelecer o colégio fundado pelo cônego Robert de Sorbon a doze pobres estudantes de teologia (a futura Sorbonne). Tenta também colocar ordem na economia monetária crescente fundando um franco – que fracassou –, mas consegue regulamentar o artesanato em pleno crescimento no *Livro das atividades* de seu preboste de Paris, Étienne Boileau. Depois de ter resistido por muito tempo à pressão da Igreja, ele torna obrigatório o porte, para os judeus, da *rouelle*, a estrela amarela, sobre suas vestimentas. Em seguida, parte para uma segunda cruzada em julho de 1270, pensando que o trajeto da Tunísia à Palestina por terra é simultaneamente mais curto e mais fácil. Durante o cerco a Túnis, contrai febre amarela e morre diante desta cidade em 20 de agosto de 1270. Suas entranhas, preparadas para a conservação do rei, são dadas ao seu irmão, rei da Sicília, para sua igreja real de Monreale, e suas ossadas são levadas a Saint-Denis, em 1271, depois de um longo périplo na Itália e na França. São Luís foi canonizado em 1297 pelo papa Bonifácio VIII. Sem contar os 36 milagres que lhe são atribuídos, a maior parte ao toque de seu túmulo, o papa sublinha como motivo de sua canonização sua justiça, sua humildade, sua devoção, suas cruzadas, suas fundações eclesiásticas, suas esmolas. Ele se confessava frequentemente e dormia numa cama dobrá-

---

1 Do significado original "pastor de ovelhas", designava um movimento de predicadores populares, liderados por certo Jacques (ou Job, ou Jacob), que teria recebido uma mensagem da Virgem Maria afirmando que os ricos, os poderosos e os orgulhosos jamais poderiam recuperar Jerusalém, e que só os pobres, os humildes, os pastores, dos quais ele deveria ser o guia, poderiam consegui-lo. O movimento ficou conhecido como a primeira cruzada dos *pastoreaux*. [N.T.]

vel de madeira. Além da importância do papel que desempenhou nas cruzadas, o papa insistia naquilo que havia impressionado os contemporâneos de São Luís: sua humildade e suas penas, particularmente veneradas num período do cristianismo em que se impõe um Jesus não triunfando sobre a morte, mas crucificado e se sacrificando.

O neto de São Luís, Felipe, o Belo, mandou transportar parte das ossadas do avô de Saint-Denis para a Sainte-Chapelle; elas foram destruídas na época da revolução. Quanto às suas entranhas, depois de um longo périplo pela Europa, foram depositadas pelos Padres brancos na catedral católica de Cartago, na Tunísia. O coração do rei nunca foi encontrado. São Luís foi o último rei cristão canonizado. || J. L. G. ||

São Boaventura

Cerca de 1217-1274

Giovanni di Fidanza, que toma o nome de Boaventura quando entra para os irmãos menores, é originário de Bagnoregio, na Toscana; em 1236, vai estudar em Paris e tem como mestres Alexandre de Halès e Eudes Rigaud, dois teólogos que acabam de entrar para a ordem franciscana, na qual ele próprio é admitido em 1243. Em seguida, faz todo o percurso universitário e se torna mestre regente em teologia em 1253. Depois de redigir comentários de textos bíblicos e o *Livro das sentenças* de Pietro Lombardo, em 1257 ele escreve *Breviloquium*, no qual explica o dogma cristão partindo do primeiro princípio, Deus, a fim de mostrar que a verdade da Santa Escritura vem dele, e que ela conduz a ele. Em seu *Itinerarium mentis ad Deum*, composto em 1259 depois de uma estadia na ermida de La Verna, ele faz o caminho inverso, remontando da Criação ao Criador, numa meditação que vai dos sinais da presença ativa de Deus entre os homens, até o próprio Deus em seu mistério. Em sua última obra teológica, as *Collationes in Hexameron* (1273), com foco no tema do homem-imagem de Deus e sobre a primazia da vontade sobre o intelecto, ele se apoia em Santo Agostinho e critica a acolhida por demais indulgente que alguns doutores da Universidade de Paris, tais como o dominicano Tomás de Aquino, reservam à filosofa de Aristóteles.

Se for excessivo ver nele um místico, podemos ao menos defini-lo como um teólogo

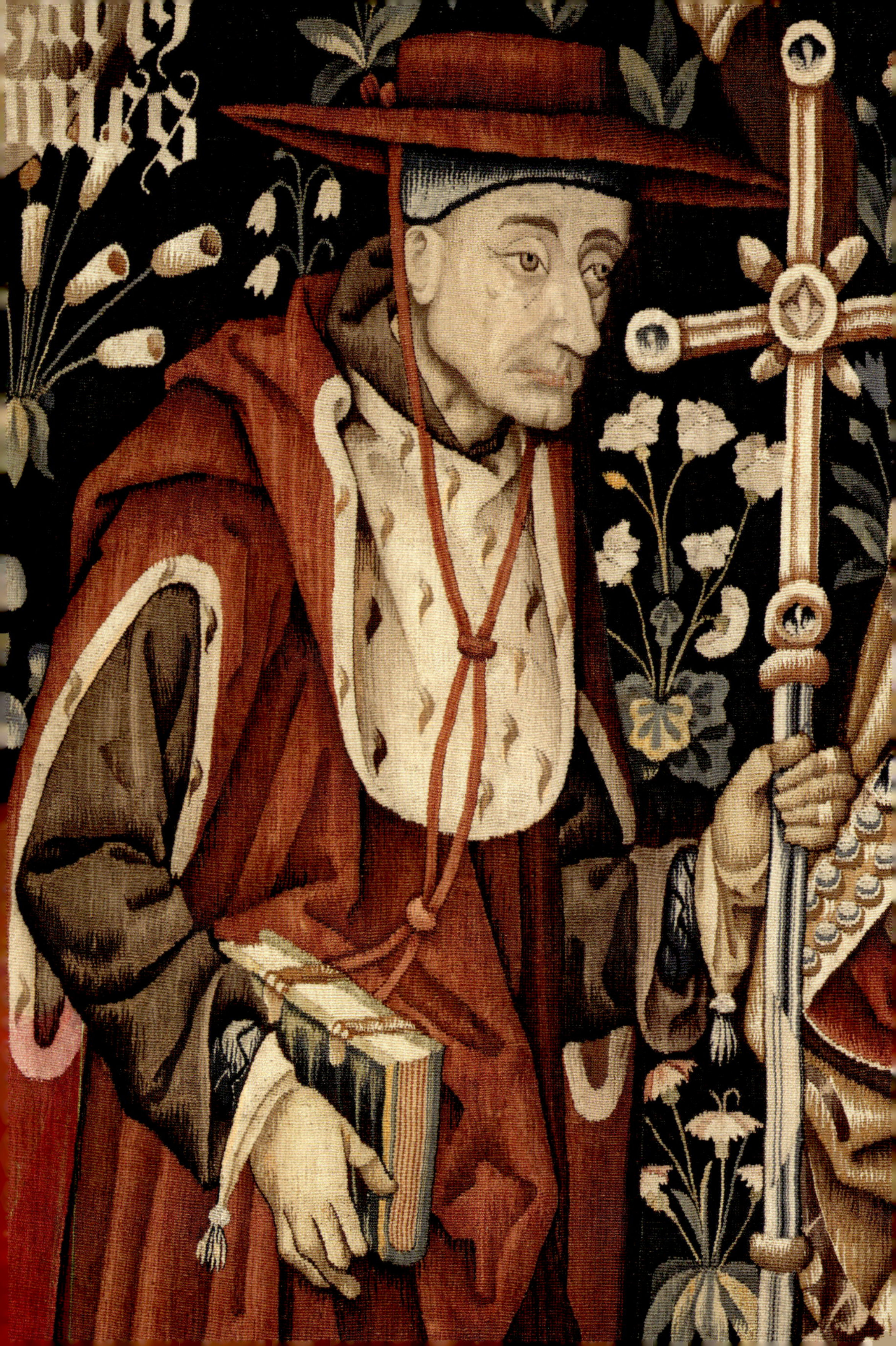

segundo a devoção, que considera a teologia mais como uma compreensão e um aprofundamento da fé que como uma ciência. Seus dons intelectuais e suas posições equilibradas no plano doutrinal lhe valem a nomeação para ministro-geral da ordem franciscana em 1257, cargo no qual permanecerá até 1274. As tomadas de posição audaciosas de alguns irmãos menores, marcadas pelo joaquimismo, que não hesitam em anunciar o acontecimento próximo de uma Igreja espiritual em que os filhos de São Francisco desempenhariam um papel decisivo, provocam de fato uma demonstração de oposição no seio do clero secular e entre os mestres da Universidade de Paris. Para acalmar os ânimos, Boaventura determina sanções severas contra Gérard de Borgo San Donnino, que tomou para si o papel de porta-voz dessas ideias, e contra seu predecessor à testa da ordem, João de Parma, o qual é julgado e relegado a Greccio. Para combater os detratores das ordens mendicantes, em particular os mestres parisienses Guilherme de Saint-Amour e Gérard d'Abbeville que questionam sua pobreza e os taxam de hipocrisia, ele escreve o tratado *Sobre a perfeição evangélica* e uma *Apologia dos pobres*, que contribuem para melhorar a imagem dos mendicantes na opinião pública. Todos os esforços de Boaventura tendem, desde então, a inserir ainda mais os irmãos menores no âmago da Igreja e a seu serviço, o que o leva a encorajar o desenvolvimento dos estudos teológicos dentro da ordem e a aceitar para os irmãos as funções de bispo ou de inquisidor, mesmo que ele próprio tenha recusado o arcebispado de York, que o papa Clemente IV desejou lhe confiar. Por ocasião do capítulo geral de Narbonne, em 1260, faz aprovar as novas Constituições, visando a permitir que a ordem franciscana se adaptasse às mudanças ocorridas na Igreja e na sociedade a partir da época de seu fundador.

Boaventura é então encarregado de escrever uma nova Vida de São Francisco, a *Legenda major*, seguida de uma *Legenda minor*, para uso litúrgico. Nesses textos, ele apresenta o Pobre de Assis como um homem que, num destino solitário e único – portanto, inimitável –, havia ido em busca de Cristo e que, o tendo encontrado, deixou-se assimilar a ele a ponto de sua carne ter sido estigmatizada, o que fez dele um "outro Cristo". Dando à estigmatização uma importância que ela não tinha nas fontes anteriores, ele a apresenta como a marca distintiva por meio da qual Deus autentificou a revelação da qual São Francisco beneficiou e que confere a seus filhos espirituais um papel particularmente eminente na história da salvação. Em 1266, esse texto se torna a única Vida do fundador autorizada na ordem e todas as biografias anteriores são destruídas.

Em 1273, Boaventura é promovido a cardeal e encarregado pelo papa Gregório X de preparar o II Concílio de Lyon (1274). Ali ele defende a ação dos irmãos menores e pregadores contra os ataques de inúmeros bispos. O cânon *Religionum diversitatem*, graças ao qual essas duas ordens mendicantes escaparam da supressão – sendo que o mesmo não

O cardeal triunfa sobre o franciscano e ele se apodera do livro da vida oficial de São Francisco, sendo todas as outras vidas destruídas
Escola flamenga, *São Boaventura* (detalhe), 1479, tapeçaria, Assis, Museu de São Francisco

ocorreu com muitas outras –, é em ampla medida devido aos seus esforços. Boaventura morre antes do fim do concílio e é solenemente enterrado no convento franciscano de Lyon. Sua memória sofreu acusações lançadas no início do século XIV por alguns franciscanos de tendência "espiritual", que lhe reprovaram ter traído a concepção rigorosa da pobreza, que era aquela de São Francisco, e ele só foi canonizado em 1482, pelo papa franciscano Sisto IV. || A. V. ||

As partes do corpo de um santo, transformadas em obras de arte, estão entre as mais importantes relíquias
Braço relicário de São Boaventura, 1491, ouro e prata, Bagnoregio, catedral

Brunetto Latini

Cerca de 1220-cerca de 1294

Grande intelectual e muito influente na vida política de sua cidade, o florentino Brunetto Latini viveu pelo menos duas vidas. Ou até mesmo três, se crermos em Dante Alighieri, que na *Divina comédia* conta longamente o encontro com seu compatriota. Sempre homenageando aquele que lhe era tido como um incomparável mestre em matéria de eloquência, de moral e de política, Dante não oculta o motivo que leva Brunetto a sofrer, no terceiro *bolge*[1] do sétimo círculo do Inferno, as queimaduras de um fogo eterno: o homem de letras refinado, o mestre de pensamento de toda uma geração de florentinos, era homossexual ou, como se dizia na época, adepto da sodomia. O fato de Dante ter reconhecido a homossexualidade de seu mestre sem nada lhe retirar de sua estima pareceu, durante longo tempo, incompreensível para os comentaristas da *Divina comédia*, que inventaram então toda sorte de razões para negar esse intolerável desvio. Isso ocorreu até o dia da descoberta de uma poesia amorosa dirigida por Brunetto a um jovem, que lhe responde pela canção *Amor, quando mi membra...*, pôs um fim ao mistério: sim, Brunetto era mesmo homossexual, o que, numa época em que a vida afetiva e sexual de um homem se desenrolava essencialmente fora do quadro conjugal, não o impediu de se casar, de ter três filhos e de desfrutar do respeito de seus concidadãos; pelo menos até o fim do século XIII, estes não tinham sobre a sodomia o mesmo olhar que a Igreja.

A carreira política de Brunetto começa pouco depois da metade do século XIII, sob a égide do Popolo ou, dito de outra forma, de uma coalisão que, sob a direção da grande burguesia de negócios, reúne todas as camadas da população hostis à predominância da nobreza no governo comunal. De simpatia guelfa, Brunetto se vê obrigado ao exílio quando os gibelinos conquistam o poder depois da batalha de Montaperti (1260). Passa então vários anos na França, principalmente em Paris, onde põe suas competências de notário a serviço das companhias de negócios florentinas instaladas na capital.

---

1 Espécie de ravina. Do italiano *bolge*, "cada uma das fossas circulares e concêntricas que constituem o oitavo círculo do Inferno de Dante". No sentido figurado, "lugar onde se está mal, onde se sofrem os tormentos do Inferno, local onde reinam a confusão e a desordem". [N.T.]

Ele volta a Florença assim que os guelfos retomam o poder e, de 1267 até sua morte (1294), tem uma dupla carreira. Alto funcionário da comuna, a partir de 1272 se torna o chefe responsável pela chancelaria, um dos órgãos mais importantes do aparelho comunal; paralelamente, é chamado para fazer parte de uma infinidade de assembleias e de comissões que valorizam com grande apreço os conselhos de um homem que é ao mesmo tempo um excelente orador e um político hábil. Brunetto foi então um dos homens políticos mais influentes da Florença de sua época, isso no momento em que sua cidade se tornava a mais rica de todo o Ocidente e uma das principais potências da Itália. Em que pese isso tudo, foi outro o motivo que lhe valeu a homenagem de Dante no canto XV do *Inferno*. Durante sua estadia na França, Brunetto não se contentou em compor poemas líricos. Certamente pela frequentação das ricas bibliotecas da capital do reino, ele adquiriu em muitos campos uma imensa cultura que lhe permitiu escrever, antes de voltar a Florença, três obras que imediatamente conheceram um vasto sucesso em toda a Europa. A primeira delas é um tratado sobre a arte oratória, e as outras duas pertencem a um gênero literário muito em voga em sua época, o da literatura didática e moral. Como tantos outros autores medievais, Brunetto não hesita em reproduzir ou parafrasear excertos inteiros de obras mais antigas. Mas a escolha que ele opera sobre os autores do passado é por si mesma reveladora de suas preocupações mais profundas, que dizem respeito à arte de governar. Para tanto, Brunetto se inspira sobretudo em Aristóteles e mais ainda em Cícero, sempre desenvolvendo reflexões inteiramente novas e, em especial, adaptadas de forma precisa às exigências do sistema político em vigor nas comunas italianas, sistema que repousa sobre uma abrangente participação da população no governo da cidade. Segundo Brunetto, em tal sistema, a arte de bem governar é inseparável da arte de bem falar, e supõe que se saiba raciocinar, argumentar e convencer de modo a conseguir obter a adesão do maior número de pessoas. Tal é, então, o mestre que Dante desejou homenagear: aquele que ensinava a falar bem e, assim fazendo, a bem governar. || J.-C. M.-V. ||

O século XIII é o das enciclopédias e o francês d'oïl é o inglês da época
Vinte e uma cenas representando as artes e as ciências, no alto uma figura coroada segura um castelo em cada mão. Segunda metade do século XIII, página extraída do *Livro do tesouro*, de Brunetto Latini, Londres, The British Library

laïque	astrologie	nigromancie
decres	musique	arismetique (argumie)
fisique	geometrie	guaaignerie
lois	arismetique	changerie
harperie	peerurie	teisserie
esculture	dialetique	charpenterie
peinterie	gramatique	forgerie

Tomás de Aquino

Cerca de 1225-1274

É aconselhável esboçar o retrato de Tomás de Aquino como um "homem da Idade Média", pois o peso da obra frequentemente faz com que se esqueça de seu autor. Há séculos que ele se tornou o principal doutor da Igreja católica. Sua estatura de teólogo também repousa sobre uma base filosófica forte e rigorosa. Que fique claro: não se trata de minimizar sua contribuição: depois de seu mestre Alberto, ele soube adaptar o patrimônio aristotélico à doutrina cristã. Seu trabalho minucioso sobre a forma substancial única permitiu reintegrar o corpo na doutrina cristã. Ele soube afrontar as tensões inerentes ao cristianismo, não por uma simples ultrapassagem formal, mas por um verdadeiro aprofundamento. Defendeu a força da razão humana. Certa exaustividade, visível sobretudo na *Suma teológica*, completa a diversidade de seus trabalhos: comentários da Bíblia, das *Sentenças* de Pietro Lombardo, de Aristóteles e de diversos autores, questões polêmicas – sobre a verdade, sobre o mal –, antologias, obras de síntese, de controvérsia e de combate, etc. Para resumir, ele foi um prodigioso pensador. Mas isto não o dispensou de viver. Três traços decorrem estritamente daquilo que foi o fenômeno maior de sua existência, o pertencimento à ordem dominicana: a ruptura com a ordem familiar, o ensino e a ideia de um bem comum. Em abril de 1244, com a idade de dezenove anos, Tomás, oblato beneditino em Monte Cassino desde os cinco anos, toma o hábito dominicano. Seus pais se opõem a isso: ele deve sem dúvida se tornar abade de Monte Cassino, mosteiro de importância estratégica. Sua mãe, Teodora, procura-o pessoalmente em Nápoles, e depois em Roma – em vão: a cada vez, Tomás havia partido. Ele deixa Roma com o mestre-geral dos dominicanos, Jordão da Saxônia, para ir a Bolonha, onde deve ocorrer, em maio de 1244, o capítulo geral da ordem. Teodora manda que seja raptado na estrada, com a cumplicidade de Frederico II; o famoso Pierre de La Vigne, poderoso comandante do imperador, está em expedição,

O hábito dominicano, a flor-de-lis e o livro do grande teólogo escolástico. Flor simbólica de alguns poderosos (ex.: os capetianos), a flor-de-lis é também o símbolo da Virgem, da pureza, da fidelidade e do poder
Andrea di Bartolo, *São Tomás de Aquino*, cerca de 1410, têmpera sobre madeira, Stuttgart, Staatsgalerie

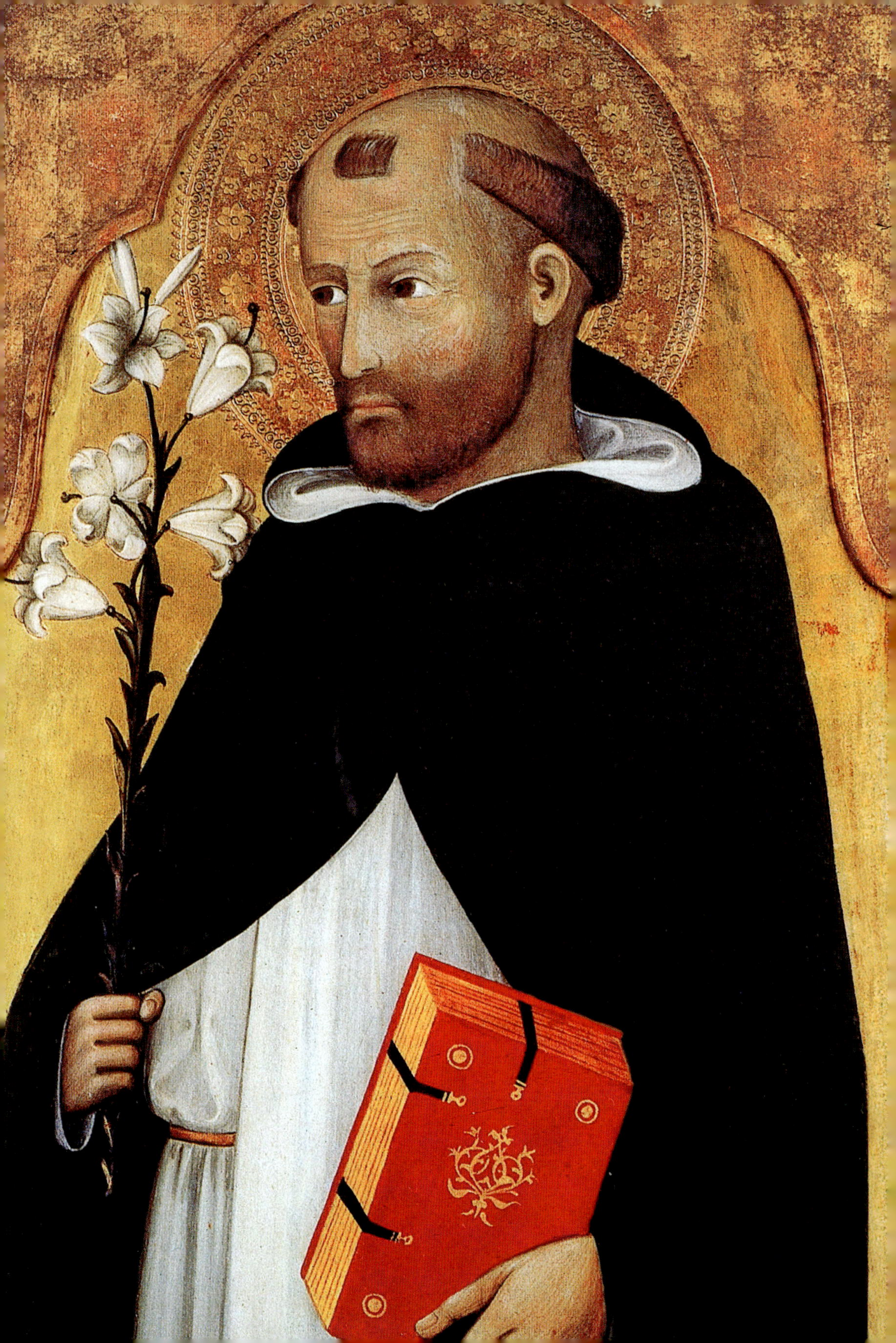

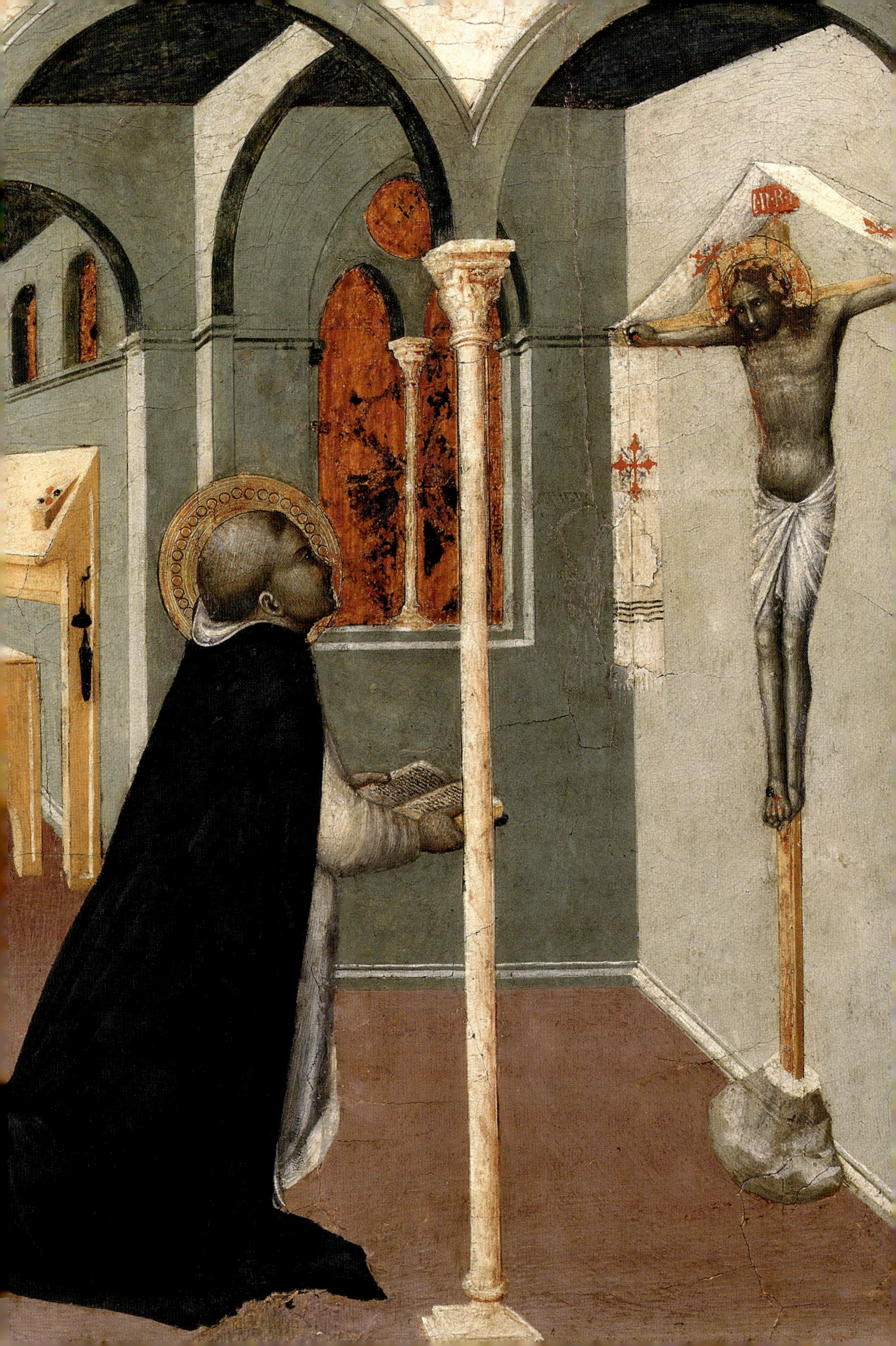

assim como o próprio irmão de Tomás, Reginaldo, então cavaleiro de Frederico. Tomás é sequestrado durante cerca de um ano no castelo familiar de Roccasecca. A conduta ensandecida de sua mãe foi, sem dúvida, percebida como passível de causar um escândalo, por isso os dominicanos renunciaram a prestar queixa contra os pais de Tomás. Este provavelmente sentiu alguma amargura, o que pode explicar sua insistência em justificar o recurso à justiça: a história singular de Tomás será assim um dos mil componentes da expansão da necessidade de ação judiciária de que dá testemunho o século XIII.

Uma questão se coloca nesse quadro: Tomás era beneditino? Se assim fosse, sua posição teria sido mais frágil. Teodora poderia ter jogado com uma possível falta de seu filho, que teria renunciado à perpetuidade de seus votos monásticos. Ainda que um necrológio (isto é, uma lista dos defuntos de uma instituição) do século XIII o apresente como um monge beneditino, os historiadores não podem determinar se ele confirmou seus votos de oblato beneditino no momento da puberdade, fixada então aos quatorze anos para um rapaz, pois a situação de oblato não implicava a expressão de votos religiosos. Tomás tem quatorze anos por volta de 1239, momento em que, precisamente, deixa o monastério.

Uma vez liberto dos pesos da ordem familiar, Tomás se torna um ser móvel, a serviço de um ensino sempre projetado num espaço europeu: ele conhece três períodos parisienses – como estudante (1245-1248) e como professor (1252-1259 e 1268-1272) –, interrompidos por um complemento de formação em Colônia (1248-1252), por uma formação dos irmãos laicos de Orvieto (1261-1265), por um ensino mais especulativo em Roma (1265-1268), prolongado por uma tarefa análoga em Nápoles (1272-1273). A cada vez, esses deslocamentos são acompanhados (decididos?) por um engajamento a serviço da ordem dominicana, ameaçada pelas tentativas de Guilherme de Saint-Amour e de seus sucessores ou pelos transbordamentos "averroístas" de pensadores como Siger de Brabante.

Por fim, a ideia de um bem comum à ordem e à cristandade conduz a uma intensa mobilização da ordem ao serviço da doutrina de Tomás, exemplo único na história: Tomás beneficia-se então da ajuda eficaz de seus secretários, que podem dar uma coerência perfeita à sua obra e até mesmo completar a *Suma teológica*, deixada inacabada pela sua morte. A fraternidade esteve mesmo no princípio vivido da obra. || A. B. |

Sassetta, *Visão de São Tomás de Aquino*, 1423, têmpera sobre madeira, Cidade do Vaticano, Pinacoteca

Giacomo de Varazze

1228/1229-1298

Giacomo de Varazze (*Iacoppo da Varazze* ou *Jacobus da Varagine*) escreveu um dos best-sellers, *A lenda dourada* [*Legenda áurea*], de que conservamos o maior número de manuscritos da Idade Média, depois da Bíblia. Giacomo de Varazze nasceu provavelmente não no pequeno burgo ligúrio de Varazze, mas em Gênova mesmo. Sua vida está intimamente ligada a esta cidade e o meio genovês lhe permitiu atingir a celebridade que ele conheceu na Idade Média e que é retomada na época contemporânea. Ele tirou proveito de determinadas condições excepcionais. Gênova, na segunda metade do século XIII, é sem dúvida a cidade mais aberta para o mundo exterior, da cristandade setentrional ao Oriente Próximo. Giacomo de Varazze entra ainda adolescente na ordem mendicante dos dominicanos, ou irmãos pregadores. Instalando-se nas cidades desde sua criação no início do século XIII, esta ordem, com aquela dos franciscanos, conquistou uma influência excepcional sobre a espiritualidade, e de modo geral sobre o comportamento da sociedade urbana. A segunda metade do século XIII é sem dúvida o período do apogeu do sucesso medieval, quer se trate do comércio, da teologia escolástica, do desenvolvimento da leitura e da escritura. É também um século da palavra em que os dominicanos, de seu nome oficial irmãos pregadores, estão na primeira linha. Enfim, Giacomo de Varazze se torna pregador da mais poderosa província dominicana, a da Lombardia, na Itália do norte, que se estende então dos Alpes até Veneza. Tendo se tornado célebre como irmão pregador, ele termina sua vida com o estatuto de arcebispo, a mais importante função secular, depois daquela do papa. Por fim, deixou uma obra que o coloca na primeira fila dos grandes pensadores e escritores cristãos da Idade Média.

Durante a primeira parte de sua vida, que é mal conhecida, sabemos que ele desperta o reconhecimento e a admiração dos genoveses por ter trazido a Gênova duas relíquias importantes: um dedo de São Felipe, que ele próprio coletou entre as relíquias do santo no convento dominicano de Veneza, e a cabeça de uma das virgens martirizadas com Santa Úrsula em Colônia.

Ele é nomeado pelo papa Nicolau IV arcebispo de Gênova, em 1292, e ali permanece até sua morte, em 1298. Em 1293, ele convoca em Gênova, na catedral, um concílio, do qual participam os principais cidadãos da cidade, e no decorrer do qual são solenemente reconhecidos como relíquias as ossadas de São Siro, patrono de Gênova. Como arcebispo, Giacomo de Varazze tem uma atividade política bastante ativa. Em 1295, ele consegue obter uma trégua entre as facções comunais e vai renovar em Roma, sob os auspícios do papa Bonifácio VIII, um antigo armistício entre Gênova e Veneza. Mas o acordo entre as facções genovesas é rompido no final de 1295 e seguido por grandes violências, entre as quais o incêndio da catedral de San Lorenzo, para a reconstrução da qual Giacomo de Varazze faz apelo ao apoio financeiro do papa.

Ele é enterrado em 1298 na igreja de San Domenico, em Varazze, e seus restos são transferidos no final do século XVIII para Santa Maria di Castello, outra igreja dominicana. Ele é beatificado em 1816 por Pio VII. Sua obra considerável, não somente pelo volume, mas pela importância de sua difusão e de sua influência, é antes de tudo a *Lenda dourada*; em seguida, três conjuntos de modelos de sermões, uma obra consagrada à Virgem Maria, e uma *Crônica da cidade de Gênova*, considerada uma obra-prima do gênero da crônica citadina que realça a excepcional importância do impulso urbano na Idade Média. Cinco opúsculos completam essa obra: uma vida de São Siro; a história das tribulações das relíquias de São João Batista, que acabariam por chegar a Gênova em 1099; uma história das relíquias do monastério São Felipe e Giacomo de Gênova; um tratado sobre os milagres operados pelas relíquias de São Florêncio e enfim a paixão de San Cassiano, escrita por demanda do bispo de Imola, que havia dado o nome do santo à nova catedral da cidade. Dessas obras, a mais importante é de longe a enorme *Lenda dourada*. Considerada por muito tempo como um texto hagiográfico, esse livro pode ser visto como um conjunto sobre o tempo sagrado dado por Deus à humanidade. Esse tempo compreende três períodos. O primeiro é o tempo do *desvio* ocorrido na sequência do pecado original, que implica uma dessacralização do tempo dado por Deus à humanidade. O segundo é o tempo da *restauração*, consequência da encarnação de Jesus como homem, que restitui ao tempo o essencial do caráter sagrado desejado inicialmente por Deus. O terceiro é aquele vivido pela humanidade após a Ressurreição e a Ascensão de Jesus, tempo da *peregrinação* que faz do homem um peregrino sobre a terra: sempre marcado pelo pecado original, ele pode esperar acabar como eleito, indo para o paraíso depois do julgamento final. Esse tempo "reencantado" ordena-se em torno de três tipos concretos de tempo: um *temporal*, que é o tempo cíclico do ano litúrgico, tendo como ponto de partida a natividade de Jesus. O segundo é o *sanctoral*, tempo linear simbolicamente constituído pela sequência de certo número de vidas de santos. Giacomo de Varazze reteve 153 santos, mesmo número de peixes pescados, segundo o Evangelho, no lago de Tiberíades por Simão, Pedro e seus companheiros, na presença de Cristo, que lhes teria dito, ao fim da pesca: "e agora farei de vocês pescadores de homens." Esses dois tempos, reconsagrados, mas terrestres, são levados por Deus aos fins derradeiros, o julgamento final e a eternidade, por um terceiro tipo de tempo sobre o qual Deus é o único mestre, o tempo *escatológico*. Como Deus não deu nenhuma indicação concernindo à duração desse tempo, Giacomo de Varazze não compartilha a opinião de muitos cristãos de sua época, que esperavam por um fim do mundo próximo. Considerada como uma das obras maiores depois dos Evangelhos, auxiliando o homem a dirigir-se à salvação, a *Lenda dourada* sofreu o eclipse que atingiu a maior parte das obras da Idade Média durante o Renascimento e o Século das Luzes. Contudo, numa perspectiva histórica mais respeitosa do passado e da longa duração, esta obra encontra-se em vias de voltar a ser um dos textos maiores do pensamento cristão medieval. || J. L. G. ||

Raimundo Lúlio (Ramon Llul)

1232-1315

Poeta, teólogo e missionário catalão, autor de uma obra imensa e multiforme, Raimundo Lúlio (em catalão Ramon Llull) surge atualmente como o campeão do espírito de abertura em relação ao Islã. Entretanto, essa atitude de "tolerância" não provém de uma aceitação do outro em sua diferença essencial, mas de uma aguda consciência do lugar da linguagem nas relações inter-religiosas. Quer se trate da língua do outro como obstáculo e meio de acesso a uma verdade comum, quer seja a língua algébrica da "Arte", com sua técnica combinatória, como ferramenta transcendendo os limites da fala, toda a vida de Lúlio dá testemunhos de uma reflexão sem dúvida raramente igualada sobre a função dos signos na constituição de um espaço social – isto é, para ele, cristão – reconciliado.

Muito marcado pelos árabes, Raimundo Lúlio utiliza o tema da escada para figurar a complexidade de seu pensamento teológico e filosófico
Raimundo Lúlio. Nove filósofos, representados à esquerda, simbolizam as nove dúvidas que podem surgir em nove contextos universais enumerados na escada. Século XIV, miniatura extraída do manuscrito *Breviculum*, Karlsruhe Badische Landesbibliothek

Essa reflexão articula-se em três etapas: a escolha (apresentada como uma injunção divina) da predicação; a decisão de aprender o árabe; a invenção da "Arte". Três momentos, de fato, estreitamente solidários: é para converter os sarracenos que Lúlio aprende o árabe; mas só pode combater os erros deles por meio de um livro que seja "o melhor do mundo". Esse livro, do qual tem a revelação nove anos depois, é sua *Arte geral*, continuamente enriquecido no decorrer das décadas seguintes (*Ars compendiosa inveniendi veritatem*, 1274; *Ars brevis* e *Ars generalis ultima*, 1308).

A língua, para falar com o outro, e a "Arte", para persuadi-lo: tais são os dois elementos indissociáveis que constituem a originalidade do procedimento luliano. Daí a dupla exigência que defendeu ao longo de sua vida: a criação de colégios de línguas e o reconhecimento de sua "Arte". Sob esses dois aspectos, Lúlio aparece como o artesão de um diálogo particularmente original com a cultura árabe.

É em Maiorca, sua terra natal, onde coabitam cristãos e muçulmanos, que Lúlio concebe seu programa de conversão dos infiéis "não pela força, mas pela razão". É claro que ele não foi o primeiro a se engajar nessa via. Mas, diferentemente de um Ramon Marti, por exemplo, que mescla o comentário dos filósofos aos argumentos tirados da Escritura, ele pretende só proceder por "razões necessárias", segundo as exigências conformes à disciplina muçulmana do *Kalâm* (discussão). Esta será a função de sua "Arte" e dos múltiplos escritos que dela derivam.

Num texto tardio, com a idade de 79 anos, ele recapitula assim sua vida:

> Fui casado, tive filhos, fui honestamente rico, vivi nos prazeres e segundo o mundo [este período corresponde aos seus trinta primeiros anos]. Contudo, eu me retirei, deixei livremente e com alegria todas essas coisas para com todo o meu poder seguir a honra e a glória de Deus, procurar o bem público e trabalhar pela exaltação da santa fé. Aprendi o árabe, fui muitas vezes pregar o Evangelho para os sarracenos [ele efetuou três viagens para a África do norte]. Fui capturado, aprisionado, espancado, chicoteado e maltratado por causa da fé. Trabalhei por 45 anos para sensibilizar os chefes da Igreja e os príncipes cristãos para que buscassem o bem público da cristandade.

Essa busca de apoio a fim de promover o estudo das línguas orientais também toma, por vezes e segundo as circunstâncias, a forma de apelo às cruzadas. Todavia, a força militar só constitui um último recurso, na falta de outro melhor, ao qual Lúlio opõe o modelo apostólico de conversão dos infiéis. Os Apóstolos, a exemplo de Cristo, jamais

---

Lúlio, *Disputatio Petri et Raimundi* ou *Phantasticus* (1311); trad. fr. anônima do século XVII, *O Fantástico* ou *Disputa de Pedro, o Clérigo e de Raymond, o Fantástico*, in *Filosofia*, Paris, Beauchesne, 1991, p. 28 (trad. modificada)

exerceram violência contra aqueles que os perseguiam. Buscaram então a "paz sensual", não lutando, mas, ao contrário, negando-se a combater aqueles que faziam contra eles uma "guerra sensual". Essa via apostólica é, evidentemente, aquela do martírio, ou dito de outra forma, aquela "das lágrimas, dos suspiros e do sangue", para dar testemunho da verdadeira fé. Via indissociável, no projeto luliano, da prática da língua árabe: é paradoxalmente numa mesma atitude que se enodam a aceitação da morte e o encontro com o outro no plano linguístico. Falar é expor-se ao risco da morte, pela recusa da violência.

"*Christianus arabicus*", como se autodesignava – não "cristão árabe", mas cristão instruído nas formas de pensamento dos letrados muçulmanos –, Lúlio, que escreveu em catalão, em latim e em árabe (estes últimos textos, infelizmente, se perderam), colocou todos os recursos da língua mais inventiva a serviço de seu ardente desejo de unidade. É por essa "loucura de amor" que ele defendeu e adaptou, sob as mais diversas formas, sua "Arte" de demonstrar as verdades da fé. Tal conjunção de iluminação e de segurança racional é desconcertante; ligada a um zelo infatigável, ela frequentemente opôs Lúlio às formas de ortodoxia e às hierarquias estabelecidas em sua época. || M. S. ||

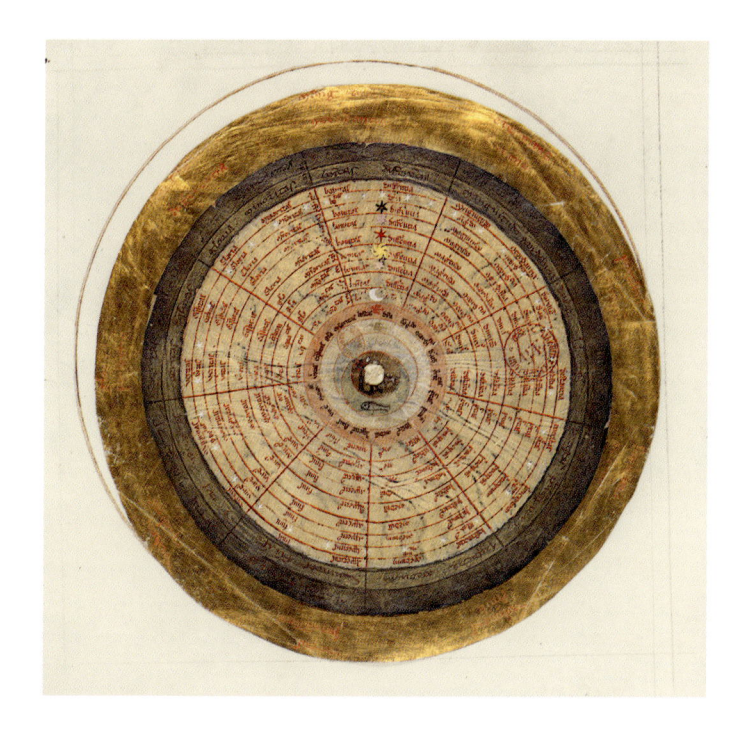

Grande Arte Universal, 1325, extraída de *Electorium Magnum*, de Raimundo Lúlio e Thomas Le Myésier, Paris, Biblioteca Nacional da França

Alfonso X, o Sábio

1221-1284

Alfonso X, rei de Leão e Castela de 1252 a 1284, filho de Ferdinando III e de Beatriz da Suábia, é uma das maiores figuras reais da Idade Média devido às suas ações políticas, sua obra cultural e seu mecenato.
Herdeiro dos Hohenstaufens pelo lado de sua mãe, filha de Felipe da Suábia, rei dos romanos (1198-1208), ele fez valer seus direitos legítimos à coroa do Santo Império Romano Germânico; eleito imperador em 1257, luta em vão até 1275 para ser coroado. Alfonso X prossegue a *Reconquista* e consolida as conquistas de seu pai e o repovoamento de seus reinos, instalando colonos para defender e valorizar as terras em todos os seus domínios, e não somente nos territórios recentemente conquistados de Murcia e de Andaluzia.
Reivindicando a herança dos soberanos visigodos e a sabedoria como fundamentos de seu poder, ele manifesta uma concepção autoritária de seu ofício monárquico. Apresenta-se como o vigário de Deus sobre a terra, ao mesmo tempo fonte, intérprete e garantia do direito, e exerce o *imperium*, o poder supremo. Protetor da Igreja e defensor da fé, ele tem consciência de ter não somente o dever de governar seus súditos como Salomão, erigido como modelo, mas também de velar por sua educação e de fazê-los sair da ignorância, considerada como um pecado. Ele dá, assim, estatutos à Universidade de Salamanca e funda os *studia* em Valladolid, Sevilha e Murcia.
Ele se dota de novos meios de governo desenvolvendo sua administração e o papel dos Cortès. Instaura uma fiscalidade diversificada, suscitada pelas dificuldades advindas da frenagem da Reconquista e as necessidades financeiras crescentes por meio de sua conquista da coroa imperial e a defesa do território. Em 1268, impõe uma taxa *ad valorem* de 10% sobre todos os produtos exportados ou importados, o *diezme*. A partir de 1269, ele estabelece os *servicios*, impostos diretos de repartição. Em 1276, instaura uma taxa anual, o *servicio*, sobre os animais que mudam de pastagem no inverno e no verão. Ele conserva um conjunto de direitos e de taxas de origem muçulmana, reagrupados sob o termo de *almojarifazgo*, em vigor em Toledo e em outras regiões meridionais reconquistadas.

Os jogos detêm um dos lugares mais destacados na cultura medieval, a partir do século XII. Alfonso X, criador de um imenso conjunto sobre os diferentes saberes medievais, dedicou um tratado aos jogos
O rei Alfonso X, o Sábio, assistido por um escriba (detalhe), miniatura extraída do *Livro dos jogos de Alfonso X, o Sábio*, 1282, Madri, Biblioteca Real do monastério de El Escorial

Cómo a donzela uyrgu a Sca M[ar]ia lle mostrasse com que se p[er]dusse todemo	C.S.M. parceu aa donzela Virgẽe q dissesse sempre aue M[aria]
Cún crerigo se namorou da donzela e lle p[er]diu seu amor	Cō crerigo fez un cerco e cōiurou os diabr[os] q'lh' trixesse a donzela
Os diabos ueer aa donzela e uir S.M. q estar cō ela e fugirō	Os diabos, nō pod[en]do do crerigo a alma pr[ende]r, uissell' S[an]t[a] M[aria]

Un diabo seguiu tant' a donzela q[ue] lli fez esqueecer a oraçon da Virgen.	Com o padre qui[s] matar a donzela e o crerigo, e lla sacou das mãos.
Com esposaron o crerigo e a donzela por ssello con ajuda do demo.	Com S. M. pareceu ao crerigo e lli disse que no[n] casasse con a sa donzela.
Como S. M. pareceu aa donzela e lli disse que non casasse.	Com o bispo don fijz os meteu a ũu[n] en outr[a] orde[n] e a S. M.

Dupla página precedente: **Alfonso X dedica à Virgem um monumento de versos cantados (em galego) e de miniaturas, o mais completo da Idade Média**
Coleção de 430 poemas escritos por Alfonso X, o Sábio, divididos em códex ilustrados por miniaturas nas quais se encontra a melodia da composição (detalhe), cerca de 1280, Madri, Biblioteca Real do monastério de El Escorial

Abaixo:
Os jogos foram, na origem na cristandade, suspeitos de introduzir os maus divertimentos do Oriente muçulmano
Dois mouros jogando xadrez sob uma tenda, 1283, iluminura em miniatura extraída do *Livro dos jogos de Alfonso X, o Sábio*, Biblioteca Real do monastério de El Escorial

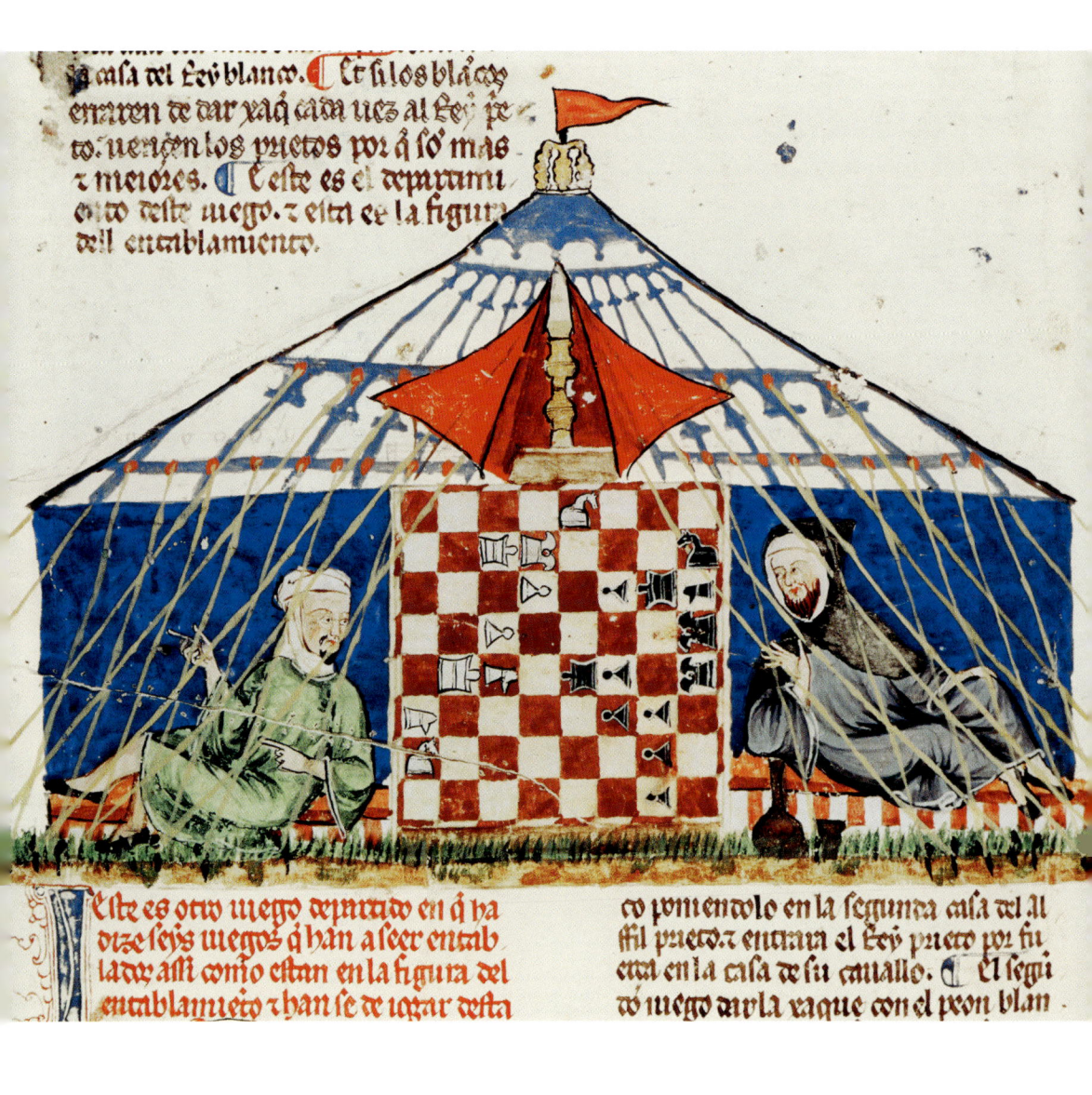

Ele põe em prática uma política econômica que se traduz pela liberalização dos tráfegos internos, pela interdição de exportar uma série de produtos reservados ao mercado interno, pela fixação das rotas de migrações norte-sul de animais entre as pastagens de verão de Leão e Castela e aquelas de inverno da Andaluzia e de Murcia, pela institucionalização da associação de criadores de animais de migração, a Mesta, em 1273, pela concessão de variadas feiras, pela tentativa de unificar o sistema de pesos e medidas e pela difusão de modelos de organização do artesanato nas profissões.

Ele inicia um extraordinário trabalho jurídico destinado a estabelecer o direito real em seu território, fazendo redigir em língua vulgar um impressionante *corpus* de textos fundado sobre o Direito Romano, de onde emergem o *Espéculo*, o *Fuero real*, o *Setenario* e os *Siete partidas*. Esta última obra constitui a mais imponente enciclopédia jurídica da cristandade medieval, depois daquela de Justiniano. Cada um dos sete tratados começa por uma das letras que compõem o nome do rei: 1 = A, direito natural, eclesiástico e litúrgico; 2 = L, direito político na Espanha; 3, 4, 5, 6 = FONS, direito civil e privado; 7 = O, código penal.

Para explicar o motivo da existência e do devir dos espanhóis e do mundo, assim como promover seu projeto monárquico, manda redigir duas grandes obras em língua vernácula: uma história local, a *História da Espanha*, e outra universal, a *Grande e Geral História*, que deveria reunir a evolução da humanidade e do mundo e que ficou inacabada.

Alfonso X apoiou muitos outros empreendimentos culturais e participou pessoalmente de alguns deles. Os letrados das três religiões, que reuniu em torno de si, traduziram, compilaram e elaboraram inúmeros tratados de astronomia e de astrologia que reuniam textos árabes, gregos, indianos e persas, tais como os *Libros del saber de Astronomia* e o *Libro de las cruces* – foram-lhe mesmo atribuídas tábuas astronômicas –, tratados de caça, um livro sobre jogo de xadrez, um de medicina e magia acerca das propriedades das pedras, o *lapidário*, um livro sobre os segredos da natureza, uma coletânea de contos, *Calila e dimna*, para citar somente os principais. Ele também se interessou pela poesia, por suas implicações religiosas e, assim como Salomão, a quem se atribuía o *Cântico dos Cânticos*, compôs em galego o longo poema das *Cantigas de Santa María*.

Sua vontade de instaurar uma monarquia autoritária, de impor um novo sistema fiscal, conjugada à emissão em 1265, 1270, e 1277 de moedas desvalorizadas, suscita vivas reações e esteve na origem da grande revolta da aristocracia de 1271-1274, e da grave crise de sucessão que finda seu reinado. Alfonso X, assumindo plenamente a herança de seu pai, estabeleceu as bases da hegemonia castelhana na península. O direito romano lhe forneceu os meios para a afirmação de seu poder. O abandono, por parte da chancelaria real, do latim em proveito do castelhano a partir dos anos 1230, cujo uso constitui a base comum da obra cultural tão rica que ele patrocinou, acabou sendo o modo de criar uma comunidade cultural para todos os seus súditos e contribuiu para promover um "sentimento nacional". || D. M. ||

Cimabue

Cerca de 1240-1302

Cimabue (Cenni di Petro Cimabue) – que um contrato de 1301 menciona como "magister Cenni dictus Cimabue pictor, condam Pepi e Florentia" (seu pai, já morto, chamava-se então Pepi ou Pepo) – foi um grande pintor, documentado de 1272 a 1302, infeliz por vários motivos. Antes de tudo, há poucos documentos sobre sua vida e sobre suas obras, das quais muitas foram perdidas. O emprego intenso de alvaiade ou cerussita (carbonato de chumbo), que com o tempo tende a escurecer, transformando-se em óxido de chumbo, tornou quase ilegíveis os afrescos do coro e dos braços do transepto da Basílica Superior de Assis; a extensão desses afrescos, se eles tivessem chegado aos nossos dias em melhor estado, teria contribuído amplamente para aumentar o renome do pintor na história da crítica de arte. Devido à queda e à degradação do *intonaco*, além da deterioração química do alvaiade, os afrescos se apresentam hoje sob o aspecto de um negativo fotográfico arruinado. Se, com a ajuda de um computador, se inverter as cores, procedendo como antigamente para revelar filmes fotográficos, recuperam-se ao menos os contornos e a maestria da composição, mesmo que muitos detalhes e as cores brilhantes tenham sido absorvidos por uma indistinta névoa marrom. Pode-se, entretanto, apreciar a grande força expressiva e o realismo dos personagens, capazes de transmitir ao espectador emoções e sentimentos intensos.

A confrontação com Giotto, que Dante já considerava como superior a Cimabue ["Cimabue acreditava, na pintura,/ dominar o campo, e agora Giotto tem o grito,/ tão bem que a glória do outro é obscura" (Purg. XI, v. 94-96)], fez com que a pintura de Cimabue fosse lida pelos críticos "por comparação com", e não por seus valores intrínsecos. Como se não bastasse, a inundação florentina de 1966 deteriorou gravemente o belíssimo crucifixo de 1275, conservado na igreja de Santa Croce em Florença, onde o pintor havia captado de maneira extraordinária a doçura da cor da pele e o drapeado diáfano do *perizonium* ou "pano da pureza", isto é, o escasso tecido que cobre o corpo de Cristo crucificado. Por fim, o terremoto de 1997, que danificou também a Basílica Superior de Assis, provocou o desmoronamento, no cruzamento do transepto com a nave principal

O primeiro verdadeiro grande artista pintor antes de Giotto e o mais belo retrato de São Francisco
Cimabue, *São Francisco de Assis*, século XIII, afresco, Assis, Basílica São Francisco

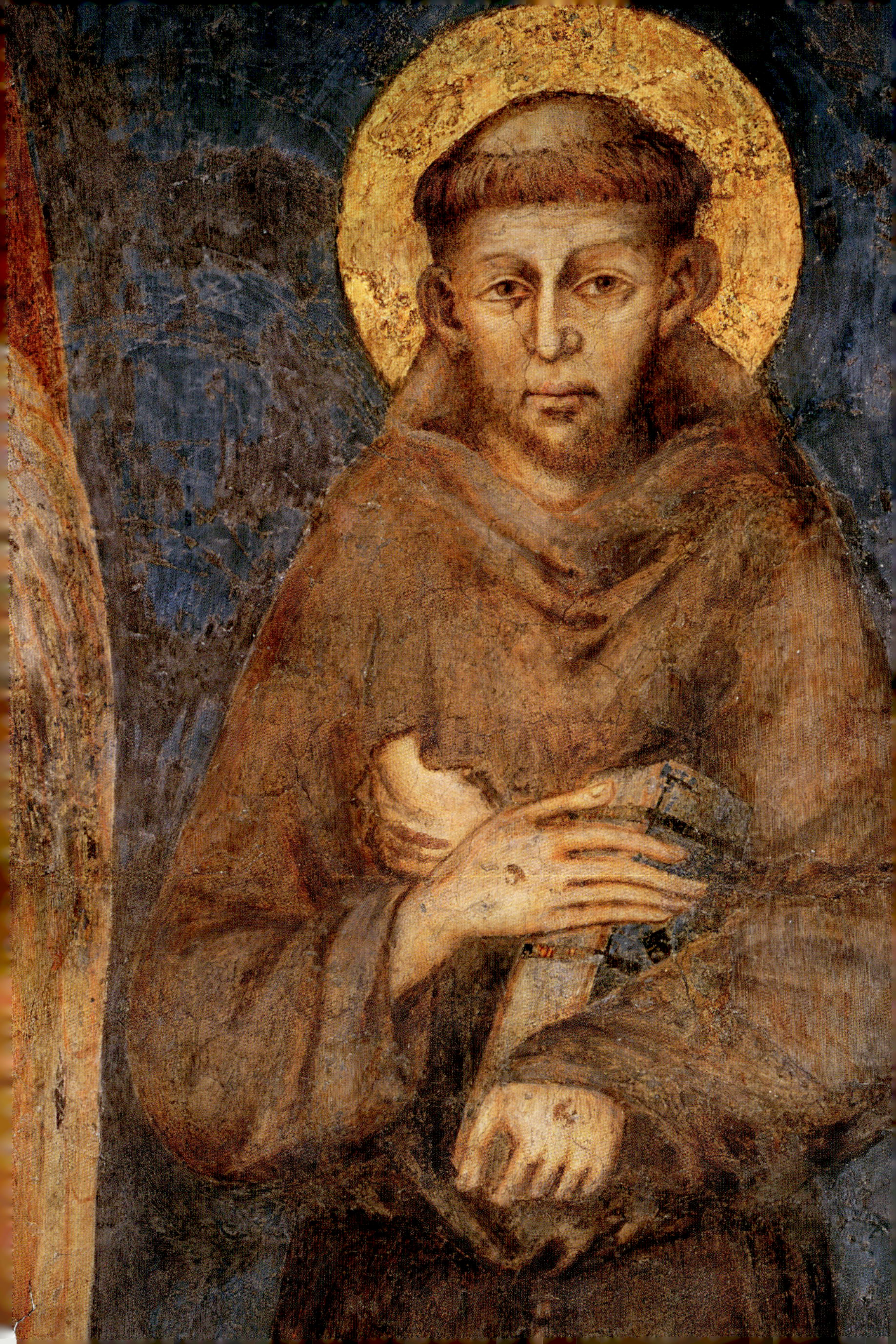

pintada por Cimabue com os quatro evangelistas, da pintura de Mateus. (É preciso assinalar que há no teto, no cruzamento das ogivas arquitetônicas de Marcos, a primeira vista convincente de Roma, por meio de uma visão bem articulada, do ponto de vista da perspectiva de monumentos antigos e contemporâneos, entre 1277 e 1280 – data do pontificado de Nicolau III Orsini, cujo brazão é colocado sobre o palácio do Senado, referência provável ao papa e ao fato de que dois membros de sua família eram então senadores de Roma.)

Cimabue é influenciado na origem pela pintura bizantina, como o mostra, por exemplo, o crucifixo conservado no Duomo d'Arezzo (1265-1268), em que a dor do suplício é mostrada por meio de uma estilização tão forte quanto expressiva. Sua pintura mostra em seguida uma evolução voltada para uma atenção aos volumes corporais, solidamente ancorados no espaço, e a uma nova concepção da perspectiva, como se pode constatar, por exemplo, na grande *pala* com a *Madona em Majestade cercada por anjos*, pintada em torno de 1290-1295 para a igreja San Francesco em Pisa, e hoje conservada no Museu do Louvre. Também se deve nela admirar o tratamento rigoroso do drapeado e a calibragem cromática precisa (qualidade já anunciada na *Majestade* da Santa Trinità [1285-1286], hoje em dia presente na Galeria degli Uffizi em Florença).

Em Pisa, Cimabue trabalha no grande mosaico absidal do Duomo, entre 1301 e 1302: a grande figura do evangelista João é notoriamente dele, e de todo conservada. Ainda em 1301, ele se põe a pintar uma *pala* de altar majestosa para o hospital Santa Chiara em Pisa, perdida, mas importante, pois, como podemos ler no contrato que a concerne, ela deveria compreender uma predela (pequenas pinturas situadas na parte inferior de um grande painel, tais como nos retábulos) historiada – invenção nova, então, e primeiro exemplo do gênero. Apesar de, na Idade Média, caber ao solicitante afirmar suas exigências no contrato, indicando quais personagens devem ser usados, nesse contrato, ao lado daquele que solicitou o quadro, nosso pintor está presente com uma autoridade igual. No retábulo, além da Virgem de Majestade, dos Apóstolos e dos anjos, diz o contrato, estarão presentes outras figuras "que parecerem oportunas e agradarem ao dito mestre [Cimabue], ou a outra pessoa do hospital agindo legitimamente em nome deste": é uma clara homenagem ao gênio criativo de Cimabue. || C. F. ||

Giotto di Bondone

1267-1337

Giotto, segundo a tradição, nasce em 1267 em Vespignano, no Mugello, e morre em Florença, em 1337. O notário Riccobaldo de Ferrare, em sua *Compilatio cronologica* (cerca de 1313), define-o como "*pictor eximius*": "A que ponto a arte [de Giotto] é grande pode ser verificado vendo suas obras nas igrejas dos Menores em Assis, em Rimini e em Pádua, e aquelas que pintou no Palácio comunal e na igreja da Arena de Pádua." Riccobaldo se refere não a simples obras (crucifixo e quadros, que Giotto realizou), mas a ciclos inteiros de afrescos. Essa nota realça a capacidade de organização de Giotto na gestão do trabalho de seus colaboradores, muito numerosos. (Giotto também pintou ciclos de afrescos em Florença, em vários locais da igreja Santa Croce: as capelas Bardi e Peruzzi, muito bem conservadas; em Roma, no palácio de Latrão, perdidos; e em Nápoles, em Santa Chiara e em Castel Nuovo, perdidos.)

Nessas grandes obras, Giotto é principalmente o autor do desenho do conjunto, e não o pintor de centenas de metros quadrados de afrescos. Devem-se a ele as intervenções em pontos precisos, correções e acabamentos a seco (*drybrusher*). A maneira pela qual conseguiu tornar o estilo de seus assistentes homogêneo é surpreendente; é dela que provém a impressão resultante (por exemplo, observando os afrescos da capela Scrovegni, em Pádua, efetuados entre 1303 e 1305), ou seja, uma grande uniformidade de composição e de visualidade. Giotto deve ser considerado não um artista isolado, mas o diretor de uma verdadeira empresa de pintura, tanto que sua assinatura, *opus Jocti Florentini*, aposta no grande quadro *Os estigmas de São Francisco* (em torno de 1300), atualmente no Louvre (e na origem na igreja São Francisco, em Pisa), é considerada por certos historiadores da arte como uma "marca de fabricação", e não como a garantia do caráter autográfico da obra. É pelas qualidades do que hoje chamaríamos de um gerente que Giotto se tornou um artista disputado e rico: tende-se a crer que a *Canzone contro la povertà* seja dele. Os contemporâneos lembram também a cultura, a ironia e a zombaria fulgurantes de Giotto.

Deve-se ao pintor Cennino Cennini (início do século XV) a melhor definição do gênio pictórico de Giottto: "Ele fez passar a arte de pintar do grego para o latim e a modernizou." Giotto liberta-se da tradição da pintura bizantina, hierática e formal, e pinta de uma nova maneira, pois em Roma, onde permanece muito tempo, ele descobre a arte

GIOTTO

clássica e seu naturalismo. Na realidade, ele não a descobre somente em Roma: de fato, podia-se encontrá-la em qualquer canto nas ruínas das estátuas e dos afrescos da Antiguidade; basta pensar no palácio e na capela de Enrico Scrovegni, em Pádua, construídos no perímetro do anfiteatro romano. Giotto foi profundamente influenciado pela arte clássica, mas não se limitou a imitá-la, copiando módulos e elementos estilísticos: ele a assumiu como linguagem expressiva de sua própria pintura. Ele transportou-a para sua época, tornando-a atual ("moderna"), de modo que os corpos e os rostos são representados de maneira realista, e não simbólica, com uma volumetria marcada, e colocados em espaços claramente definidos, em arquiteturas que amiúde são claramente reduzidas, segundo as regras da perspectiva.

Um exemplo é a cena de Cristo morto na capela Scrovegni. Excetuando-se Nicodemos com o vaso de aromas e José de Arimateia, com o lençol de linho (Santo Sudário) para a sepultura, a cena não depende de nenhuma fonte evangélica. As mulheres curvadas remetem aos costumes fúnebres de Florença: o cadáver é aí colocado sobre uma liteira baixa, cercado por mulheres sentadas no chão, para a cerimônia de lamentação. No afresco, algumas dão as costas para o espectador, dispostas de modo a formar um círculo ideal para o qual aquele que observa se sente atraído e tem a impressão de fazer parte desse público que chora. Por um manejo de gênio e de talento, Giotto nos mostra o perfil da mulher que se nota para fora do pesado véu que a recobre, enquanto ela sustenta a cabeça do Cristo, aumentando nossa participação emocional. João, com os braços lançados para trás, parece precipitar-se para um último abraço: é uma figura nova e inesquecível, inspirada por um sarcófago antigo do gênero de Meléagro. Giotto inteveio num segundo tempo para alongar, a seco, os cabelos de Madalena (que um aluno havia pintado curtos), a fim de garantir a coerência da personalidade inflamada da belíssima mulher: de fato, ela é a única das mulheres que choram, e cujo manto, vermelho como sempre, e forrado de verde, deslizou dos ombros. Giotto termina a última parte de sua vida como um notável arquiteto: ele concebe o projeto do campanário do Duomo em Florença, cujo início dos trabalhos de construção ele dirige; em 1336, ele concebe a Ponte alla Carraia (a ponte das Carroças), em Florença, cuja finalização ele ainda pôde ver. || C. F. ||

Giotto é o primeiro grande artista pintor medieval que se impôs à memória
Escola italiana, *Giotto di Bondone* (detalhe), século XVI, óleo sobre madeira, Paris, Museu do Louvre

Das ist der edel Ritter · Marcho polo von Venedig der groß landtfarer der uns beschreibt die grossen wunder der welt bis zu dem untergang der sunne · Der gleychē vor nicht meer gehört seyn die er selbst gesehen hat · Von ain anfang

Marco Polo

1254-1324

A narrativa de Marco Polo, *As viagens de Marco Polo* (*Il milione* ou *O livro das maravilhas*), é sem dúvida o relato de viagem mais conhecido; ele revelou aos ocidentais aquilo que até então era para eles um "horizonte onírico", e que sobrepôs realidades a respeito dos povos míticos Gog e Magog[1].

Vindo de uma família de comerciantes venezianos estabelecidos no Mediterrâneo oriental, Marco Polo refez, em companhia de seu pai e de seu tio, a viagem que estes haviam feito cerca de doze anos antes, entre 1254 e 1268. A fim de manterem a promessa feita ao grande Kublai Khan, senhor de um imenso império que se estendia do Oceano Pacífico às estepes da Rússia meridional, desejaram voltar à corte mongol portadores da resposta do papa à mensagem do soberano mongol, aceitando afrontar novamente a fadiga de sua viagem precedente, do Mediterrâneo oriental a Khanbaliq (Pequim). Mercadores, embaixadores do papa? De toda forma, os Polos deveriam ficar de 1275 a 1291 a serviço do grande khan[2], depois de ter deixado Aias (Turquia) em 1269. É esta viagem que Marco Polo relata em seu livro: primeiramente a travessia da Ásia, de 1269 a 1275, depois a estadia na China (1275-1291) e o retorno a Veneza, de 1291 a 1295, pontilhado por uma série de peripécias.

A composição da obra merece atenção. Ela foi elaborada em Gênova, enquanto Marco Polo era prisioneiro, e foi redigida em língua d'oïl (da Champagne/Picardia). Marco tinha caído prisioneiro logo após sua viagem no quadro da luta entre Veneza e Gênova pela supremacia no Mediterrâneo. A crer em Ramusio, em sua introdução à publicação do livro de Marco, no século XVI, sob o título de *Il milione*, ele teria sido um dos prisioneiros do combate de Curzola em 1298, entre as frotas das duas cidades marítimas italianas. Todavia, o testemunho de um contemporâneo, Jacopo d'Acqui, permite situar sua captura pelos genoveses em 1296, ou seja, um ano depois de voltar da China, em consequência de um ato de pirataria diante de Aias. Em

---

1 Esses nomes designam seja um agrupamento humano, seja uma realidade geográfica (país ou cidade). Segundo o profeta Ezequiel, os povoamentos pagãos de Gog e Magog vivem "ao norte do mundo" e representam metaforicamente as forças do Mal. [N.T.]

2 *Khan* ("dirigente", "soberano", "aquele que comanda") é um título dado aos soberanos mongóis que reinaram na China, na Mongólia e em algumas nações nas estepes centrais da Ásia. Originalmente dado aos chefes tribais mongóis, o título adquiriu uma extensão maior depois da ascensão de Gengis Khan, avô de Kublai. [N.T.]

A narrativa de viagem ao Extremo Oriente de Marco Polo é um dos raros livros profanos que, assim como a Bíblia, mantém um destino de *best-seller* desde o início da imprensa e de uma tradução alemã feita em Nuremberg
Retrato do explorador veneziano Marco Polo, 1477, frontispício da primeira edição de *As viagens de Marco Polo*, Nuremberg, coleção privada

Gênova ele encontrou outro prisioneiro, Rustichello de Pisa, autor de transcrições de romances de cavalaria. Da colaboração entre os dois homens nasceu o livro *As viagens de Marco Polo*, redigido na versão primitiva em língua d'oïl, a mesma das feiras da Champagne, grande encontro comercial do Ocidente no século XIII. Por um lado, foi preciso que Marco Polo pudesse dispor, em Gênova, da documentação que havia trazido da China; por outro, que Rustichello tivesse tempo para traduzir as notas que Marco lhe fornecia ou lhe ditava. O manuscrito original da obra foi perdido, mas permanece aquele oferecido a Veneza por Marco ao cavaleiro Thiébaut de Cépoy, representante de Charles de Valois, irmão de Felipe, o Belo. Rapidamente a obra seria traduzida em toscano e em veneziano, sob o título *Il milione*. Durante muito tempo esse título foi interpretado, principalmente depois de Ramusio, como sendo uma alusão à fortuna que os Polos haviam adquirido na China. De fato, trata-se apenas de uma deformação do nome da família Viglioni, dos quais os Polos adquiriram a propriedade em Veneza, não distante do Rialto, logo depois de seu retorno. Uma versão latina assegura a difusão desse texto junto aos clérigos, como pode ser visto pelo testemunho de Jacopo d'Acqui.

A viagem relatada em *As viagens de Marco Polo* é propriamente excepcional para a época. Outros viajantes – Giovanni da Pian del Carpine, Guilherme de Rubruck, Simon de Saint-Quentin – já haviam abordado o mundo mongol, porém antes de tudo num contexto de relações entre o papado e os mongóis, quando os papas estavam em busca de aliados para salvaguardar os territórios ainda em mãos dos francos na Terra Santa. O papado não queria vê-los se engajar demais no seio do mundo mongol. Com os Polos, trata-se desta vez de uma verdadeira exploração e de uma descoberta do grande império mongol, e Marco revela aos ocidentais as maravilhas que nele encontrou. Teria o papa incitado os Polos a irem para lá? De toda forma, depois da publicação de sua obra, mercadores italianos, venezianos e genoveses, e outros peninsulares que lhes eram ligados, não hesitaram em tomar a rota da China e até mesmo lá se instalar, contribuindo assim, graças à "paz mongol", para beneficiar o Ocidente com as grandes riquezas descritas por Marco Polo – a seda e as especiarias –, e para criar uma espécie de globalização *avant l'heure*. Descobridor dotado de um belo senso de narrativa, no estilo da reportagem, Marco, que talvez tenha sido um alto funcionário do grande khan, desvenda aos ocidentais um mundo com o qual sonhavam, e que outros tentarão fazer reviver em viagens mais ou menos imaginárias depois dele. Algumas pessoas lhe reprovam certas inverossimilhanças, ou mesmo o acusam de ter retomado de outras viagens um ou outro relato. Ora, pouco tempo depois de sua grande viagem de exploração, outro viajante, Odorico de Pordenone, indo à China, confirmava em todos os pontos aquilo que Marco havia descrito. O país de Gog e de Magog deixava de ser lendário para se tornar real. Os cartógrafos, que antes de Marco Polo viam o mundo principalmente tendo por centro Jerusalém, e representavam de maneira esquemática o mundo asiático e o do Oceano Índico, foram no século XIV levados a repensar a representação do mundo, incluindo a China e o Oceano Índico, até o Oceano Pacífico. Assim nascia e se desenvolvia para os ocidentais a ideia de que era possível encontrar as terras do Extremo Oriente dirigindo-se para o oeste pelo oceano, a fim de evitar a rota terrestre, longa e perigosa. A leitura do livro de Marco Polo, em edição latina impressa em Antuérpia, em 1484, iria inspirar Cristóvão Colombo em seu projeto de chegar a Cipango (o Japão) navegando para o oeste.

A própria Igreja foi levada a se debruçar sobre a sorte dos povos reunidos no Império Mongol e a tentar evangelizá-los, paralelamente à penetração dos europeus no continente asiático. Marco Polo várias vezes havia encontrado cristãos nestorianos, como quando se defrontou com a lenda do famoso Padre João, de quem inicialmente pensou ser um adversário de Gengis Khan, que o teria vencido. No relato sobre sua viagem de volta, ele contribuiu para localizá-lo na África oriental. Tal lenda não deixará de incitar os ocidentais a encontrar seu país. Graças às ordens mendicantes, nascerão comunidades cristãs dentro do Império Mongol e na Índia, mas elas não sobreviverão, devido à falta de um enquadramento suficiente.

Ignoramos as verdadeiras riquezas que de fato foram trazidas pelos Polos, apesar da narrativa

As grandes viagens entre o Ocidente e o Extremo Oriente começam a se estruturar
Mestre do marechal de Boucicaut, *o Kublai Khan dando aos irmãos Polos seus passaportes*, século XV, miniatura extraída de *As viagens de Marco Polo*, Paris, Museu do Louvre

Dupla página seguinte:
A Catalunha é uma das regiões onde a cartografia medieval evolui, mesmo permanecendo muito ligada à miniatura
Ateliê catalão, *Marco Polo com uma caravana*, cerca de 1375, miniatura, Paris, Biblioteca Nacional da França

singur

rochon

los munts de sabur on nax lo gran Fluui [...]

casachei

singuy

siacuy

a carauana es partida del ynpi
rta panar aalcatayo

felbur

mais ou menos lendária de Ramusio. Uma vez liberto, Marco continuou a praticar o comércio, sem por isso figurar entre os grandes atores do mundo dos negócios veneziano. Seguindo os conselhos de seu pai e de seu tio, casou-se com uma mulher de uma grande família veneziana e com ela teve três filhas, que por sua vez também se casaram com membros de grandes famílias aristocráticas venezianas. Sem dúvida ele teve direito de fazer parte das famílias nobiliárquicas que se beneficiaram da *Serrata*[3] de 1297. O nome de Polo apagou-se depois dele, pois nem seu pai, nem seu tio, nem ele mesmo tiveram herdeiros masculinos. Nem por isso deixou de ser a lembrança de uma viagem e de um repórter excepcional para sua época. || P. R. ||

---

3 A *Serrata del Maggior Consiglio* foi o mecanismo pelo qual as famílias de recente riqueza foram excluídas do governo de Veneza. Por meio dessa medida, a qualidade de membro do *Maggior Consiglio* — máxima instituição da *Serenissima*, a quem cabia a eleição do *doge* — tornou-se hereditária, garantindo a manutenção do poder entre as famílias aristocráticas. [N.T.]

Veneza, ponto de partida para as grandes viagens
O explorador veneziano Marco Polo deixa a cidade de Veneza com seu pai e seu tio: ele vai para o Extremo Oriente e trilhará a Rota da Seda, miniatura extraída de um manuscrito do século XV, Oxford, Biblioteca Bodleiana

Johannes Eckhart

1260-1328

Eckhart de Hochheim, nascido em Tambach (Turíngia), perto de Gotha, não longe de Erfurt, comumente chamado Mestre Eckhart, é uma figura complexa da história intelectual, um pensador de dotes diversos. É atualmente considerado um ator filosófico e teológico maior do século XIV. Sua obra latina — comentários bíblicos, tratados e sermões — aparenta-se à escolástica medieval; sua obra alemã, constituída por sermões e tratados, frequentemente transmite os mesmos ensinamentos filosóficos e teológicos, numa forma adaptada a um público não letrado, não iniciado no latim, que era usado nas altas escolas do século XIV (*studia generalia* das ordens mendicantes e universidades).
Desde a recepção científica de sua obra — escrita em médio-alto-alemão na Alemanha da segunda metade do século XIX —, Eckhart foi pejorativamente rotulado com o epíteto "místico". Esse "misticismo" guardava relação com o nacionalismo alemão dos séculos XIX e XX, que erigiram Mestre Eckhart como herói do espírito do norte, ao mesmo tempo em que sua recepção no meio protestante o anunciava como um precursor da Reforma luterana. A descoberta de sua obra latina, posterior àquela dos textos em médio-alto-alemão, permite em seguida retirar o véu do mistério e recolocar Eckhart em seu verdadeiro mundo cultural, aquele dos *studia* alemães e da Universidade de Paris, no início do século XIV.
Contudo, nem sempre Eckhart desfrutou de tal fama póstuma. Ele morre em Avignon em 1328, no decorrer de um processo que terminaria com sua condenação. Depois que dois confrades dominicanos o denunciaram como herege ao arcebispo de Colônia entre agosto de 1325 e setembro de 1326, ele vai à cúria pontifical de Avignon em 1327, para onde o processo havia sido transferido. Em conformidade à regra dominicana e às suas exigências de pobreza, ele faz a viagem a pé — sendo que já tinha quase sessenta anos. Na corte do papa, ele defende sua causa diante da comissão de teólogos, porém morre antes da conclusão do processo, pouco antes de 8 de janeiro de 1328. Depois de sua morte, o papa João XXII censura 28 teses eckhartianas na bula *In agro dominico*, de 27 de março de 1329. O documento começa por qualificar o empreendimento intelectual de Eckhart de maneira bastante dura: "no campo do Senhor (*In agro dominico*), um homem hostil espalhou ervas daninhas, as 'sementes do diabo'". Os discípulos mais próximos

de Eckhart, Tauler e Suso, se veem interditados de qualquer carreira universitária. No século XV, a atitude dúbia do cardeal Nicolau de Cusa ilustra bem a ambiguidade conferida à primeira recepção da obra eckhartiana: ele a lê e toma notas, mas recomenda que não seja difundida para o público mais amplo.

Eckhart pertence a uma linhagem de intelectuais dominicanos alemães iniciada em meados do século XIII por Alberto, o Grande. Com Alberto e Dietrich de Freiberg, ele faz parte dessa elite intelectual alemã que ocupa as cadeiras de teologia na Universidade de Paris, incontestavelmente o posto acadêmico mais em vista na época. Eckhart acedeu a esta escola por duas vezes. Depois de haver estudado teologia em Paris entre 1292 e 1294 e ter trabalhado como pregador em Erfurt, torna-se mestre em Paris em 1302-1303. Ele redige suas *Primeiras questões parisienses* (I a III) e seu grande projeto de obra total, *Obra tripartite*, inacabada, que deveria articular as teses filosóficas fundadoras de todo saber (*Obra das proposições*) aos questionamentos filosófico-teológicos que essas teses engendravam (*Obra das questões*) e à leitura da Bíblia (*Obra das exegeses*). Aliás, desde as primeiras obras dos anos 1290, o projeto eckhartiano apresenta-se como síntese e indiferenciação da teologia e da filosofia. Em 1303, Eckhart é chamado a Erfurt. Ele é pregador da província de Teutônia até 1311, ano em que acede a uma segunda regência parisiense em teologia, até 1313. Ele redige as *Questões parisienses IV e V*, antes de ir para Estrasburgo, depois para Colônia, onde exerce diversas funções importantes no seio da ordem dominicana, até sua partida para Avignon em 1327.

No início de seu comentário do Evangelho de João, Eckhart afirma desejar "explicar pelas razões naturais dos filósofos as afirmações da santa fé cristã e da Escritura nos dois Testamentos". Esse programa caracteriza toda sua obra. Contrariamente a Tomás de Aquino, ele afirma ser possível explicar a Trindade, a Encarnação e a Redenção por meio da razão natural. Ele não lê a Bíblia de maneira literal; sua piedade não é submetida aos dogmas. Em sua obra latina, como em seus sermões alemães destinados aos laicos, Eckhart comenta a Bíblia de maneira alegórica e seletiva. O intérprete perfeito, segundo ele, é o intelecto, o fundo incriado da alma humana, onde nasce o Filho de Deus. No âmago do pensamento de Eckhart, esta teoria do homem divinizado (*homo divinus*) é, todavia, inaudível por seus pares. A oposição à sua doutrina é então maciça. Durante o processo de Avignon, até mesmo os implacáveis adversários do papa, que também haviam sido convocados para se defender de acusações, injuriam o pensamento eckhartiano: o ministro-geral da ordem franciscana, Michel de Césène, defensor da doutrina da pobreza e opositor declarado de João XXII, qualifica Eckhart de herege. Quanto a Guilherme de Ockham, este examina em detalhes as teses de Eckhart e conclui pela insanidade de seu autor. || C. K.-P. ||

Bernard Gui

Cerca de 1261-1331

Filho de uma linhagem de pequena nobreza do Limousin, Bernard Gui entra aos quatorze anos para os Irmãos Pregadores, ordem da qual toma o hábito em 1279. Posteriormente manifesta um profundo apego à sua pátria, da qual exalta a santidade em diversas obras, e ao seu convento de origem, casa matriz na qual elege a sepultura.

Depois de uma formação de dez anos, torna-se graduado na ordem de São Domingos. Leitor e, posteriormente, pregador dos conventos de Albi, de Carcassonne, de Castres e de Limoges (1292-1307), desempenha um papel importante no governo de sua província. Inquisidor de Toulouse (1307), depois procurador-geral dos Pregadores junto à cúria em Avignon (1316-1319), legado apostólico na Itália do norte e em Flandres, é elevado ao episcopado por João XXII, em 1323. Nomeado inicialmente para a sede de Tuy, na Galícia, é transferido em 1324 àquela de Lodève, que ocupa até sua morte, em 30 de dezembro de 1331. Bernard Gui ocupa um papel não negligenciável em sua ordem. Ele se encontra entre os gestionários de campo eficazes que permitem à Igreja ultrapassar as turbulências da época. Desprovido de qualquer rede familiar importante, ele só deve a própria carreira às suas qualidades intelectuais e às suas capacidades administrativas.

Em nossos dias, a literatura e o cinema conferiram a Bernard Gui, autor de uma *Prática da Inquisição*, a imagem de um inquisidor fanático que a realidade não justifica. Homem d'oc, sua competência linguística lhe permite, é claro, submeter os dissidentes meridionais a interrogatórios puxados, mas, se ele utiliza a pressão carcerária para obter confissões, recomenda um uso moderado da tortura, sob pena de jamais atingir a verdade; pune duramente os culpados de acusações mentirosas e opera inúmeras reduções de pena. Surge como um juiz ponderado, que dá tanta atenção à penitência quanto à punição. Ele concebe sua missão como uma obra de reconciliação, da qual só são excluídos os relapsos e os dissidentes irredutíveis.

Mesmo sendo um homem de ação, Bernard Gui não deixa de ser o autor de 34 obras elaboradas de 1295 a 1330. Num conjunto dedicado à ordem dos Pregadores, ele mostra como ela enraizou-se e desenvolveu-se na província de Toulouse. Esses tratados visam não só a fixar uma memória, mas a sublinhar que Deus distinguiu os Pregadores e a manifestar a continuidade, o desabrochar e a santidade coletiva de uma ordem que participa do plano divino. No espírito de Bernard, os fatos históricos realizam o projeto de Deus para a humanidade. Escrever a história é então completar um ato religioso. Ele começa a redação de uma história universal, *As flores das crônicas*, lista os papas, os imperadores e os reis da França e, conjuntamente, elabora uma obra hagiográfica que culmina num *Espelho dos santos*, na qual articula cultos universais e cultos locais, que se seguiram à inserção dos conventos num tecido regional.

Suas obras adaptam a história à modernidade do século XIII. Elas se querem globais, enciclopédicas. Apoiam-se em "autoridades" anteriores, mas rejeitam as tradições mal-asseguradas, as narrativas apócrifas, as inverossimilhanças e as digressões. Por outro lado, Bernard Gui visita arquivos e bibliotecas, e usa as atas diplomáticas para preencher as lacunas e as contradições das fontes narrativas. Ele conduz seu trabalho de historiador como o inquisidor comanda o inquérito, com o mesmo cuidado para constituir as provas, estabelecer os fatos, precisar os momentos e os lugares. Inclinado à exatidão, ele se esforça para dominar o tempo e atribuir aos fatos uma justa data. Além disso — evento muito novo — deixa a história aberta, prevendo e efetuando, se necessário, adições e revisões. Seus trabalhos participam de um progresso de erudição, apoiado numa reflexão crítica, e marcam um avanço maior na prática da história.

Se, graças aos seus escritos, Bernard Gui emerge da obscuridade e do anonimato, sabem-se poucas coisas de sua personalidade e de seus sentimentos íntimos. Segundo aqueles que lhe eram próximos, era um homem alegre e agradável. Seus trabalhos mostram-no como um homem de certezas, guiado pelos princípios de autoridade e de obediência, fortemente ligado à unidade da fé e da Igreja, e desprovido de compreensão em relação aos desviantes e seus problemas. Ele também manifesta uma grande reverência à monarquia e cobre de silêncio o conflito que opõe Bonifácio VIII a Felipe, o Belo. Em suma, Bernard Gui é a personificação de um religioso que encarna plenamente sua ordem e seu tempo, seus avanços e seus limites. Ademais, teve o mérito de deixar sobre tudo isso testemunhos expressivos. || J.-L. B. ||

Dante Alighieri

1265-1321

Costuma-se ver Dante como o emblema da Idade Média – ou, no limite, como a Idade Média em pessoa. Pouco a pouco, o imaginário comum reduziu-o à imagem do pobre proscrito ou àquela do implacável juiz dos pecados humanos. Entretanto, de seus escritos emerge uma multidão de imagens surpreendentes: a criança curiosa e amorosa, o adolescente estudioso e sonhador, o amigo sensível, pronto para a admiração e o sarcasmo, o homem do sublime e aquele do *Eros*, o cidadão engajado na política mais acirrada, o teórico traçando as vias da utopia social, o poeta inspirado, o condenado intratável e orgulhoso, cheio de amor por sua cidade mas para quem, ele escreve em seu *Convívio*, "o mundo é pátria, como aos peixes o é o mar."

De outro ponto de vista, a Idade Média é ampla e movente, e o período em que viveu o poeta florentino é aquele das grandes crises das instituições religiosas e civis, período de transformação incessante, a partir do qual seu olhar se exerce com extrema acuidade. Essa transformação do mundo medieval, ele a torna visível em sua obra, por exemplo, em seu *Purgatório*, cujo longo e complexo nascimento foi explorado por Jacques Le Goff: graças à invenção poética, Dante dá corpo à ideia desse reino intermediário, explorando todas as possibilidades simbólicas da inovação, a passagem do *dois* (paraíso-inferno) ao *três*, da condenação passiva à salvação conquistada pelo indivíduo.

A vastidão de seus interesses e a variedade das figuras que ele encarna no decorrer de sua vida são surpreendentes. Seu primeiro livro, *Vita Nuova*, conta o amor e a renovação causados pelo amor: primeiro encontro ("ela apareceu-me no início de seu nono ano, e eu a vi quase até o fim de meus nove anos"), provas, distanciamento, morte e transfiguração de Beatriz, a amada. Ele estuda em Florença e em Bolonha, e se mostra cada vez mais presente na vida da República florentina. Em 1289, participa das batalhas de Florença contra Arezzo e contra Pisa. Em 1295, com a idade de trinta anos, entra com determinação na cena pública. Florença havia se tornado potência mundial. Seus banqueiros são os banqueiros da Europa; sua moeda, o florim, criado em 1250, é doravante a moeda de referência. Os guelfos são a favor do governo do povo, e os gibelinos representam a reação dos magnatas feudais ao fracasso de seus clãs. Por sua vez, o partido guelfo, vitorioso na cidade, se divide. A partir de então, os guelfos negros favorecem as ambições papais sobre a Toscana, enquanto os guelfos brancos são adversários de qualquer perda

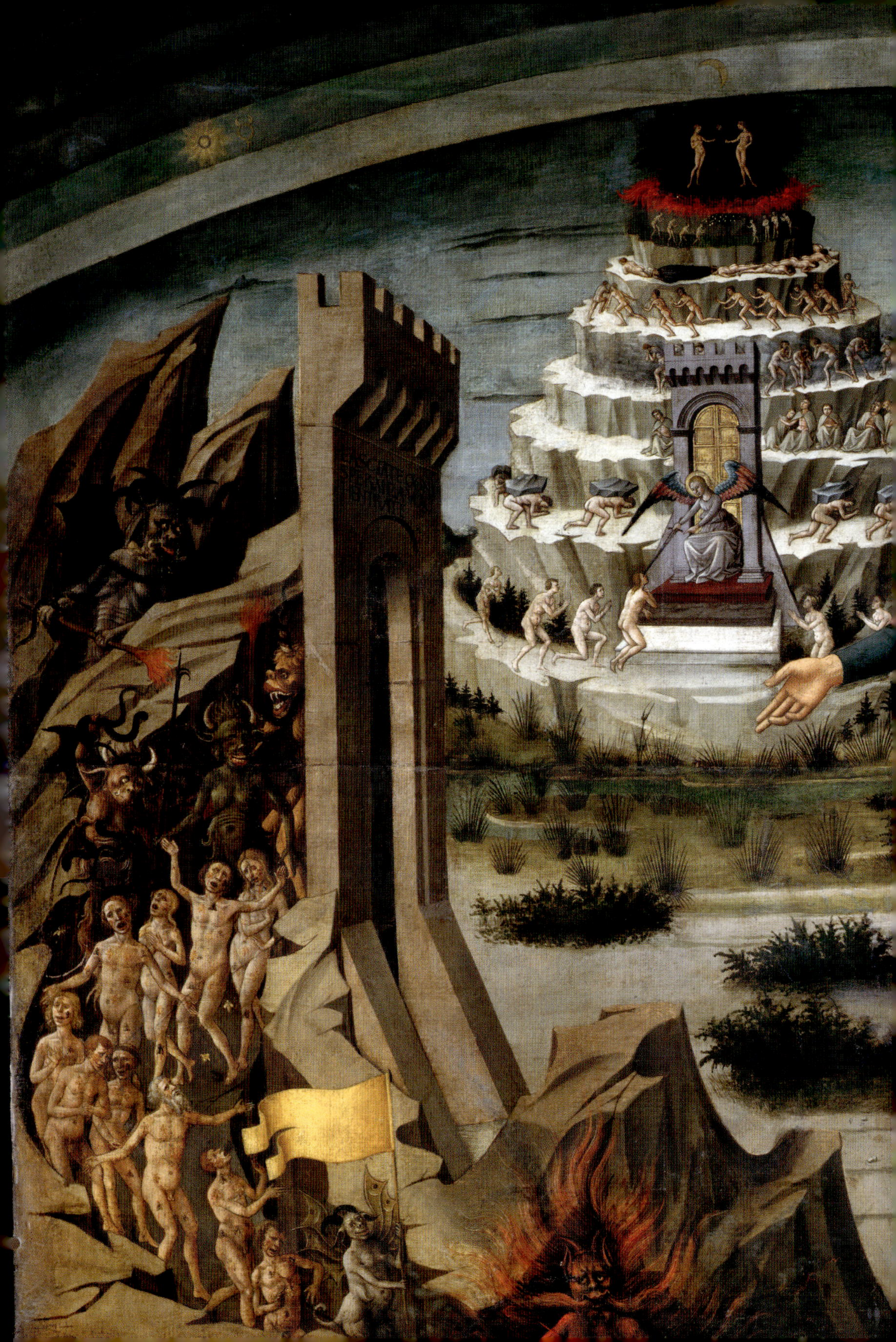

NEL MEZZO DEL
CHAMINO
DI NOSTRA
VITA MI RI
TROVAI PER
UNA SEL
VA OSCURA
CHE LA DIRI
TA VIA ERA
SMARITA

E QUANTO
A DIR QUAL E RA E
CHOSA DU
RA QUESTA
SELVA SEL
VAGGIA
ASPRA E F
ORTE CH
NEL PENSI
ER RINO

de independência da Toscana e de Florença. Dante é guelfo branco; ele participa diretamente da experiência mais avançada da política florentina. Nos curtos anos de sua vida pública ele fará parte de diversos conselhos, será pregador em 1300, embaixador junto a Bonifácio VIII em 1301, a fim de tentar afastar seu domínio sobre a Toscana. Todavia, os guelfos negros voltam ao poder. Em 1302 Dante é banido e depois condenado à morte. Ele já está então longe de Florença, e o exílio durará o resto de sua vida, fazendo-o se tornar um "navio sem velas e sem timão" (*Conv.* I, III, 4) e aprender "como é duro/ descer e subir a escada de outrem" (*Par.* XVII, 60). Quando, em 1315, os dirigentes florentinos lhe oferecem a chance de voltar a Florença, com a condição de que se prosterne diante de seus juízes, ele responde com violência, com o orgulho irônico e indomável que lhe é próprio. Depois dessa recusa, ele será condenado novamente, desta vez a ser queimado vivo, e seus filhos com ele. Ele interrompe a escrita do *De vulgari eloquentia*, tratado que teoriza a necessidade de escrever em língua vulgar aquele que será o grande poema, a *Comédia*. Daí provém a fórmula consagrada: Dante, "pai da língua italiana". De fato, ele transfere para a língua vulgar as noções linguísticas elaboradas para o latim pela tradução, e age assim de modo poderoso sobre o nascimento da língua italiana como idioma nacional. Para ele, trata-se de estabilizar a língua *ligando-a* pelo poema, e de inventar, de descobrir uma língua nova, que ele chama de "pantera perfumada" – aquela dos bestiários medievais, aquela "que se sente em todos os lugares e que não aparece em parte alguma" (*De vulg. el.* I, XVI), o "vulgar ilustre".

Que imenso projeto é esse da *Comédia*, ao mesmo tempo político, religioso e mesmo profético! Assim, seu autor declara no *Paraíso*: "Esta matéria da qual sou o escriba/ demanda para si todo meu cuidado" (*Par.* X, 26-27). A *matéria* de que fala é a experiência que Deus preparou para ele. Ambição louca, ambição visionária: escrever, interpretar a voz de Deus. A *Comédia* se dá o estatuto de uma terceira Escritura, de uma espécie de Evangelho apócrifo... Nem por isso a dimensão política desapareceu. Ela é mesmo central, dado que desde o primeiro canto do *Inferno* se trata de um personagem misterioso, *Il Veltro*, que será a salvação da Itália e que restabelecerá a ordem e a paz sobre a terra, encarnando assim o sonho de uma monarquia universal. Este sonho será descrito em *De monarchia* (texto tão audacioso para a época, que será queimado pela Igreja), que trata não somente de um sonho, mas de um princípio político bem preciso, aquele da separação dos poderes. O papa

Dupla página precedente:
Dante, entre sua cidade de Florença e os três lugares do além na *Divina comédia*: o abismo subterrâneo do Inferno, a montanha terrestre do Purgatório e o Céu paradisíaco
Domenico di Michelino, *Retrato de Dante segurando nas mãos a* Divina comédia; *perto dele, o inferno e a cidade de Florença; ao fundo, o purgatório e o paraíso*; afresco, Florença, Catedral Santa Maria del Fiore

Página da direita:
***O Inferno*, grande produtor e reduto de monstros**
Virgílio mostra a Dante o inferno guardado por uma besta demoníaca aterrorizante; à direita veem-se os dois personagens escalando a criatura, 1370, miniatura extraída da *Divina comédia* de Dante, Londres, The British Library

tem em mãos a felicidade celeste dos homens, e o imperador sua felicidade terrestre; não há nenhuma hierarquia entre eles. Eles são "dois sóis" (*Purg.* XVI, 107). Dante se mostra aqui em considerável avanço sobre seu tempo. Pode-se falar a seu respeito de um duplo pertencimento, ou de uma dupla continuidade. A de Dante com a Antiguidade não precisa mais ser provada. Os nomes de Virgílio, de Ovídio, de Homero, de Aristóteles lhe são não somente familiares, mas necessários. Por outro lado, os humanistas do Renascimento reconhecem nele aquilo que está no âmago de sua pesquisa, "o amor do conhecimento" e a noção de "humana dignidade". Na cidade de Lourenço de Médicis e de Marsílio Ficino desenvolve-se um verdadeiro culto a Dante. Leonardo da Vinci lê e comenta a *Comédia* na praça Santa Croce, Michelangelo tem o projeto de construir a tumba do poeta a quem Florença desde então concedeu o perdão, e Botticelli passa dez anos de total solidão a ilustrar um a um os cem cantos do poema. De outro ponto de vista, o que confirma a dimensão humanista de Dante é a figura mais enigmática da *Comédia*, a de Ulisses. Segundo uma lenda obscura, talvez inventada pelo próprio poeta, Ulisses, tal como é contado no *Inferno*, não volta para Ítaca, mas, desdenhando das leis fixadas para os humanos, ultrapassa as colunas de Hércules e se lança no Oceano desconhecido, onde naufraga – intrépido viajante cujos traços anunciam aqueles dos heróis do Renascimento.

O que não cessa de despertar surpresas é o milagre poético da obra. Por sua intensidade, pela sua própria modernidade, a beleza da *Divina comédia*, distante sete séculos, ainda atinge diretamente, de bem perto, crentes e ateus. Sua linguagem poética alcança de uma só vez aquilo que os grandes poetas de nosso tempo buscam, a experiência-limite, o poder de dizer o indizível. || J. R. ||

PERTURBAÇÕES E MUTAÇÕES
1300-1500

O período por vezes chamado de baixa Idade Média e que, segundo um hábito que remonta ao século XVII, compreenderia os séculos XIV e XV, não oferece nem a relativa estabilidade, nem o grande impulso do período precedente. É geralmente considerado como um período de crise, mas quando um universo muda tão profundamente de caráter, é preferível falar de mutação, de lenta mudança, marcada por perturbações mais ou menos significativas.

A primeira dessas perturbações é de ordem econômica, ou melhor, monetária. É uma consequência do desenvolvimento da economia monetária durante o período precedente e de sua incapacidade em produzir caracteres unificadores, a produção e o uso da moeda. Esses problemas são coincidentes com o reforço dos poderes centrais, sobretudo monárquicos; isto significa que os soberanos encontram fracassos sucessivos nas tentativas de resolver os problemas monetários que causam as turbulências. A mudança de valor das moedas, efetuada de forma arbitrária pelo príncipe, e a que se dá o nome de mutação monetária, engendra perturbações na economia, no poder de compra das populações e amiúde problemas propriamente políticos. A França de Felipe, o Belo, e em particular sua capital, Paris, são um exemplo dessa situação e desses acontecimentos no início do século XIV.

A segunda perturbação importante vem da liderança religiosa da cristandade, o papado, que, não mais se sentindo em segurança em Roma, se desloca para uma de suas possessões, o Condado Venaissino. Os papas permanecem em Avignon durante mais de um século, o que perturba o funcionamento das Igrejas nacionais, ligadas a novos caminhos — aqueles que iam para Roma dificilmente se transformam em outros para Avignon. Sobretudo, os cardeais, formando um colegiado que elege os papas, não conseguem se entender em 1378, e a cristandade se vê diante de dois papas – em certo momento, ela terá até mesmo três. A situação religiosa essencial da cristandade se torna então caótica, e será preciso esperar os Concílios de Constança (1414-1418) e de Basileia (1431-1437), deslocando-se para Ferrara (1437-1439), para Florença (1439-1442) e finalmente para Roma (1443), para que a Igreja fosse reunificada e que o papa residisse novamente nesta última cidade. Durante esse tempo, movimentos heréticos, tais como aquele dos Lollards (séculos XIV-XV), que deixam antever a Reforma, vêm agravar as perturbações religiosas da cristandade.

O desenvolvimento do artesanato, por um lado, e aquele da classe burguesa, por outro, fazem surgir no interior das classes populares, e nas relações dessas classes com a nobreza, movimentos sociais mais ou menos revolucionários, tais como o que ocorreu em Paris em 1358, no qual se distingue Étienne Marcel, preboste dos comerciantes, e o de 1415, liderado pelo açougueiro Simon Caboche. Também ocorreram violentos afrontamentos entre ricos burgueses e trabalhadores têxteis, os Ciompi, no ano de 1378 em Florença, enquanto que Londres conhece a revolta dos camponeses comandados por Wat Tyler, em 1381, durante a sublevação dos trabalhadores do campo da Île-de-France e do Beauvaisis, os Jacques.

A quarta perturbação vem da intensificação da guerra. Se ela guarda um aspecto episódico e limitado na Itália, onde os Estados do papa ausente são frequentemente atacados, na Espanha, onde a dinastia dos Transtamares entra amiúde em conflito com diversos adversários, na Inglaterra, onde a guerra das Duas Rosas opõe, no século XV, os Lancasters e os Yorks, uma longa guerra ocorre, entremeada de tréguas, mas marcada por episódios militares e políticos espetaculares: desastres militares dos franceses em Crécy, em 1346, em Poitiers, em 1356, em Azincourt, em 1415, e a anexação da coroa francesa pela coroa inglesa. Entretanto, a França finalmente conseguiu reavê-la depois da vitória de Joana d'Arc em Orléans, em 1430, o retorno de Carlos VII a Paris em 1436 e por fim o tratado de Picquigny em 1475, reconhecendo a independência reconquistada pelo reino da França.

A quinta perturbação é devida ao aparecimento de terríveis epidemias. A primeira consiste, em 1317-1318, numa míngua geral de víveres. Em 1348, a peste bubônica, vinda do Oriente, atinge grande parte da Europa em vagas recorrentes (que só terminarão em 1720) e mata pelo menos a metade da população do reino da França, o mais fortemente afetado.

Todavia, a partir de meados do século XV, uma reconstrução, definitivamente facilitada pelos vazios deixados pelas perturbações, torna a dar com rapidez à cristandade uma nova força econômica, e permite um reforço dos Estados sacralizados, que organizam os exércitos nacionais, sob estruturas organizadas. A literatura é ilustrada na França pela primeira mulher de letras, de origem italiana, Cristina de Pisano (cerca de 1363-cerca de 1430). A arte evolui para formas graciosas, anunciando o Renascimento com, por exemplo, Fouquet na França, mas principalmente em Flandres, com a invenção da pintura a óleo e da pintura sobre cavalete; e na Itália, que confirma sua primazia no campo artístico, como pode ser visto num grande artista, ao mesmo tempo teórico e arquiteto, Leon Battista Alberti (Gênova, 1404-Roma, 1472). A obra-prima simbólica é a construção da grande cúpula do domo de Florença por Brunelleschi, entre 1420 e 1436. A música é renovada a partir do século XIV por aquilo que então se chama de *ars nova*. Uma filosofia e uma literatura inclinadas para a Antiguidade romana e que chamamos de humanismo toma seu impulso na França e, sobretudo, na Itália. A chegada do imperador Carlos Quinto em 1519, que também é príncipe dos Países Baixos, rei da Espanha e da Sicília, parece marcar a apoteose política dessa cristandade que havia reencontrado sua glória medieval.

De fato, pode-se afirmar que se o termo "renascimento" é apropriado para o campo artístico e literário; o que chamamos de Renascimento, com um "R" maiúsculo, só se aplica a esse campo das artes, renovando ainda mais grandiosamente aquilo que no coração da Idade Média havia sido o renascimento carolíngio e o renascimento do século XII. A descoberta da América e a tomada de Constantinopla pelos turcos não mudaram profundamente as características da Europa medieval. Mesmo a Reforma permanece na linha das heresias medievais, e a fundação da Bolsa de Amsterdã, no início do século XVII, não substitui a Idade Média por outro mundo europeu dito "moderno". A revolução inglesa do século XVII é só uma última peripécia política medieval, e será preciso esperar pelo século XVIII, com a *Enciclopédia*, com o desenvolvimento a partir da Inglaterra das ciências e da indústria, com o nascimento do capitalismo sublinhado por Adam Smith, e finalmente com a convulsão política fundamental da Revolução Francesa, para que finde a longa Idade Média, que restringi aqui, para não chocar os hábitos sobreviventes que limitam essa denominação ao período inconteste dos séculos IV-XV. || J. L. G. ||

Felipe IV, o Belo

1268-1314

Tendo subido ao trono em 1285 e morrido aos 46 anos, esse capetiano com sobrenome cavalheiresco rompeu em todos os setores da ação dirigente com o estilo e os métodos de seus mais ilustres predecessores. Seu trisavô, Felipe II Augusto (morto em 1223), assim alcunhado por ter aumentado consideravelmente a extensão do domínio real e incrementado os ganhos da Coroa, tinha desdobrado em muito a autoridade no campo da administração, da justiça e das finanças, e introduzido novos modos de gestão. Contudo, ainda estavam vivas as forças tradicionais, principescas e senhoriais, assim como ainda eram sólidos os privilégios do clericato e numerosos os direitos (*franchises*) urbanos. Seu avô, Luís IX (morto em 1270), que havia dado mostras de verdadeiras qualidades de homem de Estado e reforçado os órgãos centrais da monarquia, havia conservado os ares feudais, fiel à palavra dada, um soberano pacífico e justiceiro na ordem interna, e no exterior um cruzado a serviço a Igreja. Seu pai, Felipe III, o Bravo, proclamado rei sob os muros de Túnis, encontrara a morte, quinze anos depois, no decorrer da malsucedida "cruzada de Aragão", intentada para vingar o massacre chamado "Vésperas sicilianas".

Na contramão de Felipe Augusto, de São Luís e de Felipe III, a ação política de Felipe, o Belo, focalizou o reino. Casado em 1284 com Joana de Navarra, herdeira do reino de Navarra e do condado da Champagne, ele não cessa, em seguida, de estender suas possessões territoriais, primeiramente na Guiana (confiscada em 1294, restituída em 1299), e depois na direção da fronteira oriental, desde as margens do Escaut até o Vivarais. Absorvido por sua guerra interminável e sem piedade contra Flandres, ele se depara com o problema financeiro, pois os ganhos do domínio real, mesmo aumentados pela Champagne, não bastavam mais. Ele multiplica então os impostos e as taxas, procede a frequentes manipulações da moeda, expulsa os judeus e confisca seus bens, espolia os lombardos (mercadores italianos), subtrai aos clérigos o pagamento de dízimos. Seus 29 anos de reinado constituem um tempo de brutal afirmação da soberania real, o que

O rei capetiano, único a ser ungido com um óleo divino, em majestade
Sagração de Felipe IV, o Belo, em 1285. Final do século XIV, iluminura extraída das *Grandes crônicas de Saint-Denis*, Toulouse, Biblioteca Municipal

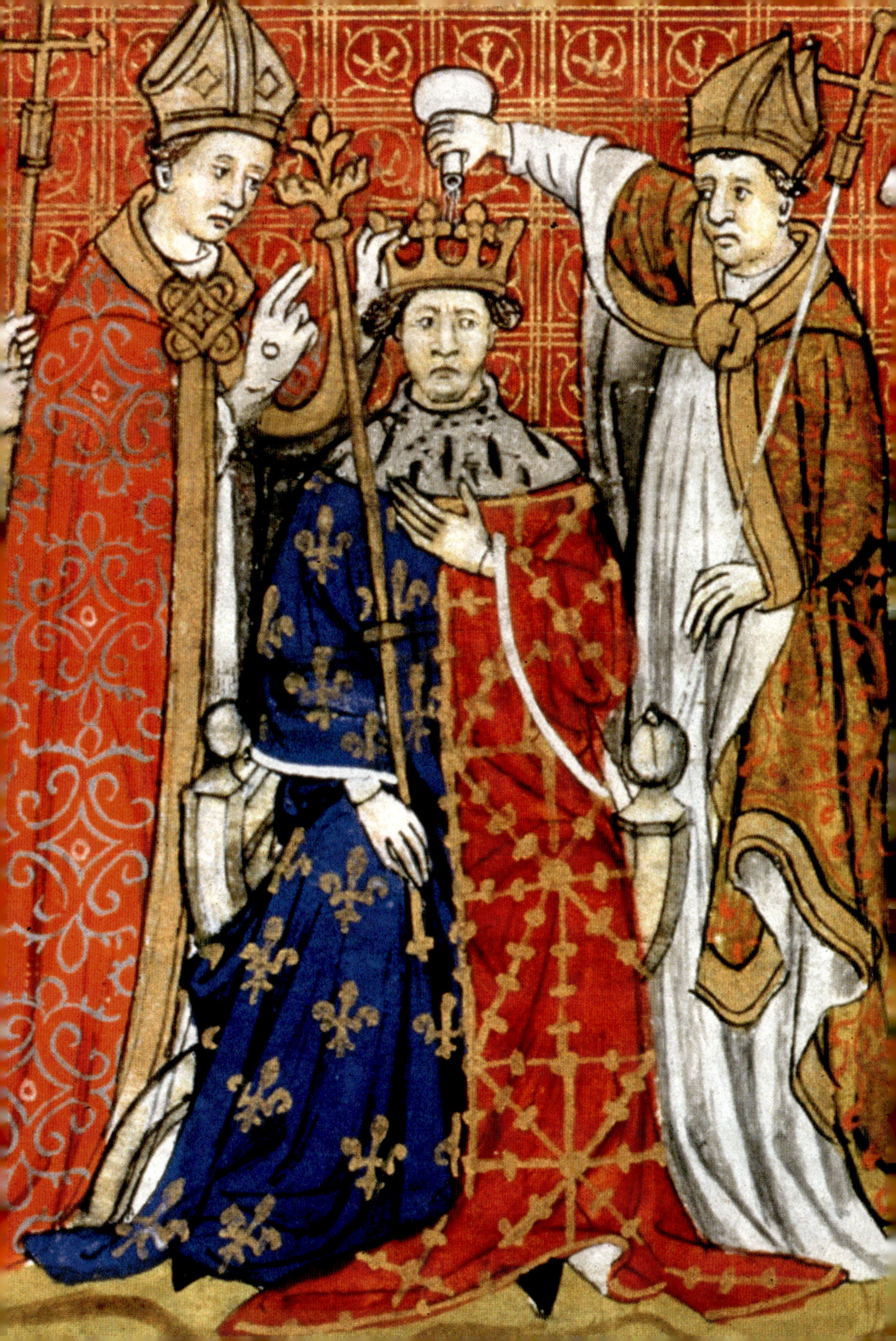

pode ser lido paralelamente nos processos políticos feitos contra grandes personagens, na sua luta sem trégua contra o papa Bonifácio VIII, no fim trágico da Ordem dos Templários. Ele empenhou-se para levar à condenação o bispo de Troyes, Guichard, conselheiro da jovem rainha Joana de Navarra (morta em 1302), acusado de bruxaria e do envenenamento da soberana: o papa exila o bispo na Bósnia. Na qualidade de grande historiador dramaturgo da Idade Média política, Michelet empenha-se em tirar o brilho da "odiosa figura de Felipe, o Belo" e do tirânico governo de seus conselheiros, como Pierre Flore, Gilles Aycelin, Guillaume de Nogaret, Guillaume de Plaisians, Enguerrand de Marigny: "A França é agora um jurisconsulto vestido de armadura..." Mas ele teve o mérito de abrir a via que os melhores eruditos e biógrafos, de Edgar Boutaric a Jean Favier, não deixaram, por sua vez, de explorar: "Quer Felipe, o Belo, tenha sido ou

O canto do cisne dos capetianos, em marcha para a monarquia absoluta
Os reis malditos. Felipe IV, o Belo, cercado pela rainha, pela sua filha Isabela (rainha da Inglaterra), por seus três filhos, Luís (rei Luís), Carlos (rei Carlos IV), Felipe (rei Felipe V), e por seu irmão Carlos de Valois. Século XIV, miniatura extraída de um manuscrito francês, Paris, Biblioteca Nacional da França

não um homem cruel ou um mau rei, não se pode deixar de reconhecer em seu reinado a grande era da ordem civil na França, a fundação da monarquia moderna."

Esse rei não teve um Joinville, um confessor ou um cronista suficientemente próximo de si para deixar-nos testemunhos sobre sua personalidade profunda. Ele não redigiu, como seu pai, "ensinamentos" destinados ao seu sucessor. Porém, o estudo das atas oficiais, das contas reais, a crítica a inúmeros documentos nos dizem muito mais que esta observação de uma de suas vítimas, o bispo Bernard Saisset, frequentemente citada: "Ele não é um homem, nem um animal. É uma estátua." Sem dúvida ele falava pouco e tinha aparência de mármore para seus visitantes. Também é percebido como sendo extremamente devoto, frequentando monastérios e multiplicando as peregrinações. Por fim, é um excelente chefe de guerra, um caçador desenfreado; também ama o luxo, a festa, os banquetes, além de manter uma corte brilhante. Mesmo que provavelmente não tenha sido um rei letrado, encomendou a Jean de Meung uma tradução em prosa do *De consolatione philosophiæ*, de Boécio. Sua educação política certamente deve muito ao tratado *De regimine principium* que seu preceptor, Gilles de Roma, discípulo de São Tomás de Aquino, compõe para ele, pouco antes de sua subida ao trono. Felipe IV encomendou uma tradução francesa do texto (*Li livres du gouvernement des rois*). Este tratado, de estilo bastante aristotélico, esboça o retrato ideal de um soberano que cultiva todas as virtudes, acentua aquela da "prudência" e exige que ele seja sabiamente aconselhado; também faz do rei um mediador entre a lei divina e a lei positiva, um ser de razão encarregado do bem comum, além de único legislador. Assume os riscos com as relações feudais e postula a obediência dos servos. Em que medida a leitura de Boécio e de Gilles de Roma forjou o caráter do rei, marcado simultaneamente pelo estoicismo e pelo orgulho?

Mais que a psicologia do personagem, foram as capacidades intelectuais de sua política que os historiadores, a partir do século XIX, paulatinamente puseram em foco. Com Felipe, o Belo, a França experimenta de súbito, em todos os campos, um absolutismo monárquico exasperado. Isso é incontestável. Entretanto, parece que esta maneira de governar se quer absolutamente pura, não somente consolidada por princípios e procedimentos extraídos do direito romano, mas plenamente justificada pela missão religiosa da realeza capetiana. Assim ela se declara nos sermões de guerra, nos discursos pronunciados diante das assembleias solenes de barões, de prelados e de representantes das cidades, nos tratados políticos compostos em réplica às ameaçadoras bulas papais, na legislação, nas letras e nos mandamentos reais. Apesar de tudo, nos fatos, Felipe, o Belo, sofre um desastre: em 1302, seus oito mil cavaleiros são esmagados pelos soldados da infantaria burgueses e trabalhadores flamengos. É a "batalha das esporas de ouro", que tira seu nome das inúmeras esporas deixadas pelos cavaleiros franceses no campo de batalha. Esta humilhação dos cavaleiros franceses causou muitos ruídos na cristandade, e a posterior vitória de Felipe, o Belo, sobre os flamengos em 1302, em Cassel, não apaga verdadeiramente o insucesso.

O reinado de Felipe, o Belo, suas decisões mais inesperadas, os ataques mais flagrantes ao foro eclesiástico, o atentado de Agnani, a perseguição dos Templários, tudo isso não pode ser compreendido sem que se estabeleça relação com o formidável impulso da mística real ocorrido no século XIII nas instâncias governamentais e até em longínquos bailiados ou senescalias. Uma mística indissociavelmente religiosa, política e jurídica atinge seu paroxismo em torno dos anos 1300, precisamente quando a monarquia, numa situação material desesperada, não pode tolerar nem obstáculos, nem resistências. Em 1297, Felipe, o Belo, obtém sucesso no processo de canonização de seu avô. No ano seguinte, faz depositar a ossada do santo rei numa urna atrás do altar-mestre de Saint-Denis, antes de transferir a cabeça para a Sainte-Chapelle e de mostrar na gestão das relíquias um cuidado maníaco. É nesse momento que seus juristas invocam a aliança de Deus e da dinastia capetiana, a superioridade do reino da França, "muito cristão", e exaltam a santidade do sangue real, que predispõe Felipe à função suprema de defensor da fé. E é também nesse momento que proclamam, como um slogan, que "o rei da França é imperador em seu reino" e que os atos oficiais empregam os vocábulos de origem romano-canônica da "plena potência" e da "certeira ciência" reais. Nesse contexto de sobrecristianização da *res publica regni*, de teocratização da figura real, era permitido afirmar o direito do capetiano de enviar para a prisão este ou aquele bispo, de convocar um concílio para julgar um papa inimigo da França, de investigar os crimes imputados ao templo como heresia de Estado. A historiografia contemporânea muito se perguntou sobre o engajamento pessoal do rei em todos esses casos. Digamos que, no mínimo, ele deu liberdade àqueles que escolheu. Nogaret era como ele: crente a mais não poder, fanático pelos interesses do reino e convencido da função divina do poder real francês. Toda a intensidade política desse tempo reside nessa ideologia, que não se apagará tão cedo. || J. K. ||

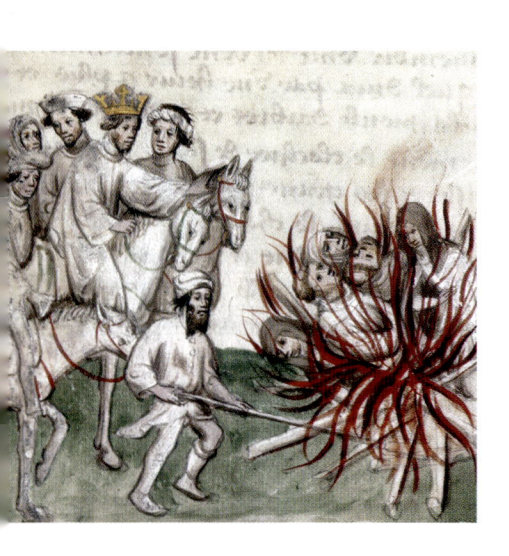

Um crime de Estado
O rei Felipe IV, o Belo, olha os templários queimarem vivos na fogueira em 1314. Cerca de 1350-1399, miniatura extraída das *Crônicas da França*, Londres, The British Library

Guilherme de Ockham

Cerca de 1285-1347

O franciscano inglês Guilherme de Ockham, ou d'Occam, deve sua reputação geral ao fato de que está associado ao que chamamos de "nominalismo", doutrina que elimina as categorias universais da realidade para imputá-las somente a uma ação mental da classificação. Atribui-se a ele a fundação de uma escola de pensamento oposta às escolas tomista e scotista[1]. Esse esquema puramente intelectual mal dá conta de uma vida marcada por uma contínua sucessão de oposições àquilo que ele julga ser o poder da Igreja. De fato, o princípio filosófico "nominalista" é muito mais antigo e mais permanente do que essa narrativa supõe. O conjunto do pensamento escolástico da Idade Média tardia foi, de preferência, "nominalista". Ao contrário, é a posição "realista" que requeria esforços particulares. Apesar disso, as posições de Guilherme de Ockham, fortemente elaboradas e construídas, tinham um aspecto de provocação, recusando qualquer distância entre uma ciência geral, que poderia facilmente admitir as considerações nominalistas (e as admitia em sua prática), e a teologia, que deveria permanecer uma exceção.

De fato, a história de Guilherme de Ockham é a de uma vontade frustrada de confrontação que deveria ter sido absorvida na disputa intelectual. Neste sentido, o episódio marca bem um certo fim do funcionamento escolástico. Admitido na ordem franciscana em 1317, Guilherme completa seus estudos no *Studium* de Oxford, depois em Paris. Ensina alguns anos em Oxford e está a ponto de se tornar doutor nesta escola (estudos

---

1. Doutrina de Duns Scot, teólogo escocês (1266-1308), que se afasta do tomismo, em particular quanto à noção da pessoa humana de Cristo e do motivo da Encarnação. [N.T.]

Guilherme de Ockham, teólogo e filósofo inglês, 1341, desenho a pena extraído do manuscrito *Summa Logicae*, Cambridge, Gonville e Caius College

coroados pelo *inceptio*), pois sua produção como lógico e como metafísico é de alta qualidade técnica. Ele não consegue aceder a este título devido ao início de seus problemas, o que lhe vale a alcunha de *venerabilis inceptor*. Em 1324, denunciado por John Lutterell, chanceler tomista da universidade, é acusado de heresia devido a suas posições metafísicas radicais. Apesar de tudo, o caso não tem o caráter excepcional que lhe é atribuído: a denúncia dizia respeito a um "princípio de precaução" frequente, que visava a liberar um responsável universitário de qualquer responsabilidade num debate futuro e possível. A doutrina de Guilherme é suspeita de heresia pelo chanceler porque ela põe em causa alguns postulados da teologia corrente, principalmente suas premissas "científicas" (subordinação tomista ou dedução scotista), e porque ela critica a possibilidade de uma demonstração da existência divina. Vê-se por vezes nessa filosofia um anúncio de modernidade, pois ela privilegia os *fatos* em detrimento de uma especulação metafísica sobre as *essências*.

No entanto, a cúria pontifical em Avignon não encontra heresia nas proposições de Guilherme de Ockham. O jogo das apelações e das procrastinações lhe impõe somente a permanência, durante certo tempo, num convento ligado à sua ordem. Não obstante, foi realmente ele quem pôs em causa a ortodoxia do papa João XXII em sua recusa das posições da facção espiritual da ordem franciscana em matéria de pobreza voluntária: ela reivindicava um "uso sem direito". Guilherme não havia se interessado verdadeiramente por essa querela antes da vinda ao convento de Avignon, no outono de 1327, de Michele da Cesena, ministro-geral da ordem franciscana desde 1316, recentemente passado à corrente espiritual. Persuadindo-se de que o papa havia caído na heresia, ele encontra enfim uma estrutura de oposição e vai ao encontro dos franciscanos espirituais. Esse questionamento toma uma via política: Guilherme de Ockham oferece armas ideológicas ao imperador Luís IV da Baviera, em luta contra a Santa Sé. Desde então, ele deve explicar-se em Avignon, onde cruza com Mestre Eckhart, este também convocado por um processo de heresia. Guilherme jamais foi condenado, contrariamente a Mestre Eckhart, condenado em 1329, depois de sua morte.

Guilherme foge para Munique na noite de 25 de maio de 1328. Ele teria então dito ao imperador esta fórmula pouco laica: "*O Imperator, defende me gladio et ego defendam te verbo*" ("Oh, imperador, defenda-me pela espada e eu o defenderei pelo verbo"). Luís da Baviera afirmava a primazia do poder temporal sobre o poder espiritual. Ela encontra então cômodos aliados na corrente dos espirituais. O papa excomunga Guilherme de Ockham em data incerta. Este último dedica então o resto de sua vida à sua obra teológica e filosófica, assim como a panfletos político-religiosos contra a autoridade pontifical. Morto em 1347, Guilherme assinalara de fato certo fim do pensamento escolástico. || A. B. ||

Giovanni Boccaccio

1313-1375

Ao mesmo título que Dante, Boccaccio é um dos autores mais célebres da literatura italiana e, como a *Divina comédia*, o *Decameron* é uma das obras-primas da literatura universal. Em que pese tudo isso, e apesar de serem ambos florentinos e que menos de um século os separa, tudo parece, ao primeiro olhar, opor esses dois autores e mais ainda as duas obras que fizeram sua fama mundial. Um leva seu leitor até as mais altas esferas do pensamento filosófico e teológico, o outro faz desfilar sob seus olhos uma galeria de personagens muito mais ocupados, ao que parece, em desfrutar dos prazeres da vida do que se preocupar com questões de ordem moral ou transcendental. Na verdade, se bem que ele não tenha a cultura universal de seu ilustre predecessor, Boccaccio é, na sua juventude, tão apaixonado pela literatura poética e romanesca quanto Dante na mesma idade; mas ele conhecerá, no decorrer de sua existência, uma evolução que o conduzirá a cultivar no fim de sua vida gêneros marcados por considerações históricas e morais extremamente diferentes daquelas que era possível encontrar em suas obras de juventude.

Nascido em 1313, Boccaccio é o filho natural de um grande mercador florentino, que o envia a Nápoles aos quatorze anos, a fim de iniciá-lo nas práticas do grande comércio junto a uma filial da companhia Bardi, uma das maiores empresas de negócios da época. Em breve é acompanhado por seu pai, que veio tomar a direção dessa importante filial e que o introduz na melhor sociedade de Nápoles. Boccaccio passa a maior parte de seus anos napolitanos em companhia de jovens nobres que, mesmo mergulhados sem medidas em todos os prazeres da vida, também são grandes amantes de literatu-

Nascimento do retrato em pintura
Anônimo, *Retrato de Giovanni Boccaccio*, 1621, pintura, coleção privada

ra. Assim, inicia-se bem cedo em todos os gêneros que desfrutam dos favores de uma juventude cultivada e dourada, passando da poesia lírica mais refinada aos *fabliaux*[1] libertinos, dos romances de cavalaria aos contos populares, de Dante aos autores mais licenciosos da Antiguidade. Nesse meio em que os jovens de ambos os sexos parecem desfrutar de uma real liberdade, Boccaccio descobre precocemente as alegrias e os tormentos do amor e se deixa levar num turbilhão de aventuras galantes das quais sua obra conserva inúmeros ecos. A agitação dessa vida mundana e sentimental não o impede de enriquecer sua cultura em contato com muitos eruditos que frequentam a corte do rei Roberto. Boccaccio conservara, a vida toda, uma profunda nostalgia de sua juventude napolitana, inteiramente dedicada aos prazeres do corpo e do espírito.

---

1 Pequenas narrativas em versos octossílabos, engraçadas ou edificantes, com o propósito de provocar o riso. São também a mostra realista das classes populares da época, em oposição à literatura dos romances, de caráter idealista, e em reação à literatura cortesã e clerical. [N.T.]

O nu na pintura passa do lado do mal para o da beleza
Uma artista pintando um nu feminino. Cerca de 1400-1425, iluminura extraída da tradução francesa do *Livro das mulheres nobres e famosas de Boccaccio*, Londres, The British Library

Em 1341 ele é obrigado a voltar a Florença, sem dúvida por causa dos maus negócios de seu pai. Lá, durante anos, ele continua a produzir obras em versos e em prosa que não se distinguem fundamentalmente, tanto na forma quanto no fundo, de sua abundante produção napolitana. A maior parte dos poemas e dos romances que precedem o *Decameron* permanece fiel às regras da literatura cortês e cavalheiresca; empresta grande parte de sua matéria de ciclos romanescos franceses ou de contos de origem antiga ou bizantina. Somente algumas das obras compostas depois do retorno a Florença começam a se destacar das convenções próprias a cada um dos gêneros cultivados e se colorem desse gosto do real e desse amor pela vida que desabrocha no *Decameron*. Esses signos precursores de uma mudança próxima nada têm de fortuito. Ao voltar para Florença, Boccaccio descobre uma vida urbana fervilhante de atividades e de iniciativas de todo gênero, de um meio intelectual em que o culto de Dante convive com as audácias do humanismo, de um sistema político aberto à participação de todos. Ele fica tão fascinado com a vitalidade, a energia, a inteligência prática desse mundo, quanto havia ficado com a vida refinada da corte napolitana. O *Decameron*, composto entre 1349 e 1353, é a obra de um homem que nada renega de seus amores passados, mas a eles prefere agora os valores de uma humanidade nova, aquela da burguesia e das classes laboriosas da Itália comunal, uma humanidade de cores fortes da qual as cem novelas do *Decameron* exploram as múltiplas facetas.

O *Decameron* encontra sucesso imediato e foi traduzido na maior parte das línguas do mundo ocidental. Este sucesso, desde então jamais desmentido, se explica em boa parte pelas numerosas cenas cômicas e licenciosas com as quais a obra está recheada. Mas os primeiros leitores de Boccaccio não se enganaram com isso, e apreenderam perfeitamente a mensagem que o autor pretendeu dirigir-lhes por meio das centenas de episódios e de personagens que povoam o *Decameron*: uma mensagem de liberdade, que tanto vale para o homem quanto para a mulher (fato inédito para a época), e que os convida a se comportarem como bem quiserem, com a condição de não usurpar a liberdade de outrem e de respeitar certo número de valores morais. O *Decameron* também chocou seus contemporâneos e a posteridade porque se supõe que as novelas que o compõem são contadas por ricos florentinos refugiados no campo para escapar à Grande Peste que se abateu sobre a Europa em 1348 e que naquele ano flagelava Florença.

Depois do *Decameron*, a produção literária de Boccaccio rareou e se compõe essencialmente de compilações eruditas nas quais pode dar livre curso a seu pendor cada vez mais marcado pelas considerações de ordem moral. Sua vida se divide, doravante, entre os encargos e as missões diplomáticas que a comunidade de Florença lhe confia, e as trocas com seus amigos humanistas de Florença e de outros lugares. O mais ilustre e influente dentre eles não é outro senão Petrarca, que o encoraja a prosseguir na via da conversão moral e religiosa na qual havia começado a se engajar. Boccaccio morre em 1375 em Certaldo, o burgo natal de seu pai onde, havia vários anos, ele gostava de se refugiar para levar uma vida simples e estudiosa, em harmonia com suas novas convicções. || J.-C. M.-V. ||

Nicola di Rienzo

Cerca de 1313-1354

Foi só um meteoro no céu político da Itália medieval. Não obstante, os sete meses que ele terá passado a governar a comuna de Roma no transcorrer do ano de 1347 terão bastado para fazer de Nicola (ou Cola) di Rienzo um dos personagens mais célebres da história italiana. É verdade que o personagem e seu destino possuíam todos os ingredientes necessários para perturbar a imaginação: vindo do nada, Cola tornou-se, aos 34 anos, o mestre absoluto de uma cidade que, apesar de seu declínio, continuava a ser a cidade mais carregada de história de todo o Ocidente, e isto graças aos dons que eram muito mais os de um intelectual que os de um grande senhor de sua época.

Cola nasce por volta de 1313 numa família modesta: seu pai é estalajadeiro e sua mãe, lavadeira. Por motivos que se ignora, ele é enviado bem jovem para viver em casa de parentes em Anagni, uma pequena cidade ao sul do Latium, onde faz um excelente aprendizado do latim. Voltando a Roma, Cola mergulha na leitura de autores antigos e rapidamente ganha fama, nos meios cultivados da cidade, por seu profundo conhecimento da Antiguidade. É o único a saber ler as inscrições gravadas nos monumentos antigos, traduzir e interpretar textos antigos; compõe cartas e discursos num latim que brilha pela elegância de estilo e inspira-se nas regras da retórica clássica. Em breve, Cola possui no mais alto grau todas as aptidões de um verdadeiro humanista, e convém sublinhar que ele deve às suas qualidades literárias, muito mais que ao seu papel político, o renome de que desfrutará, depois de sua morte, nos países germânicos, onde uma coletânea de suas cartas, única produção de Cola a ter sobrevivido, desempenhará um papel fundamental na difusão da nova cultura.

Como Petrarca, que se torna seu amigo durante uma estadia em Avignon, e como o conjunto dos humanistas, Cola sente, em relação à Roma antiga, uma admiração ainda mais absoluta, pois tem a impressão de assistir a cada dia, na Roma de seu tempo, à negação dos valores que fizeram a grandeza da gloriosa cidade. Isso porque o erudito e homem de letras é também um cidadão que sabe deitar um olhar agudo sobre a situação política da cidade na qual vive e trabalha, primeiramente como notário e depois como funcionário da comuna ou, dito de outra forma, do organismo político que governa a cidade e seu território. Ora, ocorre que, a partir de meados do século XIII, Roma viveu sob a autoridade de um punhado de grandes senhores, os barões, que governavam a cidade em função somente de seus interesses, entravando o bom funcionamento dos tribunais e se entregando em toda impunidade a todo tipo de violências. Muitas vezes os romanos tentaram revoltar-se contra os barões, mas a cada evento os Colonnas, os Orsinis, os Annibaldis, os Contis e outros grandes senhores sempre retomaram o poder ao final de poucos meses. Cola prometeu a si mesmo vencer onde todos seus predecessores fracassaram, e é preciso reconhecer que, mesmo tendo ele permanecido no poder apenas por sete meses, sua ação, na história da comuna de Roma, marcou o início de uma nova era.

No início dos anos 1340, Cola tem como objetivo expulsar os barões da comuna. Para atingi-lo, é preciso o apoio da população, particularmente daqueles que constituem, exatamente abaixo dos barões, a elite da população romana e cujas principais atividades — o grande comércio e a exploração de imensos territórios da *Campagna romana* (no *Latium*) — mais padecem com as desordens engendradas pela hegemonia dos barões. Para tal tarefa, Cola desdobra um verdadeiro talento no exercício daquilo que hoje chamaríamos de comunicação. A fim de sacudir a apatia do povo, ele expõe, nos lugares mais frequentados da cidade, grandes telas nas quais manda pintar, de maneira metafórica, os desmandos dos barões. Ele próprio se dirige à multidão para comentar essas imagens e incitar as pessoas a reagir. Para os negociantes, os grandes proprietários e outros notáveis da cidade, ele organiza, na Basílica de São João de Latrão, uma suntuosa cerimônia na qual, sob o pretexto de lhes explicar o conteúdo de uma lei imperial, exorta-os a readquirir os direitos que eram os do antigo senado romano. Depois disso, convida-os para participar de reuniões mais restritas, no decorrer das quais ele estabelece com os participantes a lista detalhada das medidas que aplicará no dia em que estiver no poder.

O plano acontece em 20 de maio de 1347, no final de um golpe de Estado pacífico e prudente, tamanha era a adesão dos romanos ao programa de Cola. Este toma o título de tribuno e se deseja, na grande tradição dos tribunos da plebe da Roma antiga, o protetor dos fracos contra os poderosos. Na verdade, a política que ele põe em prática é aquela que encontramos em todos os regimes populares da época e que visa antes de tudo a assegurar a ordem e a justiça numa cidade que precisava muito disso. A originalidade de sua ação à frente da comuna de Roma deve ser buscada em outro lugar:

primeiramente nas cerimônias grandiosas que ele organiza para exaltar sua obra e sua pessoa, e depois nos seus apelos reiterados para realizar a unidade da Itália, e essa unidade passava, em seu espírito, pela eleição de um imperador italiano que seria ele mesmo. Identifica-se aqui um dos aspectos mais perturbadores da personalidade de Cola, sujeita a frequentes acessos de megalomania que nele se alternavam com momentos de apatia. Aliás, é nesse aspecto bipolar de seu caráter que se deve buscar as origens de seu declínio. Em 15 de dezembro de 1437, incapaz de reagir diante das manifestações manipuladas pelos barões, o tribuno decide simplesmente abandonar o poder, sem combater e nem mesmo chamar seus partidários em seu socorro. || J.-C. M.-V. ||

Carlos IV da Boêmia

1316-1378

Carlos IV não somente é um dos maiores soberanos do final da Idade Média, mas encarna a figura ideal do rei poderoso e sábio, letrado e mecenas, e seu reino carrega as marcas de evoluções maiores da sociedade europeia do tempo, tais como o fortalecimento dos Estados monárquicos e o nascimento das nações, de sua cultura e de sua língua. Seus sucessos confirmam a extraordinária ascensão dos condes de Luxemburgo, desde que seu avô se tornou, em 1312 – um ano antes de sua morte repentina, na Itália – o imperador Henrique VII. Seu pai, João, o Cego (1296-1346), não acedeu ao Império, mas seu casamento com a última herdeira dos Přemyslids, Elizabeth, permitiu-lhe adquirir a coroa da Boêmia e legá-la ao seu filho em 1347: é esta coroa que se encontra na origem do poder do futuro Carlos IV. Ao nascer, este recebe o nome de Venceslau; entre os sete e quatorze anos (1323-1330), é educado na corte do rei capetiano Carlos IV, que lhe dá seu próprio nome e confia sua educação latina ao abade de Fécamp, Pierre Roger, futuro papa Clemente VI. Voltando a Praga, Carlos reaprende a língua tcheca (ele se jacta de falar também francês, italiano e alemão), torna-se margrave da Boêmia (1334), restaura o território real e submete a nobreza. A morte de seu pai, na batalha de Crécy (1346), precipita sua sorte: rei dos romanos (1346) e da Boêmia (1347), ele é reeleito e coroado rei dos romanos em 1349, em seguida à morte de seu antigo rival, o imperador Luís IV da Baviera (1328-1347). Depois, em 1355 ele recebe, uma após a outra, a coroa da Itália, em Milão, e a coroa imperial, em Roma. A partir de então pode brilhar sobre ele toda a glória de Carlos Magno. O novo imperador tem entre as mãos os instrumentos de suas ambições, em benefício de suas "duas coroas", a da Boêmia e a do Império. Ele obtém do rei da Polônia a cessão duradoura da Silésia (1368) e estende, da mesma forma, seu império sobre o Brandemburgo (1373). Ele faz de Praga – que se tornara sede de um arcebispado – uma verdadeira capital: confia ao arquiteto francês Mathieu d'Arras a construção da catedral São Vito, cujo trifório acolhe seu busto em pedra e aqueles dos membros de sua família e daqueles que o cercam. Ele funda a uni-

O maior tratado de agricultura da Idade Média
O imperador Carlos IV do Santo Império recebe de Pietro de Crescenzi uma cópia de seu manuscrito, miniatura extraída do *Rustican ou Livro dos benefícios campestres e rurais*, de Pietro de Crescenzi, século XIV, Praga, Biblioteca Nacional

versidade, a primeira criada no Império; edifica a ponte Carlos (1357) e constrói perto da cidade a poderosa fortaleza de Karlstein para abrigar seu tesouro e a relíquia da Santa Cruz, oferecida por seu sobrinho, o futuro rei da França, Carlos V. Incessantes viagens por todo o Império lhe permitem confirmar sua autoridade, ao mesmo tempo em que ele reforça seus laços diplomáticos com o papado e a monarquia francesa. Contudo, ele tem o cuidado de não escolher abertamente o partido francês na Guerra dos Cem Anos, e no grande cisma nascente (1378) ele se inclina para Roma em detrimento de Avignon. Entretanto, em janeiro de 1378, ele vai a Paris numa viagem de três semanas que se poderia qualificar de primeira "visita de Estado" da história europeia. A escolha de suas quatro esposas sucessivas (Blanche de Valois, Anne do Palatinado, Anne de Schweidnitz e Elizabeth da Pomerânia) também diz respeito a apostas diplomáticas. Carlos IV é também um imperador letrado: em torno de 1350, escreve em latim uma espécie de autobiografia, que é interrompida por ocasião de sua eleição como rei dos romanos. Esta obra reflexiva deve ser posta em paralelo com inúmeros retratos do imperador elaborados na época em que estava vivo. Ele redige constituições para a Boêmia (*Majestas carolina*, 1355), que em vão tenta impor à nobreza. Codifica, na bula de Ouro (1356) as regras de eleição imperial, que permanecerão em vigor até em 1806. Apaixonado pela liturgia, ele compõe a *Vida do santo rei da Boêmia, Venceslau* e o *Ofício da Santa-Lança*, um dos emblemas do Império. Ele é autor de um *Espelho dos príncipes*, destinado a seus filhos, e de uma coletânea de *Moralitates*. Carlos IV, ainda mais claramente que seus predecessores (Staufen) ou seus rivais (Wittelsbach), alimentou a ambição de uma dinastia imperial: em 1363 ele associa seu primogênito, Venceslau, ao trono da Boêmia; em 1376, enquanto ainda era vivo – o que jamais havia ocorrido antes –, ele o faz ser eleito e coroado rei dos romanos para permitir-lhe aceder ao Império imediatamente após sua própria morte (1380). Contudo, nem Venceslau, nem seu irmão, Sigismundo, estiveram à altura de seu pai. Em 1437, os Habsburgos dissiparam para sempre o sonho imperial dos Luxemburgos. || J.-C. S. ||

Regulamento da eleição imperial por quatro séculos e meio (1356-1806)
Página da bula de Ouro do imperador Carlos IV de 1356, códex iluminado sob encomenda de Venceslau I, cerca de 1400, Viena, Biblioteca Nacional da Áustria

mediolanam coro- | stalib; amicta i sig-
na et hoc ante impe- | nis post regem vel
ratorem dumtaxat | impatorem vmani
qui iam impialib; | et iam post regem
insulis est insigni- | venie qui impera-
tis quas gestabūt | torem immediate cō-
aliqui principes infe- | sequitur compete-
riores ad hoc p im- | tis spacij intuallo asso-
peratorem specialr | ciata p cerib; su-
iturta placitum de- | is comitata v̄ginī-
putandi · **de cūsti**- | bus ad locum cessi-
impatricis | onis predat · **de of**-
Imperatrix | **ficiis principum ele**-
vel regina | **ctorum in solempni**-
romanorū | **bus cuius Impator**
suis angu- | **vel regum romanorū**

Nicolas Oresme

Cerca de 1320-1382

Nascido nas cercanias de Caen, de origem desconhecida, Nicolas Oresme foi inicialmente um brilhante universitário parisiense. Mestre em artes e doutor em teologia, tornou-se diretor do colégio de Navarra em 1356. Na crise de 1356-1358, consecutiva à derrota de Poitiers, ele pode ser visto ao lado dos partidários da Reforma e do rei de Navarra, Carlos, o Mau. Contudo, em 1361, na sequência de um processo, ele perde o comando do colégio de Navarra e sua carreira toma outro rumo, ainda que permaneça ligado à universidade e continue a fazer parte dos regentes em teologia. Ele aproxima-se da corte e do delfim Carlos (que em 1364 se tornará o rei Carlos V): figurará entre os intelectuais que este consulta de bom grado e a quem confia a tarefa de providenciar traduções para sua biblioteca. Também faz uma bela carreira eclesiástica na Normandia: cânone e depois deão do capítulo catedral em Rouen, torna-se bispo de Lisieux em 1377, cargo no qual permanece até sua morte. Como seu mestre Buridan (cerca de 1300-1360), Oresme foi em primeiro lugar um filósofo e um erudito que comentou a filosofia natural de Aristóteles e dedicou diversos tratados a problemas de aritmética e de mecânica celeste (*Algorismus proportionum, De proportionibus proportionum, De commensurabilitate vel incommensurabilitate motuum celi*). Sem fazerem dele um precursor da ciência moderna, esses tratados o mostram capaz de criticar as teses de Aristóteles e de aplicar à física e à astronomia, até então puramente qualitativas, as formas originais do cálculo matemático.

Sua obra de teólogo é mais restrita e compreende um comentário parcial das *Sentenças*, uma coletânea de sermões e um tratado sobre a dupla natureza de Cristo (*De communicatione idiomatum in Christo*), de inspiração ockhamista.

A partir dos anos 1350, convencido de que o "filósofo" tem sua palavra a ser dita no governo do reino e de que a ciência pode propor ao príncipe um alerta salutar e princípios de ação política, Oresme escolhe dirigir-se, para além dos universitários, ao público laico da corte e dos homens de poder. Aborda então temas diretamente políticos, demonstrando, em *De configurationibus qualitatum et motuum* e em *Tractatus contra judiciarios astronomos*, a inutilidade da astrologia judiciária e das artes divinatórias que então tentavam muitos governantes (inclusive Carlos V), ou condenando em *De moneta* as mutações incessantes que sacrificavam a estabilidade monetária necessária ao bem-estar da comunidade para satisfazer somente ao interesse imediato do soberano. Para reforçar o impacto político desses textos, ele faz versões vernáculas, como o *Livre de divinacions* ou o *Traité des monnoies* (em que pese a possibilidade deste último texto ser devido a um parente, Guilherme Oresme).

Depois de 1365, por demanda do rei, Oresme se concentra na vulgarização e divulgação para o público laico de textos eruditos suscetíveis de fundar a ação política com vistas ao bem comum. Devemos-lhe assim as obras enciclopédicas que resumem os saberes cosmogônico e astronômico da época (*Tratado da esfera, do céu e do mundo*). Por outro lado, entre 1370 e 1374, ele traduz para o francês os três tratados de filosofia moral de Aristóteles: *Ética, Política* e *Economia*. Essas traduções são acompanhadas por prólogos explicativos, "glosas" bem desenvolvidas, léxicos, etc., para ajudar o leitor laico a compreender essas obras difíceis e para adaptar o conteúdo, de origem erudita e antiga, à situação contemporânea e às necessidades concretas de um príncipe cristão do século XIV.

Oresme foi assim o primeiro a dar à língua francesa uma dimensão simultaneamente política e científica. Ele desejou, ao dotá-la de um verdadeiro vocabulário filosófico, científico e político, produzir, a exemplo do latim, uma língua erudita, precisa, capaz de expressar noções abstratas e com isso manifestar o gênio do povo que a fala, bem como a glória do príncipe que reina sobre este povo.

O primeiro grande intelectual em francês
Oresme. *Cena de ensino*. 1400?, miniatura extraída das *Grandes crônicas da França*, Paris, Biblioteca Nacional da França

O sucesso das inovações linguísticas de Oresme foi desigual e sua modernidade científica, discutida; em primeiro lugar ele foi um intelectual de seu tempo, num século de crises e de mutações: herdeiro da tradição aristotélica da universidade e cristão convencido, mas ao mesmo tempo desejoso de extrair o saber de sua torre de marfim escolar e clerical, para dela fazer um instrumento do bom governo, que contribuiria para forjar o sentimento nacional francês em torno de um príncipe mecenas e esclarecido. || J. V. ||

Bertrand Du Guesclin

1320-1380

Conhecido pela longa *Crônica* em versos que Jean Cuvelier redige a partir de 1380, seguida de uma versão em prosa amplamente difundida, a vida de Bertrand Du Guesclin apresenta-se como uma sequência de fatos heroicos deformados por uma história que apresenta sua ação em termos de fidelidade ou de traição à causa bretã. De fato, Du Guesclin é em primeiro lugar um homem de armas bretão, como muitos a serviço do rei da França, fortemente implicado nos conflitos de seu tempo: a guerra de sucessão da Bretanha entre a casa de Blois, apoiada pelos reis da França, e a casa de Montfort, apoiada pelos reis da Inglaterra; a guerra de sucessão de Castela, que opõe Henrique de Trastamare a Pedro, o Cruel, também um conflito franco-inglês; e, principalmente, a Guerra dos Cem Anos, que depois da derrota de Poitiers (1356), amputou um terço do território do reino (paz de Brétigny-Calais, 1360).
Como a maior parte dos homens de armas desse tempo, Du Guesclin nasce nobre, primogênito do senhor de La Motte-Broons e de Jeanne de Malesmains, dama de Sens, uma família que está longe de ser pobre, sobretudo por ser estreitamente ligada ao pretendente da Bretanha, Carlos de Blois. É possível que a lendária feiura de Du Guesclin tenha provocado a rejeição de sua mãe, mas Bertrand segue o modo de educação de sua estirpe, que o afasta rapidamente do castelo familiar para ser formado na arte da guerra pois, como escreve Froissart, "os valentes homens trabalham seu corpo para conquistar a glória e a fama desse mundo."

A Guerra dos Cem Anos. Refugiado no castelo de Derval, Robert Knolles é cercado pelas tropas reais: à direita, Du Guesclin sobre um cavalo branco; à esquerda, Luís d'Anjou diante de sua tenda. Cerca de 1480, iluminura extraída de Compilação das crônicas e histórias dos bretões, de Pierre, o Belo, Paris, Biblioteca Nacional da França

paint leou connou z .iiij. tes que auoient fauts entry dedens
duc bertran du guesclin estoient briser. et que messire robert
Connestable de france quenosse ne vouloit tenir nulles
entendirent que les tra- des couuenances quilx eussent prinses

SANS · PLUS SANS · PLUS

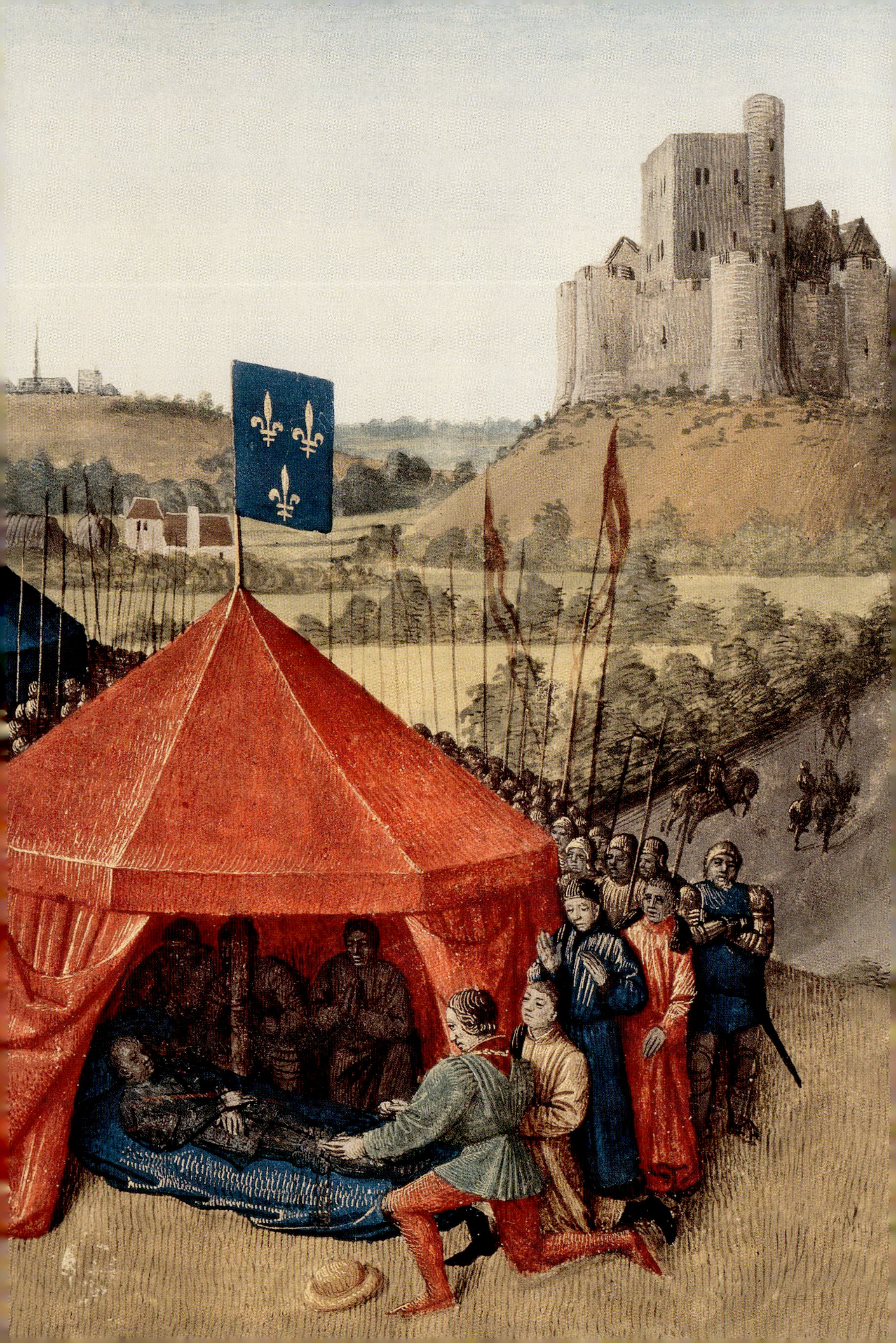

Suas proezas são particularmente notadas nos torneios. Em 1354, *sir* d'Audrehem, que governa a Normandia para o rei da França, o faz cavaleiro. Pierre de Villiers, capitão de Pontorson, o recruta para sua companhia como batedor, por contrato, portanto por tempo determinado e contra pagamento, nesse exército que põe em pé o rei João, o Bom, à moda do exército inglês. Contrariamente a muitos outros, esse batedor é eficiente! Em 1357 ele se torna capitão de Pontorson. Sob o grito de "Nossa Senhora Guesclin! Avante!", ele retoma as praças-fortes do baixo vale do rio Sena, até então em posse de Carlos de Navarra, aliado dos ingleses. Com a morte de João, o Bom, em 9 de abril de 1364, a situação se torna crucial, pois o prestígio da dinastia dos Valois encontra-se bastante enfraquecido. Em 16 de maio de 1364, a vitória de Du Guesclin na batalha de Cocherel é decisiva face ao captal[1] de Buch, Jean de Grailly, temível gascão que defende os interesses navarros. Esta vitória torna possível a sagração de Carlos V três dias mais tarde e sela a amizade entre os dois homens. Essa proteção real permite a Du Guesclin ter seu resgate pago por duas vezes: na batalha de Auray, em 29 de setembro de 1364, quando, depois da morte de Carlos de Blois, ele cai prisioneiro e deve compensar com 100.000 libras a sua liberdade – e teria dito então: "Prefiro morrer a fugir" – e na batalha de Najera, contra Pedro, o Cruel, na qual, extenuado, torna-se prisioneiro do Príncipe Negro.

Quando é nomeado condestável, em 2 de outubro de 1370, a conjuntura mudou a partir dos apelos gascões e do estado de defesa do reino. Aliado a Olivier de Clisson numa fraternidade de armas selada por juramento, ele brilha na retomada das praças-fortes e nas cavalgadas. As posses inglesas ficam consideravelmente reduzidas e, por ocasião da morte do Príncipe Negro, em 1376, elas se limitam a Calais e à Guiana. Contudo, em 1378, em desacordo com a política real a respeito da Bretanha, ele se afasta da corte e pensa em talvez voltar à Espanha. A caminho, ele luta contra as Grandes Companhias que devastam e pilham o ducado de Bourbon e de Auvérnia. Tendo ficado doente por ocasião do cerco de Châteauneuf-de-Randon, ele morre em 13 de julho de 1380. Carlos V ordena que ele seja enterrado na necrópole dos reis: a cerimônia só ocorrerá em 1389, em Saint-Denis.

Du Guesclin também apreciava o dinheiro e o luxo, como o demonstram os bens de seu castelo e de seu palácio parisiense. Não se sabe se ele sabia ler e escrever, mas sua primeira esposa, Tiphaine Raguenel, era astróloga, enquanto a segunda, Jeanne de Laval, pertencia à grande nobreza bretã. Mesmo que tenha devido sua ascensão social aos seus talentos militares e à força de suas amizades, ele não deixou de se beneficiar de grande popularidade enquanto era vivo: "todas as preces eram rezadas em sua intenção", escreveu Eustache Deschamps, acrescentando que, para glorificar suas identidades, os nobres repetiam que "haviam servido no tempo do bom condestável Du Guesclin". || C. G. ||

---

1 Título arcaico conferido aos senhores que reinaram no Captalato de Buch. Este território era uma província ao sul do País de Buch, na atual Aquitânia, França. O título advém do latim *capitalis*. [N.T.]

Exaltação de um grande guerreiro a serviço da realeza
Jean Fouquet, *A morte de Bertrand Du Guesclin tendo, em segundo plano, o castelo de Châteauneuf-de-Randon*. Cerca de 1455-1460, miniatura extraída das *Grandes crônicas da França*, Paris, Biblioteca Nacional da França

Étienne Marcel

Cerca de 1315-1358

Rico comerciante de tecidos e fornecedor da corte, Étienne Marcel ocupa o lugar de líder nos acontecimentos políticos que agitaram Paris em meados do século XIV, mas nem por isso é ancestral da Revolução Francesa, nem da democracia popular, como quiseram descrevê-lo os historiadores do século XIX. Ele deve primeiramente seu papel político ao cargo de preboste dos comerciantes que lhe é confiado pelos cônsules parisienses em 1354, e à sua presença nos Estados Gerais de língua d'oïl como representante das cidades. As reuniões sucedem-se num ritmo acelerado para votar os subsídios necessários à guerra contra os ingleses, pagar o resgate de João, o Bom, feito prisioneiro após a derrota de Poitiers em 1356, e projetar uma reforma do reino. Vindo de uma família da grande burguesia parisiense, mesmo que só pertença ao ramo caçula de uma família devotada à realeza desde São Luís, Étienne Marcel confirma sua posição por meio de casamentos vantajosos, em particular com Marguerite des Essarts, sua segunda esposa, cujo pai, Pierre, o introduz no mundo dos grandes especuladores, conselheiros dos reis Felipe VI e João, o Bom. Contudo, a partir da derrota de Crécy, em 1346, a opinião pública os torna culpados pelos revezes e pede sua demissão. É possível que Étienne Marcel os tenha então percebido como contraexemplos. Em 1349, quando Pierre des Essarts morre, depois de ter caído prisioneiro e ter visto seus bens serem confiscados, Marcel recusa sua herança. Pierre foi reabilitado em 1352 por João, o Bom, e então Étienne Marcel e sua mulher se veem afastados de uma sucessão vantajosa, ainda que o preboste tivesse algum ódio de seus parentes por aliança. Entretanto, reduzir a ação de Étienne Marcel a uma vingança contra os seus seria negar-lhe toda ideologia. Até sua morte ele permaneceu partidário da reforma do reino e, como o mostra sua correspondência, é admirador do governo das cidades flamengas nas mãos dos burgueses. Para isso, ele precisa do povo.

Reformar e controlar o poder: essa dupla finalidade é ainda mais difícil, dado que Étienne Marcel cortou os laços com seu meio e que sua concepção da reforma não corresponde àquela que os nobres e os prelados defendem nos Estados Gerais. Possuidores de senhorias e de ganhos fixos, estes últimos, levados pelo bispo Laon Robert le Coq, desejam o retorno a uma moeda estável e o controle da fiscalidade de modo a exonerar a nobreza e o clero. Ora, se os representantes das cidades podem entrar em acordo sobre a necessidade de verificar a ação dos oficiais do rei, eles desejam mais é aliviar a fiscalidade que pesa sobre os burgueses e o *plat pays* (Flandres), e são partidários de uma moeda fraca, favorável ao povo endividado. Sendo assim, a união entre Étienne Marcel e a rua é feita naturalmente, ainda mais porque o preboste se impõe por sua arte oratória e seu poder carismático. O povo de Paris usa capas brancas e vermelhas, nas cores prebostais, quando Marcel se insurge, em dezembro de 1356, para contestar o retorno à moeda forte, decidido pelos Estados. O preboste aprova de bom grado o decreto de reforma de março de 1357, que limita consideravelmente os poderes do rei e confia a nove reformadores-gerais a depuração das instituições do reino, mas continua fragilizado. Em novembro de 1357, sua aliança com Carlos de Navarra, pretendente ao trono contra o delfim Carlos, nada resolve, pois o príncipe é um defensor do ideal nobiliárquico. Em 22 de fevereiro de 1358, diante de um delfim aterrorizado, Étienne Marcel permite que a multidão extermine os marechais da Champagne e da Normandia, mas opta por salvar o delfim, protegendo-o com sua capa nas cores da cidade.

Esse nobre feito é um ponto de virada que, paradoxalmente, o leva à ruína, por falta de apoio e por não ter podido aplicar seu programa político de modo coerente. O delfim

Um líder de revolta burguês no século XIV
Jean Fouquet, *Étienne Marcel, preboste dos comerciantes de Paris, obtém do rei da França, João, o Bom, o "Grande Decreto" de 1357 e critica sua conduta*. Século XIV, miniatura extraída das *Grandes crônicas da França*, Paris, Biblioteca Nacional da França

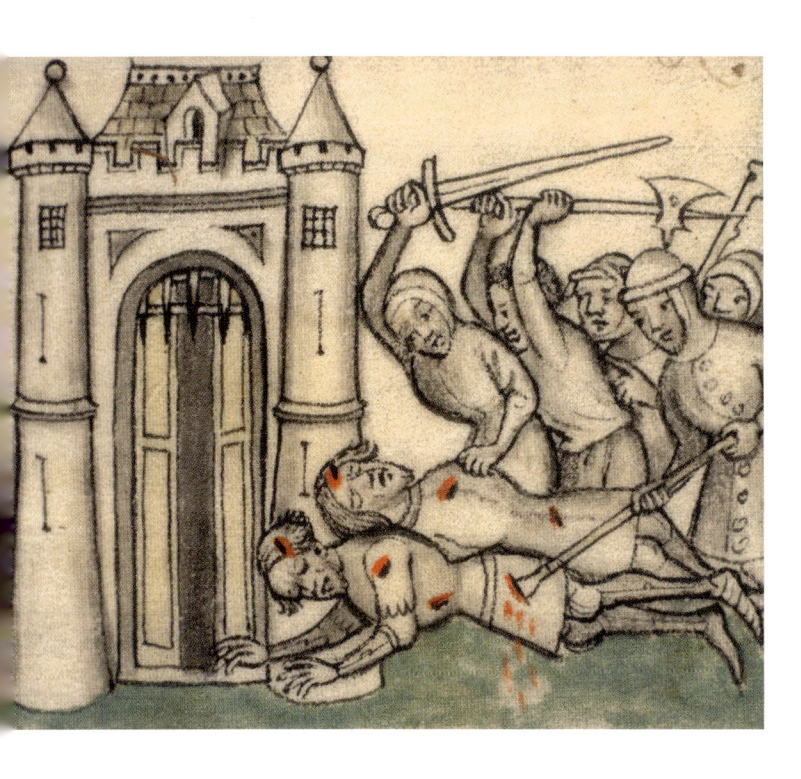

Carlos, que se tornara regente, deixa a cidade e em breve é seguido pelos reformadores moderados. Étienne Marcel é então obrigado a estabelecer alianças contraditórias: com os Jacques, de quem não compartilha nem a cultura, nem as finalidades; com Carlos de Navarra, aliado dos ingleses, a quem ele está pronto a abrir as portas da cidade por despeito diante dos Valois. Em 31 de julho de 1358, ele é assassinado por seu próprio primo, Jean Maillard, que vinga assim a traição de um dos seus, enquanto o povo parisiense, preocupado com seu abastecimento, vive o acontecimento com indiferença. || J.-P. G. ||

Anônimo, *Execução de Étienne Marcel, preboste dos mercadores e prefeito de Paris, em 31 de julho de 1358*. Séculos XIV-XV, iluminura extraída das *Crônicas francesas*, traduzida por Bernard Gui, lugar de conservação desconhecido

John Wyclif

1330-1383

John Wyclif é antes de tudo um universitário; é também um "intelectual" que, fiel às convicções forjadas por sua poderosa lógica, esforçou-se para aplicar as consequências dela às estruturas políticas e religiosas de seu tempo. Nascido no norte da Inglaterra (Wyclif é um vilarejo do Yorkshire), ele é ordenado padre em 1351, quando chega a Oxford, onde mais tarde pertencerá às faculdades de Merton e de Balliol. Bacharel em artes por volta de 1356 e mestre em 1360, ele em seguida estuda teologia, voltando a ser mestre em 1372. Reconhecido rapidamente – um de seus adversários o qualifica de "flor de Oxford" – Wyclif só consegue magros benefícios. Durante algum tempo foi mestre do Canterbury College, fundado pelo arcebispo de Cantuária, Simon Islip, para reunir beneditinos e seculares numa mesma faculdade. O sucessor de Islip, reservando a faculdade somente para os beneditinos, o expulsa. Para terminar, ele só obtém um modesto lugar numa colegiada (Westbury-on-Trym), ao invés daquelas que esperava, nas catedrais de York ou de Lincoln, e percebe somente os ganhos de um simples cura: depois de várias trocas, cabe-lhe Lutterworth. Sua tentativa de entrar para o serviço real – que culmina com uma participação na embaixada que deveria encontrar em Bruges, em 1374, os núncios pontificais –, mesmo se provada sua conivência com o duque de Lancaster, João de Gand, dura pouco. Até seu exílio da universidade, em 1382, Wyclif continua a ser um infatigável trabalhador, produzindo uma obra enorme – perto de 120 textos identificados chegaram até nós – no espaço que ele aluga no Queen's College.

Os dois pilares dessa obra são sua lógica realista e sua fé na Bíblia, da qual ele será o último em Oxford a fazer um comentário completo. É sob sua influência, e talvez sob sua direção, que os discípulos traduziram para o inglês a totalidade da Bíblia. Para Wyclif, a Bíblia é a única autoridade (*scriptura sola*) sobre a

Um herege célebre do século XIV
Retrato de John Wyclif, teólogo e reformador inglês, 1497, xilogravura extraída de *Die Schedelsche Weltchronich*, de Hartmann Schedel, lugar de conservação desconhecido

qual o cristão pode se fundamentar. Profundamente influenciado por Agostinho e seus discípulos oxfordianos (Grosseteste, Bradwardine, Fitzralph), sua teologia é desenvolvida em dois compêndios redigidos em sequência, sendo o segundo constituído por tratados políticos independentes (principalmente *De civili dominio*). Neste são expostas duas teorias, logo condenadas como heréticas. Uma, consequência de seu realismo, é a de que, na eucaristia, o pão e o vinho não podem ser transformados pela consagração: se os "acidentes" permanecem, a "substância" permanece. A presença "real" de Cristo na hóstia é impossível: ele só está nela simbolicamente. A outra é que o pleno poder de Deus lhe oferece uma previsão total das operações da graça: ora, somente os detentores da graça divina detêm legitimamente o *dominium*, o poder que confere a graça, e somente Deus os conhece: ninguém, portanto, pode justificar seu poder pela graça divina, sobretudo o papa (onde é que na Bíblia se aborda a questão do papa?). Por outro lado, os laicos não governam em nome do *dominium*, mas da *potestas*, cujo exercício é regulado pelo direito positivo e não depende da graça.

As consequências são radicais: os padres são pastores que devem simplesmente transmitir o conteúdo da Bíblia para os laicos. O poder do papa é nulo. As riquezas da Igreja devem ser confiscadas e realocadas para a defesa do país ou doada às escolas e aos asilos. Esta parte do programa wyclifiano teve um impacto considerável e alimentou o movimento "lolardo", que se difundiu até as mais altas esferas da sociedade política: Wyclif, aliás, será protegido até o fim pelo duque de Lancaster, João de Gand, e morrerá de um ataque em 31 de dezembro de 1384, em Lutterworth, sem ter sido incomodado. Sua ideologia atingirá também as massas populares por meio dos *poor preachers*, que desempenharam um papel na grande revolta de 1381, e difundiram sua obra por meio de tratados e sermões redigidos em inglês; ela continua dominante em Oxford até 1411. A despeito das perseguições iniciadas em 1401, o lolardismo não será erradicado e desempenhará um papel no impulso do protestantismo na Inglaterra. Tratar-se-ia de uma Reforma prematura (Anne Hudson)? A intransigência de Wyclif a respeito da eucaristia chocava em demasia as consciências cristãs de então para que o resto de seu programa bastasse para provocar a ruptura com o cristianismo gregoriano. Não obstante, Wyclif é mesmo o primeiro reformador moderno: suas ideias determinaram aquelas de Jan Hus e, por meio dele, influenciaram Lutero. || J.-P. G. ||

Carlos V, o Sábio

1338-1380

Filho primogênito de João, o Bom, e de Bona de Luxemburgo, é sagrado rei aos 25 anos, em 19 de maio de 1364. As derrotas militares de Crécy (1346) e de Poitiers (1356), seguidas do tratado de Brétigny-Calais (1360), as pretensões ao trono de Carlos V de Navarra, com quem se aliou certo tempo contra seu pai, João, o Bom, fizeram-no compreender que a dinastia dos Valois estava ameaçada. As contestações dos Estados, assim como a *jacquerie* e as insurreições de rua comandadas por Étienne Marcel, que culminam com o assassinato dos marechais da Champagne e da Normandia em 22 de fevereiro de 1358, lhe valeram o ódio da violência e a desconfiança do povo. Delfim após a anexação do Delfinado em 1349, duque da Normandia em 1356, duas vezes regente na ausência de seu pai, prisioneiro na Inglaterra, em 1358 e em 1364, Carlos teve bem cedo a experiência do governo e também a consciência da necessidade de profundas reformas: ele sabe que lhe será preciso escolher bons conselheiros e assegurar a estabilidade da moeda. Seu reino tende a pôr em prática esses princípios, herdados do passado reformador de São Luís, mas também de ideias políticas de seu tempo, segun-

Um rei filósofo e politólogo, organizador de discussão sobre o poder
Debate, diante do rei Carlos V, o Sábio, de um clérigo e de um cavaleiro sobre as relações entre a Igreja e o Estado. 1378, iluminura extraída de *Sonho do pomar*, Londres, The British Library

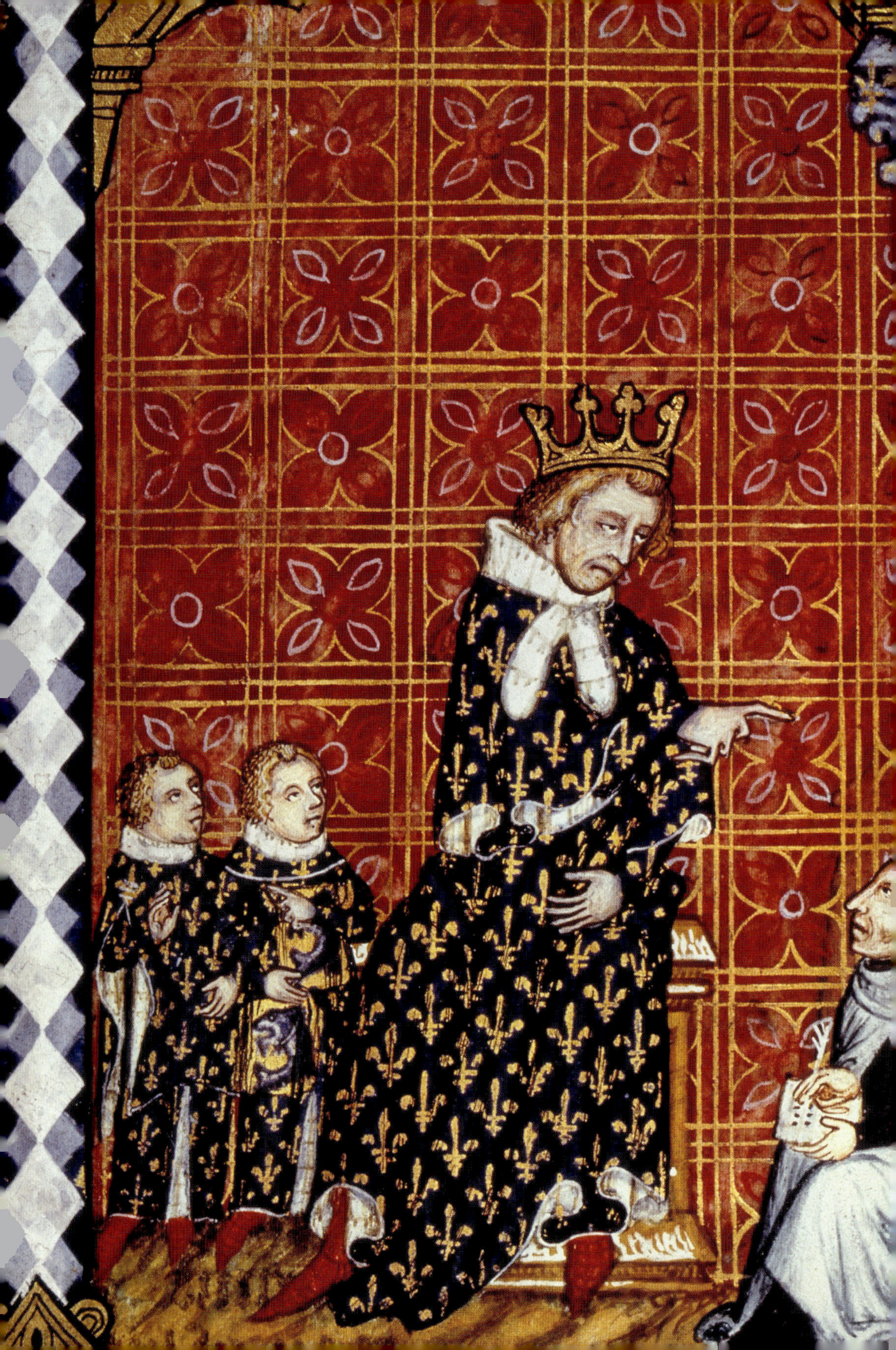

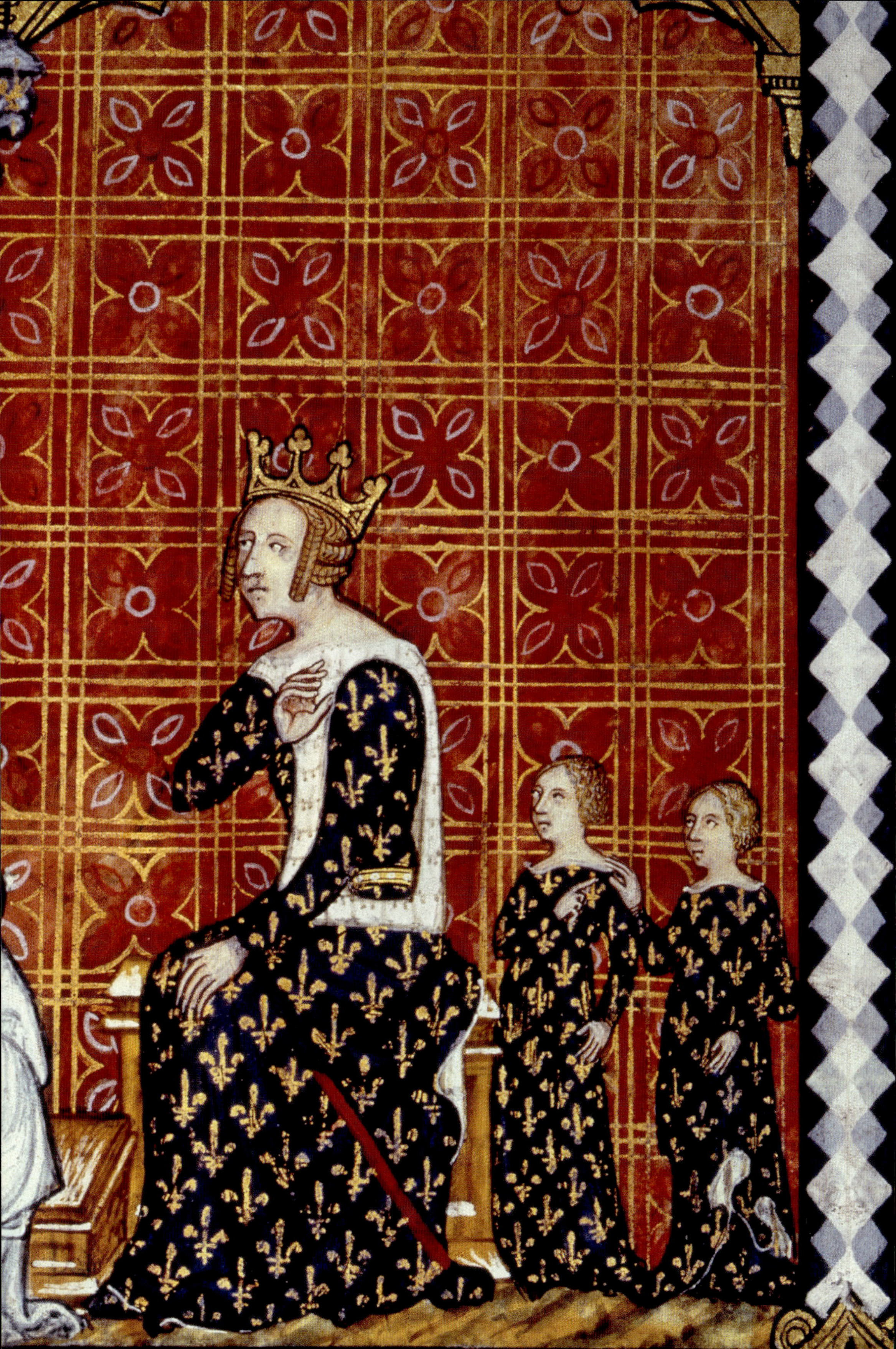

Dupla página precedente:
Um rei, cercado por sua família, dita a um clérigo e aos seus filhos suas instruções
Carlos V, o Sábio, e Joana de Bourbon, cercados por seus filhos. 1374, miniatura extraída do *Racional dos divinos ofícios*, escrito por Guilherme Durand e traduzido por Jean Golein, Paris, Biblioteca Nacional da França

Acima:
Um rei intelectual
Carlos V, o Sábio, sentado diante de um púlpito giratório, em sua biblioteca do Louvre, dedica-se a adquirir "a perfeição do saber". Cerca de 1372, iluminura extraída de *Polycraticus*, de João de Salisbury, traduzido por Denis Foulechat, Paris, Biblioteca Nacional da França

do os princípios aristotélicos que levam a preferir a eleição dos oficiais à sua nomeação por favor. Chegado ao poder, ele abandona, aliás, as roupas curtas dos cavaleiros para trajar as vestes longas dos clérigos e dos oficiais peritos em direito.

Christine de Pisan, sua biógrafa, jamais deixou de exaltar essa sabedoria na narrativa que terminou de redigir em 1404, *Le Livre des faicts et bonnes mœurs du sage roi Charles le Quint* [O livro dos feitos e bons modos do sábio rei Carlos V]. Trata-se de uma espécie de panegírico em que mistura suas lembranças pessoais — seu pai, Thomas de Pisan, era astrólogo do rei — à descrição do príncipe ideal. As decisões do rei confirmam em grande parte seus dizeres. É possível vê-lo manejar "sua bela maneira de se expressar, tão bem ordenada, e de forma tão atraente", e fazer recurso ao direito e ao procedimento, a ponto de ser apelidado de "advogado" por seus adversários. Em 1369, quando o conde de Armagnac e o senhor d'Albret recorrem a ele, seu soberano, contra o Príncipe Negro, seu senhor, para não pagar os impostos que este último pretende levantar para pagar seus homens de armas, Carlos V primeiramente se pergunta sobre seus direitos, antes de se lançar a uma reconquista confiada a seu braço armado, Bertrand Du Guesclin, nomeado condestável em 1370. Essa escolha lhe permite ser um rei vitorioso sem ter participado das inúmeras operações militares de seu reino.

A força de Carlos V vem do modo como exerceu o poder real. *O sonho do pomar*, diálogo do clérigo e do cavaleiro, do qual encomenda em 1376 a realização ao jurista Evrard de Trémaugon, resume suas preocupações: relações entre a Igreja e o Estado, questão bretã, natureza da nobreza, etc. Esse rei mecenas e letrado, que manda traduzir Aristóteles, Santo Agostinho, João de Salisbury, e que possui uma das mais belas bibliotecas da Europa, é também o primeiro a ser chamado de "muito cristão" por seus contemporâneos, enquanto que, por intermédio do carmelitano Jean Golein, teoriza sobre o sacro e o milagre real da cura das escrófulas.

Em Paris, manda construir o palácio Saint-Pol, enquanto que os principais órgãos de governo permanecem no palácio da Cité: ele separa deste modo os dois corpos do rei e seus oficiais exercem, doravante, um ofício que, assim como o seu, não morre jamais. Preocupado com a transmissão da coroa, ele a declara inalienável e manda comentar a *Lei bárbara dos francos*, da qual um dos artigos se torna a lei sálica (*Lex Salica*), inventando o fundamento legislativo da sucessão ao reino em linha masculina, por ordem de primogenitura, e justificando assim *a posteriori* a implantação dos Valois. Em 1374, ele prevê sua sucessão abaixando a idade da maioridade de seu filho mais velho para os quatorze anos a fim de evitar as dificuldades do interregno, visto que seu filho, o futuro Carlos VI, nasceu somente em 1368, de seu casamento com Joana de Bourbon em 1350. Quando ele recebe o imperador Carlos IV de Luxemburgo em 1377, pode então se pretender diante dele como "imperador em seu reino". Carlos V é um rei rico que pôde mobilizar os impostos que os Estados haviam concedido em 1363 para pagar o resgate de João, o Bom. Seria este o motivo pelo qual, em seu leito de morte, ele aboliu os impostos diretos? Este ato de expiação era um dom que o rei fazia ao seu povo, mas a decisão só serviu para contribuir para as insurreições que se seguiram à sua morte, em 16 de setembro de 1380. || C. G. ||

Jean Froissart

Cerca de 1337-depois de 1404

Jean Froissart, nascido em Valenciennes, poeta e autor de romances corteses, é acima de tudo um dos mais importantes cronistas da Idade Média. Como Guillaume de Machaut, ele tira bastante proveito do mecenato principesco. Paralelamente, seus benefícios eclesiásticos (é padre em Estiennes-au-Mont, depois cônego em Chimay) asseguram-lhe ganhos que lhe permitem prover às necessidades materiais. Apesar de ser perceptível em seus escritos a influência de seus poderosos protetores, ele é muito mais livre que os escritores da corte da época, tal como um Georges Chastelain a serviço do duque da Borgonha no século seguinte. Em sua juventude, Jean Froissart escreve inicialmente na corte de Philippa de Hainaut, esposa do rei da Inglaterra, Eduardo III. O apoio dessa protetora permite ao jovem escritor reunir informações sobre o conflito que então opõe a França à Inglaterra, garimpadas durante viagens feitas para Inglaterra, Escócia, França e Flandres. Pouco a pouco, ele dedica-se a essa atividade que se torna sua vocação, um motivo de satisfação pessoal e a origem de sua fama literária. Depois da morte da rainha, Froissart volta para o Hainaut. Seus novos protetores, Venceslau de Brabante (filho do rei da Boêmia, João de Luxemburgo), Robert de Namur e Guy de Blois, também lhe permitem viajar e, portanto, se dedicar a outros escritos. Ele produz assim um grande número de composições poéticas de gêneros variados, como os *dits*[1], as baladas, os *rondeaux*[2] e outras pastorais. Deve-se também a ele um longo romance intitulado *Méliador*, que é uma tentativa de reatar com a matéria bretã e integra poesias líricas de Venceslau de Brabante. Entretanto, são as crônicas que constituem a obra mais importante de Froissart. Compostas de quatro livros, elas cobrem 75 anos de história, de 1325 a 1400. Trata-se de uma fonte importante para compreender a primeira metade da Guerra dos Cem Anos e o estado de espírito da aristocracia da época. A aparente unidade da obra deve-se ao fato de que ela se esforça em respeitar a continuidade cronológica. Todavia, pode-se facilmente seguir a evolução notável do autor, que se afasta pouco a pouco do modelo de seu predecessor emblemático, João, o Belo, para fazer prevalecer uma concepção da história mais pessoal e mais complexa.

1 Na Idade Média, pequena peça que trata de um assunto familiar ou da atualidade. [N.T.]
2 Tipo de canção medieval, com alternância de estrofes e refrão, acompanhada de dança. [N.T.]

Vestido com a elegância da Idade Média tardia, o historiador quase oficial, Froissart, oferece seu livro a uma de suas financiadoras e protetoras, a duquesa da Borgonha
Jean Froissart, cronista contemporâneo da Guerra dos Cem Anos, apresenta seu trabalho à duquesa da Borgonha, Marguerite II. Século XIV, iluminura extraída das Crônicas de Jean Froissart, Chantilly, Museu Condé

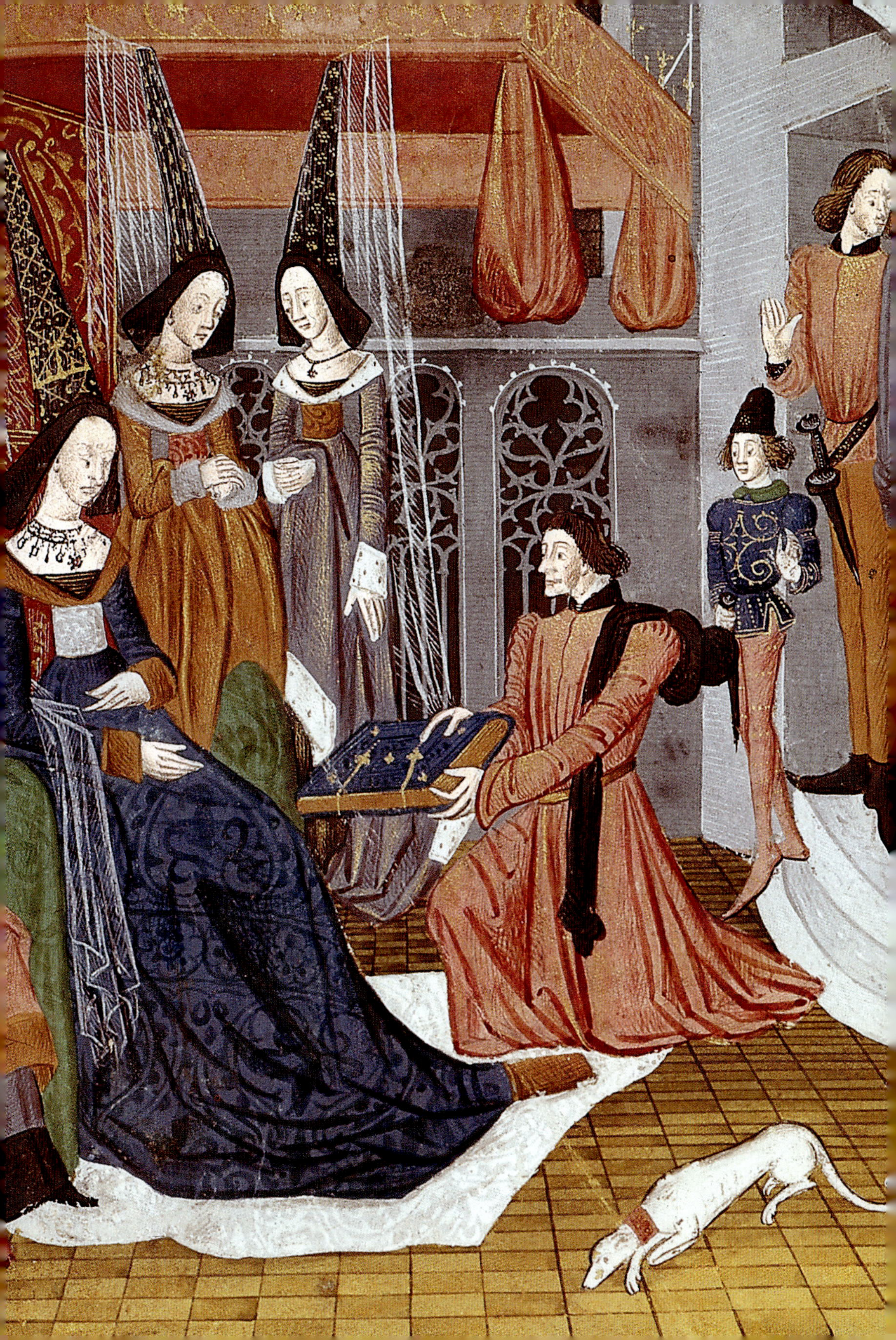

Em sua juventude, Froissart reverenciava o heroísmo, a honra e a cortesia. Desejava trabalhar contra o esquecimento daquilo que chamava de "exemplos edificantes", relatando os feitos heroicos para as gerações vindouras. Certos historiadores da época moderna criticaram-no por não saber analisar com profundidade os acontecimentos e por permanecer mergulhado numa admiração beata e não crítica do fausto da nobreza. Esses julgamentos por demais severos são, na realidade, fruto de um mal-entendido. Froissart de fato tentou compreender o sentido dos acontecimentos na qualidade de historiador de sua época. Para tanto, inspirou-se nos métodos do gênero que, segundo ele, era o mais carregado de

Do escriba ao escritor: Froissart
Froissart escrevendo suas crônicas, século XIX, gravura feita segundo uma miniatura, coleção privada

sentido, a saber, o romance. Além disso, com uma energia inesgotável, dedicou-se a coletar, no decorrer de suas inúmeras viagens, o máximo de testemunhos a fim de confrontá-los e de verificar assim as informações de que dispunha. Cada vez mais frequentemente, ele denuncia a inconstância, o orgulho e a hipocrisia dos detentores do poder.

Chegado à idade madura, Froissart começa a se desvelar a olhos vistos. A partir do Terceiro Livro, que relata a viagem à corte do conde de Foix e do Béarn, sua crônica faz pensar em memórias. O autor dedica-se mais a suas próprias viagens, aos acontecimentos que vivenciou e aos personagens que encontrou. Por várias vezes, ele explica ao leitor por que agrupou um ou outro fato juntos, por que se interrompeu em dado momento, para em seguida retomar seu relato inicial. Sua personalidade torna-se indissociável de sua obra poética e historiográfica.

Froissart fica profundamente marcado por sua última viagem à Inglaterra, em 1395. Em que pese a calorosa acolhida do rei Ricardo II, ele fica decepcionado por não mais encontrar a Inglaterra de sua juventude, nem os antigos valores cavalheirescos. Quando retorna para Hainot, redige o Quarto Livro, que se afasta bastante do quadro das guerras franco-inglesas. A simples sucessão cronológica permite compreender facilmente os motivos e as consequências dos acontecimentos em toda sua amplitude; este livro desvela certo ceticismo, que também é perceptível na última versão do Primeiro Livro. Na medida em que cada nova edição era marcada por uma perspectiva e intenções específicas, a terceira versão do Primeiro Livro é absolutamente interessante no plano da história e da produção literária.

Algumas cenas tornaram-se célebres devido ao talento de Froissart e de seu sentido de teatralização. Citemos, por exemplo, as batalhas de Crécy e de Poitiers, a humilhação e depois a salvação dos burgueses de Calais, o baile dos queimados[3], a crise de demência de Carlos VI na floresta de Mans[4], o abandono de Ricardo II por seu galgo fiel[5]. Por outro lado, a obra de Froissart permite seguir o itinerário de um homem da Idade Média, sua maturação, a evolução de seus interesses e de suas prioridades. Ao nos imiscuirmos em sua maneira de pensar estamos em melhores condições de apreender quais eram os seus valores. || M. N. ||

---

3 *Nuit des ardents*: numa festa no palácio Saint-Pol, residência real, em 28 de janeiro de 1393, o rei Carlos VI e mais quatro companheiros decidem fantasiar-se para entreter os convidados, mas a fantasia pega fogo e somente ele consegue escapar com vida. Sua saúde mental, já frágil, desmorona após o trágico acidente. [N.T.]

4 Em 5 de agosto de 1392, Carlos VI apresenta o primeiro episódio de loucura na floresta de Mans: volta-se contra sua própria tropa e mata seis pessoas antes de ser dominado pelos que estavam próximos. A lucidez retorna dois dias depois, mas esse evento é só o início de uma sequência de surtos que empanariam o brilho de seu reino. [N.T.]

5 Ricardo II tinha um cão galgo chamado Math, muito fiel ao seu dono, mas que acaba por abandoná-lo em favor do primo do rei, o duque de Lancaster, quando o trono estava prestes a passar às mãos deste último. [N.T.]

Althogh his lyfe qweynte be · the resemblaunce
Of hym · hath in me so freissh lyflynesse
That to putte other men in remembraunce
Of his persone · I haue heere the liknesse
Do make · to this ende in sothefastnesse
That they that haue of hym lost thought and mynde
By this peyntvre · may ageyn hym fynde

The ymages that in the chirches ben
Maken folk thynke on god and on his seyntes
Whan they the ymages beholden and seen
Where as vnsight of hem causeth restreyntes
Of thoughtes goode · Whan a thyng depeynt is
Or entailed · yf men taken of it hede
Thought of the liknesse · it sole in hem brede

Yit som holden oppynyon and sey
That none ymages schuld ymaked be
They erren foule · and gone out of the wey
Of trouthe · han they skant sensibilitee
Passe ouer now · that blessed trinite
Vpon my maisters soule mercy haue
ffor hym lady eke · thy mercy I crane

More other thyng wold I fayne speke and touche
Heere in this booke · but such is my dulnesse
ffor that all voide · and empty is my pouche
That all my luste · is qweynt with heuynesse
An heuy spirite · comaundeth stilnesse
And haue I spoke of pees · I shall be stille
God sende vs pees · yf it be his wille

Geoffrey Chaucer

1340/1343-1400

A celebridade de Geoffrey Chaucer frequentemente se reduz a alguns *fabliaux* de seus *Contos de Canterbury*, mas sua vida e obra merecem uma atenção mais detalhada.

Seu avô e seu pai, negociantes de vinho, desfrutam dos favores do rei, e Geoffrey tem uma carreira "real". Ele participa de cavalgadas da Guerra dos Cem Anos: feito prisioneiro, seu resgate é pago por Eduardo III. Ele frequenta o círculo internacional dos poetas-cavaleiros ou escudeiros francófonos: Eustache Deschamps, da França; Oto de Grandson, da Savoia; Jean Froissart, do condado de Hainaut. Ele torna-se um grande administrador, controlador das taxas sobre a exportação de lã e couros em Londres, e depois intendente dos prédios do rei às margens do Tâmisa. É enviado em missões à França, à Espanha e principalmente à Itália, em Gênova, Florença e Milão. Ele conhece as obras de Dante, de Petrarca e de Boccaccio. Chaucer só foi cavaleiro temporariamente, na qualidade de representante do Kent no Parlamento. Seu filho Thomas fará bons negócios e se tornará cavaleiro; sua neta se tornará condessa de Suffolk – belo exemplo de mobilidade social, sem barreiras entre a burguesia e a nobreza.

Desde sua infância nos cais de Londres, Chaucer experimenta as línguas e culturas estrangeiras. Tomando consciência da crescente importância das línguas vernáculas, decide escrever em inglês e não mais em latim ou francês, línguas de autoridade na Inglaterra – decisão arriscada, dado que não existe o inglês oficial e que seus versos em dialeto de Londres podem ser, aliás, mal interpretados ou corrompidos. É claro que outros poetas contemporâneos – Langland, Gower, o autor dos poemas do manuscrito Cotton Nero A.X, da British Library – tomam a mesma decisão, mas somente Chaucer é reconhecido como fundador. É mais que provável que o triunfo do inglês sobre o francês na Inglaterra deve-se menos à literatura que ao sentimento crescente da identidade nacional e à política linguística do Parlamento e das instituições escolares e universitárias, mas não se pode ignorar que a literatura é a defesa e a ilustração de uma língua.

O primeiro grande poeta e contista inglês com seu manuscrito bastante caprichado
Geoffrey Chaucer. 1430, iluminura, Londres, The British Library

A literatura é a vocação de Chaucer. Leitura e escritura ocupam seus momentos de lazer, bem numerosos. Sua assimilação das obras francesas (o *Romance da rosa*, que ele traduz, as poesias de Guillaume de Machaut – e depois os poemas de florentinos – Dante, Petrarca e Boccaccio) desacredita-o: Chaucer, um imitador, um plagiário? Nada mais falso. Criar é recriar, transformar. De uma narrativa linear que Boccaccio faz de um amor infeliz, Chaucer insufla a filosofia de Boécio, que ele acaba de traduzir; ele metamorfoseia a historieta de *Il Filostrato* numa verdadeira ópera, *Troilus and Criseyde*. Ele mostra compaixão pela infiel Criseyde, frágil brinquedo de um mundo dominado pelos homens. Um século mais tarde, o moralista Henryson será mais severo, e Shakespeare exacerbará a crítica até chegar à caricatura. Para fazer jus ao perdão das mulheres, Chaucer começa a descrever a galeria das legendárias "Damas virtuosas, santas mártires de Cupido", *The Legend of Good Women, Saints of Cupid*.

Os poemas de Chaucer são muito numerosos e, na maior parte, longos. Seu decênio mais fecundo vai de 1375 a 1385. A esses poemas é preciso adicionar as obras em prosa: a tradução do *De consolatione philosophiæ*, de Boécio, e dois tratados de instrumentos astronômicos. Chaucer, de fato, interessou-se pelo eventual determinismo dos destinos humanos provocado pela posição dos astros.

É difícil datar a composição de cada conto dos *Contos de Canterbury*. Chaucer deve tê-los composto circunstancialmente, deixando-os guardados e depois os retomando para juntá-los parcialmente. A obra fica inacabada, mas sua arquitetura aparece claramente: cerca de trinta peregrinos se reúnem em Southwark, ao sul de Londres, para dirigir-se à tumba de São Tomás Becket, em Cantuária (Canterbury); para tornar a caminhada mais alegre, um estalajadeiro de Southwark propõe recompensar com uma refeição gratuita o melhor contador de história: cada peregrino deveria dizer dois contos na ida e dois na volta. Na verdade, Chaucer só redigiu 24 contos, e a volta não existe, sendo que a catedral de Cantuária faz a figura do fim, a realização do encaminhamento espiritual. A última apresentação é a do santo vigário, sobre os pecados (precedentemente ilustrados pelos contos e pelos contadores) e sua confissão. Chaucer proclama então seu arrependimento e aproveita para dar o catálogo de suas obras. As coletâneas de contos são abundantes na Idade Média, mas o golpe de gênio de Chaucer é o de apresentar as narrativas sob uma forma animada, dinâmica: contos e contistas se respondem, se opõem, e o estalajadeiro escande as etapas.

O prólogo geral descreve as *dramatis personæ*. Ele respeita primeiramente a tripartição tradicional: a ordem dos notáveis combatentes (Cavaleiro, seu filho escudeiro, *Yeoman*, a seu serviço), os membros da Igreja (Trio da Rezadora seguido de uma Freira e de seu Esmoleiro, Monge, Irmão mendicante), o terceiro Estado (Mercador, Jurista, Proprietário de terras, etc.). Uma classificação rígida, quase monótona: Chaucer se liberta e em seguida introduz o Universitário, o Marinheiro, o Médico, o Burguês, o Cura e seu irmão "Laborioso" (pequeno cultivador), e muitos outros. Um Cânone alquimista e seu Assistente se juntarão ao grupo. Assim se mostra toda a sociedade medieval, tirando as categorias extremas dos príncipes e dos mendigos, que não se hospedam em albergues e que o prudente Chaucer deixa de lado. Os tipos sociais dos peregrinos são completados pelos personagens de seus contos. A personalidade da Burguesa das cercanias de Bath, diretora de oficinas têxteis, se destaca. Ela defende a causa feminista por meio de argumentos teológicos e confidências autobiográficas. Ela teve cinco maridos e está em

Letrina com um retrato de Geoffrey Chaucer segurando um livro. Cerca de 1400, iluminura, Londres, The British Library

busca do sexto. A personagem toma dimensões míticas desde a época em que Chaucer ainda era vivo.

À variedade social responde a diversidade dos gêneros literários e da versificação. A mesma abundância se verifica nos assuntos tratados: o amor, a morte, o livre-arbítrio, os sonhos, o estatuto social das mulheres, o dinheiro, o poder, a evocação da Antiguidade, etc. Chaucer só julga indiretamente, ao contar as histórias. O vício imperdoável, tanto aos seus olhos quanto aos de muitos de seus contemporâneos, é a hipocrisia religiosa com base na cupidez, encarnada pelo Vendedor de Indulgências, que aliás é um incomparável pregador. Chaucer, o artista, não se deixa enganar pela arte. A retórica pode levar a negligenciar o essencial, a palha brilhante corre o risco de eclipsar o grão austero. Chaucer propõe vários pontos de vista, ou por vezes até mesmo várias conclusões.

A época de Chaucer é agitada. A Guerra dos Cem Anos conhece vitórias inglesas (Crécy, em 1346; Poitiers, em 1356), mas seu custo gerará atitudes de extorsão de Ricardo II, a deposição (1399) e a morte do rei (1400). A peste bubônica castiga a Inglaterra em 1348. Suas consequências provocam a revolta dos camponeses e dos artesãos; Chaucer é testemunha do saqueio de Londres (1381). Se Wyclif faz avançar ideias revolucionárias na religião e na política, ideias propagadas pelos "lolardos", a obra de Chaucer só apresenta breves alusões a essas agitações. O Médico de seus *Contos* enriqueceu, provavelmente durante a peste; a caça à raposa no "Conto do esmoleiro" causa um tumulto igual às rebeliões de Londres; o bom Cura passa, erradamente, por um lolardo. Sobre a política infeliz de Ricardo, Chaucer escreve duas breves poesias e saúda a ascensão, legítima segundo ele, de Henrique IV. É pouco: por prudência e por temperamento, Chaucer foge dos extremismos, das tomadas de partido. Ele vê na poesia (e na astronomia) não uma evasão das dificuldades dos tempos, dado que ele descreve e denuncia as imperfeições de seus contemporâneos, mas um mundo preferível àquele das ambições políticas. || A. C. ||

Santa Catarina de Siena

1347-1380

Advinda de uma família de artesãos de Siena – seu pai, Giacomo di Benincasa, é tintureiro no bairro de Fontebranda, perto da igreja e do convento de San Domenico –, Catarina é marcada por uma vocação precoce para a vida religiosa. Ao término de um conflito com sua mãe, Lapa, que só imagina o casamento para a filha, esta entra, em 1364-1365, para uma comunidade de "Mantellate", isto é, de devotas laicas, espiritualmente dirigidas pelos dominicanos, sem por isso levar uma vida monástica ou de convento. Em breve a personalidade forte de Catarina e sua excepcional devoção atraem para si um grupo de "amigos espirituais" – a que se chamará de "brigata" – do qual fazem parte não só homens e mulheres das grandes famílias sienenses, mas também eclesiásticos e religiosos que vêm consultá-la a respeito de sua vida moral e espiritual. A influência dessa jovem inculta, que só tardiamente aprendeu a ler e a escrever, deve sua caridade incansável para com os pobres e doentes à austeridade das penitências que ela se impõe, em particular em matéria de alimentação, e sobretudo a uma vida mística intensa, que não deixa de ser marcada por fenômenos corporais: êxtases, levitações, troca de corações. O *Diálogo da divina providência*, redigido no fim de sua vida com a ajuda de seus discípulos, contém uma bela evocação da relação íntima que a liga a Cristo, marcada por longas conversas e pela veneração que ela dedica à Sua presença na eucaristia. Não demora para que lhe atribuam estigmas, muito dolorosos, mas não visíveis, assim como diversos milagres que atraem a atenção sobre ela.

Especialmente abençoada pela mão do Senhor
Santa Catarina de Siena. Século XV, miniatura, Milão, Biblioteca Nacional Braidense

Dupla página seguinte:
A conversa entre a santa, acompanhada de uma freira, e o papa em evidência entre membros da Cúria, não é unilateral
Giovanni di Paolo, *Santa Catarina de Siena diante do papa Gregório XI*. 1447, Lugano, coleção Thyssen-Bornemisza

335

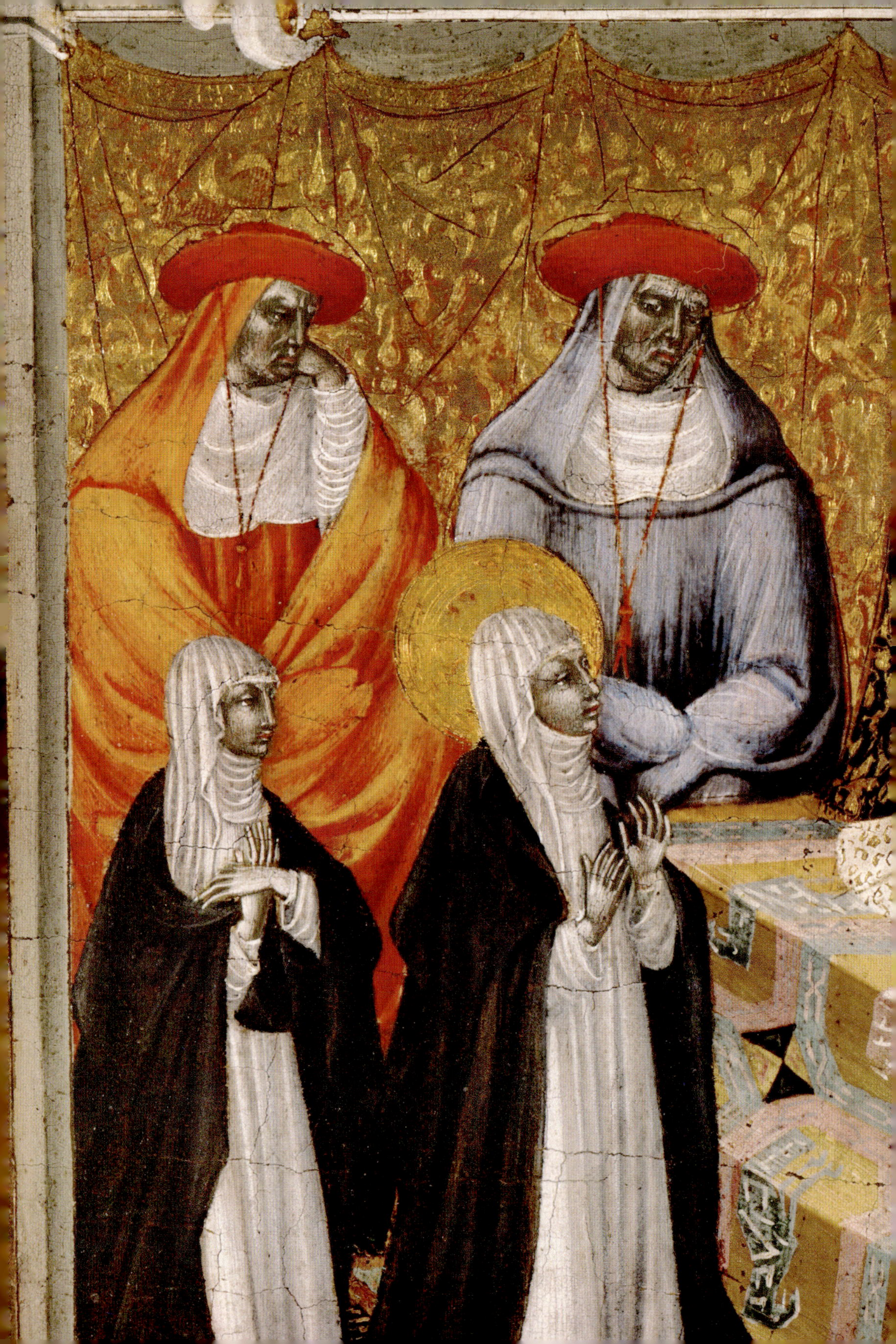

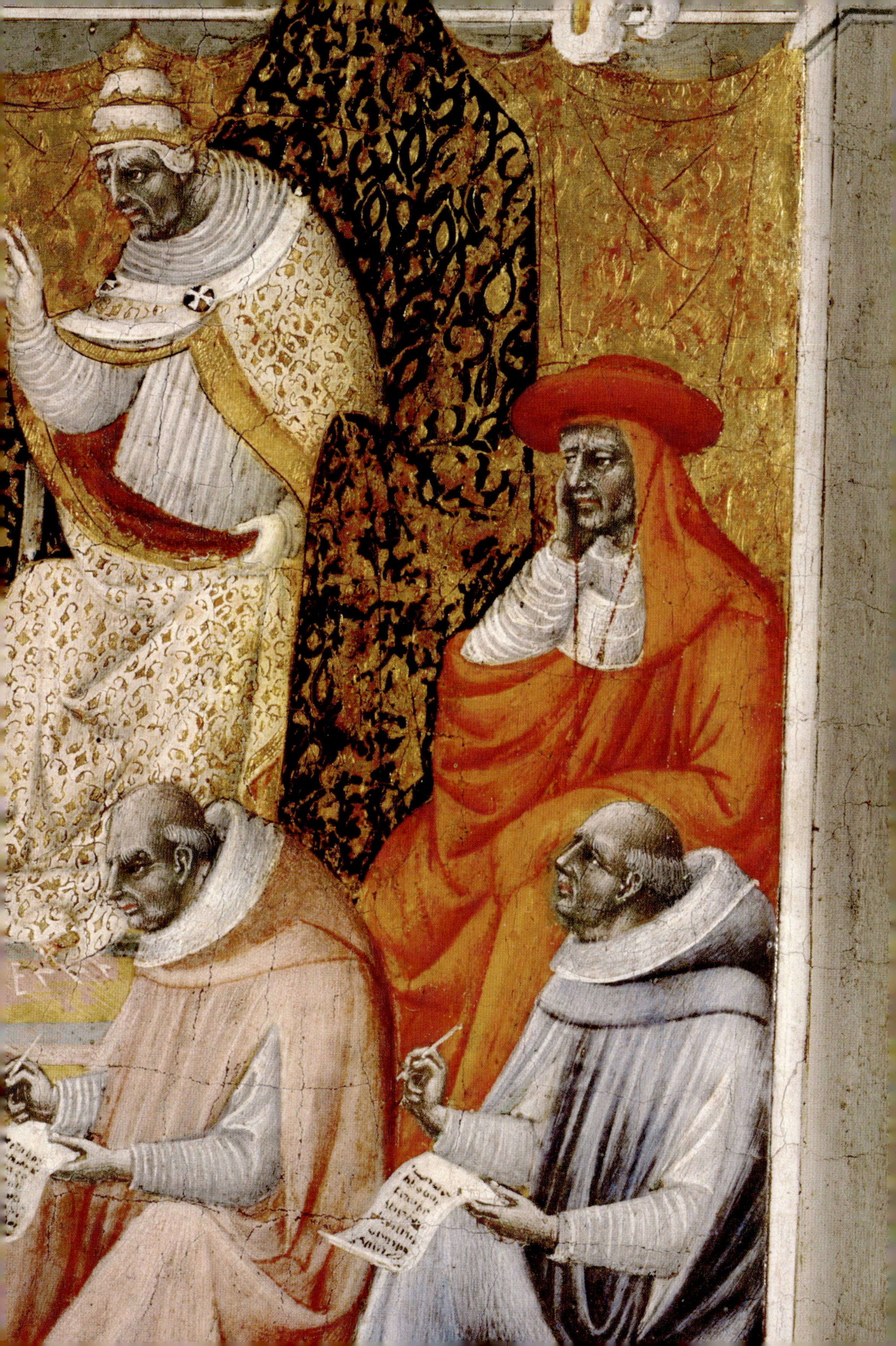

Nos anos 1367-1370, levada por Cristo, Catarina se lança na vida pública: convocada para o capítulo geral da ordem dominicana que ocorre em Florença, em 1374, ela é submetida a um exame por parte de alguns teólogos; sua posição sai reforçada desse evento, mas lhe atribuem um diretor espiritual, Raimundo de Cápua, que se tornará seu biógrafo e um dos propagandistas de sua santidade. Em Pisa, em 1375, ela inicia uma ação a favor da cruzada que, segundo ela, deve ser precedida pelo retorno do papado de Avignon para Roma e por uma profunda reforma da Igreja, condições prévias à libertação da Terra Santa e à conversão dos "sarracenos". Com essa finalidade, ela faz pressão sobre Gregório XI por meio de uma série de cartas; em seguida ela vai a Avignon, em 1376, para convencê-lo a voltar para a Itália. Seria excessivo afirmar que essa entrevista fez com que o papa deixasse as margens do Rhône para ir àquelas do Tibre, mas ele parece ter ficado impressionado pela força de convicção de Catarina. De volta à Itália, esta funda uma comunidade religiosa em Belcaro, reconcilia famílias inimigas na Toscana e se esforça – sem muito sucesso – para convencer as autoridades de Florença a fazer as pazes com o papa. Ela tem a satisfação de assistir ao retorno do papa para Roma em 1377, mas sua alegria não dura muito tempo: depois da morte do soberano pontífice e da eleição de seu sucessor, Urbano VI – um italiano que tem toda sua simpatia –, os cardeais se desentendem com ele e escolhem outro papa, Clemente VII, o que marca o início do grande cisma. Catarina apoia apaixonadamente a causa de Urbano VI e escreve cartas para diversos soberanos da Europa para pedir-lhes que permaneçam fiéis. Ela muda-se para Roma em novembro de 1378 e tenta reunir naquela cidade as personalidades espirituais mais marcantes de sua época, num "concílio dos santos", mas o projeto fracassa. Ela suplica a Urbano VI que inicie na Igreja as reformas que julga indispensáveis, mas sua expectativa é solapada. Por outro lado, sob sua influência, Raimundo de Cápua é nomeado mestre-geral da ordem dominicana e se esforça para fazer prevalecer o movimento da Observância.

Catarina morre em Roma, em 29 de abril de 1380; alguns anos mais tarde, seus restos são transportados para a igreja dos dominicanos, Santa Maria sopra Minerva, onde repousam até hoje. Em 1393, Raimundo de Cápua, que sempre foi fascinado por Catarina, escreve sua Vida (*Le-*

Santos e santas são frequentemente associados a uma ou várias cidades. Para Catarina, elas são Siena, lugar de seu nascimento, Roma, lugar de seu apostolado, e Veneza, lugar de preparação de sua canonização
Santa Catarina de Siena; em segundo plano, à esquerda, a cidade de Siena. Século XV, xilogravura, Siena, Arquivos do Estado

genda major), em que realça a prodigiosa maestria que a santa adquiriu sobre seu corpo por meio da penitência, sobre sua assimilação progressiva a Cristo e sobre o aprofundamento de sua missão apostólica. Entretanto, o maior foco de devoção e propaganda em favor da santidade de Catarina é o convento dominicano de Veneza, Santos João e Paulo, onde seu segundo biógrafo, Tommaso Caffarini, prepara seu processo de canonização, o qual se abre de fato em 1412. Ela foi finalmente canonizada em 1462 pelo papa sienense Pio II, o que favoreceu a circulação de seus escritos e a difusão de imagens e de pinturas representando diversos episódios de sua vida mística. || A. V. ||

Ladislau Jagellon

Cerca de 1362-1434

Ladislau II Jagellon (ou Jogaila)[1] foi grão-duque da Lituânia (1377-1401) e rei da Polônia (1386-1434). Em 1386, quando é soberano do último Estado da Europa ainda pagão, Jogaila percebe que a Lituânia não pode escapar mais tempo da cristianização. O paganismo da população local fornece, de fato, um pretexto ideal para a ordem dos cavaleiros teutônicos para intervir nos negócios lituanos. Jagellon deve, entretanto, escolher entre a Igreja ortodoxa e a Igreja latina ocidental. Por outro lado, enquanto ainda é só grão-duque da Lituânia, ele compreende que seu país não poderá combater em duas frentes: contra os cruzados alemães conduzidos pelos cavaleiros teutônicos e contra os russos.

Jogaila dá uma nova orientação à sua política quando lhe propõem a coroa da Polônia. A condição, para ele, é abraçar a fé católica e desposar a herdeira do trono polonês, Hedwige d'Anjou, filha do rei da Polônia e da Hungria, Luís I. Em 1385, um acordo é feito em Krewo, prevendo a conversão ao cristianismo de todos os lituanos, assim como a união de seu vasto Estado com a Polônia. O contrato não estipula ainda que vai se tratar de uma "união pessoal".

---

1 Seu nome, em lituano, é *Jogaila Algirdaitis*, e depois, em polonês, *Władysław II Jagiełło Czernichovski*. [N.T.]

Em fevereiro de 1386, Jogaila é solenemente recebido em Cracóvia. Quando é batizado, recebe o nome de Ladislas (Ladislau). O rei da Polônia entra assim para a história como Ladislau II Jogaila e transmite seu nome de origem aos seus descendentes. Os súditos acolhem favoravelmente seu novo soberano, que promete ser mais presente na Polônia que seu predecessor, Luís I d'Anjou. Por sua vez, o batismo dos pagãos lituanos se processa sem nenhuma complicação.

A união lituano-polonesa constitui um desses contratos estatais-dinásticos de que a Europa da época é ávida, como se pode observar na união que os Estados escandinavos (Dinamarca, Suécia, Noruega) concluíram entre si em 1397. Todavia, a de Krewo distingue-se por sua relativa estabilidade. Durante o último terço do século XIV, Ladislau consegue, de fato, ao preço de permanentes deslocamentos por todo o imenso território que governa, pacificar querelas que pululam entre os membros da dinastia reinante. Ele se alia de maneira durável com seu primo Witold, governador da Lituânia, e os dois homens se ajudam mutuamente contra seus inimigos comuns. O rei também satisfaz as classes dirigentes lituanas, que reivindicam uma redefinição das relações entre a Lituânia e a Polônia. Em 1401, uma nova união é selada, confiando o governo da Lituânia a Witold, na qualidade de grão-duque, e isso até sua morte. Em troca, Witold se engaja a não mais fazer acordos com a ordem dos cavaleiros teutônicos sem o consentimento de Ladislau. Por seu lado, Ladislau deve cessar de se imiscuir em alguns dos negócios lituanos.

Quanto os cruzados atacam a Samogícia, o papa intervém nas negociações de paz e devolve o território litigioso aos cavaleiros teutônicos. Entretanto, em 1409, uma revolta explode na Samogícia. Witold lhe dá todo seu apoio e Ladislau se compromete ao seu lado. O conflito atinge seu paroxismo em 15 de julho de 1410, com a derrota catastrófica dos exércitos teutônicos na batalha de Tannenberg, também chamada de Grunwald. O grande mestre (*magister generalis*) Ulrich von Jungingen cai nesse combate. Seguindo-se à vitória lituano-polonesa, a paz de Thorn é assinada em 1411. A ordem dos cavaleiros teutônicos deve renunciar à Samogícia, que então é oficialmente reincorporada ao grão-ducado da Lituânia, e também deve versar uma soma importante, principalmente para resgatar os membros da ordem que haviam sido feito prisioneiros. Ela desmorona financeiramente e perde grande parte de seu prestígio. Contudo, seu poder ainda não fica totalmente aniquilado.

Em 1413, uma nova união sanciona a aproximação da Polônia com a Lituânia. Esta última continua a ter seu próprio grão-duque, mas o rei da Polônia deve dar seu acordo em cada nova eleição. Em 1414, um novo conflito explode na ordem teutônica, a respeito da delimitação da fronteira. Ladislau e Witold recorrem ao Concílio de Constança e, em última instância, ao rei dos romanos, Sigismundo de Luxemburgo, para arbitrar o conflito. Em 1420, este último se pronuncia em favor da ordem. A partir desse dia, o rei da Polônia e o grão-duque da Lituânia dão mostra de sua simpatia aos hussitas.

Um novo conflito entre a Lituânia e a ordem teutônica leva à paz do lago de Melmo em 1422. Nela se negocia uma paz "eterna". É somente nessa base que a Samogícia é definitivamente restituída à Lituânia. Em caso de desrespeito da paz, os súditos lituanos poderão deixar de obedecer aos cruzados.

Witold morre em 1430, sem descendência masculina. No mesmo ano, Ladislau confirma importantes privilégios à nobreza. O velho monarca, que conseguiu uma descendência masculina em seu quarto casamento, morre em junho de 1434, depois de um longo reinado. Seu filho, com dez anos de idade, é designado para sucedê-lo.

Ladislau II Jogaila legou então seu nome a uma nova família reinante que conseguiu ocupar um lugar durável na história da Polônia e contribuiu para a construção da identidade nacional do país. Simbolizando o deslocamento sempre mais distante em direção ao leste das fronteiras da Polônia, ele teve um eco notável sobre o desenvolvimento político, cultural e étnico do país. || M. N. ||

Jan Hus

Cerca de 1370-1415

Jan Hus foi pregador, escritor e reitor de universidade. Na Universidade de Praga, ele obtém o mestrado em artes liberais em 1396. Dois anos depois, torna-se professor titular. Em 1400, é ordenado padre e prossegue seus estudos em teologia. Influenciado por seus homólogos tchecos um pouco mais velhos, ele se interessa ainda bem jovem pelos escritos de Wyclif. A obra do reformador de Oxford se torna desde então a base de sua produção literária e ele tenta aproximar-se ao máximo de seu modelo, mas adaptando suas ideias ao contexto tcheco.

Jan Hus não é de fato ligado à velha escola reformada da Boêmia; entretanto, reconcilia-se com ela por meio de uma concepção ativa do cristianismo, uma insistência sobre a moral e grandes expectativas em relação à vocação de pregador. Ele próprio mostra o exemplo dessa tarefa a partir de 1402, quando é nomeado para a cadeira de Belém em Praga, que serviria de tribuna para o grupo wiclefista da universidade daquela cidade. Imagina-se que é nessa época que Hus, ou um de seus próximos, redige seu tratado *Da ortografia tcheca* (*De ortographia Bohemica*). Apesar de seus estudos de teologia e do tempo que passa pregando na capela de Belém, Hus continua a ensinar na faculdade de artes, onde forma um número importante de partidários das ideias reformistas. Quando o Concílio de Pisa, em 1409, tenta pôr um fim ao grande cisma pela eleição de um novo papa, o rei Venceslau IV ordena à Universidade de Praga que adira, na medida em que o concílio confirmara-o em sua dignidade de rei dos romanos. Ele só é apoiado pelos mestres de universidade tchecos e modifica então a relação dos votos das diferentes nações com a ajuda do decreto chamado de Kutná Hora. Nessa nova base, a nação tcheca dispõe de três em cada quatro votos e as outras nações dividem o último entre si. É neste contexto que Hus é designado como reitor da universidade em 1409. Sua determinação em reformar a universidade o faz entrar num amargo conflito com o arcebispo de Praga. Este último obtém a interdição dos escritos de Wyclif e os faz queimar em praça pública, além de proibir sua discussão em espaços privados.

Hus é excomungado em 1411. Num momento inicial o rei o apoia, mas as coisas se complicam no ano seguinte, quando Hus começa a se pronunciar abertamente contra a venda das indulgências. João XXIII lança então o anátema sobre Jan Hus e o reformador se volta para Jesus Cristo como "juiz supremo". Vendo que a interdição o alcança nos lugares em que se encontra, Hus deixa Praga e se dirige ao campo, na maior parte do tempo na região de Kozi Hradek, na Boêmia do sul. Nessa localidade ele termina algumas de suas obras mais importantes.

Jan Hus escreveu tanto em latim quanto em tcheco. Dentre suas obras maiores, citemos *Da Igreja* (*De Ecclesia*), em que descreve a instituição como a sociedade dos homens predestinados à salvação; *A exposição da fé, do Decálogo e do Pai Nosso* (*Vyklad viery, Desatera a páteře*), que é um tratado sobre o Credo, os dez mandamentos e o Pai Nosso redigido em tcheco; a *Postila tcheca* (*Postila*). Em sua obra *Dos seis erros* (*O šesti bludiech*), ele reflete sobre as relações entre a Igreja e o mundo; sua obra *A boa filha* (*Dcerka*) explica às mulheres como viver em harmonia com a palavra divina.

Devido ao seu papel no movimento reformista e ao perigo que este encarna, segundo a Igreja, Jan Hus é intimado a comparecer diante do Concílio de Constança, que o rei dos romanos, Sigismundo de Luxemburgo, esforçou-se para convocar. Este concede

Jan Hus é condenado e em seguida levado à fogueira vestido com manto e chapéu de herege
Execução de Jan Hus por heresia no Concílio de Constança em 6 de julho de 1415 e Jan Hus despojado de seu manto antes de ser levado à fogueira. Século XV, gravura sobre madeira extraída das Crônicas do Concílio de Constança, de Ulrich von Richtental, lugar de conservação desconhecido

De degradacione
Huss

a Jan Hus um salvo-conduto que só lhe permite ir livremente para Constança. Hus espera ainda defender-se diante do concílio. Durante esse tempo, em Praga, Jacobellus de Mies (Jakoubek de Stříbro) começa a servir a eucaristia sob as duas espécies, com o consentimento de Hus.

Entretanto, a audiência que foi concedida a Hus em junho e julho de 1415 só tem por finalidade fazê-lo renegar os ensinamentos de Wyclif, além das suas próprias ideias. Apesar de consciente dos riscos que corre, Hus não consente. Aos amigos que mais uma vez tentam convencê-lo a se desdizer, responde que estaria pronto a fazê-lo caso se sentisse culpado, e que ele exige que lhe provem sua falta por meio das Sagradas Escrituras. Condenado como herege inveterado e entregue ao poder temporal, ele é queimado vivo em 6 de julho de 1415, e suas cinzas são lançadas no Reno.

A notícia da execução de Hus causa em seus adeptos uma aversão contra aqueles que lhe deram a morte e também contra o concílio e a hierarquia eclesiástica. Eles de fato estão convencidos de que Hus não se afastou dos ensinamentos da Igreja e que foi condenado porque defendia a verdade por meio de sua atividade de predicação. A condenação de Hus à fogueira é também interpretada como a vontade de difamar o reino da Boêmia. No país, a tensão é tamanha que uma revolução explode em 1419. Essas perturbações levam atualmente o nome de "revolução hussita". Na escala da história da Europa cristã, é legítimo considerar Jan Hus como um dos precursores da Reforma protestante. || M. N. ||

São Bernardino de Siena

1380-1444

Bernardino degli Albizzeschi nasce em Massa Marittima, na Toscana, da qual seu pai é governador. Órfão com a idade de seis anos, é criado em Siena por primas e faz estudos literários e jurídicos na universidade. Em 1400, ele entra para a confraria dos Flagelantes durante uma epidemia de peste e se dedica por quatro meses ao serviço dos doentes no hospital Santa Maria della Scala. Marcado por essa experiência, leva durante algum tempo uma vida eremítica e depois, em 1403, entra para os franciscanos da estreita observância, que nesta época ainda eram pouco numerosos. Um ano de estudos teológicos lhe permite se iniciar ao pensamento de São Boaventura, mas também àquele dos franciscanos "espirituais" (Giacomo da Todi, Olivi, Ubertino de Casale), que o papado e a maioria dos irmãos menores trataram como hereges no início do século XIV, por causa de sua ligação apaixonada pela pobreza evangélica.

Ordenado padre em 1404, ele começa a pregar no território de Siena, mas é só a partir de 1410 que se lança numa predicação itinerante, que o leva a tomar a palavra em público na maior parte das grandes cidades da Itália setentrional e central. No início, seus sermões se situam na linha daqueles dos predicadores apocalípticos da época, como os dominicanos Vicente Ferrer e Manfredi da Vercelli, que realçam os sinais da aproximação do fim dos tempos e se baseiam neles para conclamar o povo a se converter. Entretanto, a partir de 1423 Bernardino se engaja em outra via, o que lhe vale um sucesso crescente: em seus sermões, feitos exclusivamente em língua vulgar, ele não desenvolve de forma permanente as citações bíblicas, como faz a maior parte de seus confrades, mas usa a linguagem da conversação familiar, recorrendo ao diálogo, às referências da vida cotidiana e aos casos exemplares que ele expõe com brio. Por outro lado, em geral, ele não prega nas igrejas, mas nas praças públicas, pendurado numa tribuna de madeira, diante

Fra Angelico, *São Bernardino de Siena apresenta o trigrama "IHS" com o nome de Jesus Cristo, "H" para a letra grega "eta" (JHesus)*. Cerca de 1450-1452, têmpera sobre madeira da predela do retábulo del Bosco ai Frati, Florença, Museu de São Marco

de um auditório em que os homens são separados das mulheres por uma barreira. Graças ás notas tomadas nessa ocasião por um manufaturador de tecidos, temos conhecimento dos sermões que ele fez diariamente no Campo de Siena durante uma quaresma inteira, em 1427, o que nos permite apreendê-los em toda sua espontaneidade. Sua finalidade é revivificar as práticas religiosas do povo cristão realçando o amor divino, a penitência e a eucaristia, e de tornar a dar à Igreja uma credibilidade que ela havia perdido durante o perturbado período do cisma. Mais que a doutrina, ele acentua a moral e os comportamentos concretos, esforçando-se para que os laicos adotem uma ética cristã em todos os campos; ele também não hesita em abordar questões como as relações entre marido e mulher no âmbito do casal, a vida familiar e profissional, as lutas de facções que laceram as cidades e o gosto do luxo nos meios aristocráticos. Ele trata com competência os problemas econômicos e faz progredir a doutrina da Igreja nesse campo, estabelecendo uma distinção entre o empréstimo com juros e a usura, o que abre o caminho para a fundação, pelos seus discípulos, dos primeiros monte-de-piedade¹, que praticam o empréstimo com garantia a partir de meados do século XV. Seu rosto emaciado e desdentado, assim como sua devoção ao nome de Jesus (IHESUS), do qual ele exibe as três letras principais (IHS) inscritas numa tabuleta, lhe asseguram um grande prestígio junto às multidões e aos governantes – sobretudo Filippo Maria Visconti, em Milão, ou os duques de Montefeltro, em Urbino –, que apelam a ele para restabelecer a ordem e a paz em seus Estados, e aí reformam a vida dos religiosos. Bernardino é, de fato, o principal propagador do movimento da estreita observância, que conta com cerca de trinta conventos na Itália no início do século XV, e mais de duzentos no momento de sua morte. Primeiro vigário-geral da estreita observância na Itália em 1437, ele compõe uma *Exposição da regra* (de São Francisco), que prepara a separação dos dois ramos da ordem dos franciscanos – os conventuais e os observantes –, finalmente autorizada pelo papa Eugênio IV, em 1443. Ele está prestes a iniciar uma campanha de predicação na Itália do sul, por demanda do rei de Nápoles, Alfonso V, quando morre em Áquila, em 20 de maio de 1444. Para abrigar seus restos, os irmãos desta cidade constroem uma grande basílica, onde ocorrem vários milagres, e um suntuoso mausoléu. João de Capistrano, um de seus principais discípulos, organiza seu processo de canonização, que se desenrola em Áquila, a partir de 1445, e ele é canonizado pelo papa Nicolau V em 1450. Sua popularidade é tal na Itália – mas também no mundo germânico e nos países eslavos – que sua efígie foi pintada pelos maiores artistas da época e se encontra ainda hoje em muitas igrejas e conventos. || A. V. ||

---

1 Em italiano, *monte di pietà*, que vem de *monte*, "valor, montante", e *pietà*, "piedade, caridade". Corresponde a *penhor, garantia de empréstimo, caução*: o montante é concedido contra o depósito de um objeto que tenha uma quantidade monetária equivalente ou, ainda, mediante juros baixos. [N.T.]

Bonfigli ou Benedetto Buonfigli, *São Bernardino segura, diante de Cristo, o trigrama "IHS"* (detalhe), 1465, têmpera sobre tela, Perugia, Galeria Nacional da Úmbria

SANTIS BERARDINVS
IHS
IESVS CRISTVS

Henrique, o Navegador

1394-1460

Uma das joias do Museu Nacional de Arte Antiga de Lisboa é o *Políptico de São Vicente*, realizado sem dúvida em torno de 1460 e atribuído a Nuno Gonçalves. Nesta obra, que compreende seis quadros, o pintor fez figurar, em torno de São Vicente, o patrono da cidade, cerca de sessenta personagens, príncipes, eclesiásticos, nobres, marinheiros e pescadores, um verdadeiro condensado da sociedade portuguesa da época. O quadro foi objeto de múltiplos comentários, em particular quanto à identificação dos indivíduos representados. Se muitas hipóteses foram formuladas, uma única atribuição jamais causou dúvidas: o personagem colocado à esquerda do santo é Henrique, o Navegador.

A certa distância do museu, diante do monastério de Belém, ergue-se o monumento das descobertas erigido em 1960, por ocasião do 500º aniversário da morte do infante Henrique. O príncipe é seguido por 32 artesãos da construção do Império Português, de Vasco da Gama a São Francisco Xavier, de Cabral a Fernão de Magalhães. Do políptico de Nuno Gonçalves à obra salazarista há, a despeito do tempo transcorrido, uma constante: os grandes empreendimentos da expansão portuguesa nos séculos XV e XVI foram concebidos por um único arauto cujo mito, nascido bem cedo, perdura ainda hoje em dia.

É difícil circunscrever esse paladino que tirou proveito, em sua época, dos escritos de tom apologético de Gomes Eanes de Zurara, historiógrafo do rei de 1454 a 1474 e autor, em particular, da *Crónica do descobrimento e conquista da Guiné*. Zurara descreve assim o príncipe nascido no Porto em 4 de março de 1394, filho do rei João I e da rainha Felipa de Lancaster: "boa altura, forte corpulência e membros longos e vigorosos". Faz também um elogio sem nenhuma restrição: grande trabalhador, cuidadoso com a justiça e com o bem público, devoto, caridoso, cultivado, casto, jamais tendo sido animado pelo ódio, não tendo pronunciado palavras desonestas. O cronista reconhece, entretanto, o fasto de sua casa, onde inúmeros estrangeiros conviviam com os familiares do príncipe que apreciava as festas, as roupas e a comida.

O programador sedentário das grandes descobertas marítimas
Nuno Gonçalves, *Retrato de Henrique, o Navegador, príncipe de Portugal* (detalhe do Políptico de São Vicente), século XV, Lisboa, Museu Nacional de Arte Antiga

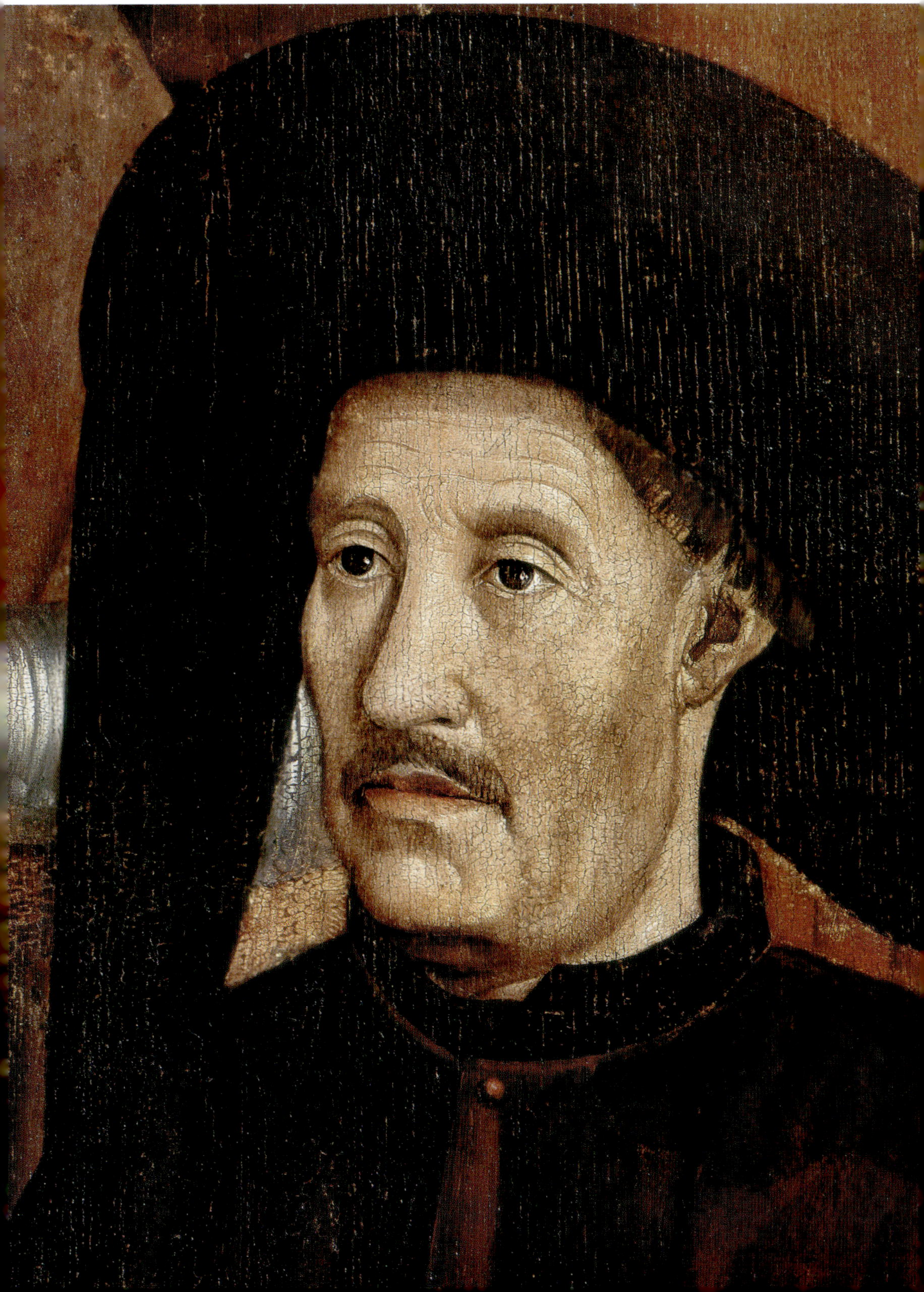

Do retrato esboçado por Zurara é preciso reter três características essenciais do infante: seu gosto pelas armas, sua profunda fé e sua curiosidade intelectual. O mito alimentou-se fartamente delas. De fato, aos 21 anos, Henrique foi o promotor de uma expedição que conduziu à tomada da marroquina Ceuta em 1415. Ele teria convencido seu pai, João I, a tomar parte nessa nova fase de cruzadas: "os infiéis são contra nós por natureza", teria dito. Ele também foi o iniciador da expedição de Tânger, em 1437, que se transformou num desastre com a captura de seu irmão Ferdinando, que morreu onze anos mais tarde no exílio. Foi ele ainda que, em 1458, ao anoitecer de sua vida, engaja o rei Alfonso V, seu sobrinho, a pôr em execução a expedição que permitirá a tomada de Alcácer Ceguer. Os três acontecimentos mostram a que ponto o ideal de cruzada habitou Henrique.

Por outro lado, ele foi um importante ator de várias descobertas, mesmo que não tenha tido o papel decisivo que o mito lhe atribui. Ele instalou sua moradia entre Sagres e o Cabo de São Vicente, na extremidade de Portugal; ela comportava uma biblioteca em que figuravam obras de matemática, mapas e portulanos, e era coroada por uma torre que servia de observatório astronômico. Nas proximidades, um arsenal e uma casa de repouso para os navegadores completavam um conjunto que ofereceu excelentes condições ao meio engajado nas descobertas e na colonização.

Entretanto, o infante Henrique não foi o único artesão do empreendimento português. Entre 1434 – data da ultrapassagem do Cabo Bojador por Gil Eanes, um familiar do príncipe – e 1447 – um ano após Diniz Dias atingir o Senegal –, somente dez, das trinta expedições africanas, contaram com sua iniciativa exclusiva, e duas outras parcialmente. Mesmo que João Zarco e Tristão Vaz, dois dos descobridores das ilhas do arquipélago da Madeira a partir de 1419, e Gonzalo Velho Cabral, que tomou posse dos Açores em 1431, fossem todos próximos do príncipe, parece que tenham agido por sua própria iniciativa. O terceiro descobridor da Madeira, Bartolomeu Perestrelo, estava a serviço do infante João, o mais jovem dos irmãos de Henrique. Por fim, a partir de 1454, o Navegador patrocinou o veneziano Ca da Mosto, que descobriu as ilhas do Cabo Verde em 1458.

Zurara insiste bastante, em sua obra, sobre o desejo que Henrique tinha de propagar a fé cristã e encontrar na África um príncipe cuja aliança teria permitido lutar contra o Islã. Em 1452, ele teria recebido uma embaixada do padre João. O cronista é mais discreto a respeito dos benefícios tirados de cargos singularmente lucrativos, obtidos pelo próprio Henrique ou por sua gente. O infante acumulou um patrimônio considerável iniciado em 1411 na região setentrional da Beira. Ele recebe em 1415 o título de duque de Viseu e se torna, em 1418, governador da riquíssima ordem militar de Cristo; em 1433 é senhor do arquipélago de Madeira, em 1439 do arquipélago de Açores e, no final de sua vida, das ilhas de Cabo Verde, todos títulos promissores de ganhos substanciais. Ele dispõe do monopólio sobre o sabão e sobre a pesca; também recebe consideráveis proveitos do comércio de escravos, cujo tráfico atlântico em direção a Portugal começou em 1441. Esses imensos ganhos permitem-lhe financiar as expedições, praticar o mecenato e levar um estilo de vida dispendioso. Henrique morreu em seu palacete do Infante em 13 de novembro de 1460, depois de uma longa vida marcada pelo sedentarismo. Ele só saiu uma vez de Portugal para ir a Ceuta, em 1415. Mas nunca deixou de contemplar o horizonte africano a partir de Sagres. Assim descrito pelos seus hagiógrafos, tornou-se o Navegador. || B. V. ||

Jacques Cœur

Cerca de 1400-1456

Não se sabe exatamente onde, nem quando nasceu Jacques Cœur: provavelmente em torno de 1400, em Bourges. Morreu em Chi, em 1456, quando participava de uma espécie de cruzada, mas, de fato, somente treze anos de sua vida são bem conhecidos: de 1438, data de seu acesso ao ofício público de superintendente de finanças[1], a 1451, data de sua prisão, que precedeu seu processo e sua queda; serão estes os anos aqui levados em conta.[2]

Ele desejou "fazer tudo, sozinho e bem depressa", escrevi em outra obra.[3] Isto, pelo menos, é o que se pode supor, pois de seus papéis só subsistem alguns vestígios. Sozinho, seguramente, sem fazer recurso à sua família, nem mesmo aos seus quatro filhos. Seus agentes são amigos, alguns de sua cidade, como Guillaume de Varye, que de certa forma foi seu procurador, ou Jean de Villages, que se tornará o comandante em chefe de sua frota no Mediterrâneo. Essa solidão lhe dá liberdade para agir, mas faz dele um alvo fácil.

Fazer tudo – o que isto quer dizer? Certamente não é monopolizar o comércio do reino: a massa de seus ativos improdutivos, sejam eles de aquisições de bens imobiliários

---

1 Em nossos dias equivaleria ao cargo de Ministro das Finanças. [N.T.]
2 Vide Michel Mollat, *Jacques Cœur ou l'Esprit d'entreprise*, 1988, Paris: Aubier, 495 p.
3 Bernard Chevalier, *Tours ville royale (1356-1520)*, Paris e Louvain: Vander-Nauwelaerts, 1975, p. 275.

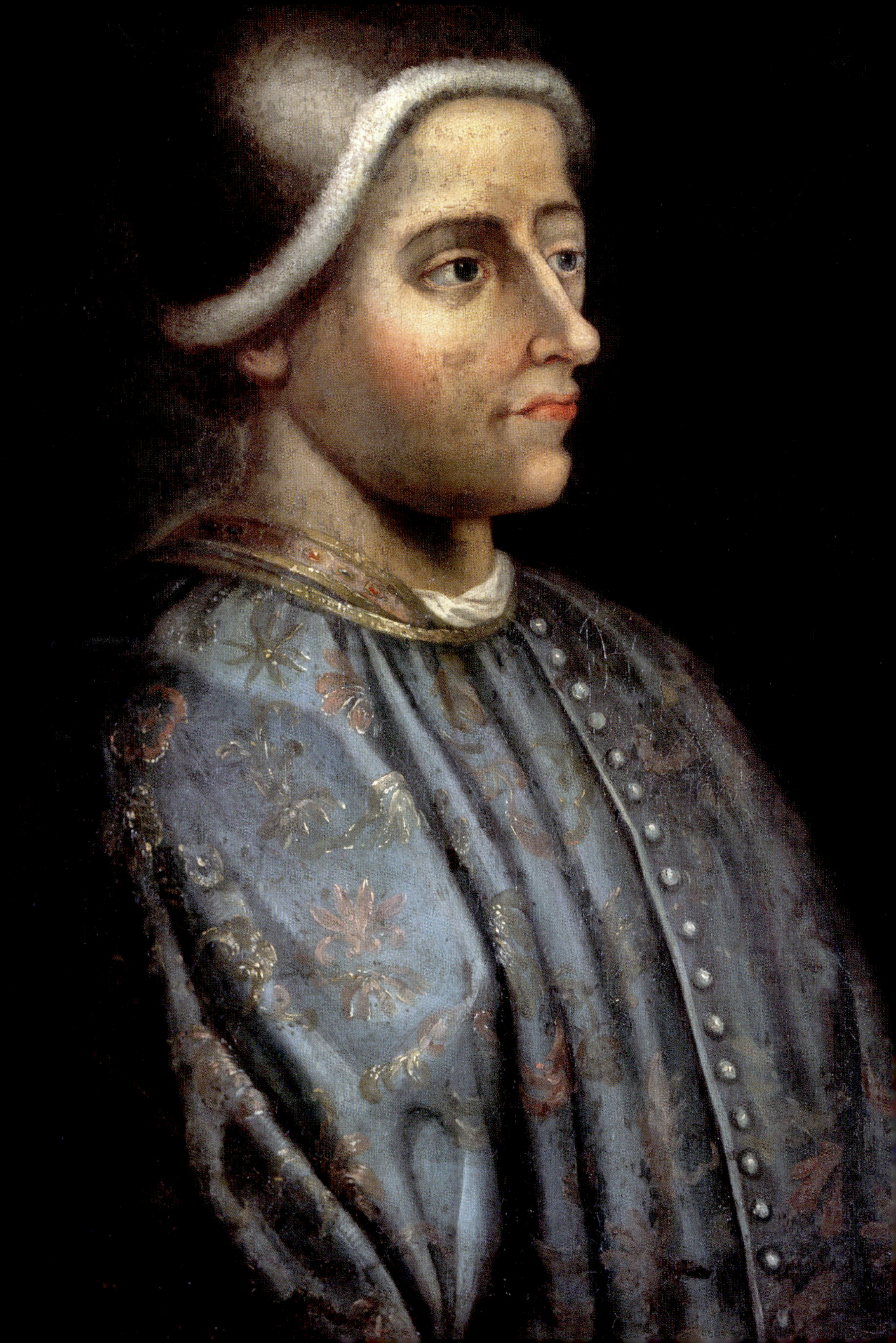

consideráveis ou de construções suntuosas, tais como seu palácio urbano de Bourges e aquele que mandou construir em Tours, em 1451, prova bem o contrário.

Então, o quê? Jacques Cœur é antes de tudo um homem de ação, muito bem informado, pronto a pegar qualquer ocasião de se enriquecer, de dominar e de aparecer. Uma vez nomeado superintendente das finanças, ele decide depositar em Tours do que satisfazer as demandas da corte durante um ano em alimentos de luxo, como mostra o inventário dessa "caverna de Ali Babá" elaborado depois de sua queda. Ele constrói uma vasta rede comercial, da Escócia até o Egito, mesclando em sua ação a defesa dos interesses do rei e dos seus; ele cria sua frota do Levante, cujos navios ostentam o pavilhão real, mas que é destinada inteiramente ao seu uso, isto é, dedicada sobretudo ao abastecimento da loja da prataria em Tours. Confusão perigosa dos papéis entre os negócios do rei e o seu próprio – será possível um dia distingui-los? Sempre desprovido de liquidez, seu calcanhar de Aquiles, ele busca garantir-se fazendo pactos com recebedores de impostos e principalmente tentando apoderar-se do riquíssimo comércio de sal, aquele do Midi na qualidade de visitante do imposto indireto sobre o sal, e aquele do norte controlando um grande número de silos. Tornado nobre em 1441, ele entra para o conselho do rei em 1444, ou alguns anos depois. É muito difícil estimar a parte que ele toma num organismo que não deixou nem arquivos, nem atas de sessão. A verossimilhança leva a supor que ele participou do trabalho ordinário do conselho, principalmente da redação dos decretos monetários entre 1441 e 1443; disso resultou, com efeito, a emissão de uma moeda de doze *deniers*[4] de prata, comumente chamada de *gros de Jacques Cœur*[5]. Tendo conquistado a confiança do rei, é encarregado, em 1447 e 1448, de grandes missões diplomáticas que continuam a servir a seus propósitos. Por exemplo, em Roma, em 1448, junto ao papa Nicolau V, recentemente eleito e que refez a unidade do papado ao termo de uma tentativa de cisma: nesta cidade, ele maravilha a população pela ostentação de seu fausto; ou ainda junto ao rei de Aragão, senhor da Sicília e de Nápoles, com quem se corresponde quase como de igual para igual.

Em 1449, ele participa da reconquista da Normandia da qual, se não foi o instigador, foi pelo menos o financiador, com cerca de 400.000 escudos, que ele próprio teve de pedir emprestados parcialmente. Ele faz uma entrada triunfal em Rouen, cavalgando ao lado de Dunois, coberto por uma armadura reluzente.

Ele se preparava para fazer o mesmo em Bordéus, em 1451, quando foi brutalmente preso, acusado de ter tentado envenenar Agnès Sorel, que na verdade foi vítima da bem conhecida ingratidão política de Carlos VII. Condenado à morte, conseguiu fugir e refugiar-se em Roma. Muito bem recebido pelo papa Calixto III, dele recebeu o comando da expedição em que encontrou a morte. || B. C. ||

---

4 Antiga moeda francesa valendo a duocentésima quadragésima parte da libra (e um doze avos do *sou*, a moeda que valia um vigésimo da libra). [N.T.]

5 Moeda de prata fina (3,547 g) valendo 0,05 libra. [N.T.]

Entre o aventureiro, o homem de negócios e o alto funcionário
Anônimo, *Retrato de Jacques Cœur, superintendente de finanças do rei Carlos VII e homem de negócios*. Século XV, pintura, Bourges, Palácio Jacques Cœur.

Joana d'Arc serve à causa do feminismo: em *A campeã das damas* (1442), Martin Le Franc apoia o ponto de vista de Cristina de Pisano sobre a igualdade homens-mulheres
Joana d'Arc, miniatura extraída de *A campeã das damas*, de Martin Le Franc, Grenoble, Biblioteca Municipal

Dupla página seguinte:
Joana d'Arc na fogueira em Rouen; à direita, o abade Cauchon, a mão estendida; à sua esquerda, o oficial Jean Massieu segurando em sua mão a ata de acusação enrolada. 1484, iluminura extraída das *Vigílias de Carlos VII*, de Martial d'Auvergne, Paris, Biblioteca Nacional da França

Joana d'Arc

Cerca de 1412-1431

A história de Joana d'Arc é tão extraordinária que nunca cessou, desde o início de sua vida pública e até nossos dias, de provocar questionamentos. Alguns teólogos, em 1429, reconhecem-na como boa cristã, outros, em 1431, a condenam à fogueira, como herege. Em 1456, um novo processo prova sua inocência. Depois de muito tempo, ela é enfim canonizada (1920). Nunca, por quem quer que seja, a Igreja procedeu desta forma.

De ponto de vista político, o contraste é absoluto entre seu triunfo por ocasião da sagração de Carlos VII na catedral de Reims, em 17 de julho de 1429, e a inação de que este rei deu provas durante o processo. Durante vinte anos ainda, de 1431 a 1450, ele parece esquecer aquela que de certa forma o legitimou.

Tão surpreendente quanto possa parecer, o encontro ocorrido em Chinon entre a jovem desconhecida, vinda de tão longe, e o rei da França nada tem de inverossímil: na situação de desespero e de urgência em que ele se encontrava, como não tentar tudo? Por outro lado, é preciso admitir na circunstância a influência fora do comum da *Pucelle*[1]. Misteriosamente, ela se impôs. Mesmo que na época a cessação do cerco de Orléans tenha parecido miraculosa para muitos, ela pode receber uma explicação natural: a relação de forças entre ingleses e franceses não era assim tão desigual que um sobressalto destes últimos não pudesse modificar o resultado. Joana d'Arc provocou esse sobressalto, os homens de armas combateram e Deus lhes concedeu a vitória.

Mais que tudo, uma questão se coloca sempre: como conceber que uma iletrada de dezessete anos, criada entre o pai e a mãe num vilarejo distante, sem horizonte cultural, tenha por si mesma formulado a ideia de que Deus lhe havia dado a missão de salvar o reino da França do naufrágio? Para responder a essa pergunta, múltiplas hipóteses foram feitas: ela não era uma iluminada, uma mitômana? Não teria alguém lhe ensinado seu papel? Ela era uma marionete do demônio ou era divinamente inspirada? Malignamente sugerida desde o início, a explicação pelo distúrbio mental foi em seguida afas-

---

1 *La Pucelle d'Orléans* era a alcunha de Joana d'Arc. Em francês, *pucelle* significa "jovem mulher", "virgem". [N.T.]

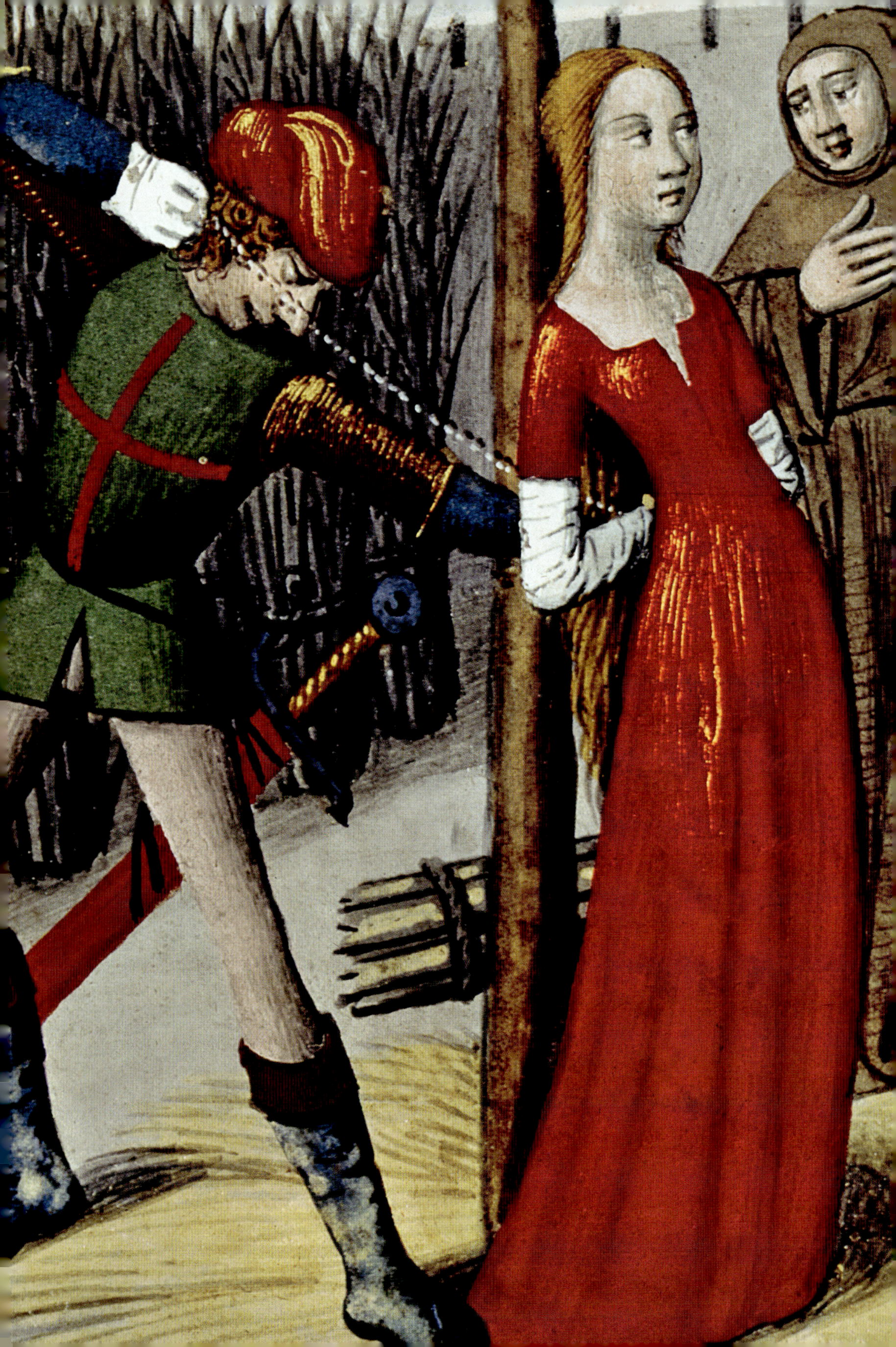

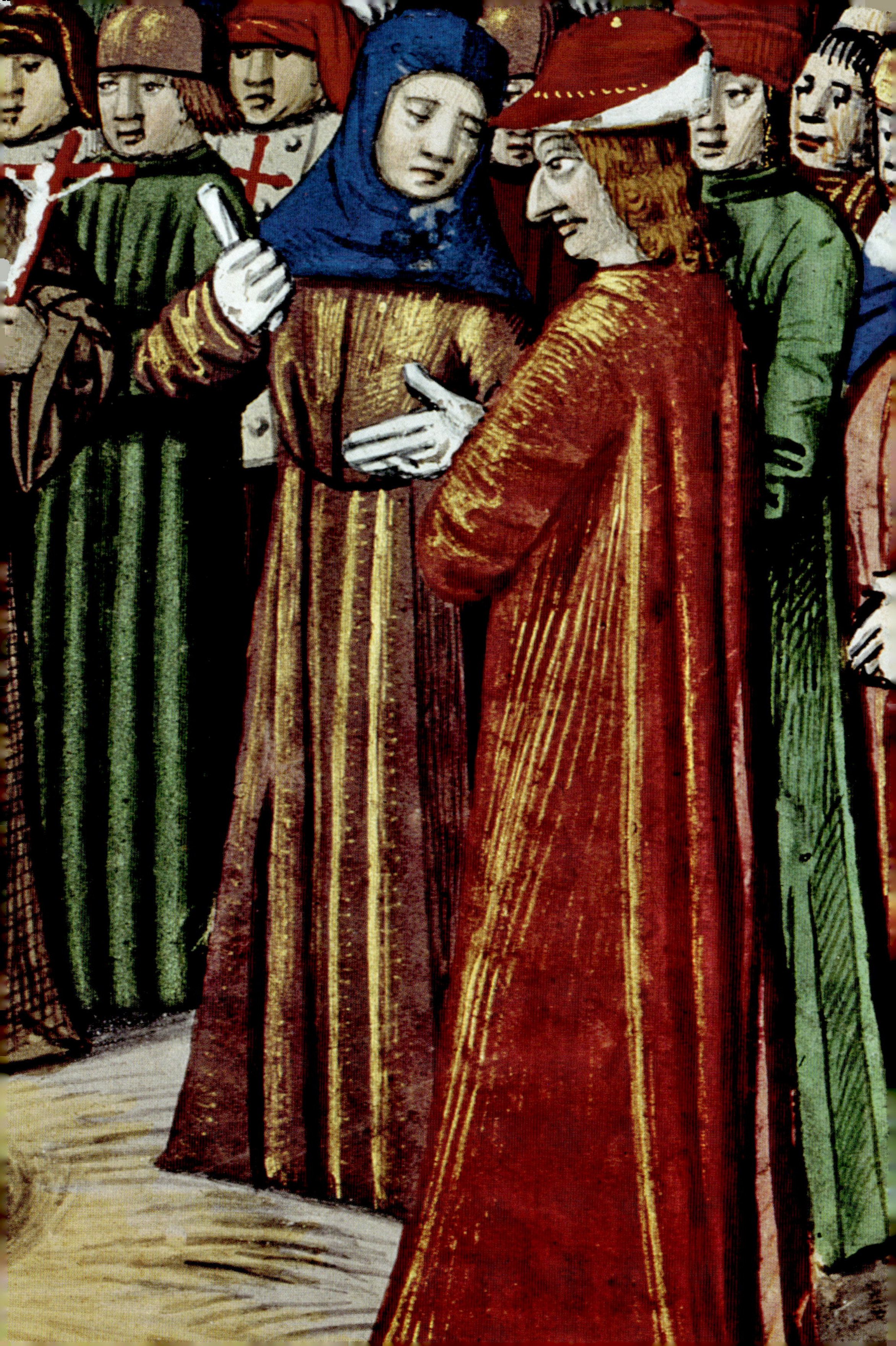

tada, principalmente por seus juízes de 1431. Depois de hesitarem, não veem nela uma simuladora. Também não retêm a tese de doutrinação por um terceiro. Resta então a natureza das "vozes". Eles concluem à sua origem maléfica, seja porque a acusada tenha sido enganada sem saber, seja porque ela mesma tenha deliberadamente invocado os maus espíritos.

Um quarto de século mais tarde, os doutos tratados que acompanham o processo de reabilitação concluíram prudentemente: mesmo que nenhuma certeza possa ser trazida, a origem sobrenatural das vozes, identificadas por Joana como sendo as do arcanjo Miguel e das santas Catarina e Margarida, é concebível; e também mais provável, desde então, que essas vozes só lhe davam edificantes conselhos e que a finalidade de sua ação – a salvação do "santo" reino da França e o socorro aos franceses mergulhados na tristeza – não poderia ter sido sugerida pelo diabo.

Na França do Antigo Regime, a tese providencialista adquiriu um caráter oficial, defendendo a ideia de que Deus, que reina sobre o destino das nações e de seus chefes, sempre dedicou uma atenção especial àquele da França e de seus "reis bastante cristãos". Mas esta tese também encontrou os céticos, tais como Bernard du Haillan, no século XVI, Gabriel Naudé e Pierre Bayle, no século XVII, Montesquieu no século XVIII: alguns astuciosos generais, para devolver a confiança ao povo e convencer um rei desencorajado, teriam tido a ideia de fazer Joana passar por uma inspirada. A tese providencialista não foi abandonada no século XIX: não a subentende o longo procedimento da Igreja que deveria finalizar com a colocação de Joana sobre os altares?

Mas então qual a posição para aqueles que, mesmo sendo fervorosos seguidores da *Pucelle*, não aceitam, em razão de sua visão do mundo, a origem divina das vozes? Sua solução faz recurso a uma versão laicizada: não se sabe por qual processo mental ela teria ouvido a voz de sua consciência, da pátria, do povo ou mesmo de sua terra natal. O historiador de hoje, evidentemente desmunido para decidir sobre a natureza das vozes, limita-se a realçar que, segundo o espírito do tempo, Deus podia agir pontualmente. Por Sua graça, ele podia confiar uma missão, mesmo temporal, a um "mensageiro" de Sua escolha. Na religião popular do final da Idade Média, o sobrenatural aflorava em muitas circunstâncias. A intervenção dos profetas, e mais ainda das profetizas, de qualquer condição, fazia parte da paisagem mental. Joana d'Arc teria vindo na esteira de Marie Robine, uma visionária como ela. Aliás, quando ainda viva, ela não teve êmulas, como Catherine de La Rochelle ou Pierronne la Bretonne? Não se pode também admitir, mesmo que seja uma simples comodidade de linguagem, que ela tenha sido um "gênio" em seu campo assim como na mesma idade Mozart o foi no seu? || P. C. ||

Escola franco-flamenga, *Joana d'Arc*, miniatura, 1485, Paris, Arquivos Nacionais

Jean Fouquet

1415/1420-cerca de1480

No enquadramento do *Díptico de Melun*, num medalhão de cobre, não distante daquele que havia encomendado o trabalho, o tesoureiro Étienne Chevalier, Fouquet se retrata de frente, nos anos 1452-1455, em camafeu de ouro sobre esmalte azul escuro, acompanhado das letras de seu nome na orla, *Joh[ann]es Fouquet*, como se desejasse entrar para a história: de fato, é reconhecida e apreciada sua assinatura em sua forma mais que no nome dele; ele tem efetivamente uma maneira bem própria de aplicar o ouro por hachuras finas e apertadas, em traços ondulados, para sublinhar a base do nariz e desenhar a narina. Mas... quem era Jean Fouquet?
Ele precisou esperar muito tempo a fim de entrar para a história dos homens. Subsistem poucos documentos acerca dele; somente aqui e ali alguns traços emergem de fontes muito lacunares, dentro das quais encontramos sua cidade de Tours: em 1460, ele é nomeado ao serviço de vigia das muralhas; dez anos mais tarde, recebe o pagamento dos quadros que pintou para os *Estatutos* dos cavaleiros da ordem de São Miguel. Estamos em 1470 e sua obra já conta muito, tanto sob o ponto de vista de seus clientes privados, quanto daquele das encomendas públicas. Durante suas viagens, ele aprende muito dos flamengos, que visita em 1440. Ele também vai à Itália em 1445-1446 para compreender "a arte da geometria" e aí exercer seu ofício, sempre o aperfeiçoando. Segundo Antonio Filarete (1400-1469), que com ele se encontra em Roma, segundo menciona no livro IX de seu *Tratado de arquitetura*, ele faz o retrato do papa Eugênio IV (1441-1447) e rapidamente atrai os favores da elite da cúria e da aristocracia da cidade, Giorgio Vasari (1511-1574) retorna ao episódio, quando escreve a "Vida de Antonio Filarete", em sua obra *Vidas dos melhores pintores, escultores e arquitetos*, composta de 1542 a 1550, e adota o pintor francês designando-o pelo seu nome italianizado, *Giovanni Focara*. Outro italiano, Francesco Florio, um florentino residente no reino da França, faz o *Elogio de Tours e da Touraine*, na forma e gênero humanistas da epístola. A que dirige em torno de 1470 a um de seus amigos, outro toscano, Jacopo Tarlati de Châtillon, que então se encontrava em Roma, dá conta do estado de execução do famoso retrato de Eugênio IV, conservado na sacristia de Santa Maria sopra Minerva, e depois desaparecido. Em sua descrição do talento de Jean Fouquet, ele distingue três qualidades principais que, em sua opinião, serviram para fazer crescer em muito a fama do artista: sua grande facilidade na arte de pintar; sua visão transparente

O primeiro grande pintor e retratista francês
Jean Fouquet, *Autorretrato proveniente do díptico Notre-Dame de Melun*. Cerca de 1450, medalhão em cobre, esmalte pintado e ouro, Paris, Museu do Louvre

das coisas e seu poder de dar vida. Essas qualidades, entretanto, são rapidamente ocultadas, sem dúvida porque Fouquet permanece por demais ligado ao cotidiano do trabalho de um ateliê de base familiar. Ele dirige seu ateliê com os dois filhos, Louis e François, dos quais um vem a ser, de modo verossímil, o Maître du Boccacce [mestre de Boccaccio] – do nome do manuscrito *Cod. Gall.* 6 da Bayerusche Staatsbibliothek de Munique. Jean Fouquet encontra-se perfeitamente inserido no gosto e nos modos de seus clientes, todos pertencentes à elite tradicional do reino da França, sob os reinados de Carlos VII (rei de 1422 a 1461) e de Luís XI (rei de 1461 a 1483), aos quais parece ser tão ligado que se apaga com eles. Em seus inúmeros "retratos", assim como nos dois grandes painéis de pintura religiosa que restam dele – o *Díptico de Melun* e a *Pietà* (cerca de 1460-1465) na igreja paroquial de Nouans-les-Fontaines –, enfim, em todas as suas iluminuras, executadas com a ajuda de seus filhos, ele soube responder às expectativas dessas elites: por exemplo, como se afastar da tradição religiosa bem fixada e escolher o instante iconográfico preciso, o mais dramático, para fazer ver aquilo que, ordinariamente, não se vê? Tal é o efeito do branco puro que ocupa o primeiro plano da *Pietà*: ele reúne Cristo, Maria, José de Arimateia e o devoto em prece, que permanece anônimo; pode-se imaginá-lo a seguir, extenuado, anunciando a Ressurreição que advirá. Quando ele decora livros de horas, o faz a partir de uma leitura pessoal dos textos litúrgicos e consegue interpretar plasticamente, no plano visual, a ideia original que retira da obra. Mais que qualquer outro, Fouquet soube dar a ideia da majestade política do rei da França num gênero que ele inventou, o da crônica pintada à glória de um Estado-nação em construção: no frontispício de Boccaccio, *Casos de nobres homens e mulheres* (cerca de 1459-1460), ele representa dramaticamente o *Leito de justiça de Vendôme* e a história contemporânea que estava se escrevendo naquele ano de 1458, a queda de Jean, duque de Alençon, enquanto o rei Carlos VII, no alto da imagem, impassível e sereno, mostra, pela altura do ponto de vista adotado, a majestade do soberano em seu reino.

Por ocasião da exposição "Os primitivos franceses" que ocorreu em 1904 na Biblioteca do Louvre, no pavilhão de Marsan, Henri Bouchot (1849-1906) fez o público redescobrir a arte e a originalidade do pintor Jean Fouquet. || D. R. ||

O "mais glorioso rei da França" não é idealizado
Jean Fouquet, *Retrato do rei Carlos VII*. Cerca de 1450, óleo sobre madeira, Paris, Museu do Louvre

Vlad III, "O Empalador" (Drácula)

Cerca de 1429-1476

O nome de Vlad III, voivoda — isto é, príncipe — de Valáquia, na atual Romênia, vassalo do rei da Hungria, Matias Corvino (reinado de 1458 a 1490), aparece pela primeira vez na história numa brochura de algumas folhas impressas em Viena em 1463. O personagem apresentado por essa brochura tinha sido preso no ano anterior por Matias Corvino, que o havia trancado num castelo-forte às margens do Danúbio. Na brochura ele aparece com o cognome de Drácula, ao qual se dá várias etimologias. A mais provável é que se trata de uma referência à palavra romena *drac*, do latim *draco* (dragão), que significa "diabo", e Drácula quereria dizer "filho do diabo". No início do século XIX, o cônsul inglês William Wilkson lembra que Drácula significa "diabo" em valáquio e assinala que os falantes dessa língua, desde o final da Idade Média, davam essa alcunha a todas as pessoas que se distinguiam "por sua coragem, suas ações cruéis ou suas habilidades". Essa informação científica nos indica que se Vlad III concentrou sobre seu nome a figura de um monstro excepcionalmente cruel, seu apelido remete a toda uma profusão de bandidos e a modos bárbaros que pilhavam então uma grande parte dos Bálcãs; o autor anônimo do livreto de 1463 já descreve o personagem como um tirano excepcional numa região em que, apesar de tudo, eles ocorriam aos montes. Para ele, é "um tirano que ultrapassava em crueldade Herodes, Nero e Diocleciano e todos os déspotas e torturadores que o mundo havia conhecido". Que se o julgue: Vlad III teria supliciado de modo particularmente cruel um grande número de seus servos, mas também "pagãos, judeus, cristãos, turcos, alemães, italianos, ciganos". Seu suplício preferido teria sido o empalhamento sobre um tronco pontudo e ensebado, introduzido no reto das vítimas. Ele foi então apelidado "o Empalador", e essa imagem do personagem foi amplamente difundida nos séculos XV e XVI na Alemanha; mas uma versão russa que circula desde 1486 o apresenta como um príncipe severo, mas justo, e culto, defensor dos valáquios contra os turcos. Ele teria inspirado o temível e prestigioso Ivan, o Terrível. Assim, reencontram-se na imagem histórica de Vlad III as duas interpretações de um príncipe aterrador, a da crueldade e a da justiça: belo exemplo da ambiguidade de certos personagens medievais que deixaram uma imagem mais ou menos lendária na história. Vlad Drácula é então príncipe da Valáquia, parte meridional da atual Romênia. Ele pertence à dinastia dos Basarabs, fundada no século XIV. A Valáquia do século XV é objeto de conflitos quase incessantes entre húngaros e turcos, e depois da tomada de Constantinopla, em 1453, os príncipes valáquios pagam, na maior parte do tempo, um tributo aos turcos, mas conservam uma grande independência. Vlad III vive assim períodos sucessivos de reinado e de exílio. Ele sobe uma primeira vez ao trono em 1448, depois de ter sido refém dos turcos por muitos anos. A parte principal de seu reino situa-se entre 1456 e 1462; depois ele conhece um longo período de exílio, de 1463 até sua morte. Esta ocorre em 1476: ele tem a cabeça decepada num combate com outro pretendente valáquio, aliado dos turcos.

A brochura alemã de 1463 está na origem da terrível reputação de Vlad III, a qual não para de se desenvolver até o fim de sua vida e, numa história mais ou menos mítica, até hoje em dia. Essa reputação parece ter vencido a imagem contrastada que certos textos, particularmente os russos, tinham procurado dar a Drácula. O destino póstumo de Drácula conhece uma reviravolta decisiva em 1897, com a publicação, em Londres, do romance do irlandês Bram Stoker, *Drácula*, que se inspirou num livro da belga Marie Nizet, publicado em 1879, *O Capitão Vampiro*. A figura do vampiro apareceu na Romênia a partir do século XVII, mas foi só no final do século XIX, e essencialmente com o romance de Bram Stoker, que Drácula se transforma de empalador em vampiro, o que relançará, de maneira excepcional, sua reputação de crueldade e sua imagem modernizada de tirano sanguinário.

O último avatar da reputação de Vlad III Drácula, o Empalador metamorfoseado de vampiro, deve-se ao cinema. Depois de um *Drakula Halala*, que teve pouco sucesso, o cineasta húngaro Murnau ficou conhecido principalmente por seu célebre filme, em que apresenta um novo Drácula, *Nosferatu, o vampiro* (1922). Alguns atores devem à sua interpretação de Drácula no cinema seu sucesso, seu prestígio e a longevidade de sua fama. Assim ocorre com o transilvano Béla Lugosi. Também John Carradine, saído do *western*, interpreta os três célebres monstros: Drácula, Frankenstein e o Lobisomem. Christopher Lee reanima a glória de Drácula no cinema de 1958 a 2003. A posteridade de Drácula conhece sequências inesperadas: assim como, no final do século XIX, uma neta da rainha Vitória proclamou-se descendente de Drácula, o príncipe de Gales, Charles da Inglaterra, não teme fazer o mesmo em 2012! A grande imprensa não hesita em pôr Drácula na primeira página, como foi o caso do *Libération* em 31 de dezembro de 1997, centenário do *Drácula* de Bram Stoker, lembrado num artigo do mesmo diário em 31 de dezembro de 2011. Drácula é um dos melhores exemplos do papel e da importância na história de certos personagens que se tornaram míticos: eles dão o testemunho da atenção que é preciso atribuir à história a longo prazo, a qual ultrapassa amplamente a vida humana de suas grandes figuras. || J. L. G. ||

O mais cruel assassino em série depois de Gilles de Rais[1] (século XV)
Vlad III, o Empalador, ou Drácula, tomando o desjejum diante de seus prisioneiros empalados. Século XV, gravura extraída de um tratado alemão, coleção privada

---

1 Gilles de Montmorency-Laval, Gilles de Rais, ou Gilles de Retz foi um nobre bretão, marechal da França, que lutou ao lado de Joana d'Arc. Sua fama adveio da condenação por torturar e estuprar um grande número de crianças. [N.T.]

Hie facht sich an gar ein graussem
liche erschröckenliche hystorien. von dem wilden wü-
trich Dracole weyde Wie er die leüt gespist hat vnd
gepraten vñ mit den haüptern yn eine kessel gesotten

...LIGVRIS...MIRAN... COLVMBVS ANTIPODVM P
...I·PENETRAVIT·IN· ORBEM·

Cristóvão Colombo

Cerca de 1451-1506

Cristóvão Colombo nasceu em Gênova de um pai tecelão que se estabeleceu com sua família em Savona. Esse nascimento ligúrio desempenhou um papel decisivo no destino de Colombo. Em vez de continuar o ofício paterno, ele se lança ainda bem jovem, em Gênova, na atividade profissional que domina então a sociedade daquela cidade e da Ligúria, a navegação. Esta ocupação é muito procurada, dado que uma parte importante da cristandade, de Veneza a Lisboa, lançou-se ao mar, pelo comércio e ao mesmo tempo pela travessia que levaria àquilo que constitui a atração maior do imaginário geográfico medieval: a rota marítima para o que se chamava na época de "as Índias" e, mais distante ainda, para Cathay, isto é, a China.

Essa atração começou na virada dos séculos XIII e XIV; Marco Polo, um dos ídolos de Cristóvão Colombo, impregnou a imaginação da cristandade com a narrativa de sua viagem, *As viagens de Marco Polo*. No século XV, a principal orientação nas tentativas de descoberta do mundo começa essencialmente pela circunavegação em torno do continente africano. Cristóvão Colombo faz várias viagens como marinheiro em navios genoveses. Ele vai, por exemplo, para a ilha de Chio, no mar Egeu, e provavelmente participa de uma viagem para a Islândia. Todavia, pouco a pouco nasce nele "um grande desejo": chegar a essas maravilhosas Índias acumulando tesouros — em particular, ouro — que imagina descobrir por um novo caminho, pensando que poderia se orientar graças aos instrumentos cada vez mais aperfeiçoados na cristandade, que são a bússola e o astrolábio. Essa nova via não mais se dirige para o leste, contornando a África, mas para o oeste, pelo Oceano Atlântico. Colombo precisa de financiadores. Estes podem estar animados por uma dupla intenção; como no caso da maior parte dos desbravadores marítimos dessas Índias, é primeiramente a isca das riquezas, dentre as quais figuram em primeiro lugar as especiarias, elemento essencial dos pratos refinados medievais, e o ouro, suscetível de remediar à fome monetária que quase constantemente ameaça a economia europeia; a outra atração é aquela do poder e da soberania sobre terras estimadas amplas e ricas. Os comerciantes e banqueiros genoveses não podiam fornecer

Sebastiano del Piombo, *Suposto retrato de Cristóvão Colombo*, 1519, óleo sobre tela, Nova York, Metropolitan Museum of Art

o necessário para que Colombo realizasse seu grande destino; então ele vai solicitar ao soberano que parece estar mais engajado na descoberta dessas terras, o rei de Portugal, o infante Henrique, o Navegador (morto em 1460), desejoso de recolher os frutos de suas longas pesquisas eruditas e puramente terrestres. Além de sua experiência no campo marítimo, Colombo se prepara mediante a leitura e a meditação das obras que considera essenciais. Ele lê principalmente autores antigos, como Sêneca e Plínio, o Velho, o *Livro*

A caravela é o navio típico de pequena e média tonelagem da Idade Média tardia e do início do Renascimento
A caravela Santa Maria (detalhe da *Carta de Colombo sobre a descoberta da América*), 1493, gravura sobre madeira, lugar de conservação desconhecido

das maravilhas (século XIV) e o mais influente de todos, *Imago mundi*, do cardeal Pierre d'Ailly, escrito no início do século XV. Colombo assenta sua cultura geográfica sobre três bases: a Bíblia, a geografia da Antiguidade ptolomaica e Pierre d'Ailly. Assim fazendo, ele age fundamentalmente como um homem da Idade Média. Aliás, se a finalidade geral é a descoberta dessas terras maravilhosas das Índias, sua motivação profunda é a de um missionário, de um conversor (Cristóvão Colombo é também um leitor assíduo da lenda do padre João[1]), enquanto para seus patrocinadores o atrativo das riquezas é o mais poderoso motor de interesse por esse projeto.

Colombo dirige-se primeiramente, em 1485, ao rei João II, de Portugal. O soberano não apoia o projeto, a princípio porque os portugueses acreditam firmemente na rota oriental pela África, e também porque as exigências de Colombo lhe parecem exageradas — ele demanda o título de almirante e a função de governador das terras que vier a descobrir. Colombo vai então à Espanha, diante dos Reis Católicos, que ainda estão às voltas com a conquista do último território espanhol ocupado pelos muçulmanos, o pequeno reino de Granada, de que se apossam em janeiro de 1492. Embora os reis espanhóis também fiquem reticentes diante das exigências pessoais de Colombo, acabam por adotar e financiar o projeto, pois estão em constante rivalidade com os portugueses para obter a maior parte das terras a serem descobertas, mas a divisão entre os dois reinos é de fato decidida pelo papado. Colombo recebe três caravelas e os víveres necessários. Sob seu comando, a expedição deixa a Espanha, em Palos, em 9 de setembro de 1492. Ele faz escala nas Canárias, e em 12 de outubro desembarca numa ilha das Antilhas, à qual dá o nome de São Salvador. Ainda em outubro ele descobre Cuba, e em dezembro, o Haiti. Em 4 de março ele retoma o caminho de Palos, onde chega no mês seguinte. As relações entre Colombo, sua equipagem e os indígenas indianos encontrados nesses lugares são no conjunto amigáveis, mas algumas alusões dos índios fazem desde então planar sobre Colombo e os seus a sombra temível da existência confessa de canibais numa ilha desse mesmo nome, cuja situação exata não pôde ser encontrada. Assim, a partir do relatório de sua descoberta ao rei católico, a cristandade vê nessas novas terras três elementos muito diferentes: uma população indígena muito primitiva (por exemplo, os indivíduos vivem nus), mas pronta a se deixar converter ao cristianismo; riquezas consideráveis (Colombo só viu uma pequena parte de terra aurífera, mas afirmaram-lhe que o ouro era abundante, mais além, na direção do oeste); e por fim, a terrível ameaça de comedores de homens que, inúmeros, viviam numa terra mais distante. A veracidade da descoberta, assim como a curiosidade dos cristãos, são alimentadas pela exibição de dez

---

1 Provável mito da época, o nestoriano padre João governaria um misterioso reino cristão cuja localização geopolítica seria muito confusa, mas que se encontraria além do território dos muçulmanos, o que poderia servir de auxílio às cruzadas. É provável que o mito tenha impulsionado os europeus na direção das misteriosas Índias, acreditando que encontrariam um apoio cristão. A busca desse reino também inspirou o romance *Baudolino*, de Umberto Eco. [N.T.]

índios que Colombo levou consigo. Essa primeira viagem é seguida por outras três. A segunda dura de setembro de 1493 a junho de 1496, no decorrer da qual descobre as pequenas Antilhas, explora Cuba, consegue encontrar uma mina de ouro, mas ele acredita também ter encontrado a prova da existência de canibais. A terceira viagem desenrola-se de 30 de maio de 1498 a 25 de novembro de 1500. Grandes infortúnios assolam Colombo durante sua terceira estadia nas Antilhas. Um de seus subordinados, Rolando, revolta-se e toma seu lugar, enquanto os reis católicos destituem-no e nomeiam Bobadilha como seu substituto. Em 1500, Colombo é levado como prisioneiro para a Espanha. Durante essa terceira viagem, ele só estendeu sua descoberta a uma pequena parte da América Central e a ilhas situadas ao norte da Venezuela. Em dezembro de 1500, ele é amigavelmente recebido pelos reis católicos em Granada, mas não consegue reaver suas prerrogativas. Entre maio de 1502 e novembro de 1504, ele faz sua quarta e última viagem. Esse périplo é novamente pouco frutífero no que respeita a novas descobertas. Decrépito e desiludido, volta para a Espanha e morre em Valladolid em 20 de maio de 1506. Perto da morte, ele ainda crê ter descoberto o início das Índias orientais. Entretanto, o conhecimento sobre o Novo Mundo progride. A cartografia, que Colombo, apesar de certo interesse ainda em Gênova só conhece de modo limitado e fantasista – na esteira de Ptolomeu, como é usual entre os eruditos medievais – desenvolve-se em alguns centros alemães. Nesse ínterim, um navegador florentino a serviço de Portugal e da Espanha atingiu as margens americanas além das ilhas descobertas por Colombo, e um cosmógrafo alemão, em 1507, chama o novo continente de América, do nome desse segundo descobridor, Américo Vespúcio (Amerigo Vespucci). O genial e desafortunado Colombo, que descobriu a América com seu faro de navegador e graças ao acaso, no fim ficou sendo apenas um grande explorador medieval. Ele deixou grande número de escritos, que nos permitem compreender sua personalidade profunda. Possuímos seu diário de bordo, muito preciso para a história dos acontecimentos, mas sobretudo suas obras espirituais, entre as quais um *Livro das profecias*, reunindo textos bíblicos que mostram um dos caracteres mais místicos da Idade Média, o da projeção imaginária num futuro, sob forma de profecia. Membro da terceira ordem franciscana, em estreita relação com alguns religiosos espanhóis, Cristóvão Colombo acreditou ser um grande Porta-Cristo. Ele retoma frequentemente essa afirmação: "A conversão dessas pessoas à nossa santa fé é a finalidade principal desse empreendimento." E o maior de seus lamentos foi não ter podido encontrar o grande Khan, com quem contava realizar esse cerco dos muçulmanos que havia obcecado os homens das cruzadas, e em particular São Luís. || J. L. G. ||

Cristóvão Colombo é ainda tributário da cartografia medieval fundamentada na geografia antiga de Ptolomeu
Carta geográfica de Cristóvão Colombo com as costas europeias e africanas, assim como uma representação esquemática do universo geocêntrico segundo Ptolomeu no alto. Cerca de 1492-1500, pergaminho, lugar de conservação desconhecido

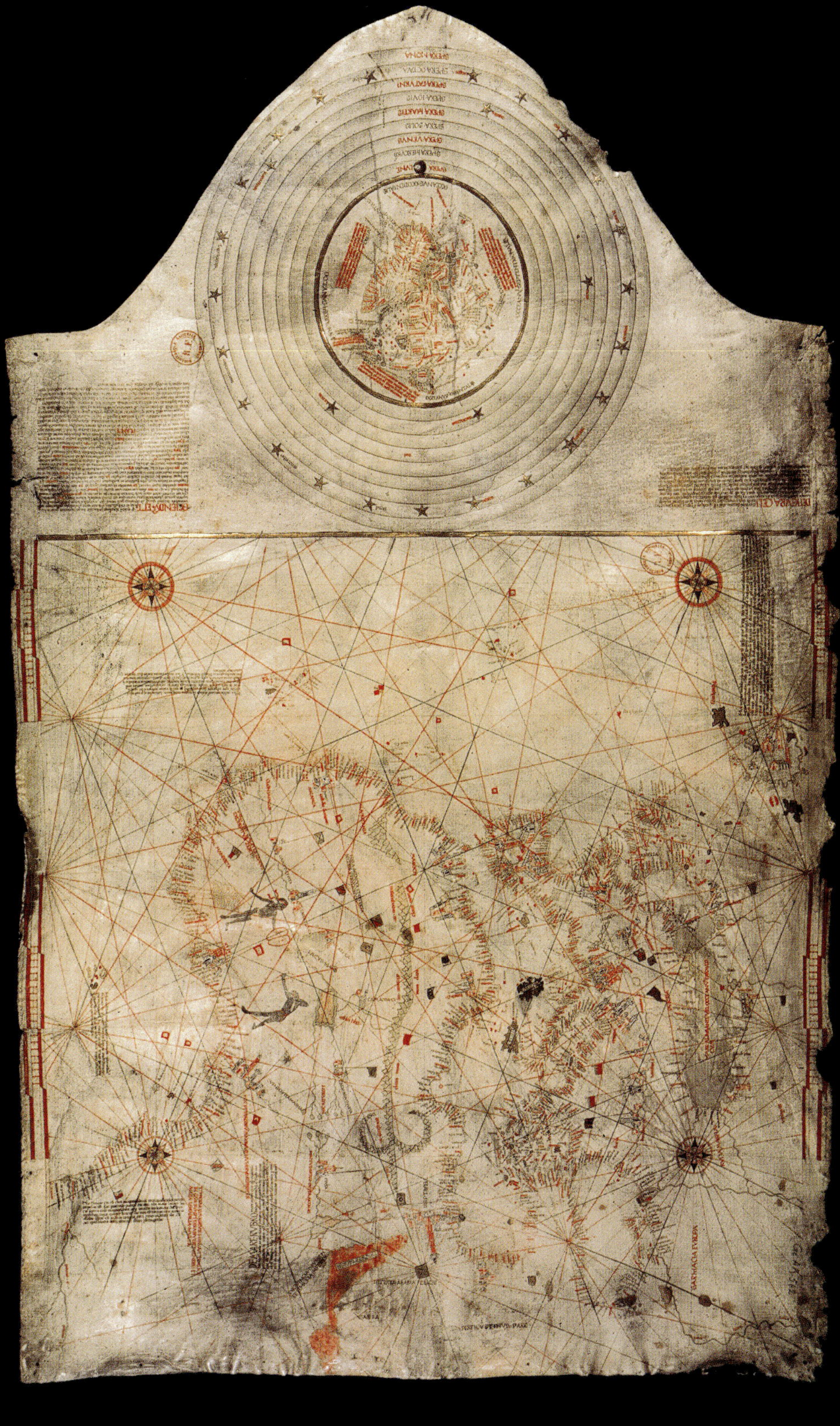

PERSONAGENS
IMAGINÁRIOS

Em qualquer lugar do mundo e em cada época, toda sociedade vive tanto na imaginação quanto na percepção do presente real. Se a sociedade medieval, primeiramente na Europa, na cristandade, foi profundamente marcada pelo cristianismo, também foi habitada por um imaginário simultaneamente inspirado pelo cristianismo e proveniente de outras fontes culturais e sociais.

Não se trata aqui de chocar os leitores "crentes", deslocando a religião para o imaginário, mas creio que os melhores fiéis e os melhores difusores da religião cristã sentiram bem que os personagens que desempenharam um grande papel em seu campo religioso eram também atores essenciais no plano profano, representando e executando o bem ou o mal, cuja presença e conflito permanecem sendo o fundamento da psicologia medieval. É por isso que, dentre esses personagens imaginários mais poderosos do lado do bem, figura a Virgem Maria que, pouco presente no Novo Testamento e pouco venerada na alta Idade Média, foi objeto, nos séculos XI e XII, de um culto fulgurante a ponto que pude me permitir, num ensaio histórico, transformá-la na quarta personagem medieval da Santa Trindade. Por outro lado, o mal está em todo canto na Idade Média, pois tem um chefe que comanda um inúmero exército. Esse chefe é Satã. Ele também tem, como o culto marial, uma história na Idade Média, pois há períodos em que o poder satânico e a intervenção dos demônios se fazem mais ou menos sentir. Também há personagens históricos da Antiguidade que se tornaram personagens imaginários ativos na sociedade medieval. Por exemplo, Alexandre, o Grande: ele deu ensejo a uma série de romances que estiveram entre os mais lidos na Idade Média. Contudo, como foi um personagem histórico real, ele não figura nesta obra. Em contrapartida, retive dois personagens que talvez tenham existido, mas sobre os quais nada sabemos, salvo o que nos contam as obras consideradas como obras-primas da criação literária medieval. Um é o rei Arthur que, a partir do século XI, se torna o herói central de uma lenda abundante e que obceca durante muito tempo os espíritos: cavalaria, Távola Redonda, Graal, etc. O outro é Rolando, presumidamente sobrinho de Carlos Magno, que traz ao imaginário medieval alguns de seus componentes essenciais: sua espada Durandal, rival imaginária da arthuriana Excalibur, a luta contra os muçulmanos que se tornou o ideal fantasmado da cruzada e, por fim, o som que ecoa durante todo o período e chega até nós, o do olifante de Roland.

O imaginário que gravitou em torno do poder dominante da Idade Média, a Igreja, apreendeu uma das características do clero para dele tirar um personagem, criador ao mesmo tempo de deslumbramento e de escândalo: a lendária papisa Joana, que teria comandado toda uma sociedade de solteiros masculinos e que está na origem, como veremos, de uma curiosa instituição pontifical no século XV. Esse fascínio do clero é combinado com outro mito, o das maravilhas do Oriente, para produzir um personagem imaginário fascinante, o padre João.

Alimentando-se das crenças populares, o imaginário medieval também criou uma categoria de seres prometidos a uma longa carreira, a das fadas. Podem-se distinguir duas espécies de fadas, aquela benéfica, mas infeliz – modelo Melusina – e a fada poderosa e malvada – modelos Morgana e Viviane. A estas fadas juntou-se um personagem cuja transformação marca a virada da cultura judaico-cristã na cultura popular: é o profeta, ou adivinho, do qual Merlin é o mais belo exemplo. Por fim, a sociedade real da Idade Média, e em particular aquela dos marginais ou dos dominados, promoveu um personagem-tipo que atrai para o mundo dos grandes as pessoas mais humildes, que sempre são exploradas ou ameaçadas pelos clérigos e pelos nobres. Ele aparece sob duas formas que personificam dois meios naturais essenciais da Idade Média, o mundo do campo e o da floresta. Trata-se de Jacques Bonhomme, o camponês revoltado, e de Robin Hood, o homem da floresta, o vagabundo, o agressor, mas também o protetor dos fracos e o justiceiro. Resta o mundo dos animais: ele permitiu compor obras que, pelo texto e imagem, são grandes e belos representantes do sonho e do pesadelo medievais, os bestiários. Um desses animais recebeu um tratamento particular, dado que se tonou antropomorfo, e assunto de uma vasta e importante literatura: é Renard (ortografado Renart na Idade Média). Renard, o esperto, que introduz nesse mundo dualista do bem e do mal uma terceira dimensão humana, a da indefinível natureza da astúcia, contrapartida medieval da Μητισ (Métis) dos gregos da Antiguidade. || J. L. G. ||

Arthur

Arthur é um bom representante dos heróis da Idade Média, colocados entre a realidade e o imaginário, entre a história e a ficção, e que são nessa época — e para alguns até nossos dias — personagens míticos.

Arthur é rei e tendo em vista a importância excepcional que adquiriu na Idade Média o personagem do rei na realidade histórica e no imaginário, isso faz dele, de partida, um personagem de primeiro plano. Por outro lado, está enraizado numa perspectiva histórica na qual não se pode ter certeza de que ele tenha existido. Nada se sabe sobre ele que pertença à realidade histórica, mas esse rei retira disso o duplo prestígio de ter sido, se é que existiu, um dos primeiros reis da Idade Média e, em todo caso na ficção, um herói de primeiro plano, ao qual foi dedicada uma vasta literatura que, a partir da Idade Média, coroou de glória e de sonho sua personalidade.

Arthur aparece nos escritos do cronista Nennius, que compôs, no início do século IX, uma *Historia Britonum*; nela, o herói pretende ter combatido contra os saxões, ao lado dos bretões, por ocasião da invasão da Grã-Bretanha pelos saxões, e de ter matado até 960 inimigos. Em seguida ele teria sido o rei dos bretões. Assim, Arthur aparece como um prestigioso guerreiro. Pertencente a essa categoria de grandes personagens que se impõem por suas proezas militares, ele está pronto para se tornar um dos mais brilhantes entre aqueles que dominarão a sociedade medieval: os cavaleiros.

Rei e guerreiro, Arthur tem todas as chances de se tornar célebre. Por outro lado, ele nasce num meio étnico que será por si mesmo prestigioso na Idade Média, aquele dos bretões: seja na Bretanha continental, seja na Grã-Bretanha insular, os bretões são os representantes mais célebres do povo que está nas origens da sociedade medieval, os celtas. O personagem nasce verdadeiramente no século XII, numa obra que conhece muito mais sucesso que a crônica de Nennius. Trata-se de *Historia Regum Britanniæ* (*História dos reis da Bretanha*), redigida entre 1135 e 1138 por um cônego de Oxford, Geoffroi de Monmouth. Essa história começa com o rei de origem romana, Brutus, que teria vindo trazer a civilização para os primeiros bretões bárbaros. Mestiços de romanos e de bárbaros, os bretões teriam sido governados por uma série de reis, entre os quais o último, Utherpendragon, auxiliado pelo mago Merlin, teria concebido um filho — Arthur — com a mulher que ele amava, Ingerne. Rei aos quinze anos, Artur multiplica as vitórias sobre os romanos e os povos da Europa ocidental: conquista toda a Grã-Bretanha, as ilhas do norte e o continente, até os Pirineus, depois de ter matado um gigante que espalhava o terror em torno do Mont-Saint-Michel. Mas seu sobrinho traidor, Mordred, toma-lhe a mulher e o reino. Ao voltar para a Grã-Bretanha, Arthur mata-o, mas ele próprio fica mortalmente ferido e é então transportado para a ilha de Avalon, ao largo do País de Gales, onde deverá ser longamente tratado a fim de poder recuperar seu reino e suas conquistas. Assim, Arthur tira proveito de dois grandes temas do imaginário, o do grande guerreiro e o do comandante que aguarda em lugar misterioso até poder reaparecer e reconquistar seu reino.

Contudo, o prestígio de Arthur não se exaure aí. A partir do século XII é o herói de uma extraordinária produção literária a que se deu o nome de lenda arthuriana. O primeiro e maior dos romancistas arthurianos é Chrétien de Troyes, que escreve entre 1160

O imaginário arthuriano ainda está na moda no século XV, e em especial dois de seus grandes mitos: os cavaleiros da Távola Redonda e o Santo Graal
O Santo Graal aparece para os cavaleiros da Távola Redonda. Século XV, iluminura extraída do *Livre de Messire Lancelot du lac,* de Gauthier Map, Paris, Biblioteca Nacional da França

e 1185. Em seguida, a lenda arthuriana – seja em forma de traduções ou de novas ficções, seja em verso, seja em prosa – vai se disseminar em grande parte da Europa no decorrer da segunda metade dos séculos XII e XIII. Uma característica excepcional de Arthur é que ele não é o único a beneficiar de seu prestígio. Ele está cercado por personagens notáveis, que tomam parte em sua influência e que, por sua vez, entrarão no mundo dos heróis lendários do imaginário medieval. Os mais conhecidos são Gawaine, Lancelot e Percival. Mas o poder de ascendência de Arthur vai ainda mais longe. Primeiramente, ele dispõe dos poderes mágicos do mago Merlin. Em seguida, os personagens de que se cerca vão desenvolver em sua companhia dois dos grandes mitos da Idade Média que ilustram duas das características mais profundas dessa época: por um lado o grupo guerreiro e por outro o mistério religioso. Com doze de seus cavaleiros, Arthur funda e dirige um lugar excepcional de reflexão guerreira, a Távola Redonda. Dela nasce outra grande produção imaginária suscitada por Arthur: o famoso Graal. Misterioso e deslumbrante objeto criado por Deus, o Graal é o produto mais prestigioso da cristianização do mundo de guerreiros medievais. E ainda não é tudo: advindo de um passado lendário, Arthur prepara o futuro escatológico que prediz o milenarismo cristão. O que o espera em Avalon não é apenas seu retorno vitorioso sobre a terra, é também a condução da humanidade para o Julgamento Final e a eternidade. Enquanto isso, ele deixa também um objeto que pertence a uma categoria de instrumentos mais ou menos divinizados na Idade Média: uma espada mágica – Carlos Magno tinha a Joyeuse, Roland tinha Durandal, Arthur tem a Excalibur. Sendo que a história e a lenda sempre foram ligadas ao espaço, a lugares singulares, Arthur é visto como um grande marcador de lugares extraordinários. Este, é claro, é o caso de Avalon, mas também o de Tintagel, na Cornualha, onde ele teria sido concebido, e mais ainda o de Camelot, sua capital imaginária nos confins da Cornualha e do País de Gales. Às lembranças de Arthur também estão associados dois lugares terrestres reais. O primeiro é o monastério beneditino de Glastonbury, na fronteira do País de Gales, onde, em 1191, teriam sido descobertos seus restos e os da rainha Guinevere. Em especial, há um lugar surpreendente que alguns textos da Idade Média reconheceram como sendo a ilha de Avalon. O local em que Arthur, acamado, aguardaria seja sua cura, seja o fim do mundo, foi identificado por um escritor inglês do início do século XIII, Gervais de Tilbury, em sua coletânea de histórias, os *Otia imperialia* (Os lazeres do imperador), como sendo a cratera inflamada do Etna, na Sicília. É, parece-me, uma repercussão da crença no purgatório terrestre, que nasce no final do século XII e do qual o vulcão é uma das bocas presumidas, sobre o personagem de Arthur. A presença do herói num vulcão em erupção talvez seja devida ao fato de

Note-se a coroa e o capacete de malha, a lança, a espada, o escudo com a Virgem Maria e o Menino Jesus e, dentre os inúmeros reinos de Arthur, a França em primeiro lugar
O rei Arthur. Século XIV, iluminura extraída da *Crônica anglo-normanda* em versos de P. Langtoft, Londres, The British Library

france	norvef	Albanie	or	Irom	hirland	norbai
Danmark	germon	portingale	naueyne	Armon	Angeon	
ifland	Gothland	Allmain	Truffom	galis	gres	
Aragon	Espaine	mede	libye	Arge	Cipre	
Turrie	babiloine	Surry	hecchie	tones	Romee	

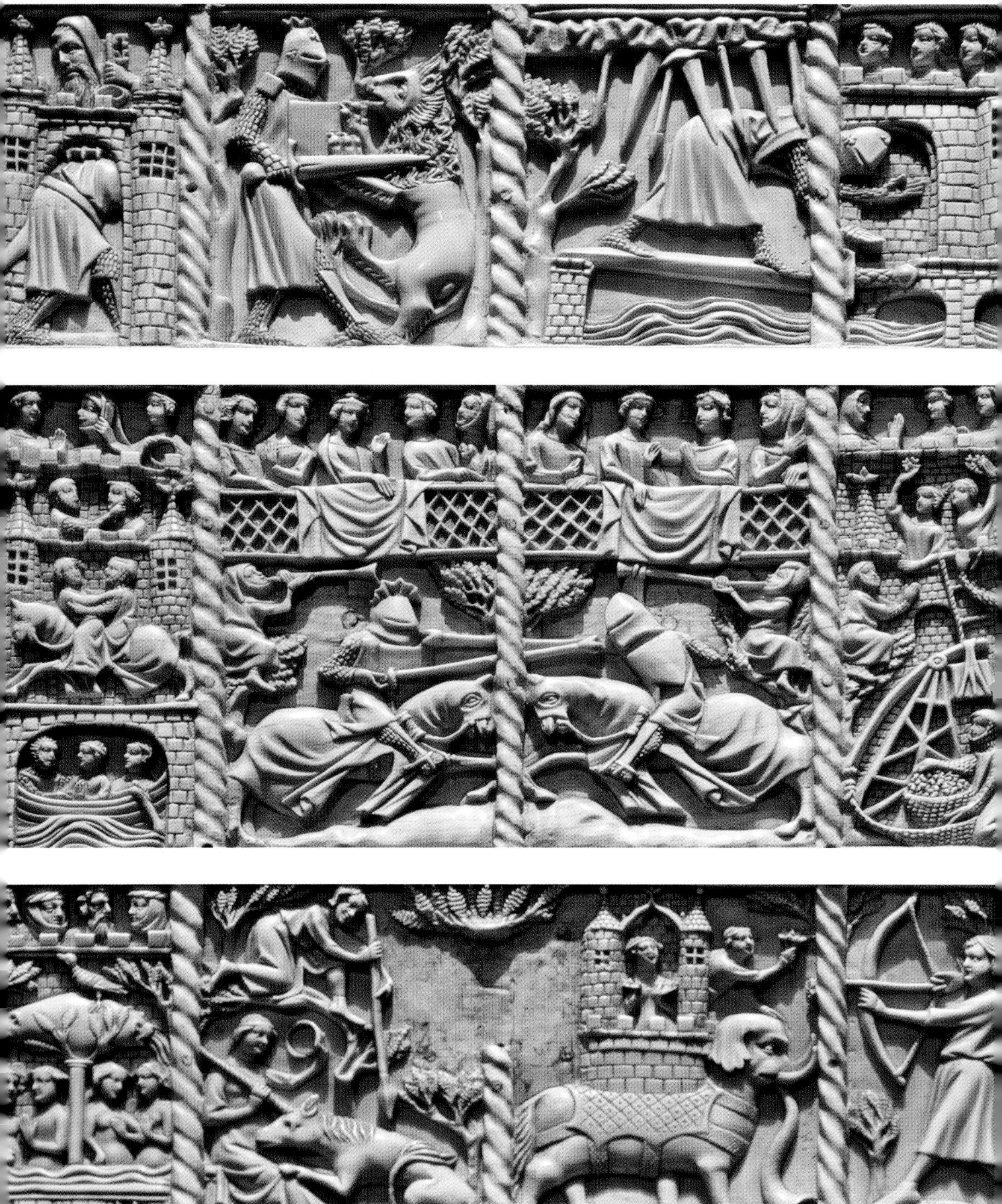

que esse gloriosíssimo personagem é também, como qualquer homem, um pecador, o que é atestado pela sua cristianização: a morte de seu sobrinho, por mais traidor que tenha sido; seus problemas conjugais e sexuais, pois se a rainha Guinevere o engana com Lancelot, ele também a trai muitas vezes. Na Idade Média, não há homem ou mulher, mesmo entre os santos, que não tenha sido marcado pelo pecado original. Os santos e as santas, como podemos observar nesta obra, não escaparam dessa contingência.

Uma célebre história ilustra esse sucesso da literatura arthuriana. Em seu *Dialogus miraculorum*, o cisterciense Césaire de Heisterbach escreve, no início do século XIII, que se vir um assistente cochilar durante sua prece, fala bem alto: "Escutem-me, irmãos, ouçam bem, vou contar-lhes um fato novo e extraordinário: era uma vez um rei que se chamava Arthur..." Ao ouvir essas palavras, todos acordam, se agitam e se põem a escutar atentamente.

A literatura arthuriana não cessa de enriquecer-se no decorrer da Idade Média: por exemplo, no final do século XIII, um romance anônimo, *As maravilhas de Rigomer* ; no século XIV, um romance de Froissart, *Meliador* ; no final do século XV, um célebre poema de Malory, de 1485, desperta o herói, em *A morte de Arthur*. Em 1590, o grande poeta Spencer canta novamente Arthur em *The Fairy Queen*. Na arte, o rei não deixou de ser representado pelos iluminadores. No século XVII, o grande compositor Purcell escreve sua ópera, *King Arthur*, inspirado no libreto do poeta John Dryden. Arthur também é um herói para o romantismo: o poeta Tyson escreve, em 1842, sua *The Passing of Arthur* [*Morte de Arthur*] e, no final de sua vida, *The Idylls of the King* [*Idílios do rei*]. Na pintura, Arthur é um dos grandes modelos dos pré-rafaelitas. Na música, Chausson, sob a influência de Wagner, compõe entre 1886 e 1895 sua única ópera, *O Rei Arthur*.

O século XX e o início do XXI não ficam atrás. No teatro, Jean Cocteau apresenta, em 1937, *Os Cavaleiros da Távola Redonda*; o cinema, principalmente, faz de Arthur e seu séquito o tema de inúmeros filmes, dentre os quais alguns são obras-primas. É o caso de *Lancelote do Lago*, de Robert Bresson (1974), de *Percival, o Gaulês*, de Éric Rohmer (1978) e de *Excalibur*, de John Boorman (1981). Arthur é também objeto de grandes paródias, como no famoso *Monthy Python: Em busca do Santo Graal*, de Terry Jones e Terry Gilliam (1975). Também não se hesita em praticar o anacronismo com alguns Arthur transportados para o século XX ou XXI. Assim faz Tay Gaarner em *Um ianque na corte do rei Arthur*, com Bing Crosby (1949), e Antoine Fuqua, em *O Rei Arthur* (2004), estabelece uma comparação entre Arthur contra os saxões e George W. Bush contra os iraquianos e os afegãos. Arthur inspira também a história em quadrinhos e a televisão, com a série intitulada *Kaamelott*. || J. L. G. ||

As proezas de Arthur, inclusive as viagens por mar, os torneios e a caça aos monstros
Cenas da cavalaria da lenda de Arthur. Cerca de 1330-1350, três lados de uma pequena caixa de marfim, Cleveland, Museum of Art

Jacques Bonhomme

É pelo nome de "Jacques" que os cronistas do século XIV designam os camponeses do Beauvaisis sublevados em maio-junho de 1358. Esse nome remete sem dúvida à roupa curta, ou "jacque", com que se vestem os "rudes" e, nessa sociedade "da aparência", muito hierarquizada, ele contribui para mergulhá-los no sarcasmo. Seu chefe, Guillaume Cale, é sua figura emblemática: Froissart relata como "eles haviam feito um rei entre aqueles a que se chamava Jake Bonhomme... o pior dos piores". Trata-se, não obstante, como escreveu outro cronista, de um homem "bem informado e bem falante, de bela figura e forma", que sem dúvida teve experiência nas guerras, sabe ler e escrever e dispõe de um sinete pessoal, todas elas coisas que não são desconhecidas nessa época entre os camponeses bem de vida. Sabe-se também que todos os insurgidos estão longe de pertencer às camadas mais pobres do campesinato ou do mundo das pequenas cidades. Não são marginais. São, no essencial, trabalhadores ou gente de profissão. A este título, são pressionados pela fiscalidade real, pilhados e sequestrados pelas guerras incessantes que opõem os franceses aos ingleses desde o início do conflito da Guerra dos Cem Anos, e pelas tropas de Carlos de Navarra, pretendente ao trono e hostil ao regente Carlos, filho de João, o Bom, que governa na ausência de seu pai, então prisioneiro em Londres. Eles estão principalmente irritados com os nobres que, em 1356 em Poitiers, não defenderam o rei e preferiram fugir diante das tropas do Príncipe Negro. Essa derrota assina a maldição de Deus sobre a nobreza, cujos modos são depreciados. Inúmeros textos circulam, como o *Lamento da batalha de Poitiers*, que criticam o gosto dos nobres pela "glória vã", mais do que a defesa do reino. Ora, a urgência dos tempos armou os camponeses, como o autorizam vários decretos reais, e então ei-los donos das igrejas e das casas que contribuíram para fortificar. As notícias da insurreição parisiense que Étienne Marcel tenta conter lhes chegam e os incitam a também se revoltar, pois a cidade e seu entorno vivem em simbiose. Jacques Bonhomme está à espreita das novidades porque é o primeiro a estar interessado no devir de seus negócios, em particular a circulação dos grãos que alimentam Paris. A insurreição propaga-se como fogo em três semanas, mas é menos espontânea do que se acreditou por muito tempo. Jacques Bonhomme teria cometido os horríveis excessos que os cronistas denunciaram à vontade: assassinatos, sacrilégios, mulheres violadas, cavaleiros e principalmente crianças assadas no espeto, porém, uma vez o castelo tomado e as atrocidades cometidas, os tonéis de vinho abertos e a dança faziam esquecer o sangue derramado. Acreditar no quê? A revolta efetivamente teve seu lote de ações criminosas, mas a descrição dos fatos cheira ao estereótipo para descrever um mal indizível, aquele que move os tiranos ameaçando a sociedade inteira com sua reprodução. De fato, os cronistas portam a voz dos nobres e, assim como eles, têm medo. A repressão é sanguinária. O episódio da ponte de Meaux, em 9 de junho de 1358, em que os cadáveres dos Jacques teriam avermelhado as águas do Marne, e principalmente a batalha de Mello no dia seguinte, 10 de junho, mostram a desproporção das forças entre os exércitos de Carlos de Navarra e aqueles dos Jacques, além da vontade dos nobres em humilhar seus adversários. Guillaume Cale é aparentemente convidado para negociar, mas aqueles que o solicitam não respeitam as leis da guerra tais como são praticadas entre os nobres: não era preciso "gastar vela com mau defunto". Ele é então imediatamente acorrentado, tem a cabeça encimada por um simulacro de coroa para fazer dele um rei ridículo e é decapitado como um traidor. Privados de seu chefe, os Jacques, em debandada e mal armados, são facilmente vencidos. O episódio revela uma clivagem mais profunda que uma simples derrota militar. Ele alimenta-se de um real desprezo que os nobres, os clérigos e mesmo os burgueses sentem em relação a Jacques Bonhomme, cuja feiura só seria igualada à sua brutalidade. Ei-lo, mais que horroroso: como poderia então ser honorável? Como aceitar e reconhecer que os camponeses também têm um código de honra e que zelam por sua reputação? Durante muito tempo a imagem de Jacques Bonhomme foi aviltada, dado que ele ousou se insurgir. Apesar disso, a honra é, para ele também, um valor vivo no âmago das relações sociais. || C. G. ||

O padre João

O padre João é um dos personagens que mais assombraram o imaginário medieval e um dos mais representativos desse imaginário. Ele encarna, em particular, dois dos ideais mais profundos, mais tenazes e mais perturbadores da espiritualidade e da sociedade medievais. O cristianismo, de um lado, fundamentado entre outras coisas na palavra do Evangelho – "Dai a Deus o que é de Deus e a César o que é de César" –, o que evitou à cristandade medieval se tornar uma teocracia, recusando, por exemplo, a tentativa de dominação total do papado empreendida por Gregório VII e as tentativas totalitárias da parte de alguns imperadores do Sacro Império Romano Germânico. Tendo o poder cívico permanecido relativamente independente do poder religioso, a existência na cristandade de um personagem simultaneamente rei e padre era impossível. Contudo, no espírito de certos cristãos, esse personagem era objeto de um sonho de chefe supremo que unisse os dois estatutos que se haviam imposto para guiar o mundo cristão: o *rei* e o *padre*, sendo que este último deveria, evidentemente, ser mais bem representado pelo chefe da Igreja, o papa. Como o personagem continuava a ser imaginável, mas utópico, os homens da Idade Média, que viam no padre João essa encarnação impossível de um rei padre, se consolavam com uma interpretação menos espetacular do documento pelo qual se teria manifestado o suposto padre em questão, um "espelho dos príncipes", isto é, um modelo ideal de comportamento e de governo para um rei. Nessa perspectiva, a *Carta do padre João* é um tratado do bom governo, tanto mais que o personagem nela aparece como um príncipe cristão.

A segunda utopia sugerida pelo personagem é a das maravilhas do Oriente. Pois se o Extremo Oriente é o domínio dos povos de Gog e Magog, que no fim do mundo virão aniquilar a humanidade para fazê-la comparecer ao Julgamento Final, entre esse Extremo Oriente diabólico e a cristandade ocidental, povoada de homens e mulheres marcados pelo pecado original, mas salvos pela encarnação de Jesus, estende-se o mundo do Oriente, formado pelo que os cartógrafos e os enciclopedistas da Idade Média chamam de três Índias. Elas eram compostas pela Índia Maior, convertida ao cristianismo pelo apóstolo Tomás; pelo que os geógrafos atuais chamam de Arábia; e por fim pela África, ou ao menos pelo que dela se conhecia e que corresponde ao Chifre de África, que então se chamava Etiópia. Essa região das três Índias era, para os cristãos do Ocidente, um mundo de maravilhas que, principalmente a partir do século XII, desempenha um papel poderoso no imaginário medieval, e em particular graças às interpretações dos intelectuais cristãos da obra do romano do Baixo Império, Solinus, autor das *Collectanea rerum memorabilium* no século III. Essas maravilhas são ora paisagens, ora palácios, ora uma fauna e flora que combinam o monstruoso e o admirável, e sobretudo uma abundância de ouro e de prata. É desse mundo que o padre João é o rei. Ele apresenta a si mesmo como o mais poderoso e o mais rico de todos os reis da terra. Esse aspecto de sua imagem carrega assim uma adição, que é também uma correção do ideal monárquico cristão da Idade Média. O rei cristão ideal deve ser justo e pacífico, mas com o padre João ele deve também ser rico. Encontra-se aqui a ambiguidade de muitos valores medievais, dentre os quais se combinam o elogio da pobreza e a glorificação da riqueza.

Esse padre João só é conhecido pelas cartas que circularam na cristandade a partir do século XII e que conheceram várias versões. A mais antiga alusão encontra-se na crônica do bispo Oto de Freising, tio do imperador Frederico Barba Ruiva, redigida em 1156-1157. Depois de 1165, aproximadamente, espalha-se pela cristandade uma série de cartas, dentre as quais emergem quatro: uma dirigida ao imperador Manuel I Comneno (1143-1180), outra ao papa Eugênio III (1145-1153), uma terceira ao imperador Frederico Barba Ruiva (1152-1190), e por fim a última, sem data precisa, a um rei da França cujo nome se ignora. Até o século XVI, numerosos novos exemplares ou traduções são difundidos em toda a cristandade em latim, francês, anglo-normando, occitano, italiano, espanhol, catalão, português, alemão, neerlandês, inglês, irlandês, gaulês, sueco, dinamarquês, línguas eslavas e hebraico.

Durante toda a Idade Média os cristãos do Ocidente acreditaram na existência do padre João e fizeram dele um príncipe cristão inicialmente nestoriano, depois ortodoxo romano. É mais ou menos certo que o documento, em sua forma primitiva, tenha sido elaborado no meio dos cristãos nestorianos (o heresiarca cristão Nestorius, patriarca de Constantinopla entre 428 e 431, que acreditava na separação da na-

Batalha entre o padre rei João e Gengis Khan, na qual o primeiro é vencedor. Cerca de 1333, iluminura extraída de *As viagens de Marco Polo*, do autor do mesmo nome, Londres, The British Library

tureza humana e da natureza divina em Cristo, fazendo então de Maria a mãe deste, mas não a mãe de Deus), provavelmente na região de Edessa, na Alta Mesopotâmia, no início do século XII. Essa adesão do padre João à heresia não impede os cristãos romanos de fazer dele um modelo e, o que é mais notável, num tempo em que se desenhava a repressão inquisitorial dos hereges do Ocidente, eles o consideravam um rei tolerante, tanto em relação aos judeus quanto aos muçulmanos. Em inúmeros comentários que as diversas formas da *Carta do padre João* suscitaram na cristandade, um longo passado religioso se vê atrelado à história do cristianismo. O padre João teria sido filho de um dos três reis magos. Seria um descendente dos cristãos convertidos pelo apóstolo Tomás, que teria vindo pregar na Índia, na região de Madras. Ele confirmaria a previsão, no Apocalipse de João, da vinda, no final do mundo, dos terríveis povos Gog e Magog. Por fim, de um modo mais atual e num quadro mais histórico, fez nascer nos papas do século XIII a esperança de que ele atacaria por trás os muçulmanos que ocupavam ou atacavam a Terra Santa.

A história lendária do padre João conhece uma importante mudança no século XIV, depois de ele ter sido mencionado por inúmeros autores cristãos ao longo do século XIII – por exemplo, pelo importante teólogo Alberto, o Grande. E ele parece ter tido o endosso das novas ordens mendicantes.

No século XIV, os comentários ocidentais transportam-no da primeira Índia para a terceira, isto é, para a Etiópia. Ele é então confundido com certo rei núbio, David, que realmente teria existido. O que dá definitivamente peso a essa transferência geográfica são os comentários sobre sua existência na Etiópia por parte dos exploradores portugueses. Ainda em 1515, o príncipe Pedro, de Portugal, traz de uma viagem para a Etiópia uma pretensa carta do padre João. Por sua vez, Giuliano di Piero de Medici recebeu a carta de um viajante que encontrou os rastros do padre João, o qual, depois de seu reino da Etiópia, teria conservado laços com a Índia do Sul, convertida por São Tomás. Finalmente, para mostrar o quanto esse personagem imaginário cristalizou em torno de si toda uma série de lembranças, em parte históricas e em parte lendárias, vindas do Oriente antigo, pode-se mencionar o romance de Alexandre, o Grande, traduzido do grego para o latim em torno de 950. Em meados do século XVI, o padre João apaga-se pouco a pouco, por vezes em proveito de outros padres João históricos ou imaginários, e a partir do fim do século XVI sai da história real para entrar na história do imaginário. Ele conserva, de fato, na história do imaginário medieval, um lugar de primeiro plano. || J. L. G. ||

O padre João passa da Ásia para a África
Carta do Oceano Índico. Na Etiópia, o padre João é representado em seu trono. 1558, extraído do *Queen Mary Atlas*, Londres, The British Library

India prima callar.

Persarū Imperium
persia :-

Arabia petrea.

Terreste mare.

Arabia sterilis

Arabia felix

s. persicū

Mare rubrū

Barnacais r.

Abesch r.
India maior ethiopi
prete

s. marabie?

Adel r.

Mare Indicum

Media
thiopia.

Coiame
R.

Damater.

Azam. r.

EQVINOTIALIS

AFRICA

Cinomiera

ethiopia Interior

Quiloa.

Cibus delerti

S. Laurenço

TROPICVS CAPRICORNI

Bonasp̃es.

Mare bone spei.

MERIDIES

A papisa Joana

A papisa Joana, essa mulher de ficção, deve ter seu lugar entre os retratos das damas ilustres e reais da Idade Média, pois sua história foi tida como autêntica de meados do século XII até o século XVI. Só gradualmente e nos meios eruditos se contestou sua realidade, mas a hipótese de uma mulher sobre o trono pontifical alimentou os imaginários até nossos dias.

Além das inúmeras variações que ela ensejou, uma narrativa sintética da história de Joana pode ser assim enunciada: em torno de 850, uma mulher de ascendência inglesa, mas nativa da Mogúncia (Mainz), se disfarça de homem a fim de poder seguir seu amante, que vai estudar primeiro em Atenas e depois em Roma, e vive então num mundo fechado para as mulheres. Ela faz assim seus estudos nos quais é muito bem sucedida, a ponto de entrar na hierarquia da cúria romana e, finalmente, ser eleita papa. Seu pontificado dura mais de dois anos, mas é interrompido por uma morte escandalosa. Sempre adepta secretamente do amor carnal, ela dá à luz uma criança durante uma procissão litúrgica nas ruas de Roma, entre São Pedro do Vaticano e São João de Latrão. O famoso rito mítico da verificação de virilidade dos papas antes de sua coroação encontra aí sua origem: como em muitas lendas, essa narrativa não deixou de se carregar também de traços visíveis no real.

Essa narrativa ilustra a força do imaginário em história e a necessidade, para o historiador, de levá-la em conta. Com efeito, o sucesso considerável do episódio deve-se em grande parte àquilo que ele traduz a respeito das aspirações que só raramente foram explicitadas pelos atores do passado: é preciso respeitar a exclusão das mulheres do sacerdócio na Igreja latina, que durante muito tempo barrou seu acesso aos estudos "superiores"? Por outro lado, essa narrativa torna-se um caso que permite discutir as condições de legitimidade de uma eleição pontifical, assunto espinhoso a partir do período do grande cisma. Por fim, o episódio contribuiu para estabelecer a noção de ofício, conceito importante no século XIII: o ofício é um encargo independente da qualidade própria de seu detentor. De fato, antes do escândalo, o pontificado de Joana tinha conhecido certa duração sem choque notório, e algumas versões mencionavam até mesmo instituições (principalmente litúrgicas) que remontam a esse pontificado.

O paradoxo dessa lenda deve-se ao fato de que ela foi perfeitamente aceita pela Igreja; o primeiro traço escrito se encontra numa crônica dominicana em torno de 1255; em seguida ela é coletada, no final do século, na crônica pontifical de Martin de Troppau (Martinho, o Polonês), capelão de vários papas e muito próximo da cúria. E ainda em 1474, as muito oficiais *Vidas dos papas*, de Platina, lhe dão seu lugar. As coisas mudam quando os hussitas, e depois um século mais tarde os luteranos, tomam o lugar de certos franciscanos de oposição (entre os quais Guilherme de Ockham) e dão uma face apocalíptica a Joana, que se torna uma ocorrência da Grande Prostituta da Babilônia. Todavia, a sobrevida literária e cinematográfica de Joana perenizou esta grande dama medieval. || A. B. ||

O parto traiu a falácia
A papisa Joana dá à luz. Século XIV, miniatura extraída de *Caso dos nobres homens e mulheres*, de Giovanni Boccaccio e Laurent de Premierfait, Paris, Biblioteca do Arsenal

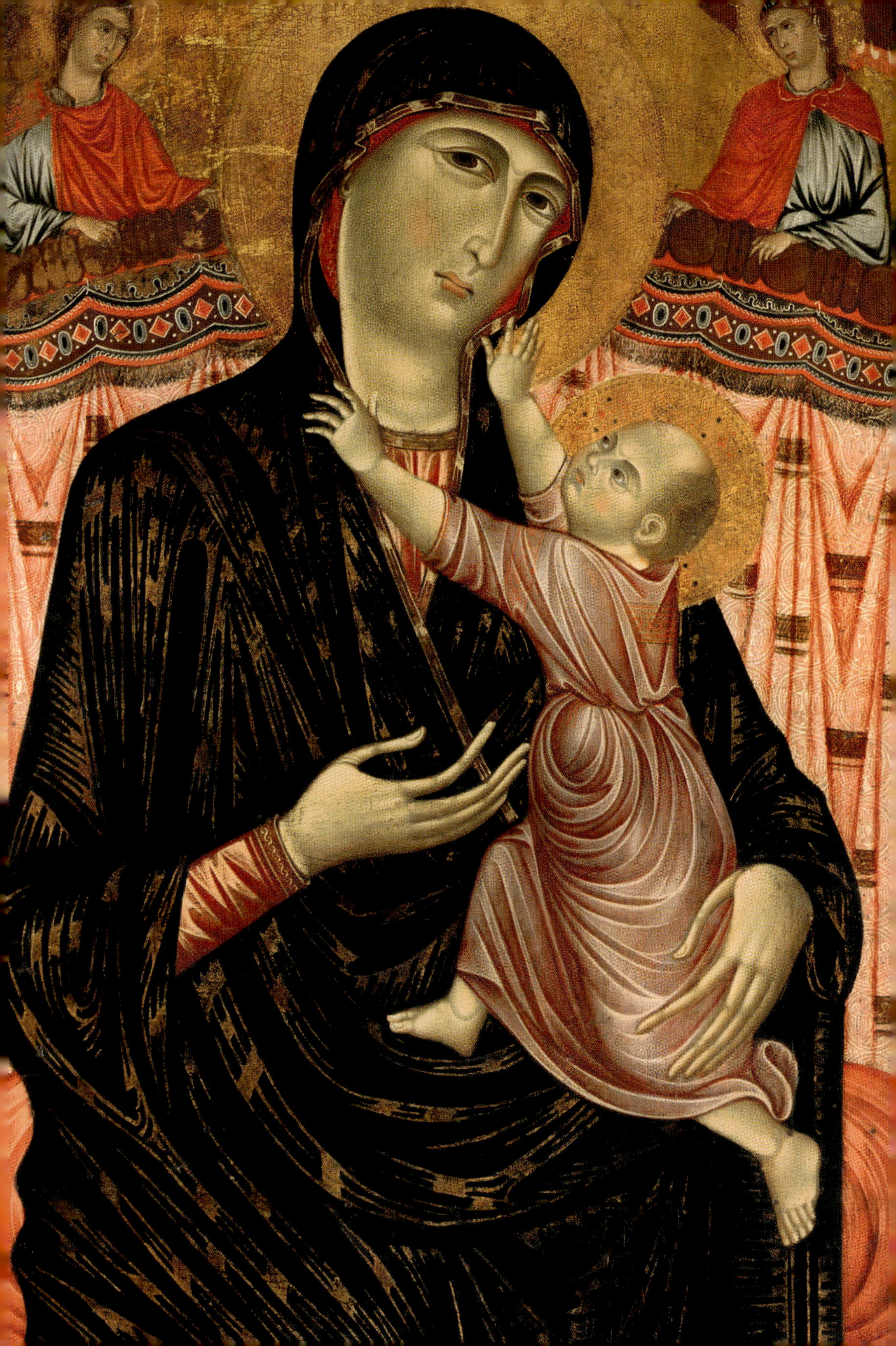

A Virgem Maria

No culto cristão da Idade Média, a Virgem Maria conheceu tal promoção e desempenhou tal papel em todos os campos do mundo medieval, do mais pessoal ao mais político, que não fica deslocado fazer dela, sem chocar os crentes cristãos, um dos personagens desta obra. Aliás, o que será aqui tratado principalmente é mais a apresentação do culto marial, do qual a história é rica nessa época, que da própria Virgem Maria.

Há poucas referências à Virgem Maria nos Evangelhos. Seu culto só se desenvolveu depois da extensão do cristianismo. Certamente ficou bem depressa claro àqueles que eram convertidos que a cúpula divina dessa religião sofria de uma ausência completa de personagens femininos. O culto marial desenvolveu-se inicialmente no Oriente, no mundo bizantino, a partir do Concílio de Éfeso (431). No Ocidente, ele começou a afirmar-se na época carolíngia (fim do século VIII-início do século IX), sobretudo por ocasião do grande impulso da cristandade, do século XI ao XIII. A liturgia em muito contribuiu para essa promoção – em particular, o campo musical e artístico. Na alta Idade Média, a Virgem é essencialmente a mãe de Deus. Ela só adquire uma personalidade mais precisa quando a imagem de Jesus se humaniza até se tornar o Cristo sofredor, mais que o Cristo ressuscitado, vitorioso sobre a morte: Maria se vê também dotada, junto a ele e em relação a ele, mas também por si mesma, de uma vida humana mais rica e mais completa. Ela é, por exemplo, invocada pelos fiéis como o são todos os outros santos; mas enquanto estes são em geral mais ou menos especializados numa forma de poder miraculoso, a Virgem pode tudo em matéria de milagres. É uma santa total.

É sem dúvida audacioso escrever, como tive a ocasião de fazê-lo, que no século XIII a Virgem Maria se tornou uma espécie de quarto personagem da Trindade. Há, em todo caso, uma propriedade da Virgem que nunca foi questionada: ela pôs Jesus no mundo sem jamais ter sido conspurcada por um acasalamento humano. E é nessa condição que ela vai desempenhar na Idade Média um papel muito importante: o de ser de alguma forma uma espécie de anti-Eva. A redenção da mulher responsável pelo pecado original.

A Virgem das visões
Mestre de San Remigio, *A Virgem com o Menino cercada de anjos*, cerca de 1290, óleo sobre madeira, Florença, igreja San Remigio

Essa promoção da Virgem manifesta-se por um desenvolvimento que cresce sem cessar, do século XI ao XIII, nos sermões, louvações e saudações, cantos religiosos, preces e ofícios. Os principais autores de sermões consagrados a Maria são Fulbert de Chartres (morto em 1028), Odilon de Cluny (morto em 1048) e Pierre Damien (morto em 1072). A partir do início do século XI são compostas a *Alma Redemptoris Mater*, refrão final do ofício que lhe é dedicado, e principalmente o *Salve Rainha*, que se tornará um canto do cristianismo quase tão importante quanto o *Pater noster*. Os monastérios dedicam muito tempo a copiar e a difundir coletâneas de preces dirigidas a Maria, sobretudo as *Orationes sive meditationes* de Santo Anselmo de Cantuária (morto em 1109), que se espalham amplamente nos monastérios, inclusive naqueles que praticam as novas regras, como os dos cistercienses. A festa da Imaculada Conceição, nascida na Inglaterra em torno de 1060, espalha-se pelo continente desde o início do século XII. Um novo título é regularmente dado à Virgem Maria, o que lhe confere um papel único e capital no cristianismo: o de mediadora. Entre Deus e os homens, ela aproxima-se assim da função salvadora de Jesus encarnado. O popularíssimo São Bernardo é um grande propagador do culto marial e insiste sobre essa função de mediadora. O acontecimento da Assunção, antiga festa cristã, torna-se objeto de um culto especial, pois, insistindo na presença de Maria no céu, realça o poder especial e poderoso que ela lá exerce e que pode fazer descer sobre a terra. A partir do século XII, todos os cristãos devem conhecer a *Ave Maria*, ao mesmo título que o *Pater* e o *Credo*. Os lugares de peregrinação especialmente dedicados a Maria se multiplicam, como Notre-Dame de Coutances ou Rocamadour. A Virgem Maria invade as coletâneas de *exempla*, pequenas narrativas de caráter exemplar inseridas nos sermões e hagiografias. Uma obra que conhece um imenso sucesso no final do século XIII, *A Lenda dourada*, de Jacques de Voragine, atribui uma importância excepcional a Maria nos dois conjuntos que o constituem: o *Temporal* ou *Festa do ano litúrgico*, e o *Santoral* ou *Coletânea de vidas de santas e santos*. Jacques de Voragine é um dominicano, e no decorrer do século XIII a ordem dos frades pregadores se coloca cada vez mais sob a patronagem particular da Virgem.

O papel e a imagem da Virgem modificam-se profundamente com a promoção do culto ao Cristo sofredor e à Crucificação. Maria está ao pé da cruz ou tem sobre os joelhos o corpo de Jesus crucificado (é a *Pietà* ou a *Mater dolorosa*). Por fim, a própria Maria é dotada de uma vida terrestre após a morte de Jesus, e se o judaísmo e o Islã tiram disso o argumento para degradá-la ao nível de simples mortal, o cristianismo, ao contrário, a faz viver e morrer cercada pelos Apóstolos, antigos companheiros de Jesus.

Um dos raros episódios da Virgem "histórica"
A fuga para o Egito. A Virgem e Cristo. 1109-1114, pintura sobre painel de madeira, Zillis, igreja São Martinho

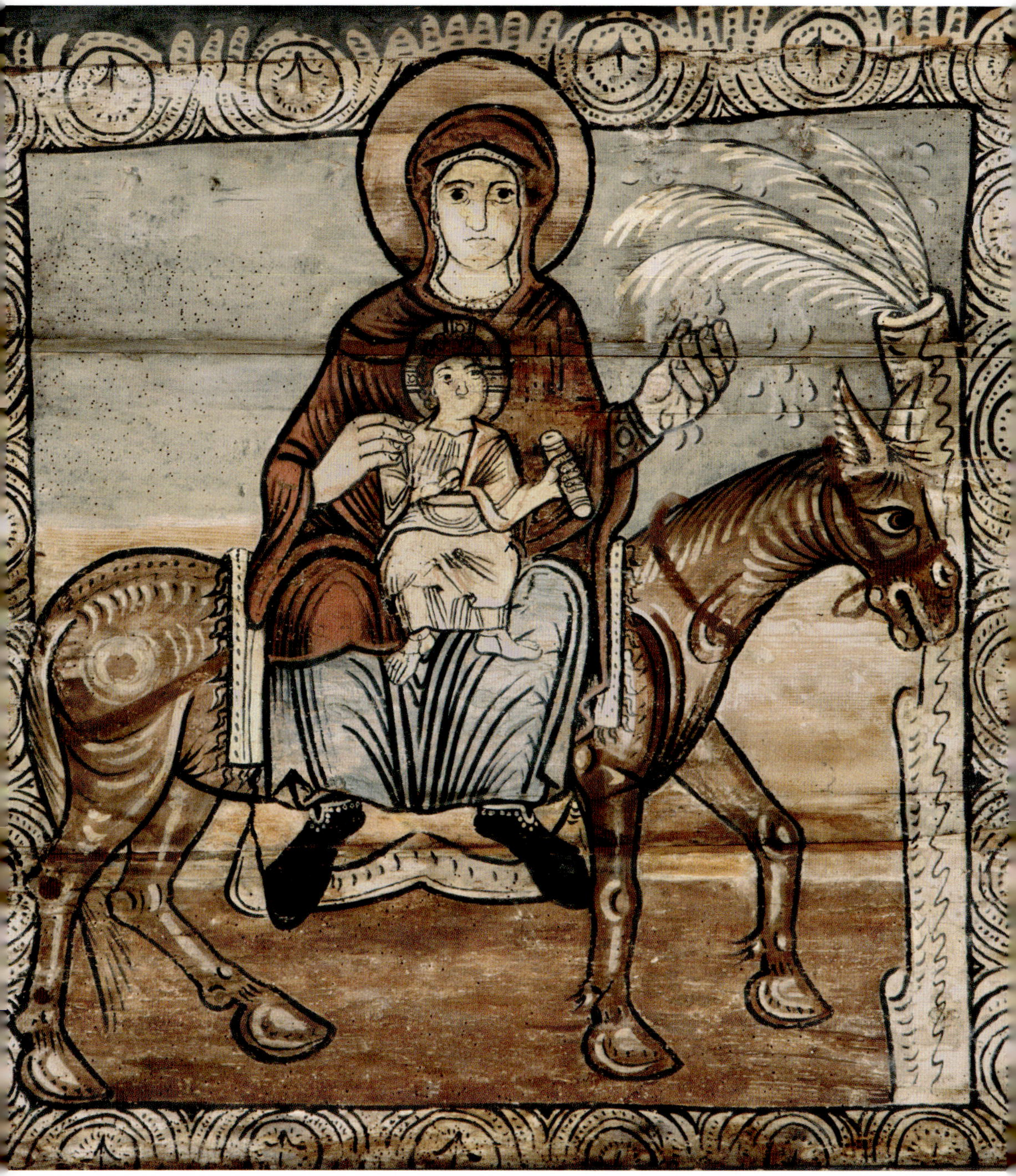

Sua morte é apresentada como natural e doce, e a Assunção da Virgem torna-se um tema pictural que mostra um caráter simultaneamente humano e sobrenatural. Só há, parece, uma única promoção que tenha sido recusada a Maria pela Igreja medieval: a de ter ela mesma sido concebida sem pecado. O dogma da Imaculada Concepção foi muito debatido na Idade Média, mas ele só será oficializado pela Igreja em 1854. A arte foi o grande veículo da promoção de Maria e do culto marial. A partir do século XII, a imagem de Maria invade os afrescos das igrejas, os oratórios e os altares. Maria sentada, na maior parte das vezes com o menino Jesus no colo, torna-se também um tema importante da escultura. Da mesma forma, a catedral exalta a imagem de Maria: em inúmeras esculturas e pinturas, ela reina ou reza. Seu nome é dado a um sem-número de catedrais, substituindo aqueles dos primeiros santos aos quais eram dedicadas, e Santo Estêvão é o primeiro deles. A partir do século XII, a nova catedral de Paris não é mais a catedral de Santo Estêvão, mas Notre-Dame de Paris. No final da Idade Média, novas festas marcam o lugar proeminente que Maria ocupa na devoção e no imaginário populares. Uma festa da Visitação de Maria é instituída em 1263, e uma festa das Dores de Maria, em Colônia, em 1423. No fim do século XV, a generalização da festa da Concepção de Maria instaura-se na diocese de Roma. Por fim, um culto vai adquirir uma grande importância no fervor dos cristãos: a devoção ao Rosário, que se desenvolve a partir do século XV e se perpetua até nossos dias. Trata-se de recitar cento e cinquenta vezes a saudação angélica (*Ave, Maria*), ou seja, o mesmo número dos salmos. O Rosário da Virgem apareceu no século XIII entre os cistercienses, os cartuxos trabalharam por sua difusão, e são, aqui também, os dominicanos que, a partir do século XV, asseguraram o sucesso dessa devoção, que será por muito tempo associada àquela de um terço especial. O Rosário torna-se uma festa litúrgica por decisão do papa Pio V, em 7 de outubro de 1571, pouco após a batalha de Lepanto, na qual os cristãos venceram os muçulmanos. || J. L. G. ||

Melusina

O cristianismo medieval, nas primeiros séculos de sua implantação, dedicou-se a apagar do saber europeu os deuses pagãos da Antiguidade e os personagens do folclore popular que também eram colocados entre eles no paganismo. Contudo, quando seu domínio sobre o mundo cristão se afirmou, ele deixou nascer ou renascer certos personagens que não pertenciam ao sobrenatural reservado ao mundo cristão, mas sim ao maravilhoso, essa categoria na qual ele colocou seres, paisagens, acontecimentos naturais, porém raros, imaginários que, entretanto, contavam com certa presença. Tal é o caso das fadas. Da mesma forma que o homem é feito de bem e de mal, e que os anjos são divididos entre os bons e os maus – os demônios –, cada fada

Melusina demoníaca
Melusina, na forma de dragão alado, foge pela janela para escapar de Raymond. 1401, ilustração extraída do *Romance de Melusina*, de Troubadours Couldrette, Paris, Biblioteca Nacional da França

contém em si uma parte de bem e uma parte de mal, ou então se engajou inteiramente seja no bem, seja no mal. Há boas e más fadas, mas nesse mundo no qual, na realidade, a mulher conheceu certa promoção, coroada pelo caso da Virgem Maria, as fadas medievais têm tendência a serem boas. Contudo, Melusina conterá em si uma parte obscura e aparecerá sob uma forma muito frequente para as fadas medievais: em dupla. É o caso de Merlin e de Morgana. No caso de Melusina, é o próprio casal que fará ao mesmo tempo sua felicidade e sua desdita.

Melusina surge na literatura latina e depois na vernácula no século XII e no início do XIII. Ela só toma definitivamente seu nome no século XIV, ligando-se a uma grande família senhorial do oeste da França, os Lusignan. Dois textos estão na origem de Melusina. No século XII, o clérigo inglês Gauthier Map, em seu *De nugis curialium* (*Histórias sobre os cortesãos*), conta como o jovem senhor Hennot de grandes dentes encontra uma bela desconhecida numa floresta normanda e se casa com ela. Quando um padre vai aspergi-la com água benta, ela salta pelo teto e desaparece gritando pelos ares. O segundo texto provém mais uma vez de um inglês, Gervais de Tilbury; nos *Otia Imperialia* (*Os lazeres imperiais*), ele narra a história de Raymond, senhor do castelo Rousset, que encontra, nas margens de um rio perto de Aix-en-Provence, uma esplêndida jovem e a desposa, sob uma condição que ela lhe impõe: jamais vê-la nua. Esse casamento lhe traz uma grande prosperidade material e muitos belos filhos; entretanto, certa noite, a curiosidade o leva a espiar sua mulher pela janela e ele vê uma sereia nua banhando-se numa grande cuba. Melusina o ouve e, por essa mesma janela, foge sob a forma de um dragão alado, só voltando à noite para observar suas crianças através do vidro. O modelo de Melusina é encontrado na mitologia indo-europeia na pessoa da ninfa Urvaçi. É uma ninfa da fecundidade; é também da fada da feudalidade, por esse motivo a chamamos, com Emmanuel Le Roy Ladurie, de "maternal e desbravadora". Mas os homens da Idade Média eram principalmente sensíveis à sua origem evidentemente diabólica, e Ricardo Coração de Leão, por exemplo, falando sobre as dissensões na família dos Plantagenetas, teria dito: "Como querem que façamos diferentemente? Não somos os filhos da *Demônia*?"

A história de Melusina obtém um grande sucesso na Idade Média. É uma história plena de fenômenos maravilhosos e de atrozes traições. Dois romances lhe são consagrados no final do século XIV, o de Jean Darasse, em prosa, composto para o duque Jean de Berry, e aquele, em versos, de Coudrette. Um novo tema invade a história de Melusina: o das cruzadas, pois os senhores de Lusignan se tornaram reis de Chipre. O tema de Melusina sai do quadro francês para se inscrever no quadro europeu e impregna principalmente os imaginários germânico e eslavo.

A história é difundida por meio de pequenos livros vendidos de porta em porta, e assim Melusina assombra a imaginação de todas as classes sociais. Sua imagem abunda na iconografia. Na época moderna, ela inspira Nerval, Baudelaire, André Breton; na Dinamarca, o Círculo de Pesquisas sobre a Mulher tomou Melusina como emblema. No território germânico, a fada suscita o aparecimento de um dual masculino, o Cavaleiro do Cisne, celebrado pelo Lohengrin, de Wagner. Melusina continua no imaginário europeu com sua dupla natureza de um ser diabólico, por um lado, de amante e mãe apaixonada, por outro. || J. L. G. ||

Melusina maternal
Melusina aparece para alimentar seus filhos. 1401, ilustração extraída do *Romance de Melusina*, de Troubadours Couldrette, Paris, Biblioteca Nacional da França

Merlin e Viviane

Merlin é o melhor representante de um símbolo que assombrou o imaginário de homens e mulheres da Idade Média, o profeta mágico, o que lhe valeu a alcunha de "Mago". Merlin está estreitamente ligado à lenda arthuriana e à literatura da Távola Redonda e do Graal. Ele surge ao lado de Arthur na *História dos reis da Bretanha*, de Geoffroi de Monmouth, o qual, ao se interessar particularmente por esse personagem imaginário que ele criou, lhe dedica uma *Profecia de Merlin* em 1134 e uma *Vida de Merlin* em 1148. De fato, ele tirou esse personagem da tradição popular gaulesa, em particular do bardo gaulês Myrrdine, profeta nascido sem pai que anuncia o devir dos bretões. Quando Merlin aparece no século XII, é um ser dividido entre o bem e o mal, entre Deus e Satã. Efetivamente, ele é filho de uma mortal e de um demônio íncubo que, ao engravidar sua mãe, lhe deu poderes excepcionais que oscilam entre o divino e o diabólico. Merlin põe seu dom de profecia a serviço do rei Arthur e dos bretões: torna-se a figura de proa de certo nacionalismo britânico e se faz então dele o verdadeiro criador da Távola Redonda. Ele povoa de maravilhas o reino arthuriano de Logres, se engaja na busca do Graal, teria transportado da Irlanda as gigantescas pedras do famoso monumento de Stonehenge, próximo a Salisbury e, por meio de dois romances, o *Merlin*, de Robert de Boron e o *Merlin-vulgate*, ele se coloca, segundo Paul Zumthor, "no centro do conjunto de imagens arthuriano, é preciso certamente dizer, no coração do imaginário dos homens de 1250".

Profeta que causa seu próprio infortúnio, Merlin erra na floresta de Broceliande e cai sob o poder da fada que o hipnotiza, Viviane, a Dama do Lago. Viviane, na expressão de Laurence Harf-Lancner, é uma fada de modelo "morganiano", isto é, que leva seu amante para o outro mundo. Ela aprisiona Merlin no fundo de um lago. No século XVI,

Merlin, aquele que pare monstros
Os atos de Merlin. O rei celta Vortigern encontra dois dragões perto de seu castelo. Meados do século XIV, miniatura extraída da *Crônica do romance de Brut*, de Canon de Bayeux Wace, Londres, The British Library

Dupla página seguinte: **à esquerda, a felicidade na floresta e no mar.**
À direita, a infelicidade sob a terra (demônios) e no castelo (demônio íncubo)
Merlin. Cavaleiros na floresta e viagem por mar. A geração de Merlin por Satã e uma virgem pura. 1250, iluminura extraída da *História de Merlin*, de Robert de Boron, Paris, Biblioteca Nacional da França

Tote li seruneour tes tourment
a merlin rien dire ne sauient
si le rois dist merlin entent
Desouz ta tour el findement
d'un estant grant e plouder
ar ki ta Tour en terre findeh
en dit il cel estant midier
ar puelez lesse espuirger
l founz ad. ii. dragouns dormant
e souz un roche cune nuite grauz
i uns des Dragouns est tote blanche
e li autre est rouge q sanes
i Rois fist grant l'auerer
e le finite midifier
Dragouns sunt del finite saillier
e forement des sunt en uaie
ar grant force contre saillerent
i ke li beiroy tot les uirent
ien les uoiles esdouner
e des goules flambes ietter

ien que elle ne savoir ou il est

si dist li contes que

a boine fin · A M E

our fu ries li anemis

o personagem cai no esquecimento, mas é ressuscitado no século XIX, ao mesmo tempo por Goethe e, mais surpreendentemente, por Edgar Quinet, em *Merlin o Mago* (1860). Uma nova ressurreição de Merlin, mais brilhante, ocorre no renascimento da cultura celta no século XIX, em particular no *Barzaz Breiz* (1939), de Hersart de la Villemarqué, que em seguida publica *Myrrdine ou o Mago Merlin*.
O último ressurgimento de Merlin deve-se, na segunda metade do século XX, ao cinema e à literatura infantil. Contudo, segundo Paul Zumthor, o mito estaria em vias de se apagar no imaginário europeu. || J. L. G ||

Renart

Presente desde a Antiguidade, nas fábulas de Esopo, Renart (a Raposa) é, contudo, uma das criações mais originais da Idade Média. Ele é a personificação medieval de um grande personagem pertencente aos folclores e às culturas mais diversas: o antropomórfico, o enganador. Esse trapaceiro é o descendente da Mètis grega, mescla de sabedoria e de esperteza. Ele personifica também as relações fundamentais estabelecidas pelo cristianismo entre o homem e os animais. No livro do Gênesis, foi Deus que criou todos os animais e permitiu que o homem lhes desse nomes. A Idade Média também favorece a emergência de Renart por dois motivos: de um lado, porque ele está ligado à realidade geográfica, na fronteira da casa rural, do campo e da floresta, e de outro porque ele é um grande personagem do mundo senhorial devido à caça, território reservado aos nobres.
Ele torna-se ainda mais fascinante por ter um inimigo, e por que o duelo é fundamental no comportamento medieval. O adversário é Isengrin, o lobo – animal desde sempre muito temido e muito denegrido. Renart vilipendia-o, humilha-o, inclusive ao tomar como amante a loba. Por fim, no mundo medieval dos animais, organizado em reino, à imagem dos homens, Renart tem um comportamento ambíguo com o rei Leão, do

qual é tanto o vassalo quanto o usurpador. O *Romance de Renart*, onde o prestígio do personagem culmina, dá sequência a uma epopeia animal, *Ysangrinus*, escrita por volta de 1150 e precisamente dedicada ao lobo Isengrin, que aí aparece como o tio de Renart. O *Romance de Renart* é uma obra única na história da literatura, pois foi compilado por clérigos e depois por historiadores da literatura, a partir de fragmentos mais ou menos independentes, compostos por múltiplos autores e em épocas diversas, entre 1170 e 1250 aproximadamente, cada elemento recebendo aí o nome de "ramo".

Trata-se do *Vulpes vulpes*, a raposa vermelha, cuja cor foi denunciada, a partir da Bíblia, como sendo a do traidor. Cercado sem sucesso pelo rei Nobre, o Leão, em seu castelo subterrâneo de Maupertuis (a "má abertura", designando o acesso para o terrível), ele comete mil más ações e artifícios, seduz a leoa e quer usurpar o trono real. Mortalmente ferido, é magnificamente enterrado, mas ressuscita. Temido e admirado, Renart torna-se, na Idade Média, ao mesmo tempo um personagem da sociabilidade popular e do

Nova versão de 1289 do *Romance de Renart*, inclinado para a alegoria
Renart fere Isengrin num combate singular. Século XIII, miniatura extraída de *Renart, o Novo*, de Jacquemart Gielee, Paris, Biblioteca Nacional da França

No decorrer do longo *Romance de Renart*, Bruno, o urso, cede seu lugar de rei dos animais para Nobre, o Leão
O Leão, rei dos animais e sua corte, 1479, miniatura extraída do *Romance de Renart*, Paris, Biblioteca Nacional da França

Página da direita:
Renart, falso pregador em seu papel antropomórfico (*trickster*)
Mestre Renart pregando diante de duas galinhas e um ganso (detalhe), 1310-1320, miniatura extraída de um breviário, Londres, The British Library

cálculo político. Depois de 1250, ele inspira novos romances nos quais é cada vez mais diabolizado. Ele conhece um grande sucesso na Itália, na Inglaterra e sobretudo na Alemanha onde, a partir do século XII, um romance de Heinrich der Glichezaere alimentará longamente sua lenda e se tronará o emblema europeu da astúcia, até o *Reineke Fuchs*, de Goethe, em 1794. No século XX, ainda, Renart está muito presente na criação literária, por exemplo, no *Pequeno Príncipe*, de Saint-Exupéry. Ele torna-se um herói da literatura infantil, conhece um enorme sucesso no cinema, forma no imaginário alimentado pela Idade Média uma espécie de dupla com Robin Hood; e, última peripécia extraordinária, com seu nome espanhol Zorro, torna-se um herói humano-sobre-humano no cenário do faroeste: ele é o justiceiro mascarado encarnado por Douglas Fairbancks no filme de Fred Niblo, *O signo do Zorro* (1920). || J. L. G. ||

Robin Hood

Robin Hood é um desses personagens que flutuam entre a realidade histórica e a ficção. Se ele realmente existiu, é provável que tenha preenchido a função que lhe é atribuída na literatura, a de vagabundo popular na floresta de Sherwood, em Nottinghamshire, e teria vivido no século XII, dado que um episódio célebre de sua lenda mostra-o diante de Ricardo Coração de Leão. Todavia, ele só aparece pela primeira vez no célebre poema *Piers Plowman* (*Pedro, o trabalhador*), de William Langland, entre 1360 e 1390, como um herói popular.

Ele torna-se um herói da moda nas baladas populares dos séculos XV e XVI e difunde-se também na iconografia dessa época. Ele mostra várias facetas. Por um lado, é o reflexo das revoltas populares e dos conflitos religiosos do final do século XIV. Por outro lado, representa um tipo social positivo e, apesar disso, oposto àquele do cavaleiro: é o defensor dos humildes e dos pobres. Por fim, ele faz entrar no imaginário medieval um território natural, a floresta, elemento que desempenhou econômica e socialmente um papel essencial. Justiceiro, homem do povo e vagabundo das florestas, ele se serve da arma que é o contrário social e simbólico da espada cavalheiresca: o arco. Ele também é o chefe do bando e o pequeno grupo ativo que o acompanha encontra similares na Idade Média. Ele está sempre ladeado por um fiel companheiro, Little John, e por um monge truculento, o irmão Tuck.

Essa obra mostra que os heróis desse tempo têm por vezes uma recuperação da celebridade nos séculos XIX e XX, e até mesmo em nossos dias. Mas o caso de Robin Hood é excepcional. É em primeiro ligar o romantismo que o relança na vitrina da Idade Média situada entre a realidade histórica e a ficção: o célebre romance de Walter Scott, *Ivanhoé* (1819), lhe dá, por outro lado, uma dimensão política surpreendente num ambiente encantador. Depois, um americano faz dele o herói de uma obra ilustrada para crianças, *The Merry Adventure of Robin Hood* (1883), que em 1890 inspira a ópera de grande sucesso de Reginald de Koven e dá a Robin Hood uma imensa popularidade nos Estados Unidos. Por fim, a terceira faceta de prestígio que toma a figura de Robin Hood lhe é dada pelo cinema. Grandes artistas o encarnam: Douglas Fairbanks, no filme mudo de Allan Dwan (1922), Errol Flinn em *As aventuras de Robin Hood* (1938), terminado por Mickael Kurtis, em que Robin Hood, ao qual o romantismo adicionou uma dimensão amorosa, tem como parceira Olivia de Havilland. E é sem dúvida o filme de Richard Leister, *A rosa e a flecha* (*Robin and Marian*) que, em 1976, marca a coroação do herói no cinema, tendo como protagonistas Sean Connery e Audrey Hepburn, que fazem do velho herói de baladas da Inglaterra medieval um herói do imaginário para todas as idades e todos os tempos. Walt Disney compreendeu o fato e dedicou, em 1973, uma história em quadrinhos ao aventureiro benfeitor da floresta de Sherwood. || J. L. G. ||

Na Grã-Bretanha, o arco não é forçosamente a arma do plebeu. Ele convém a Robin Hood, o rude que tem comportamento de cavaleiro
Robin Hood, cerca de 1600, gravura sobre madeira, lugar de conservação desconhecido

Roland

Roland é um personagem histórico, mas quase nada se sabe sobre ele, que só é conhecido por uma menção na *Vida de Carlos Magno*, de Eginhardo, no início do século IX, na qual ele é designado como sobrinho do imperador. É, entretanto, um sobrinho um pouco suspeito, o que sem dúvida explica a obscuridade que cerca sua vida. Ele seria de fato o filho de relações incestuosas do imperador com sua irmã. Apesar de ter se tornado, graças à epopeia, um herói destemido e sem reprovações, ele guarda alguma coisa da tara de seu nascimento. O único título que dele se conhece – e que deveria a seu "tio" – é o de prefeito da Marcha da Bretanha, um desses territórios-tampão criados na fronteira do império. A epopeia *A canção de Roland*, que data do final do século XI, fez dele principalmente o herói ilustre, mas infeliz, de pretensos combates que Carlos Magno teria encampado ou feito encampar contra os muçulmanos na Espanha. Paradoxalmente, graças a essa epopeia, uma das primeiras obras-primas escritas em língua vernácula, *A canção de Roland* tornou-se, segundo a expressão de Jean Dufournet, "o texto fundador de nossa literatura, de nossa cultura e de nossa história, primeira manifestação criadora de nossa língua". A gênese desse texto é complexa. As formas mais antigas foram provavelmente de natureza oral, e o autor desses textos declamados seria um clérigo anglo-normando, Turold, que figura no bordado-tapeçaria de Bayeux. Segundo Guilherme de Malmesbury, autor da *História dos reis da Bretanha*, na batalha de Hastings, que dá a vitória a Guilherme, o Conquistador, um trovador impulsionava as tropas normandas ao som de uma *Cantilena Rolandi*; depois, uma versão francesa teria começado a tentativa de integrar Roland ao patrimônio francês, graças a um texto escrito na abadia real de Saint-Denis. Mas a edição moderna de *A canção de Roland* vem de uma versão anglicizada e modernizada no círculo do rei anglo-normando Henrique II Plantageneta, conservada num manuscrito de Oxford, dos anos 1170-1180. *A canção de Roland* conta o combate opondo um importante exército de sarracenos a uma tropa cristã comandada por Roland, assistido por seu companheiro Olivier e pelo bispo Turpin, no retorno de uma incursão no norte da Espanha contra o rei muçulmano de Zaragoza, Marsil. Um ciumento traidor de Roland, Ganelon, permite aos sarracenos surpreender a pequena tropa cristã. O ataque por surpresa se dá nos Pirineus, na passagem da garganta de Roncevaux.

Impregnado pelo espírito de cruzada, *A canção de Roland* tomou um desvio para realçar o heroísmo de Roland e valorizar o feito – válido, tanto em tempos de paz quanto nos de guerras – que dois tipos de homens devem sempre se completar, o batalhador Roland e o prudente Olivier: "Roland é valente, mas Olivier é sábio." É quase uma definição da dupla virtude dos cavaleiros.

A imagem dos personagens importantes da sociedade feudal completa-se por um Carlos Magno dominador, mas fraco, e um Turpin – o clérigo – que tem atitudes de cavaleiro.

Combate entre Roland e Ferragut (detalhe da "Vidraça de Carlos Magno"). Cerca de 1225, vitral, Chartres, Catedral Notre-Dame

Mas *A canção de Roland* só relata, de fato, uma longa agonia: ele encaminha o leitor ou o ouvinte para um dos monumentos que detêm um lugar considerável na realidade e no imaginário da sociedade medieval: a tumba. Por fim, o poema valoriza um elemento que demandará tempo para se afirmar na arte, mas que forma aqui um quadro impressionante: a natureza. Um episódio da agonia de Roland ficou famoso: compreendendo que está em perigo, Roland, já enfraquecido, pede socorro àquele que deveria ser seu protetor, Carlos Magno; para isso, utiliza um dos instrumentos de música que ressoam na vida medieval, o instrumento da

A célebre morte de Roland, o chamado sonoro do olifante, o esforço para quebrar Durandal a fim de que ela não caia em mãos inimigas
Roncevaux, Roland tenta quebrar sua espada e faz soar o olifante (detalhe da "Vidraça de Carlos Magno"), cerca de 1225, vitral, Chartres, Catedral Notre-Dame

caça e da guerra, o olifante. A imagem de Roland conhece uma forte e curiosa posteridade. É um dos raros heróis medievais a conservar seu prestígio no Renascimento. Ao heroísmo ele de fato adiciona o amor. O humanista Boiardo, no fim do século XV, compõe um *Rolando amoroso* (*Orlando inamorato*), e o grande poeta de Ferrara, Ariosto, entre 1516 e 1532, escreve *Orlando furioso*. Roland, herói flamejante, vem a ser sobretudo o grande apaixonado de Angélica. É uma imagem precoce de Romeu e Julieta. Na *Canção de Roland* medieval, praticamente só há homens, em conformidade ao modelo do "macho Idade Média" descrito por Georges Duby, e a única mulher da epopeia é Aude, a amiga de Roland que permanece em Aquisgrana e que Carlos Magno procura consolar no final do poema.

Roland tornou-se um herói perfeito para o romantismo. Ele pode ser visto no célebre poema de Alfred de Vigny, *O Olifante*, e em *A Lenda dos séculos*, de Victor Hugo. Inicialmente o personagem havia sido bem europeu: em 1404, Bremen erige para ele uma estátua de cinco metros, como símbolo dos privilégios da cidade; ele também havia inspirado as marionetes sicilianas nos séculos XVI e XVII. Contudo, ele tem tendência a se localizar na França – para aí se tornar um herói nacional, principalmente depois da adaptação de Léon Gauthier em 1880 – e sua inserção na galeria dos heróis franceses é promovida pela escola pública de Jules Ferry, com Vercingétorix, Du Guesclin, Joana d'Arc, Bayard, Turenne, Hoche e Marceau.

Roland não seduziu os cineastas, com exceção de um filme mudo de Louis Feuillade, *Roland em Roncevaux* (1913), e sobretudo o fascinante *A canção de Roland* (1978), de Frank Cassenti, em que o formidável ator Klaus Kinski interpreta um Roland que usa magicamente sua espada Durandal. || J. L. G. ||

Ainda na moda no século XV
A canção de Roland. A morte de Roland na batalha de Roncevaux, século XV, iluminura extraída das *Grandes crônicas dos reis da França*, Paris, Biblioteca Nacional da França

Satã

O tentador de Adão e Eva no paraíso terrestre vem a ser Satã (o adversário) no Novo Testamento e também o diabo (aquele que calunia e que divide). Como a serpente do Gênesis, ele é o inimigo do homem, ao qual busca enganar e pôr a perder. O Apocalipse revela que "o príncipe desse mundo" será vencido no final dos tempos e que na Jerusalém celeste descida sobre a terra o mal, a infelicidade e a morte terão desaparecido.

A arte cristã das origens ignora Satã. Naquela do séculos VI-X, ele ainda não é um monstro repugnante. Em contrapartida, nos séculos XI e XII ocorre uma "primeira grande explosão diabólica" (J. Le Goff): Satã e as criaturas infernais surgem no *Apocalipse de Saint-Sever* e nas esculturas de Vézelay, de Autun, de Moissac e de Saint-Benoît-sur-Loire. Também estão presentes no catecismo do início do século XII, que é o *Elucidarium*, atribuído a Honorius d'Autun, o qual sistematiza elementos demonológicos disseminados em obras anteriores. Por outro lado, duas obras do século XII, a *Visão de Tnugdal* e o *Purgatório de São Patrício*, que retomam o Apocalipse de Pedro (século II) e aquele de Paulo (século III), detalham os suplícios dos pecadores depois da morte. Essa insistência sobre o diabo e o inferno, que irá aumentando, tem, entretanto, como correlação, na mesma época, o impulso da devoção marial e do culto do anjo guardião. A partir do século XIV, dissemina-se a invasão demoníaca que submergirá o Ocidente até o final da primeira metade do século XVII. Como bem mostrou Alain Bourreau, uma importante reflexão demonológica manifesta-se na Igreja entre 1280 e 1330. A escolástica busca então compreender melhor e definir as possessões, a invocação dos demônios, os sabás de feiticeiros, a magia e os sortilégios. Entretanto, transbordando o mundo restrito dos teólogos e atingindo um público muito mais vasto, é o *Inferno*, na *Divina comédia*, de Dante (morto em 1321), que marca simbolicamente a passagem de uma época a outra. Embaralhando nossas divisões um tanto quanto arbitrárias entre a Idade Média e o Renascimento, certas desgraças acumuladas ou se sucedendo umas às outras vão rapidamente bombardear o Ocidente: a Peste Negra, o Grande Cisma, o avanço turco, a contestação protestante, as guerras de religião. Essas catástrofes serão compreendidas simultaneamente como punições dos pecados dos homens e como provas do imenso poder de Satã sobre o universo, e então lhe atribuem o pecado original. Doravante a arte dá testemunho, sob múltiplas formas, do medo do diabo e de seus acólitos que toma conta de toda uma civilização: no Campo Santo de Pisa, onde o artista buscou inspiração para a *Divina comédia*, em San Gimignano, onde Lúcifer tritura com suas poderosas mãos alguns humanos minúsculos, nas *Três Ricas Horas do duque de Berry*, em que Satã, mais uma vez na forma de gigante, aspira e vomita os danados de sua horrível boca cheia de fogo. Todavia, piores que os tormentos infernais são as tentações pelas quais Satã busca ardilosamente enredar os homens: contra isso põem em guarda o *Jardim das delícias* e as diversas *Tentações de Santo Antonio*, de Bosch, assim como a literatura dos séculos XV e XVI, que denuncia a loucura dos homens e as falsas miragens dos "mundos ao avesso".

Dois componentes maiores da angústia demoníaca própria ao Ocidente dessa época devem ser postos em evidência: de um lado, a crença num fim próximo do mundo, anunciado pelas desgraças da época; de outro, a inflação de um discurso teórico — uma demonologia — insistindo muito mais que antes sobre o imenso poder de Satã e de seus inúmeros agentes, verdadeiro exército das sombras. O sinistro *Malleus maleficarum* (*O martelo das feiticeiras*), publicado em 1486 por dois inquisidores, carrega o seguinte diagnóstico: "No meio das calamidades de um século que desmorona", enquanto "o mundo sobre a noite descende para seu declínio e que a malícia dos homens aumenta", o Inimigo "sabe, em sua cólera, que só tem pouco tempo" diante de si. "Assim ele faz crescer no campo do Senhor uma perversão *herética* surpreendente", a das feiticeiras. A obra tem cerca de trinta edições latinas entre 1486 e 1669.

A noção de "progresso" não faz parte do instrumental intelectual dos ocidentais dos séculos XIV-XVI. De Eustache Deschamps a Lutero, passando por São Vicente Ferrer, Savonarola e Guillaume Budé, eles estão convencidos da proximidade do Julgamento Final. Esse temor é ampliado pelas novas mídias da época, a imprensa e a gravura — pensemos no sucesso do *Apocalipse*, de Dürer. Um discípulo de Calvino, Viret (morto em 1571), assegura: "O mundo vai acabar... Ele é como um homem que atrai a morte tanto quanto pode." O protestantismo, sob certos ângulos, resulta de uma profunda

Anjo fechando a porta da boca do inferno, na qual humanos e demônios coabitam. Cerca de 1121-1161, breviário de Henrique de Blois, Londres, The British Library

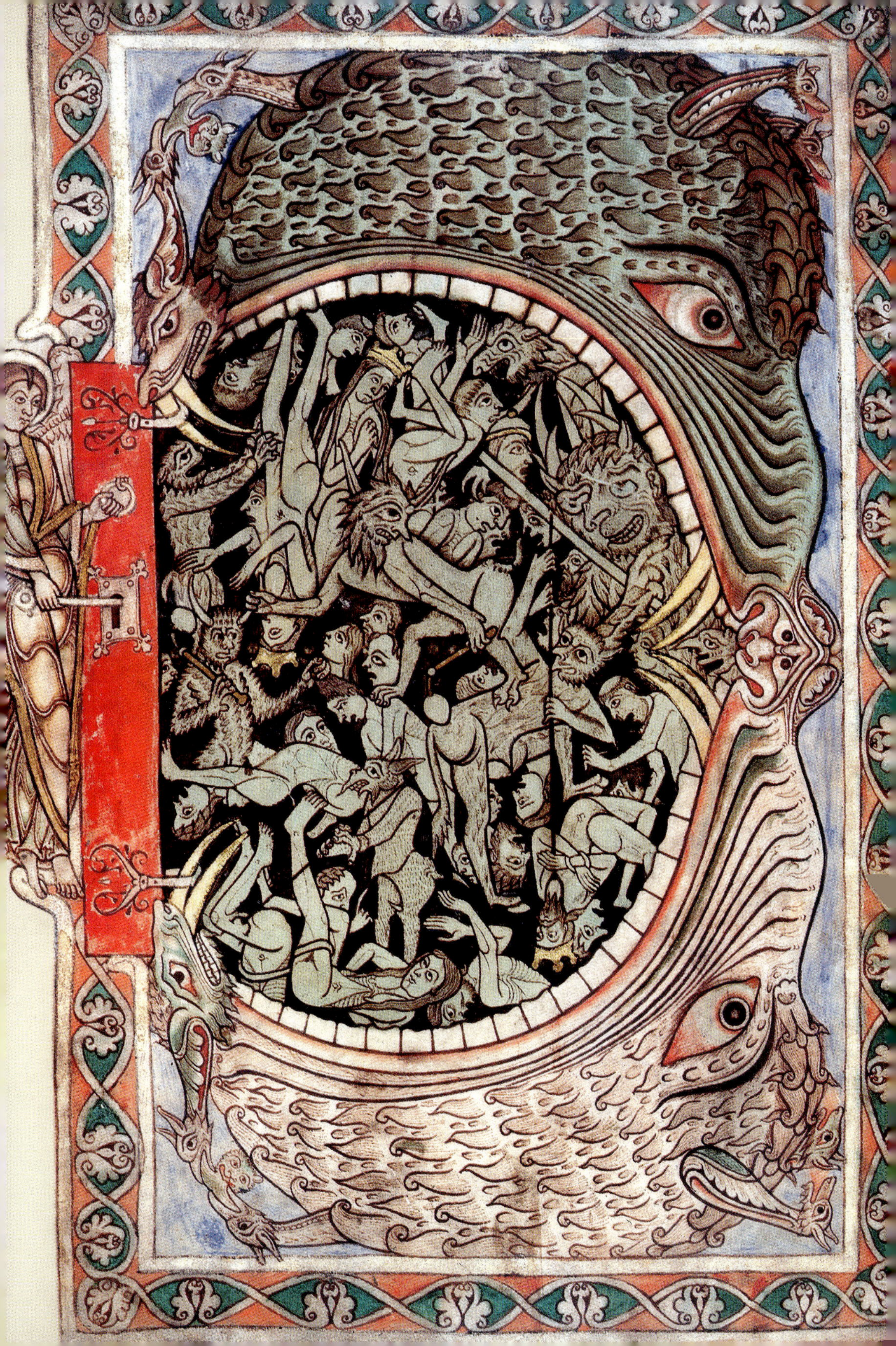

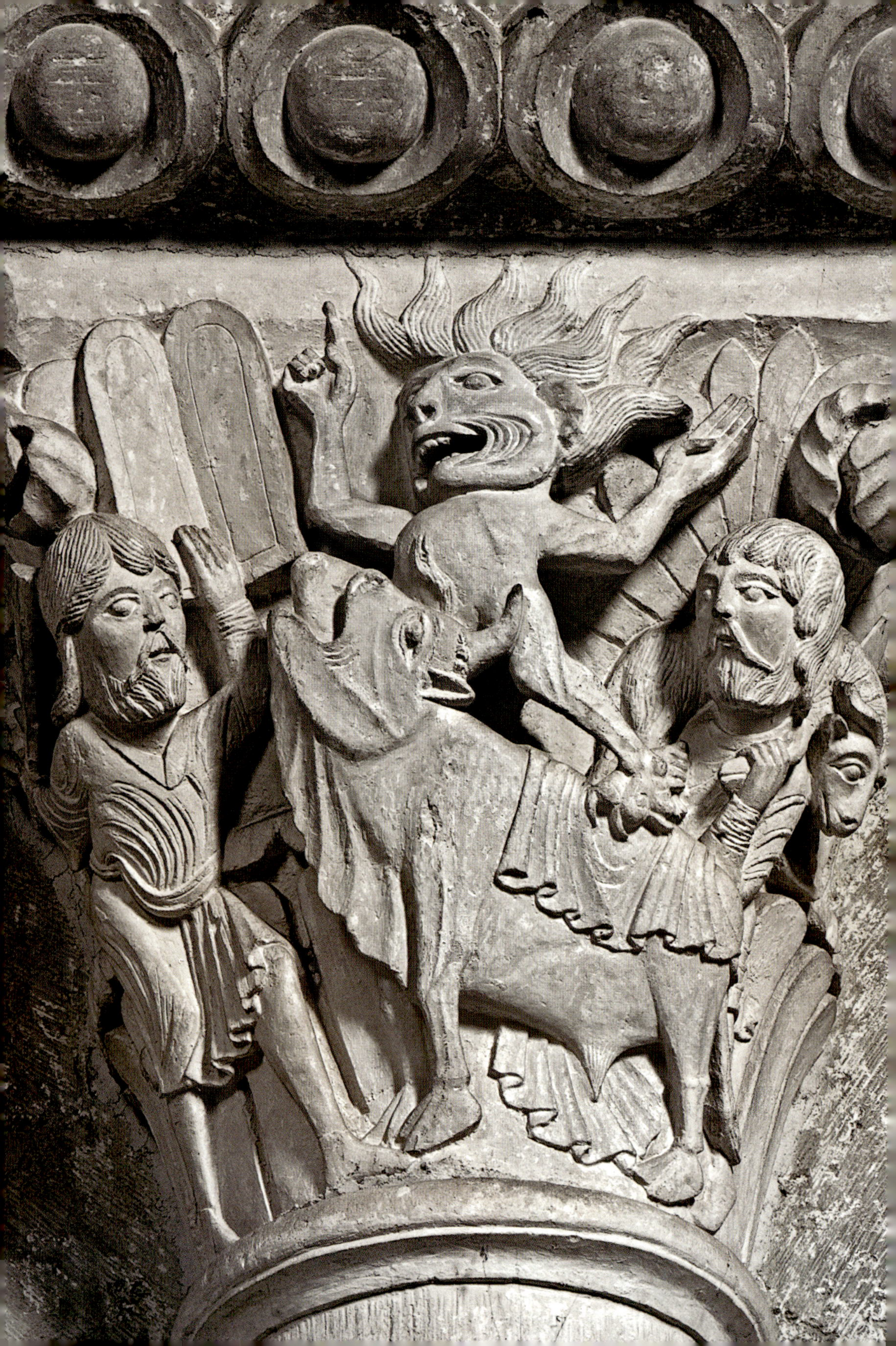

fermentação escatológica que remonta ao tempo da Peste Negra e que ele contribui para difundir. Como o proclamam os autores do *Martelo das feiticeiras*, Satã, sabendo que em breve será encarcerado definitivamente no inferno, mobiliza todos os seus agentes sobre a terra para o combate final: turcos, hereges, blasfemos, feiticeiros e feiticeiras.
Aí está um dos pontos que mostram o quanto a história está constrangida na distinção que tradicionalmente se faz entre a Idade Média e o Renascimento. É no início dos Tempos Modernos, com um pico em torno de 1600, que a demonologia e os processos por bruxaria atingem seu apogeu quantitativo e explicativo. Eles trazem sobre Satã e seus demônios uma prodigiosa abundância de precisões. Alguns deles enumeram milhões de demônios, e o teólogo jesuíta Suarez descobre um ao lado de cada humano. Isso justifica a necessidade do anjo guardião individual. Além disso, afirma-se que se por um lado Satã e os demônios só intervêm com a permissão de Deus, de outro eles vivem não somente no inferno, mas também sobre a terra, no ar, no mar ou nos rios. Eles podem tomar qualquer aparência e criar qualquer "ilusão"; eles conhecem os segredos da natureza e dominam a técnica da "possessão" dos seres humanos, levando portanto a uma desconcertante multiplicidade da obra diabólica. Daí também esta afirmação de Lutero: "Somos, corpos e bens, assujeitados ao diabo e a estranhos no mundo em que o diabo é o príncipe e o deus." O fiel deve então se lançar, pela fé, nos braços de Deus Salvador. || J. D. ||

Satã está em todos os lugares nas imaginações e esculturas medievais, em particular nos capitéis de igrejas
O Bezerro de Ouro com Satã, 1225, capitel de coluna, Vézelay, basílica de Santa Madalena

ANEXOS

Mapa das invasões na Europa

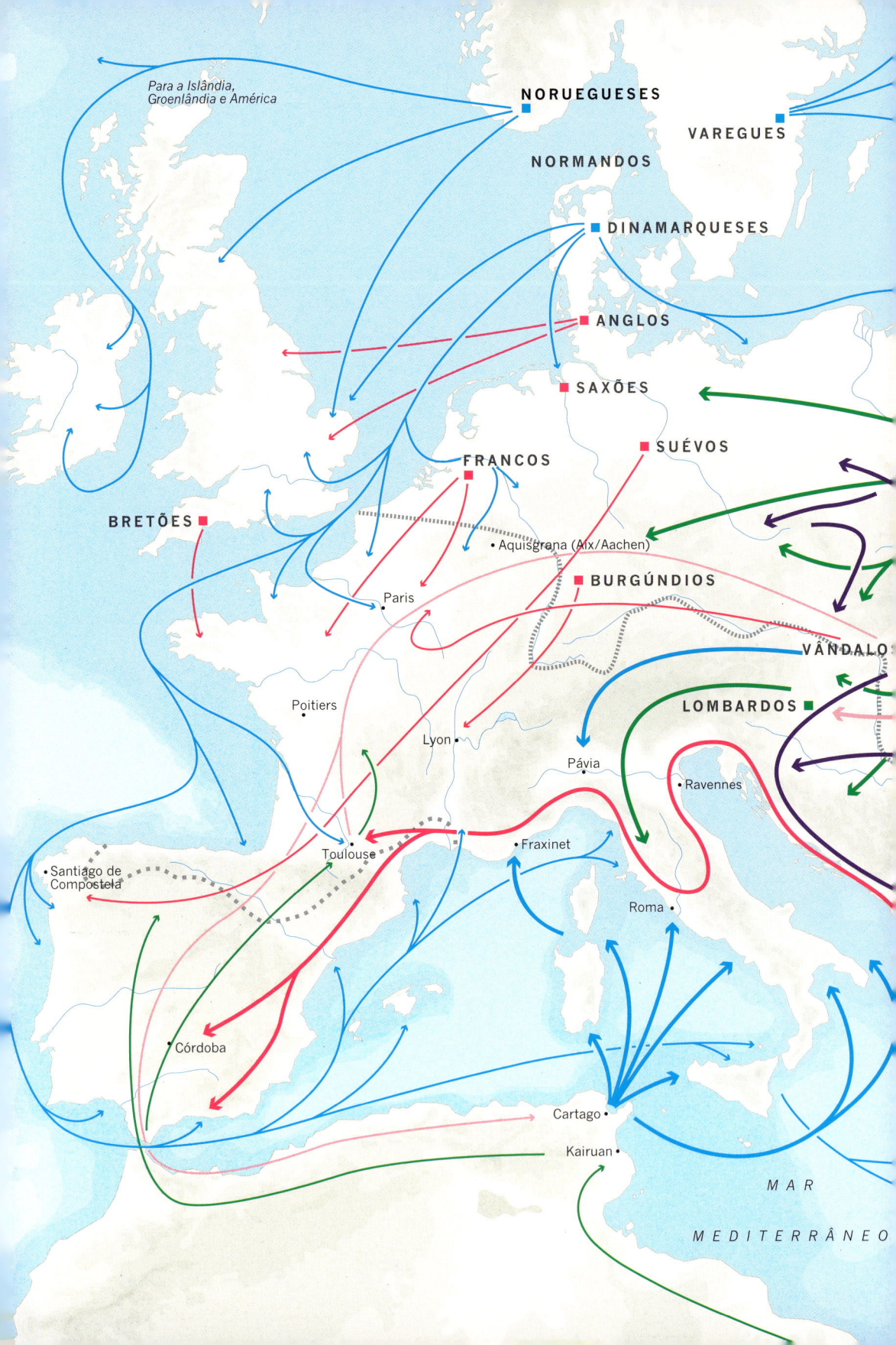

Para a Islândia, Groenlândia e América

NORUEGUESES
VAREGUES
NORMANDOS
DINAMARQUESES
ANGLOS
SAXÕES
SUÉVOS
FRANCOS
BRETÕES
BURGÚNDIOS
VÂNDALOS
LOMBARDOS

Aquisgrana (Aix/Aachen)
Paris
Poitiers
Lyon
Pávia
Ravennes
Toulouse
Fraxinet
Roma
Santiago de Compostela
Córdoba
Cartago
Kairuan

MAR MEDITERRÂNEO

As invasões séculos V a XIII

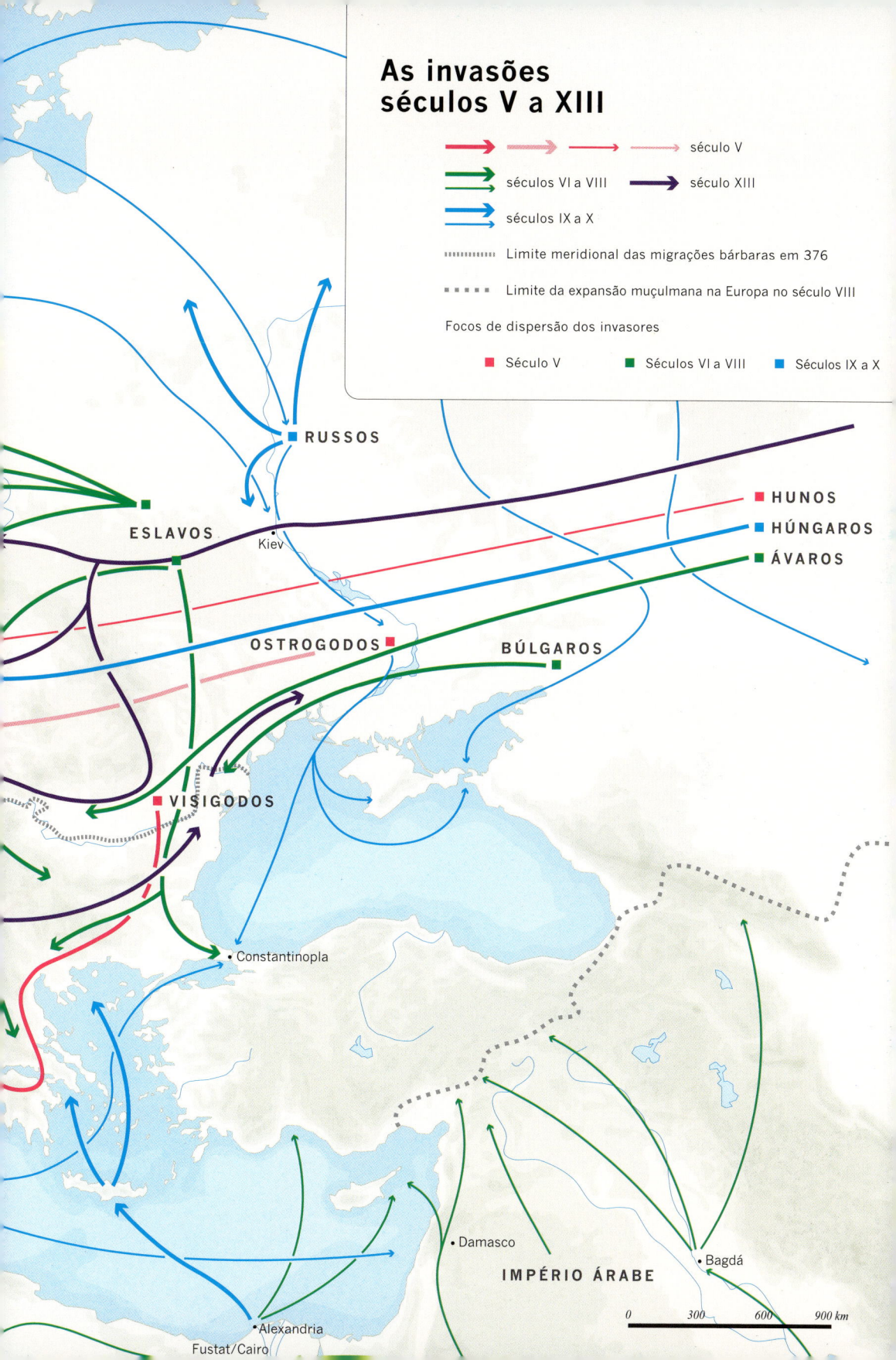

- → século V
- → séculos VI a VIII
- → séculos IX a X
- → século XIII
- ········ Limite meridional das migrações bárbaras em 376
- ─ ─ ─ Limite da expansão muçulmana na Europa no século VIII

Focos de dispersão dos invasores
- ■ Século V
- ■ Séculos VI a VIII
- ■ Séculos IX a X

RUSSOS
Kiev
ESLAVOS
HUNOS
HÚNGAROS
ÁVAROS
OSTROGODOS
BÚLGAROS
VISIGODOS
Constantinopla
Damasco
Bagdá
Alexandria
Fustat/Cairo
IMPÉRIO ÁRABE

0 300 600 900 km

NORUEGA
Bergen
SUÉCIA
Visby
ESCÓCIA
DINAMARCA
Stralsund
Gdańsk
Lübeck
Stettin
IRLANDA
Hamburgo
Stavoren
Bremen
Frankfurt/Oder
INGLATERRA
Magdeburgo
POLÔNIA
Londres
Bruges
Colônia
Mogúncia
Ratisbona
Paris
Viena
Vézelay
Clermont-Fd
Lyon
Veneza
Gênova
Pisa
Spalato
Toulouse
Santiago de Compostela
CÓRSEGA
Roma
Ragusa
Barcelona
Bari
SARDENHA
Valência
Palermo
Sevilha
SICÍLIA
Granada
Bugia
Túnis
Ceuta
MAR
MEDITERRÂNEO

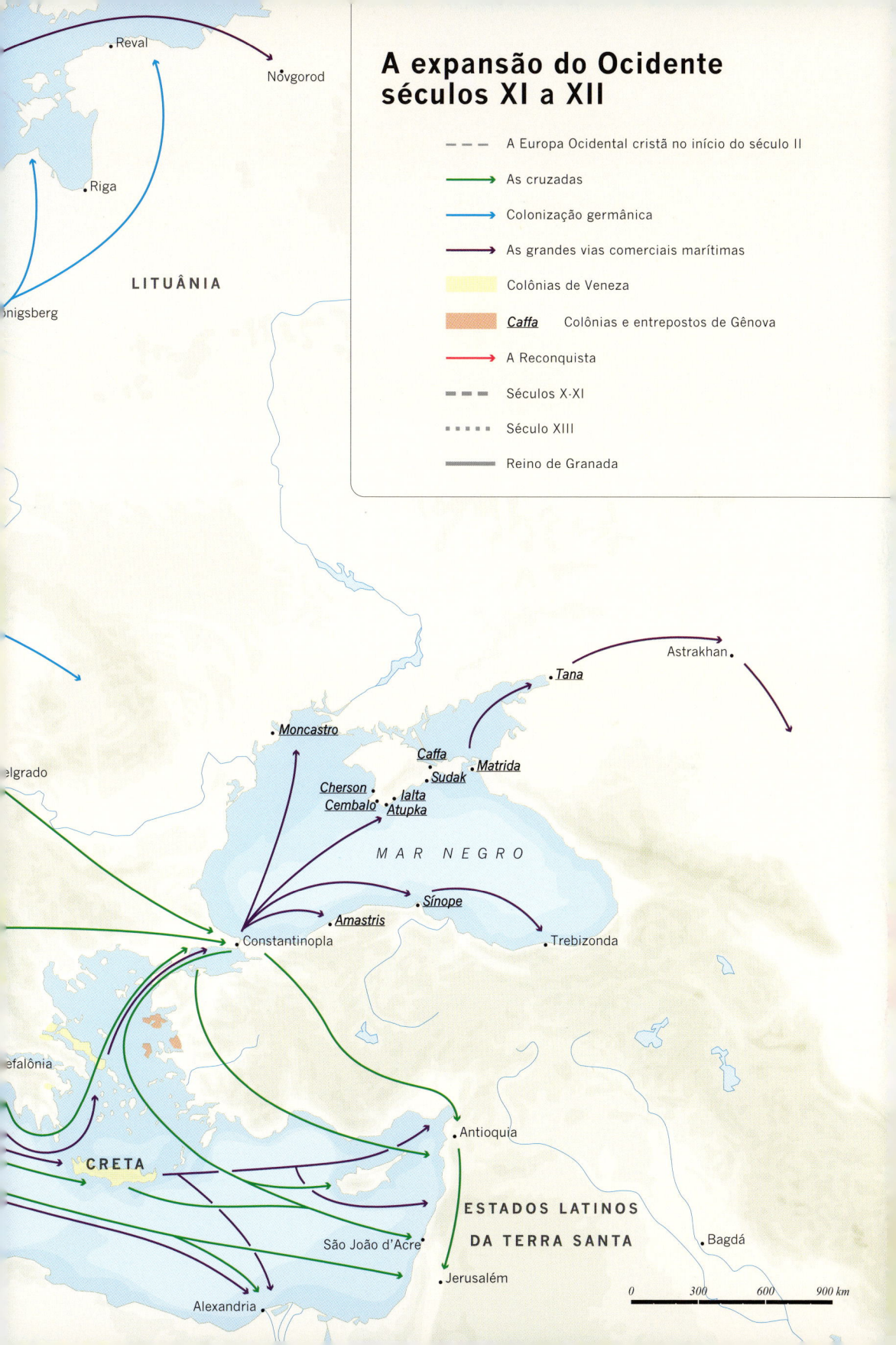

A expansão do Ocidente séculos XI a XII

- – – – A Europa Ocidental cristã no início do século II
- → As cruzadas
- → Colonização germânica
- → As grandes vias comerciais marítimas
- Colônias de Veneza
- *Caffa* Colônias e entrepostos de Gênova
- → A Reconquista
- – – – Séculos X-XI
- ····· Século XIII
- —— Reino de Granada

Reval · Novgorod · Riga · Königsberg · LITUÂNIA

Moncastro · Caffa · Matrida · Cherson · Sudak · Ialta · Cembalo · Atupka

MAR NEGRO

Tana · Astrakhan

Amastris · Sínope · Trebizonda

Constantinopla

Cefalônia · CRETA

Antioquia · São João d'Acre · Jerusalém · Alexandria

ESTADOS LATINOS DA TERRA SANTA · Bagdá

0 300 600 900 km

NORUEGA
Estocolmo
SUÉCIA
Visby
ESCÓCIA
DINAMARCA
Copenhague
IRLANDA
Gdańsk
Lübeck
Malborg
(Marienburgo)
Dublim
York
Stettin
Bremen
Hamburgo
Torun
GALES
INGLATERRA
Göttingen
POLÔNIA
Londres
Colônia
Bruges
Gand
Ypres
Douai
SACRO IMPÉRIO
ROMANO
GERMÂNICO
Praga
Cracóvi
Reims
Paris
Ratisbona (Regensburgo)
Orléans
Viena
Buda
FRANÇA
Lyon
Trieste
Milão
Veneza
Bordéus
Gênova
GUIANA
Montpellier
Avignon
Pisa
Florença
Siena
Toulouse
Marselha
Santiago de
Compostela
ESTADOS
PONTIFÍCIOS
ARAGÃO
Roma
CASTELA
CÓRSEGA
Barcelona
REINO
DE NÁPOLES
PORTUGAL
Nápoles
Amalfi
Toledo
Valência
Lisboa
REINO
DE MAIORCA
Palermo
REINO
DA SICÍLIA
Granada
Túnis
REINO
DE GRANADA
REINO
DOS HÁFSIDAS
MAR
REINO
DOS ZIANIDAS
REINO
DOS MERÍNIDAS
MEDITERRÂNEO

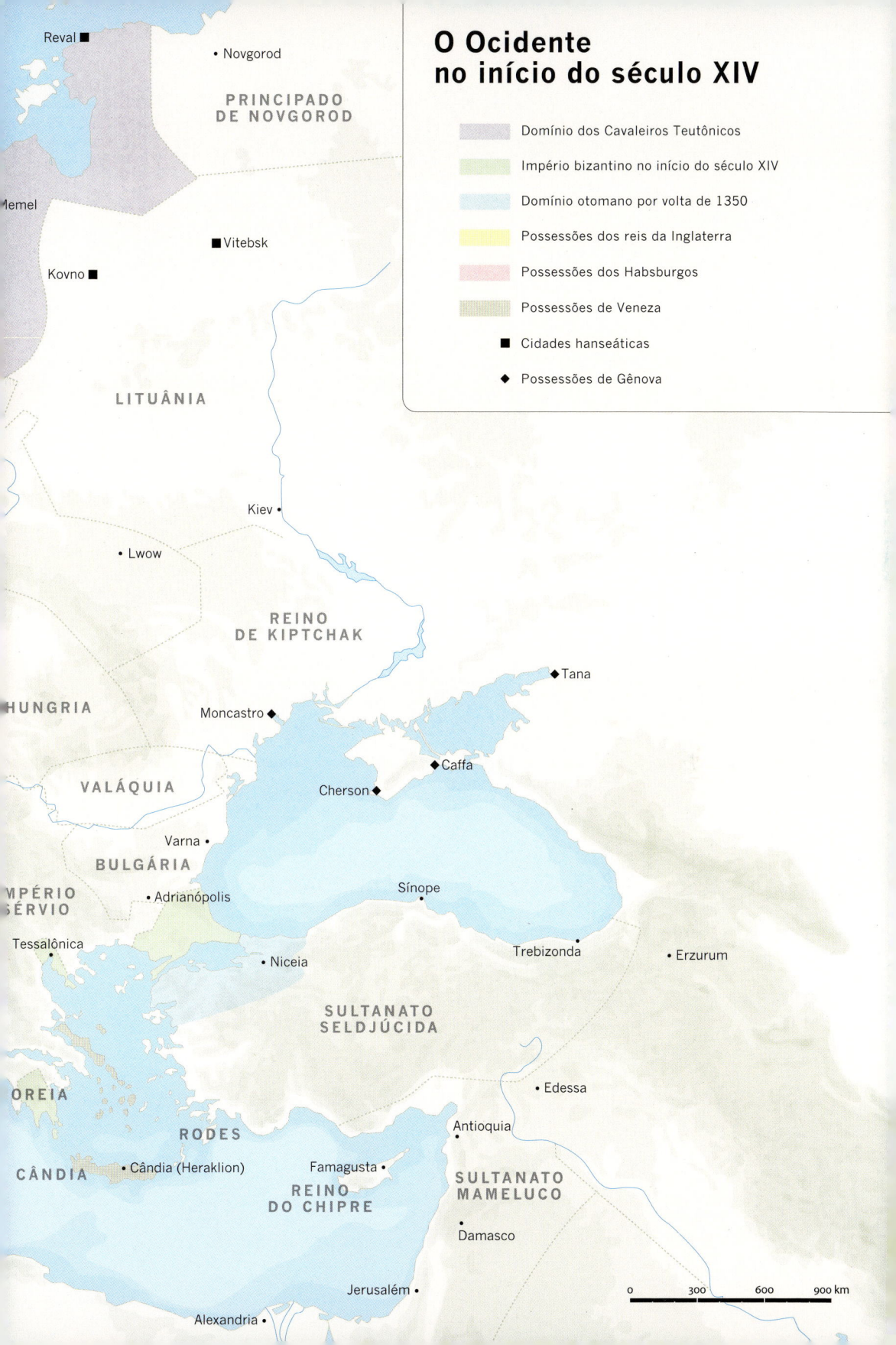

O Ocidente no início do século XIV

- Domínio dos Cavaleiros Teutônicos
- Império bizantino no início do século XIV
- Domínio otomano por volta de 1350
- Possessões dos reis da Inglaterra
- Possessões dos Habsburgos
- Possessões de Veneza
- ■ Cidades hanseáticas
- ♦ Possessões de Gênova

Reval ■
• Novgorod
PRINCIPADO DE NOVGOROD
Memel
• Vitebsk
Kovno ■
LITUÂNIA
• Kiev
• Lwow
REINO DE KIPTCHAK
HUNGRIA
♦ Tana
Moncastro ♦
VALÁQUIA
♦ Caffa
Cherson ♦
• Varna
BULGÁRIA
• Sínope
IMPÉRIO SÉRVIO
• Adrianópolis
Tessalônica
• Trebizonda
• Erzurum
• Niceia
SULTANATO SELDJÚCIDA
MOREIA
• Edessa
RODES
Antioquia •
CÂNDIA
• Cândia (Heraklion)
• Famagusta
SULTANATO MAMELUCO
REINO DO CHIPRE
• Damasco
• Jerusalém
• Alexandria

0 — 300 — 600 — 900 km

Mapa

Oceano Atlântico · **Oceano Pacífico**

Américas
- México — **IMPÉRIO ASTECA**
- Chichen Itza — **IMPÉRIO MAIA**
- Cuzco — **IMPÉRIO INCA**

Ilhas e pontos do Atlântico / costa africana
- Açores (1431)
- Madeira (1419)
- Canárias (1405)
- Cabo Branco (1441)
- Ilhas de Cabo Verde (1457)
- Cabo Verde (1445)
- Elmina (1470)
- Fernando Pó (1469)
- Cabo da Boa Esperança (1487)

BARTOLOMEU DIAS (1487-1488)

Europa
Lübeck · Londres · Antuérpia · Bruges · Paris · Lyon · Gênova · Rom · Lisboa · Cádis · Sevilha · Granada · Trípol

África
Tombuctu · Sao

Escala: 0 — 1000 — 2000 — 3000 km

O mundo em 1492

- Mundo cristão
- Mundo muçulmano
- Mundo budista
- O mundo conhecido antes de Cristóvão Colombo

Moscou · ankfurt · aga · racóvia · urembergue · neză · Constantinopla · IMPÉRIO ?TOMANO · Bagdá · exandria · Cairo · EGITO · Bucara · Samarcanda · Herat · Isfahan · Delhi · IMPÉRIO MONGOL · Pequim · Nanquim · CHINA · Cantão · JAPÃO · Abissínia (1486)

OCEANO ÍNDICO

Trópico de Câncer
Linha do Equador
Trópico de Capricórnio

Cronologia

Acontecimentos europeus

276   Primeira grande leva de invasores germânicos no Império Romano.

313   O Édito de Milão concede a liberdade de cultura aos cristãos.

325   No Concílio de Niceia, Constantino se torna o campeão da ortodoxia cristã contra o arianismo.

330   Constantino estabelece a nova capital do Império em Constantinopla.

379-395   Teodósio I reconhece o cristianismo como religião de Estado e a sua morte divide o Império Romano em Império do Ocidente e Império do Oriente.

410   Os visigodos de Alarico tomam e pilham Roma.

415   Os visigodos se fixam na Espanha.

432-461   São Patrício evangeliza a Irlanda.

Cerca de 440   Os povos germânicos anglos, jutos e saxões instalam-se na Grã-Bretanha; os bretões refluem sobre o continente.

451   O general romano Aetius freia os hunos de Átila nos Campos Cataláunicos.

476   O hérulo Odoacro depõe o imperador Rômulo Augusto e remete as insígnias do Império Ocidental para Constantinopla.

488-525   Reino do ostrogodo Teodorico em Ravena.

496 e 511   Batismo do chefe franco Clóvis.

Cerca de 529   Bento de Núrsia funda a abadia de Monte-Cassino e oferece uma regra a seus monges, que se tornarão a ordem beneditina.

Cerca de 555   Os visigodos, que retomaram a Andaluzia, estabelecem sua capital em Toledo.

Cerca de 570-636   Isidoro de Sevilha, pai do enciclopedismo cristão medieval.

590-604   Pontificado de Gregório, o Grande.

Cerca de 590-615   O monge irlandês São Columbano funda monastérios na Gália (Luxeuil), na Germânia do sul (Constança) e na Itália do norte (Bobbio).

568-572   Os lombardos conquistam o norte e parte do centro da Itália; fundam aí um reino que tem Pavia por capital.

732 Carlos Martel, chefe do palácio franco, freia os muçulmanos em Poitiers.

757 Pépin, o Breve, chefe do palácio, é sagrado rei dos francos pelo papa Estêvão II, que ele apoia na Itália, onde é criado um Estado pontifical chamado "Patrimônio de São Pedro".

759 Os muçulmanos perdem Narbonne, sua última posse na Gália.

771 Carlos Magno é o único rei dos francos.

774 Carlos Magno é rei dos lombardos.

778 A retaguarda franca comandada por Roland, sobrinho de Carlos Magno, é surpreendida pelos bascos no estreito de Roncevaux.

787 II Concílio de Niceia; Carlos Magno autoriza as imagens na arte cristã.

793-810 Primeiros ataques dos normandos na Grã-Bretanha e na Gália.

796-803 Carlos Magno manda construir o palácio e a capela de Aix-la-Chapelle.

800 Coroação imperial de Carlos Magno em Roma.

827 Início da conquista da Sicília pelos sarracenos.

cerca de 830 Invenção do corpo de Santiago na Galícia.

842 Juramento de Strasburgo em língua vernácula franca e germânica.

843 Tratado de Verdun e nascimento da Alemanha e da França.

2ª metade do século IX O termo *miles* (soldado, cavaleiro) começa a designar o vassalo.

881 Primeira aparição da palavra "feudo" (*feudum*).

895 Estabelecimento dos húngaros na planície do Danúbio.

910 Fundação da abadia de Cluny.

911 Carlos, o Simples, concede a embocadura do Sena para os normandos de Rollon pelo Tratado de Saint-Clair-sur-Epte.

929 Criação do califado de Córdoba.

948 Fundação do arcebispado de Hamburgo, metrópole religiosa para a conversão dos países escandinavos.

cerca de 950 Início dos grandes desmatamentos para instalar culturas. Utilização do arado ao norte do Loire.

955 Vitória de Oto I, o Grande, sobre os húngaros no Lechfeld.

960 Construção da mesquita de Córdoba.

962 A coroação imperial de Oto I, o Grande, funda o Santo Império Romano Germânico.

967 Batismo do duque polonês Miezko.

972 Fundação do bispado de Praga.

985 Batismo do chefe húngaro Vaik (Santo Estêvão).

987 Advento da dinastia capetiana na Gália (Hugo Capeto).

1000 A dupla Silvestre II (Gerbert d'Aurillac, papa de 999 a 1003) e

	Oto III (imperador de 983 a 1002) domina a cristandade latina.
	Início da construção de um "branco manto de igrejas" (segundo o monge clunisiano Raoul Glaber).
	Criação do arcebispado de Gniezno, metrópole religiosa polonesa.
1001	Santo Estêvão é coroado rei da Hungria.
1005-1006	Grande penúria alimentar na Europa ocidental.
1015-1028	Olav II Haraldsson, o Santo, tenta impor o cristianismo à força na Noruega.
1019-1035	Knut, o Grande, é rei da Dinamarca e da Inglaterra.
1020	Avicebron (Salomão Ibn Gabirol), filósofo judeu (Málaga, cerca de 1020-Valência, cerca de 1058).
	Linteu de Saint-Génis-des-Fontaines (Catalunha), a mais antiga escultura romana da França.
Cerca de 1020	Gui d'Arezzo inventa uma notação musical inovadora.
1023	Roberto, o Pio, a pedido da Igreja, manda queimar os hereges maniqueístas em Orléans.
1028	Knut, o Grande, rei da Dinamarca, conquista a Noruega e completa a conquista da Inglaterra.
Entre 1028 e 1072	Miniaturas do Apocalipse de São Severo do manuscrito do Beato de Liébana.
1029	Primeiro principado normando na Itália do sul (Aversa, Campania).
Cerca de 1030	Início do movimento comunal na Itália (Cremona).
1031	Fim do califado omíada de Córdoba.
1032-1033	Penúria alimentar no Ocidente.
Cerca de 1035	Construção de uma ponte de pedra em Albi.
1037	O imperador Conrado II institui a hereditariedade dos feudos na Itália do norte.
1054	Cisma definitivo entre a Igreja Romana Latina e a Igreja Grega Ortodoxa.
1060-1091	Os normandos conquistam a Sicília.
1066	Conquista da Inglaterra pelos normandos de Guilherme, o Conquistador.
1069	Manifestação "comunal" em Mans.
1071	Relíquias de São Nicolau trazidas do Oriente para Bari.
1072	Surgimento do contrato de *colleganza* em Veneza.
1073-1085	Pontificado de Gregório VII. Reforma gregoriana.
1077	O imperador Henrique IV humilha-se diante do papa Gregório VII em Canossa.
Cerca de 1080	Guilda de Saint-Omer (Pas-de-Calais).
1081	"Cônsules" burgueses em Pisa.
1085	Tomada de Toledo por Alfonso VI de Castilha.
1086	Primeira menção de um moinho

	por compressão na Normandia (Saint-Wandrille).		1140	Formação do reino de Portugal.
Fim séc. XI	Na França do norte, o cavalo substitui o boi no trabalho do campo.	Cerca de	1140	Decreto de Gratiani (Concórdia dos cânones discordantes), fundamento do corpus de direito canônico.
Depois de 1088	Imerius ensina direito romano em Bolonha.		1141	Pedro, o Venerável, abade de Cluny, manda traduzir o Alcorão em latim.
1093	Início da construção da catedral de Durham: primeira ogiva.		1143	Fundação de Lübeck.
1095	Urbano II prega em Clermont.		1154	Frederico I, o Barba Ruiva, concede privilégios aos mestres e estudantes de Bolonha.
1098	Onda antissemita: *pogroms* das cruzadas populares em marcha para a Palestina.		1154-1224	Império franco-inglês dos Plantagenetas.
	Fundação da ordem cisterciense por Robert de Molesmes.		1165	Canonização de Carlos Magno por um antipapa.
1099	Formação da *compagna* pelos mercadores de Gênova.		1170	Construção do minarete da Giralda em Sevilha.
Cerca de 1100	Início da secagem dos pântanos em Flandres: *polders*.	Depois de	1175	Surgimento do contrato de encomenda em Gênova.
1108	Fundação em Paris da abadia Saint-Victor, berço da pré--escolástica.		1180	Morte de João de Salisbury, bispo e patrono da escola de Chartres.
1112	Revolução comunal em Laon. O conde-bispo é assassinado.		1183	Paz de Constância. Frederico I, o Barba Ruiva, reconhece a liberdade das cidades lombardas.
1020-1150	Primeiros estatutos das profissões no Ocidente.		1200	Fundação de Riga.
1126-1198	Averroès, filósofo árabe de Córdoba, comentador de Aristóteles, morre em Marrakesh.		1202	Morte de Joaquim de Fiore, teórico do milenarismo.
1127	As cidades flamengas obtêm cartas de franquia.		1204	Tomada e pilhagem de Constantinopla pelos cruzados. Fundação do Império latino de Constantinopla (1204-1260).
1132-1144	Reconstrução de Saint-Denis por Suger; início do gótico.		1207	Missão de São Domingos entre os cátaros albigenses.
1135-1204	Maimônides, teólogo e filósofo judeu de Córdoba, que escreve em árabe, morre no Cairo.		1209	Primeira comunidade franciscana.

1209-1229	Cruzada dos albigenses.	1252-1259	Ensino de Tomás de Aquino na Universidade de Paris.
1212	Vitória dos cristãos da Espanha sobre os muçulmanos em Las Navas de Tolosa.	1253	Fundação de uma faculdade de teologia para estudantes pobres pelo teólogo Robert de Sorbon na Universidade de Paris (a futura Sorbonne).
1214	Primeiros privilégios concedidos à Universidade de Oxford.		
1215	Estatutos de Robert de Courson para a Universidade de Paris.	1254	O papa Urbano IV institui a comemoração do Corpus Christi.
	IV Concílio de Latrão: regulamentação do casamento e da confissão, medidas antissemitas e anti-hereges.	1261	Queda do Império latino de Constantinopla.
		1266	Batalha de Benevento. Carlos d'Anjou, rei da Sicília.
	A Grande Carta inglesa.	1268	Primeiros moinhos de papel em Fabriano.
1215-1218	Guilherme de Morbeke, tradutor de Aristóteles para o latim.	1270	Primeira menção de uma carta marinha no Mediterrâneo.
1216	Fundação dos Irmãos Pregadores (dominicanos).	1276	Raimundo Lúlio funda um colégio para ensinar árabe aos missionários cristãos.
1223	Aceitação pelo papado da regra franciscana modificada.		
1229-1231	Greve da Universidade de Paris.	1280	Ondas de greves e de revoltas urbanas (Bruges, Douai, Tournai, Provins, Rouen, Caen, Orléans, Béziers).
1231	Gregório IX organiza a Inquisição.		
Depois de 1232	Construção do Alhambra pelos muçulmanos em Granada.	1282	Vésperas sicilianas: os franceses devem ceder a Sicília para os aragoneses.
1238	Tomada de Valência pelos aragoneses.		
1241	Incursão dos mongóis na Silésia, Polônia e Hungria.	1283	Os cavaleiros teutônicos completam a conquista da Prússia.
1242	Primeira representação de um leme de popa (*gouvernail d'étambot*, no sinete de Elbing).	1284	Cunhagem do ducado de ouro em Veneza.
		1290	Desmoronamento das abóbodas da catedral de Beauvois.
1248	Tomada de Sevilha pelos castelhanos.	1298	Início das ligações regulares por mar entre Gênova, Inglaterra e Flandres.
1252	Cunhagem de moeda de ouro em Gênova e em Florença (florins).		

1300	Primeira menção segura de óculos.	1355	*Tratado sobre a moeda*, de Nicolas d'Oresme.
Início séc. XIV	Difusão da letra de câmbio na Itália.	1358	Revolta de Paris contra o regente real.
1306	Expulsão dos judeus da França.		Assassinato de Étienne Marcel. *Jacquerie* camponesa no nordeste da França.
Cerca de 1306	O papado instala-se em Avignon.		
1309	*Ruralia commoda* de Pietro de Crescenzi, compêndio de agronomia medieval.	1368	Casamento de Ladislau Jogaila, príncipe da Lituânia, com Edviges da Polônia, filha e herdeira de Casimir, o Grande.
1310	Primeira representação da Paixão no paço da catedral de Rouen.	1378	Início do Grande Cisma.
1313	Henrique VII morre em Pisa: fim do sonho imperial.		Revolta dos Ciompi em Florença.
			O papa Urbano VI volta a Roma.
Cerca de 1313	Dante finaliza a *Divina comédia*.	1379	Revolta de Philippe Van Artevelde em Gand.
1315	Batalha de Morgarten: vitória da infantaria suíça sobre os Habsburgos.	1381	*Jacquerie* de Walt Tyler na Inglaterra.
1315-1317	Grande penúria alimentar na Europa: surgimento da "crise" do século XIV.	1382	Condenação de John Wyclif por heresia.
		1389	Os turcos vencem os sérvios em Kosovo.
1321	Massacre de leprosos e de judeus acusados de envenenar os poços.	1394	Os judeus são definitivamente expulsos da França.
1337	Início da "Guerra dos Cem Anos" entre a Inglaterra e a França.	1397	Os três países escandinavos realizam a união de Kalmar.
1341	Coroação de Petrarca em Roma, brilho fulgurante do humanismo.	1409	Os alemães deixam a Universidade de Praga em seguida ao decreto de Kutná Hora que favorece os tchecos, tomados pela influência de Jan Hus.
1347	Fracasso de Cola di Rienzo ao tentar uma restauração à moda antiga do governo de Roma.		
1347-1348	Início das grandes epidemias de Peste Negra (até 1720).	1410	Derrota dos cavaleiros teutônicos pelos poloneses em Tannenberg (Grünwald).
1348	*Pogroms* desencadeados pela Peste Negra.		
1353	Fundação em Galípoli do primeiro estabelecimento turco na Europa.	1414-1418	Concílio de Constância.

	Condenação por heresia e execução de Jan Hus.
1420-1436	Brunelleschi constrói a cúpula do Domo de Florença.
1431	Morte de Joana d'Arc, queimada em Rouen.
1431-1437	Concílio da Basileia.
1434	Cosme de Médici, mestre de Florença.
1439-1443	Os Concílios de Florença e de Roma põem fim ao Grande Cisma.
1450	Gutenberg cria a impressão na Mogúncia.
1453	Tomada de Constantinopla pelos turcos.
1456	*Institutiones Platonicæ*, de Marsílio Ficino.
1458-1464	Pontificado de Pio II (Aeneas Silvius Piccolomini), partidário da Europa.
1458-1471	Jorge de Poděbrady, rei hussita da Boêmia.
	Projeto de união europeia.
1458-1490	Matias Corvino, rei da Hungria.
1462-1505	Reino de Ivan III, grão-duque de Moscou.
1464	Morte de Nicolas de Cues, teólogo "moderno", apóstolo da tolerância religiosa.
1468	Morte do albanês Skanderbeg, grande resistente aos turcos.
1469	Casamento dos reis católicos na Espanha.
1475	Tratado de Picquigny. Fim da Guerra dos Cem Anos.
1476	Casamento de Maximiliano da Áustria com Maria de Valois.
1477	Botticelli pinta *A primavera*.
1483	O dominicano Torquemada é nomeado inquisidor-geral para a Espanha.
1492	Tomada de Granada pelos reis católicos.
	Fim da presença muçulmana na Península Ibérica.
1494	Pelo Tratado de Tordesilhas, Espanha e Portugal dividem o mundo sob a condução do papa Alexandre VI Borgia.
1495	O rei da França, Carlos VIII, conquista (por pouco tempo) o reino de Nápoles. Início das guerras da Itália.

Acontecimentos extra-europeus

América

700-800 — Apogeu da civilização maia na América Central.

800-925 — Aniquilação da civilização maia.

1000-1200 — Apogeu da cultura tolteca no México.

Século XII — Origens semilendárias da dinastia dos Incas no Peru.

1370 — Os astecas fundam Teotihuacán no México.

Século XV — Sucessão de confederações astecas no México.

1492 — Cristóvão Colombo "descobre a América".

África

Séculos VI-VIII — Apogeu do reino zulu do Zimbábue.

Os árabes conquistam o Egito e fundam Fustât (Cairo), que se torna a capital dos fatímidas xiitas (969-1171).

709 — Os árabes completam a conquista da África do norte.

Cerca de 800 — Fundação do reino de Kanem, na região do lago Tchad.

1057 — Os árabes hilalianos destroem Cartum, capital dos aglábidas.

1062 — Fundação de Marrakesh pela dinastia berbere dos almóadas (fim do séc. XII) e dos merínidas (1269).

1171 — O curdo Saladino restabelece o sunismo no Egito e funda a dinastia dos aiúbidas (1171-1250).

1250 — Os mamelucos tomam o poder no Egito.

1312-1337 — Apogeu do reino muçulmano de Mali sob Kouta Moussa, que absorve o reino de Gana.

1402 — O normando Jean de Bethencourt conquista as Canárias.

1415 — Os portugueses conquistam Ceuta.

1418 — Os portugueses instalam-se no arquipélago da Madeira.

1456 — Os portugueses atingem o Golfo da Guiné.

1477 — As Canárias passam ao domínio espanhol.

1488 — Bartolomeu Dias descobre o Cabo da Boa Esperança.

Ásia: Extremo-Oriente

320-480 — Reino da dinastia dos Guptas no norte da Índia.

Séculos III-IX — Dominação, a partir de Madras, da dinastia dos Pallavas.

581-618 — Yang-Kien restabelece a unidade da China com uma nova capital, Chang'An (Xi-an). Construção de canais e de grandes muralhas.

618-907 — Dinastia dos Tangs. Reforço da administração central. Vitórias na Coreia. Reconhecimento da independência do Tibete. Difusão do budismo.

710	Nara, capital imperial do Japão.	1279-1368	Dinastia mongol dos Yuans na China. Pequim (Khanbalik), capital a partir de 1264.
Meados do século VIII-824	Os soberanos Saliendras mandam construir, no centro de Java, o stupa budista de Barabudur (ou Borobudur).	1314-1330	Viagem do franciscano Odorico de Prodenone para a Índia e a China.
777	Budismo, religião da corte japonesa.	1371	Viagens transatlânticas são proibidas para os chineses.
794	Heian (Kyoto), nova capital imperial japonesa.	1392	Xogunato de Muromachi no Japão. Difusão da cultura zen.
858	Início da dominação dos Fujiwaras no Japão.		Criação do teatro nô.
907-960	Anarquia das "cinco dinastias" na China.	1366-1644	Dinastia chinesa dos Mings.
960-1279	Dinastia dos Songs. Mandarinato. Construção do Grande Canal.	1470-1480	Construção das Grandes Muralhas na China do norte.

Oriente Próximo Muçulmano

1024	Primeira impressão de papel-moeda na China.
1086	Surge a mais antiga menção aos caracteres móveis para a impressão na China.
1181-1218	Apogeu do império Khmer sob Jayavarman VII, que constrói Angkor-Vat.
1185-1192	Estabelecimento do xogunato de Kamakura.
1192	Os muçulmanos são senhores da Índia do norte.
1206-1526	Sultanatos muçulmanos de Délhi na Índia.
1206-1279	Formação do Império Mongol.
1254-1245	Viagem para a China e para a Ásia do sudeste feita pelos mercadores venezianos Niccolò e Matteo Polo, assim como por seu filho e sobrinho Marco.

622	Maomé deixa Meca por Medina: a Hégira.
630	O imperador bizantino Heráclio, vencedor dos persas, devolve a "Verdadeira Cruz" a Jerusalém.
632	Morte de Maomé.
634	Os muçulmanos saem da Arábia. Início da conquista muçulmana da África do norte (completada em 709) na Ásia, em Tachkent (712).
636-724	Califado omíada de Damasco.
638	Tomada de Jerusalém pelos árabes.
661	Assassinato de Ali, genro de Maomé.
680	Hussein, filho de Ali, é massacrado em Karbala. Início do xiismo.

762 Califado abássida de Bagdá.

786-809 Califado de Haroun al-Rashid.

1009 O califa Hakem destrói o Santo Sepulcro em Jerusalém.

1055 Os turcos seldjúcidas tomam Bagdá e restabelecem o sunismo.

1071 Vitória dos turcos seldjúcidas sobre os bizantinos em Mantzikert.

1099 Tomada de Jerusalém pelos cruzados.

1148 Fracasso da segunda cruzada.

1187 O curdo Saladino, vitorioso sobre os cristãos em Hattsin, apodera-se de Jerusalém.

1191 Fracasso da terceira cruzada, exceto a instalação dos cristãos em Chipre.

1250-1254 Estadia de São Luís na Terra Santa.

Fracasso das cruzadas de São Luís (Egito, 1250; Túnis, 1270).

1291 Os mamelucos tomam Acre, último lugar cristão na Palestina.

1354-1403 O sultão otomano Bayazid I conquista e unifica os emirados turcos de Anatólia.

Bibliografia

Bibliografia geral

BARTLETT, R., *Le Monde médiéval*, Monaco, 2002.

BASCHET, J., *La Civilisation féodale de l'An Mil à la colonisation de l'Amérique*, Paris, 2004 [3ª ed., 2006].

BLOCH, M., *La Société Féodale*, 2 vols., Paris, 1935 e 1940.

DALARUN, J. (dir.), *Le Moyen Âge en lumière*, Paris, 2002.

DELORT, R., *Le Moyen Âge, histoire illustrée de la vie quotidienne*, Lausanne, 1972.

ECCO U. (dir.), *Il Medioevo, Barbari, Cristiani, Musulmani*, Milão, 2010.

FOSSIER, R., *Le Moyen Âge*, 3 vols., Paris, 1983.

FOSSIER, R., *La Société médiévale*, Paris, 1991.

FRIED, J., *Das Mittelalter, Geschichte und Kultur*, Munique, 2009.

GÉNICOT, L., *Les Lignes de faîte du Moyen Âge*, Paris, 1952.

GUERREAU, A., *L'Avenir d'un passé incertain. Quelle histoire du Moyen Âge pour le XXe siècle?*, Paris, 1901.

ICHER, F., *La Société médiévale. Codes rituels et symboles*, Paris, 2000.

LE GOFF, J., *La Civilisation de l'Occident médiéval*, Paris, 1964.

LE GOFF, J., *Le Moyen Âge en images*, Paris, 2000.

LOPEZ, R., *Naissance de l'Europe, Destins du monde, V^e-XIIe siècle*, Paris, 1962.

PERROY, E., AUBOYER, J., CAHEN, CL., DUBY, G. e MOBLOT, M., *Le Moyen Âge*, Paris, 1955.

PIRENNE, H., *Histoire de l'Europe, des invasions au XVIe siècle*, Paris, Bruxelas, 1936.

"Le Moyen Âge vu par le cinéma européen" in *Les Cahiers de Conques*, n° 3, abril de 2011.

Das Mittelalter, explicado por J. LE GOFF, M. BRANDT, audiolivro, Düsseldorf, 2009.

Sobre a noção de personagem. Elaborar seu personagem na Idade Média.

BLOCH, M., *La Société féodale*, 2 vols., Paris, 1939-1940 [2ª ed., 1949].

BORST, A., *Lebensformen im Mittelalter*, Frankfurt, 1973.

CAPITANI, O., *Medioevo passato prossimo*, Bolonha, 1979.

FUHRMANN, H., *Einladung ins Mittelalter*, Munique, 2000.

FUHRMANN, H., *Überall ist Mittelalter: von der Gegenwart einer vergangenen Zeit*, Munique, 1996.

GOUGUENHEIM, S., *Le Moyen Âge en questions*, Paris, 2012.

HASKING, C. H., *The Renaissance of the XII Century*, Cambridge (Massachusetts), 1928.

LE GOFF, J. (dir.), *L'Homme médiéval*, Paris, 1989.

LINEHAN, P. e NELSON, J. L., *The Medieval World*, Londres/ Nova York, 2001.

VOLPE, G., *Il medioevo*, Florença, 1965 [nova ed. com prefácio de C. VIOLANTE, Roma/ Bari, 1990].

Il Medioevo, Secoli V-XV, t. 3, Storia d'Europa, Turim, 1994.

Senefiance, estudos reunidos por C. CONNOCHE-BOURGNE, n° 53, Aix-en-Provence, 2007.

The Cambridge Medieval History, 8 vols., Cambridge, 1911-1963.

Antiguidade tardia – Alta Idade Média

ANGENENDT, A., *Das Frühmittelalter. Die abenländische Christenheit von 400-900*, Stuttgart, 2001.

BANNIARD, M., *Genèse culturelle de l'Europe*, Paris, 1989.

COUMERT, M. e DUMÉZIL, B., *Les Royaumes barbares en Occident*, Paris, col. Que sais-je?, 2010.

DEMOUGEOT, E., *La Formation de l'Europe et les invasions barbares*, Paris, 2 vols., 1979.

DUMÉZIL, B., *Les Racines chrétiennes de l'Europe: conversion et liberté dans les royaumes barbares, V^e-VIIe siècles*, Paris, 2005.

LANÇON, B., *L'Antiquité tardive*, Paris, col. Que sais-je?, n° 1.155, 1997.

MAROU, H.-I., *L'Église de l'Antiquité tardive (303-604)*, Paris, 1985.

RICHÉ, P., *Éducation et culture dans l'Occident barbare, Ve-VIIIe siècles*, Paris, 1988.

SOUTHERN, R. W., *The Making of the Middle Ages*, Londres, 1953.

Período Carlos Magno – Ano Mil

ALTHOFF, G., *Otto III*, 1996.

ALTHOFF, G., *Die Ottonen*, 2000.

DUBY, G., *L'An Mil*, Paris, 1967.

FOLZ, R., *La Naissance du Saint Empire*, Paris, 1967.

GEARY, P., *Phantoms of Remembrance. Memory and Oblivion at the End of the First Millenium*, Princeton, 1994.

LE JAN, R., *La Royauté et les élites dans l'Europe carolingienne du début du IXe siècle aux environs de 920*, Villeneuve D'Ascq, 1998.

Idade Média central

GÉNICOT, L., *Le XIIIe siècle européen*, Paris, 1968.

LE GOFF, J., *Fischer Weltgeschichte*, t. XI, *Das Hochmittelalter*, Frankfurt, 1965.

LE GOFF, J., *Apogée de la chrétienté, vers 1180-vers 1330*, Paris, 1968.

MOORE, R. I., *La Première Révolution européenne, Xe-XIIIe siècle*, trad. fr., Paris, 2001 [2000].

Baixa Idade Média

BOUCHERON, P. (dir.), *Histoire du monde au XVe siècle*, Paris, 2009.

HUIZINGA, J., *L'Automne du Moyen Âge*, prefácio de J. LE GOFF, Paris, 1975 [1ª ed., 1919].

Personagens imaginários

BALTRUSAITIS, J., *Réveils et prodiges, Le Moyen Âge fantastique*, Paris, 1960.

GRAF, A., *Miti, leggende e superstizioni del Medioevo*, 2 vols., Turim, 1892-1893.

HARF-LANCNER, L., *Les Fées au Moyen Âge*, Paris, 1986.

KAPPLER, C., *Monstres, démons et merveilles à la fin du Moyen Âge*, Paris, reed. 1999.

LE GOFF, J., *Héros et merveilles du Moyen Âge*, Paris, 2005.

LE GOFF, J. "Merveilleux" in LE GOFF, J.-C. SCHMITT, *Dictionnaire raisonné de l'Occident médiéval*, Paris, 1999, pp. 709-724.

Da Cristianização a Carlos Magno (325-814)

São Martinho de Tours

SÉVÈRE, S., *Vie de saint Martin*, ed., trad., notas e comentários de Jacques FONTAINE, col. Sources chrétiennes, n° 133-135, Paris, 1967-1969.

JUDIC, B., "Les Modèles martiniens dans le christianisme des Ve-VIIe siècles" in Michèle GAILLARD (dir.), *L'Empreinte chrétienne en Gaule*, Turnhout (Bélgica), no prelo (2013).

PIETRI, L., *La Ville de Tours du IVe au VIe siècle. Naissance d'une cité chrétienne*, col. da École française de Rome, 69, Roma, 1983.

Santo Agostinho de Hipona

BROWN, P., *Augustine. A Biography*, Berkeley, 1967, [ed. revista e aumentada, 2000].

COSMA, A., DA GAI, V. e PITTIGLIO, Gi., *Iconografia agostiniana*, vol. 1, *Dalle Origini al XIV secolo*, Roma, 2011.

COURCELLE, P., *Les Confessions de saint Augustin dans la tradition littéraire. Antécédents et postérité*, col. Études augustiniennes, Paris, 1963.

DEKKERS, E., "Le Succès étonnant des écrits pseudo-augustiniens au Moyen Âge" in *Fälschungen in Mittelalter: Internationaler Kongress der Monumenta Germaniae Historica*, Munique, 16-17, setembro de 1986, Hannover, 1988, pp. 361-368.

MARROU, H.-I., *Saint Augustin et la fin de la culture antique (1938)*, seguido da *Retractatio*, 4.ª ed., Paris, 1958.

VERHEIJEN, L., *La Règle de saint Augustin*, vol. 1, Tradition manuscrite, e vol. 2, *Recherches historiques*, col. Études augustiniennes, Paris, 1967.

VERHEIJEN, L., *Nouvelle Approche de la Règle de saint Augustin*, Paris, 1980.

Égérie (ou Éthérie)

MARAVAL, P. (ed. e trad.), *Égérie, Journal de voyage*, Paris, col. Sources chrétiennes, n° 296, 1982.

Actes du colloque sur la Peregrinatio Egeriae, Arezzo, 1988.

São Bento de Núrsia

VAUCHEZ, A. e CABY, C. (dirs.), *L'Histoire des moines, chanoines et religieux au Moyen Âge*, Turnhout (Bélgica), 2003.

La Règle de saint Benoît, ed. A DE VOGÜÉ e J. NEUFVILLE, 7 vols., Paris, col. Sources chrétiennes, n° 191-196 bis, 1964-1972.

Átila

BOZOKY, E., *Attila et les Huns, Vérites et légendes*, Paris, 2012.

ROUCHE, M., *Attila, La Violence nomade*, Paris, 2009.

Boécio

(ver também a bibliografia de Cassiodoro)

TILLIETTE, J.-Y., "Introduction" in *Boèce, la Consolation de Philosophie*, Paris, col. Lettres gothiques, pp. 9-42, 2008.

Cassiodoro

BRUNHÖLZL, F., *Histoire de la littérature latine du Moyen Âge*, t. I, Turnhout (Bélgica), 1990.

BRUYNE, E. DE, *Études d'esthétique médiévale*, t. I, *De Boèce à Jean Scott Érigène*, Bruges, 1998 [1946].

CURTIUS, E. R. *La Littérature européenne et le Moyen Âge latin*, 2 vols., Paris, 1986 [1956].

RICHÉ, P., *Éducation et culture dans l'Occident barbare, VIe-VIIIe siècles*, Paris, 1962.

WOLFRAM, E., *Histoire des Goths*, Paris, 1990.

Gregório I, o Grande

BOESCH GAJANO, S., *Grégoire le Grand*, Paris, 2007.

DAGENS, C., *Saint Grégoire le Grand. Culture et expérience chrétiennes*, Paris, 1977.

MARKUS, R., *Gregory the Great and his World*, Cambridge, 1997.

Isidoro de Sevilha

ALONSO, C. R., *Las Historias de los Godos, Vándalos y Suevos de Isidoro de Séville. Estudio, edición crítica y traducción, León*, col. Fuentes y estudios de historia leonesa, n° 13, 1975.

ELFASSI, J. e RIBÉMONT, B., "La Réception d'Isidore de Séville durant le Moyen Âge tardif" in *Cahiers de recherches médiévales*, n° 16, décembre 2008.

FONTAINE, J., *Isidore de Séville et la culture classique dans l'Espagne wisigothique*, Paris, 1959.

RIBÉMONT, B., *Les Origines des encyclopédies médiévales, D'Isidore de Séville aux Carolingiens*, Paris, col. Bibliothèque du Moyen Âge, 2001.

Isidori Hispalensis episcopi Synonyma, Turnhout (Bélgica), 2009 (CCSL 111B).

Col. Études augustiniennes, série Antiquité, n° 100-102, 3 ts., Paris, 1.ª ed. 1959 [2ᵉ ed., 1983].

Etymologiæ em latim por W. M. LINDSAY, 2 ts., Oxford, 1911.

Etymologiæ, ed. bilíngue, livros II, III, IX, XI, XII, XIII, XVII, XVIII, XIX e XX, Paris, col. Auteurs latins du Moyen Âge, 2004-2011.

Beda

BROWN, P., *The Rise of Western Christendom*, Oxford, 2003, pp. 349-356.

BRUNHÖLZL, F., *Histoire de la littérature latine du Moyen Âge*, t. I, Turnhout (Bélgica), 1990.

BRUYNE, E. DE, *Études d'esthétique médiévale*, t. I, *De Boèce à Jean Scott Érigène*, Bruges, 1946 [1998].

CURTIUS, E. R., *La Littérature européenne et le Moyen Âge latin*, 2 vols., Paris, 1986 [1956].

MITCHELL, B. e ROBINSON, F. C., *A Guide to Old English*, Oxford, 2007, pp. 229-237.

RICHÉ, P., *Éducation et culture dans l'Occident barbare, VIe-VIIIe siècle*, Paris, 1962.

Alcuíno

BRUNHÖLZL, F., *Historie de la littérature latine au Moyen Âge*, t. I, vol. 2, Paris, 1997, pp. 29-46 e 267-272.

Bento de Aniane

DOLBEAU, F., "Sur un florilège carolingien de Septimanie, composé par Benoît d'Aniane" in *Revue bénédictine*, Denée (Bélgica), junho de 2008.

IOGNA-PRAT, D., "Benoît d'Aniane" in *Dictionnaire des saints*, Paris, 1986, pp. 79-84.

SCHMITZ, P., "L'Influence de saint Benoît d'Aniane dans l'histoire de l'ordre de Saint-Benoît" in *Il monachesimo nell'alto Medioevo*, Spoleto, 1957, pp. 401-415.

La Concordia regularum, ed. por P. BONNERUE, 1999.

Beato de Liébana

CAROZZI, C., *Apocalypse et Salut dans le christianisme ancien et médiéval*, Paris, 1999.

CAROZZI, C. e TAVIANI-CAROZZI, H., *La Fin des temps. Terreurs et prophéties au Moyen Âge*, Paris, 1999.

COHIN, N., *Les Fanatiques de l'Apocalypse*, Paris, 1962.

MOTTU, H., *La Manifestation de l'Esprit selon Joachim de Flore*, Neuchâtel/ Paris, 1977.

REEVES, M., *The Influence of Prophecy in the later Middle Ages*, Oxford, 1969.

Carlos Magno

BOUSSARD, J., *Charlemagne et son temps*, Paris, 1968.

BOUTET, D., *Charlemagne et Arthur ou le roi imaginaire*, Paris, 1992.

BRAUNFELS, N. (dir.), *Karl Der Große. Lebenswerk und Nacheben*, Dusseldorf, 1965-1967.

ÉGINHARD, *Vita Karoli Magni (Vie de Charlemagne)*, ed., e trad. Louis HALPHEN, Paris, 1967.

HEER, F., *Charlemagne and his World*, Londres, 1975.

KERNER, M., *Karl Der Große, Entschleierung eines Mythos*, Colônia, 2001.

KLEINCLAUS, A., *Charlemagne*, Paris, 1934 [nova ed. 1977].

MORRISEY, R., *L'Empereur à la barbe fleurie. Charlemagne dans la mythologie et l'histoire de France*, Paris, 1997.

RICHÉ, P., *Les Carolingiens, une famillie qui fit l'Europe*, Paris, 1983.

La Saga de Charlemagne, trad. e históricos de Daniel W. LACROIX, Paris, col. La Pochothèque, 2000.

De Carlos Magno ao ano mil (814-1000)

Alfredo, o Grande

SMYTH, A. P., *King Alfred the Great*, Oxford, 1995.

Alfred the Great: Asser's Life of King Alfred and other Contemporary Sources, Harmondsworth, 1983.

Oxford Dictionary of National Biography, "Bede", por Patrick WORMALD, Oxford, 2004.

Oto, o Grande

FOLZ, R., *La Naissance du Saint Empire*, Paris, col. Le Mémorial des siècles, 1967.

LAUDAGE, J., *Otto der Große, (912-973). Eine Biographie*, Ratisbona, 2001.

PUHLE, M. (dir.), *Otto der Große, Magdeburg und Europa*, 2 vols., Mogúncia, 2001.

Gerbert d'Aurillac

RICHÉ, P., *Gerbert d'Aurillac, le pape de l'an mil*, Paris, 1987.

RICHÉ, P. e CALLU, J.-P., edição da *Correspondance de Gerbert*, Paris, 1992 (2 vols.) e 2008 (1 vol.).

SCHÄRLIG, A., *Un portrait de Gerbert d'Aurillac, inventeur d'un abaque, utilisateur précoce des chiffres arabes et pape de l'an mil*, Lausanne, 2012.

Atas do Congresso de Bobbio de 1983, 2000, 2004, de Aurillac em 1996, 2000, de Vich (Catalunha) em 1999 e de Budapeste em 2001.

"Autour de Gerbert d'Aurillac", École des chartes, Paris, 1996.

Santo Adalberto

POPPE, A. e POPPE, D., "Adalbert de Prague" in Pierre RICHÉ (dir.), *Histoire des saints et de la sainteté chrétienne*, t. V, *Les Saintetés dans les empires rivaux (815-1053)*, Paris, 1986, pp. 62-69.

Santo Estêvão

CEVINS, M.-M. DE, *Saint Étienne de Hongrie*, Paris, 2004.

GYÖRFFY, G., *King Saint Stephen of Hungary*, Nova York, 1994.

O apogeu medieval (1000-1300)

Gui d'Arezzo

COLETTE, M.-N., POPIN, M. e VENDRIX, P., *Histoire de la notation du Moyen Âge à la Renaissance*, Paris, 2003.

CULLIN, O. e FERRAND, M. (dirs.), *Guide de la musique au Moyen Âge*, Paris, 1999.

GUI D'AREZZO, *Micrologus (Guid. Aret. Micr.)*, Nimegue, 1955.

GUI D'AREZZO, *Micrologus*, trad. e comentários por Marie-Noëlle COLETTE e Jean-Christophe JOLIVET, Paris, 1993.

MEYER, C., "Les Traités de musique" in *Typologye des sources du Moyen Âge occidental*, fasc. 85, Turnhout (Bélgica), 2001.

ROUCHE, M., *Histoire de l'enseignement et de l'éducation. Ve siècle av. J.-C.–XVe*, t. 1, Paris, 2003 [1981].

TREITLER, L., *With Voice and Pen. Coming to Know Medieval Song and How it was Made*, Oxford, 2003.

Gregório VII (Hildebrando)

COWDREY, H. E. J., *Pope Gregory VII. 1073-1085*, Oxford, 1998.

Gregorii VII Registrum, Hânover, 1920-1923 (MGH, Epistolae selectae, II).

Guilherme, o Conquistador

BATES, D., *William the Conqueror*, Stroud, 2004.

BOÜARD, M. DE, *Guillaume le Conquérant*, Paris, 1984.

Oxford Dictionary of National Biography, "William the Conqueror" por David BATES, Oxford, 2004.

Santo Anselmo de Cantuária

CORBIN, M. (dir.), *L' Œuvre d' Anselme de Cantorbéry*, 9 vols., Paris, 1986-2005.

SOUTHERN, R. W., *Saint Anselm: A Portrait in Landscape*, Cambridge, 1990.

Cid, o Campeador

AURELL, M., "Le Cid" in A. VAUCHEZ (dir.), *Dictionnaire encyclopédique du Moyen Âge*, t. I, Paris, 1997, p. 329.

EPALZA, M. DE e GUELLOUZ, S., *Le Cid, personnage historique et littéraire*, Paris, 1983.

FLETCHER, R., *The Quest for el Cid*, Oxford, 1989.

HORRENT, J., *Cantar de mío Cid (Chanson de mon Cid)*, ed., trad. e notas, 2 vols., Gand (Bélgica), 1982.

MENJOT, D., *Le Cid* in Cl. GAUVARD, A. DE LIBÉRA e M. ZINK (dirs.), *Dictionnaire du Moyen Âge*, Paris, 2002, p. 291.

Abelardo e Heloísa

CLANCHI, M. T., *Abélard* (1997), trad. fr., Paris, 2000.

COLLECTIF, *Pierre Abélard, Pierre le Vénérable. Les courants philosophiques, littéraires et artistiques en Occident au XIIe siècle*, Paris, 1975.

DUBY, G., *Dames du XIIe siècle, Héloïse, Aliénor, Iseult et quelques autres*, t. 1, Paris, 1945 [reed. Paris, col. Folio, 1997].

GANDILLAC, M. DE, *Œuvres choisies d'Abélard*, Paris, 1945.

GILSON, E., *Héloïse et Abélard*, Paris, 1938.

JOLIVET, J., *Abélard*, Paris, Seghers, 1969 [reed. Paris, 1994].

LE GOFF, J., "Abélard et Héloïse" in *Cinq personnages d'hier pour aujourd'hui*, Paris, 2001, pp. 27-43.

VERGER, J., *L'Amour castré. L'Histoire d'Héloïse et d'Abélard*, Paris, 1996.

VERGER, J., *La Théologie d'Abélard*, Paris, 1997.

VERGER, J. e JOLIVET, J., *Bernard-Abélard ou le cloître et l'école*, Paris, 1982.

ZUMTHOR, P., *Abélard, lamentations, histoire de mes malheurs, correspondances avec Héloïse*, Arles, 1992.

Suger

CARTELLIERI, O., *Abt Suger von Saint Denis, 1081-1151*, Berlim, 1892.

GASPARRI, F., *Suger, Œuvres*, ts. 1 e 2, Paris, 1996 e 2001.

GORSON, P. (dir.), *Abbot Suger and Saint Denis*, Colóquio Nova York, 1961 [nova. ed. Nova York, 1986].

LECOY DE LA MARCHE, A., *Œuvres complètes de Suger*, Société de l'histoire de France, Paris, 1967.

MC CROSBY, S., *L'Abbaye royale de Saint Denis*, Paris, 1953.

PACAUT, M., *Louis VII et son royaume*, Paris, 1954.

SASSIER, Y., *Louis VII*, Paris, 1991.

SUGER, *Vie de Louis VI le Gros*, ed. e trad. por H. WAQUET, Paris, col. Les Classiques de l'histoire de France au Moyen Âge, 1964.

Arnaldo de Bréscia

FRUGONI, A., *Arnaud de Brescia dans les sources du XIIe siècle*, Paris, 1993 [1954].

São Bernardo de Claraval

AUBÉ, P., *Saint Bernard de Clairvaux*, Paris, 2003.

LECLERCQ, J., e ROCHAIS, H., *Sancti Bernardi Opera*, 8 vols., Roma, 1957-1977 [ed. bilíngue latim-francês, col. Sources chrétiennes, Paris].

Bernard de Clairvaux. Histoire, mentalités, spiritualité, Paris, col. Sources chrétiennes, n° 380, 1992.

Pedro, o Venerável

IOGNA-PRAT, D., *Ordonner et exclure, Cluny et la société chrétienne face à l'hérésie, au judaïsme et à l'islam*, Paris, 1998.

TORRELL, J.-P. e BOUTHILLIER, D., *Pierre le Vénérable abbé de Cluny. Le Courage de la mesure*, Tours, 1988.

MÉHU, D., *Paix et communautés autour de l'abbaye de Cluny (X^e-XVe siècle)*, Lyon, 2001.

Hildegarda de Bingen

BURNETT, C. e DRONKE, P. (dirs.), *Hildegard of Bingen. The Context of her Thought and Art*, Warburg Institute Colloquia, 4, Londres, 1998.

GOUGENHEIM, S., *Hildegarde de Bingen, abbesse et prophétesse rhénane*, Paris, 1996.

MOULINIER, L., *Le Manuscrit perdu à Strasbourg. Enquête sur l'œuvre scientifique de Hildegarde*, Paris/ Saint-Denis, 1995.

SAURMA-JELTSCH, L. E., *Die Miniaturen im "Liber Scivias" der Hildegard von Bingen. Die Wucht der Vision und die Ordnung der Bilder*, Wiesbaden, 1998.

Pedro Lombardo

LOMBARD, P., *Les Quatre Livres des Sentences*. Premier Livre, introd., trad. e notas por Marc OZILOU, Paris, col. Sagesses chrétiennes, 2012.

COLISH, M. L., *Peter Lombard*, 2 vols. (Brill's Studies in Intellectual History, 41), Leyde/ Nova York/ Colônia, 1994.

DE GHELLINCK, J., *Le Mouvement théologique du XII siècle*, Bruges/ Bruxelas/ Paris, 1948, pp. 213-277.

DELHAYE, P., *Pierre Lombard: sa vie, ses œuvres, sa morale*, Montreal/ Paris, 1960.

ROSEMANN, P. W., *Peter Lombard*, Oxford, col. Great Medieval Thinkers, 2004.

VERGER, J., *La Renaissance du XIIe siècle*, Paris, col. Initiations au Moyen Âge, 1996.

Livre des Sentences in Magistri Petri Lombardi Sententiae in IV libris distinctae, 2 ts. em 3 vols., sendo um de *Prolegomena* (*Spicilegium Bonaventurianum*, IV et V), Grottaferrata, 1971-1981.

São Tomás Becket

BARLOW, F., *Thomas Becket*, Londres, 2004.

DUGGAN, A., *Thomas Becket. Friends, Networks, Texts*, Aldershot, 2007.

FOREVILLE, R., *L'Église et la royauté sous Henri II Plantagenêt*, Paris, 1943.

Oxford Dictionary of National Biography, "Thomas Becket", por Frank BARLOW, Oxford, 2004.

Bernardo de Ventadour

APPEL, C., *Bernard von Ventadour: seine Lieder*, Halle, 1915.

BEC, P., *Écrits sur les troubadours et la lyrique médiévale (1961-1991)*, Caen, 1992.

DE GOUSTINE, L., *Bernard de Ventadour ou les Jeux du désir*, Périgueux, 2007.

LA CURNE DE SAINTE-PALAYE, J.-B., *Histoire littéraire des troubadours, contenant leurs vies, les extraits de leurs pièces, et plusieurs particularités sur les mœurs, les usages et l'histoire du douzième et du treizième siècles*, ed. org. e publicada pelo abade MILLOT, P. DURAND neveu, 1774, 3 vols. in-12 de LXVIII + 472 p., VIII + 504 p. e VIII + 456 p. [nova ed., Genebra, 1967].

LAZAR, M., *Chansons d'amour de Bernard de Ventadour*, ed. crítica, trad., introd., notas e glossário, Paris, 1966, [reed. 2001, Paris, apresentação LUC DE GOUSTINE, prefácio Geneviève BRUNEL-LOBRICHON].

DE RIQUER, M., *Vidas y amores de los trovadores y sus dames*, Barcelona, 2004.

ROUBAUD, J., *La Fleur inverse. L'Art des troubadours*, Paris, 2004 [ed. revista e aumentada, 2009].

Les Vies des troubadours, textos reunidos e traduzidos por Margarita EGAN, Paris, col. Bibliothèque médiévale, 1985.

Anthologie des troubadours, textos selecionados, apresentados e traduzidos por P. BEC com a colaboração de Gérard GONFROY e Gérard LE VOT, ed. bilíngue, Paris, col. Bibliothèque médiévale, 1979.

Introduction à Bernart de Ventadorn, trad. do alemão por LUC de GOUSTINE e do occitano por Miquela STENTA, Limoges, 1990.

Association Carrefour Ventadour: www.ventadour.net
(e-mail: carrefour@ventadour.net).

Leonor de Aquitânia

AURELL, M. (dir.), *Aliénor d'Aquitaine,* ed. especial da revista *303, arts, recherches et création*, nº 81, Nantes, 2004.

AURELL, M., "Aux origines de la légende noire d'Aliénor d'Aquitaine" in A.-H. ALLIROT, G. LECUPPRE e L. SCORDIA (dirs.), *Royautés imaginaires (XIIe - XVIe siècles)*, Turnhout (Bélgica), 2005, pp. 89-102.

AURELL, M., *L'Empire des Plantagenêt (1154-1224)*, Paris, 2003.

FLORI, J., *Aliénor d'Aquitaine: la reine insoumise*, Paris, 2004.

LABANDE, E.-R., *Pour une image véridique d'Aliénor d'Aquitaine*, Poitiers, 2005 [1952].

TURNER, R. V., *Aliénor d'Aquitaine*, Paris, 2011.

Frederico I, o Barba Ruiva

OPPL, F., *Friedrich Barbarossa*, Darmstadt, 1992.

PACAUT, M., *Frédéric Barberousse*, Paris, 1957.

RACINE, P., *Frédéric Barberousse*, Paris, 2009.

Averróis

AVERRÓIS, *Discours décisif*, trad. fr., Paris, 1996.

AVERRÓIS, *L'Intelligence et la penseé*, trad. fr., Paris, 1998.

BENMAKHLOUF, A., *Averroès, le commentaire moyen sur le De interpretatione*, trad. fr. por S. DIEBLER, Paris, 2000.

BENMAKHLOUF, A., *Averròes*, Paris, 2000 e 2003.

BENMAKHLOUF, A., *Le Vocabulaire d'Averroès*, Paris, 2007.

Joaquim de Fiore

CAROZZI, C., *Apocalypse et salut dans le christianisme ancien et médiéval*, Paris, 1999.

VAUCHEZ, A. (dir.), *Prophètes et prophétismes*, Paris, 2012.

Chrétien de Troyes

CHRÉTIEN DE TROYES, *Romans*, J.-M. Fritz et alii. (dir.), Paris, 1994.

CHRÉTIEN DE TROYES, *Œuvres complètes*, Daniel POIRION (dir.), Paris, col. Bibliothèque de la Pléiade, 1994.

DOUDET, E., *Chrétien de Troyes*, Paris, 2009.

FRAPPIER, J., *Chrétien de Troyes, l'homme et L'œuvre*, Paris, 1957.

Saladino

CHAMPDOR, A., *Saladin, le plus pur héros de l'islam*, Paris, 1956.

EDDÉ, A.-M., *Saladin*, Paris, col. Les Grandes Biographies, 2008.

EDDÉ, A.-M., "Saladin ou la fabrique d'un héros" in *Le Nouvel Observateur. Les Arabes*, ed. especial n° 79, janeiro-fevereiro de 2012, p. 25.

MOUTON, J.-M., *Saladin, le sultan chevalier*, Paris, 2001.

RICHARD, J., "Les Transformations de l'image de Saladin dans les sources occidentales" in *Figures mythiques de l'Orient musulman*, D. AIGLE (dir.), *Revue du monde musulman et de la Méditerranée*, n° 89-90, 2000, pp. 177-187.

TOLAN, J., "Mirror of Chivalry: Salah al-Dîn in the Medieval European Imagination" in *Images of the Other: Europe and the Muslim World before 1700*, Cairo Papers on Social Sciences, n° 19, 1996, pp. 7-38.

Ricardo Coração de Leão

AURELL, M., *L'Empire des Plantagenêt (1154-1224)*, Paris, 2003.

FLORI, J., *Richard Cœur de Lion, le roi-chevalier*, Paris, 1999.

GILLINGHAM, J., *Richard Cœur de Lion*, Paris, 1996.

NELSON, J. L. (dir.), *Richard Cœur de Lion in History and Myth*, Londres, 1992.

Inocêncio III

FOREVILLE, R., *Le Pape Innocent III et la France*, Stuttgart, 1992.

SAYERS, J., *Innocenzo III*, Roma, 1997.

São Domingos

BOUCHET, J.-R., *Saint Dominique*, Paris, 1988.

VICAIRE, M-H., *Histoire de saint Dominique*, 2 vols., Paris, 1982.

Santa Edwiges da Silésia (Jadwiga)

BAZIN, G., *Sainte Hedwige sa vie et ses œuvres*, Paris, 1895.

GOTTSCHALK, J., *St. Hedwig Herzogin von Schlesien*, Colônia/ Graz, 1964.

RÉAU, L., *Iconographie de l'art chrétien*, t. III, "Hedwige de Silésie", Paris, 1958, pp. 632-633.

WASOWICZ, T., *Legenda Slaska*, Breslávia/ Varsóvia/ Cracóvia, 1967.

Snorri Sturluson

BOYER, R., *Les Sagas islandaises*, Paris, 1978.

La Saga des Sturlungar, Paris, 2005.

SNORRI STURLUSON, *Edda. Récits de mythologie nordique*, Paris, 1991.

SNORRI STURLUSON, *Histoire des rois de Norvège*, Paris, 2000.

São Francisco de Assis e Santa Clara

COLLECTIF, *François d'Assise, écrits, Vies, témoignages*, ed. do oitavo centenário, 2 vols., Paris, 2010.

DALARUN, J., *François d'Assise, un passage. Femmes et féminité dans les écrits et les légendes franciscaines*, Arles, 1997.

FOCILLON, H., *Saint François d'Assise et la peinture italienne au XIIIe et au XIVe siècle*, Montreal, 1945.

FRUGONI, C., *Saint François d'Assise, la vie d'un homme*, Paris, col. Pluriel, 1999.

LE GOFF, J., *Saint François d'Assise*, Paris, 1999.

LE GOFF, J., "Saint François d'Assise et Sainte Claire" in *Cinq personnages d'hier pour aujourd'hui*, Paris, 2001, p. 44-64.

LEONARDI, C. (dir.), *Francesco e Chiara d'Assisi*, vol. 1, La letteratura francescana, Milão, 2004.

MANSELLI, R., *Saint François d'Assise*, Paris, 1981.

NAGY, P., *Le Don des larmes au Moyen Âge*, Paris, 2000.

VAUCHEZ, A., *François d'Assise*, Paris, 2009.

Claire d'Assise, écrits, intro., textos latinos, trad., notas e índice por M. F. BECKER, J. F. GODET e Th. MATURA, Paris, col. Sources chrétiennes, n° 325, 1985.

Frederico II

KANTOROWICZ, E., *L'Empereur Frédéric II*, Paris, 1987.

RADER. O.B. *Friedrich II*, Munique, 2010.

STÜRNER, W., *Friedrich II*, Darmstadt, 1992-2000.

Santa Elisabeth da Hungria

BLUME, D. e WERNER, M. (dirs.), *Elisabeth von Thüringen: Eine europäische Heilige*, Berlim, 2007.

KLANICZAY, G., *Holy Rulers and Blessed Princesses*, Cambridge, 2004.

WOLF, K. B., *Life and Afterlife of S. Elizabeth of Hungary*, Oxford (Estados Unidos), 2011.

Douceline

CAROZZI, C., "Une béguine joachimite: Douceline, sœur d'Hugues de Digne" in *Franciscains d'Oc*.

Les Spirituels, Toulouse, col. Cahiers de Fanjeaux, n° 10, 1975, pp. 169-201.

GOUT, R. (ed.), *La Vie de sainte Douceline, texte provençal du XIVe siècle*, Paris, 1927.

São Luís (Luís IX) e Branca de Castela

CAROLUS-BARRÉ, L., *Le Procès de canonisation de Saint-Louis (1272-1297). Essais de reconstitution*, Roma, 1994.

GAPOSCHKIN, M. C., *The Making of Saint-Louis*, Ithaca, 2008.

LE GOFF, J., *Saint Louis*, Paris, 1986.

MERCURI, C., *Saint Louis et la couronne d'épines*, 2004, [trad. fr. Paris, 2011].

RICHARD, J., *Saint Louis*, Paris, 1983.

SIVÉRY, G., *Saint Louis et son siècle*, Paris, 1989.

SIVÉRY, G., *Louis IX, Le roi saint*, Paris, 2002.

SIVÉRY, G., *Blanche de Castille*, Paris 1990.

São Boaventura

BOUGEROL, J.-G., *Saint Bonaventure et la sagesse chrétienne*, Paris, 1963.

GILSON, E., *La Philosophie de saint Bonaventure*, Paris, 1943.

Jacques de Voragine

BOUREAU, A., *La Légende dorée. Le Système narratif de*

Jacques de Voragine, prefácio de J. LE GOFF, Paris, 1984.

CASAGRANDE, C., *Dizionario biografico degli Italiani*, "Iacopo da Varazze", Roma, 2004, pp. 92-102.

FLEITH, B. et alii., *La Légende dorée de Jacques de Voragine: le livre qui fascinait le Moyen Âge*, Genebra, 1998.

FLEITH, B. e MORENZONI, F., *De la sainteté à l'hagiographie. Genèse et usage de la Légende dorée*, Genebra, 1998.

JACQUES DE VORAGINE, *La Légende dorée*, textos trad., apresent. e anotados por A. BOUREAU et al., prefácio de J. LE GOFF, Paris, col. Bibliothèque de la Pléiade, 2004.

Raimundo Lúlio

PRING-MILL, R., *Le Microcosme lullien. Introduction à la pensée de Raymond Lulle*, trad. fr. por I. ATUCHA, Friburgo/ Paris, col. Vestigia, Pensée antique et médiévale, 2008.

URVOY, D., *Penser l'Islam. Les présupposés islamiques de l' "Art" de Lulle*, Paris, col. Études musulmanes, XXIII, 1980.

L'Art bref, trad. fr. por A. LLINARÈS, Paris, col. Sagesses chrétiennes, 1991.

Lulle, textos escolhidos, trad. e apresentados por L. SALA-MOLINS, Paris, 1967.

Alfonso X, o Sábio

BURNS, R. I., *Emperor of Culture. Alfonso X the Learned of Castile and his Thirteenth Century Renaissance*, Filadélfia, 1990.

DOUBLEDAY, S.R., *The Wise King: A Christian Prince, Muslim Spain, and Birth of The Renaissance*, Nova York, 2015.

GONZÁLEZ JIMÉNEZ, M., *Alfonso X (1252-1284)*, Valencia, col. Reyes de Castilla, 1993.

O'CALLAGHAN, J. F., *The Learned King. The Reign of Alfonso X of Castile*, Filadélfia, 1993 [trad. esp., *El rey sabio. El reinado de Alfonso X de Castilla*, Sevilha, 1996].

RODRIGUEZ LLOPIS, M. (dir.), *Alfonso X y su época*, Murcia, 2002.

RUCQUOI, A., "El rey Sabio: cultura y poder en la monarquía medieval castellana" in *III Curso de Historia Medieval*, Aguilar de Campoó, 1991, pp. 77-87.

Marco Polo

HEERS, J., *Marco Polo*, Paris, 1983.

GERMAIN-THOMAS, O., *Marco Polo*, Paris, col. Folio, 2010.

GUERET-LAFERTE, M., *Sur les routes de l'Empire mongol, Ordre et rhétorique des récits de voyage aux XIIIe et XIVe siècles*, Paris, 1994.

MÉNARD, P. (dir.), *Le Devisement du monde*, 6 vols., Genebra, 2001-2009.

MOLLAT, M., *Les Explorateurs du XIIIe au XVe siècle*, Paris, 1992.

POLO, M., *Le Livre des merveilles, Das Buch der Wunder. Manuscrit français de la Bibliothèque nationale de France*, Lucerna, 1999.

RACINE, P., *Marco Polo et ses voyages*, Paris, 2012.

Johannes Eckhart

FLASCH, K., *Maître Eckhart, philophe du christianisme*, trad. do alemão por C. KÖNIG-PRALONG, Paris, 2011.

LIBERA, A. DE, *Maître Eckhart et la mystique rhénane*, Paris, 1999.

MANGIN, É., *Maître Eckhart ou la Profondeur de l'intime*, Paris, 2012.

RUH, K., *Initiation à Maître Eckhart, théologien, prédicateur, mystique*, trad. do alemão por J. de BOURGKNECHT e A. NADEAU, Friburgo/ Paris, 1997.

Bernard Gui

DUBREIL-ARCIN, A., *Vies de saints, légendes de soi. L'Écriture hagiographique dominicaine jusqu'au Speculum sanctorale de Bernard Gui (+1331)*, Turnhout (Bélgica), col. Hagiologia, n° 7, 2001.

GUENÉE, B., *Bernard Gui (1261-1331), Entre l'Église et l'État, Quatre vies de prélats français à la fin du Moyen Âge (XIIIe-XVe siècle)*, Paris, 1987.

LAMARRIGUE, A.-M., *Bernard Gui (1261-1331). Un historien et sa méthode*, Paris, 2000.

THOMAS, A., "Bernard Gui, frère Prêcheur" in *Histoire littéraire de la France*, t. XXXV, 1921, pp. 139-232.

Bernard Gui et son monde, col. Cahiers de Fanjeaux, n° 16, 1981.

Dante Alighieri

AUERBACH, E., *Écrits sur Dante*, Paris, 1999.

CROUZET-PAVAN, E., *Enfers et Paradis, L'Italie de Dante et de Giotto*, Paris, 2001.

DANTE, *La Divine Comédie*, em francês; prefácio e notas de J. RISSET, 1 vol. Paris, 2010.

GILSON, E., *Dante et la philosophie*, Paris, 1939.

GOUDET, J., *Dante et la politique*, Paris, 1969.

LE GOFF, J., *La Naissance du Purgatoire*, Paris, 1981.

RISSET, J., *Dante une vie*, Paris, 1995.

Perturbações e mutações (1300-1500)

Felipe IV, o Belo

FAVIER, J., *Philippe le Bel*, Paris 1978.

HÉLARY, X., *Courtrai, 11 juillet 1302*, Paris, 2012.

PROVOST, A., *Domus Diaboli, Un évêque en procès au temps de Philippe le Bel*, Paris/ Berlim, 2010.

STRAYER, J. R., *The Reign of Philip the Fair*, Princeton, 1980.

THÉRY, J., "Une hérésie d'État. Philippe le Bel, le procès des 'perfides templiers' et la pontificalisation de la royauté française" in *Médiévales*, n° 60, 1961, pp. 157-186.

Carlos IV da Boêmia

Vie de Charles IV de Luxembourg, intro., ed. e trad. por Pierre MONNET e Jean-Claude SCHMITT, Paris, 2010.

Nicolas Oresme

HASENOHR, G. e ZINK, M., Paris, 1994, pp. 1.072-1.075.

GILLARD, L., "Nicole Oresme économiste" in *Revue historique*, n° 279, 1988, pp. 3-39.

NEVEUX, F., "Nicole Oresme et le clergé normand du XIV siècle" in *Revue historique*, n° 281, 1989, pp. 5-75.

QUILLET, J. (dir.), *Autour de Nicolas Oresme*, Paris, 1990.

SOUFFRIN, P. e SEGONDS, A.-P. (dirs.), *Nicolas Oresme: tradition et innovation chez un intellectuel du XIVe siècle*, Paris/ Pádua, 1988.

"Autour de Nicolas Oresme, un savant du XIVe siècle" in *Cahiers des archives départementales du Calvados*, Caen, n° 31, 2006.

Dictionnaire des lettres françaises. Le Moyen Âge, "Nicolas Oresme", nova ed. por Geneviève HASENOHR e Michel ZINK, Paris, 1994, pp. 1.072-1.075.

John Wyclif

HUDSON, A., *The Premature Reformation. Wycliffite Texts and Lollard History*, Oxford, 1988.

MCFARLANE, K. B., *Wycliffe and English non-Conformity*, Harmondsworth, 1972.

Oxford Dictionary of National Biography, "John Wyclif", por Ann HUDSON e Anthony KENNY, Oxford, 2004.

Jean Froissart

ZINK, M., *Froissart et le temps*, Paris, 1998.

Geoffrey Chaucer

CHAUCER, G., *Les Contes de Canterbury et autres œuvres*, trad. das obras completas de Chaucer (incluindo textos científicos) por A. CRÉPIN (dir.), Paris, col. Bouquins, 2010.

Santa Catarina de Siena

CATHERINE DE SIENNE, *Le Dialogue*, trad. L. PORTIER, Paris, 2007.

FAWTIER, R. e CANET, L., *La Double Expérience de Catherine Benincasa (Catherine de Sienne)*, Paris, 1948.

Jan Hus

MARIN, O., *L'Archevêque, le maître et le dévot. Genèses du mouvement réformateur pragois (années 1360-1419)*, Paris, 2005.

São Bernardino de Siena

PELLEGRINI, L. (dir.), *Il processo di canonizzazione di Bernardino da Siena (1445-1450)*, Grottaferrata, 2009.

Henrique, o Navegador

MATTOSO, J. (dir.), *História de Portugal*, t. II, *A Monarquia feudal (1096-1480)*, Lisboa, 1994.

RUSSELL, P., *Prince Henry "the Navigator". A Life*, New Haven, Yale University Press, 2001.

VERGÉ-FRANCESCHI, M., *Un prince portugais au XVe siècle. Henri le Navigateur*, Paris, 2000.

Joana d'Arc

BEAUNE, C., *Jeanne d'Arc*, Paris, 2004.

BEAUNE, C., *Vérités et légendes*, Paris, 2008.

CONTAMINE, P., BOUZY, O. e HÉLARY, X., *Jeanne d'Arc. Histoire et dictionnaire*, Paris, col. Bouquins, 2012.

DUPARC, P. (dir.), *Procès en nullité de la condamnation de Jeanne d'Arc*, 5 vols., Paris, 1977-1988.

TISSET, P., com colaboração de Yvonne Lanhers, *Procès de condamnation de Jeanne d'Arc*, 3 vols., Paris, 1960-1971.

Jean Fouquet

AVRIL, F., *Jean Fouquet, peintre e enlumineur du XVᵉ siècle*, Paris, 2004.

AVRIL, F. e REYNAUD, N., *Les Manuscrits à peintures en France, 1440-1520*, Paris, 1993.

BOUCHOT, H. et alii., *Exposition des Primitifs français au palais du Louvre (pavillon de Marsan) et à la Bibliothèque nationale*, Paris, 1904.

REYNAUD, N., *Jean Fouquet*, Paris, col. Les Dossiers du département des Peintures du musée du Louvre, n° 22, 1981.

L'Enluminure en France au temps de Jean Fouquet, catálogo da exposição, Chantilly/ Paris, 2004.

Vlad III, o Empalador (Drácula)

CAZACU, M., *Dracula*, Paris, 2004.

DUREAU, C., *Les Interprètes de Dracula, "le saigneur" des Carpates*, Paris, 2011.

STOKER, B., *Dracula*, Paris, 2006 [1987].

Courrier international, n° 1.103-1.104, dezembro 2011-janeiro 2012.

Libération, 31 de dezembro de 1987 e 31 dezembro de 2011.

Cristóvão Colombo

BALARD, M., *Christophe Colomb, Journal de bord, 1492-1983*, Paris, 1992.

COLOMB, C., *La Découverte de l'Ámerique*, Journal de bord, 1492-1493, t. I., Paris, 1979. *Relations de voyages*, 1493-1504, t. II, Paris, 1979. *Écrits et documents*, 1492-1506, t. III, Paris, 1991.

MAHN-LOT, M., *Portrait historique de Christophe Colomb*, Paris, 1941 e 1988.

Studi colombiani, 3 vols., Gênes, 1962.

Personagens imaginários

Arthur

AURELL, M., *La Légende du roi Arthur*, Paris, 2007.

BARBER, R., *King Arthur. Hero and Legend*, Woodbridge, 1993.

BOUTET, D., *Charlemagne et Arthur ou le roi imaginaire*, Paris, 1992.

CHAUVEL, D., *Arthur, une épopée celtique*, 9, *Mewdrawt le traitre*, história em quadrinhos, "Préface" de J. LE GOFF, Paris, 2006.

FARAL, E., *La Légende arthurienne*, 3 vols., Paris, 1929.

LOOMIS, R. S., *Arthurian Literature in the Middle Ages*, Oxford, 1959.

RÉGNIER-BOHLER, D., *La Légende arthurienne*, Paris, col. Bouquins, 1989.

WHITAKER, M., *The Legend of King Arthur in Art*, Londres, 1990.

O Padre João

BEJCZY, I., *La Lettre du Prêtre Jean. Une utopie médiévale*, Paris, 2001.

PIRENNE, J., *La Légende du Prêtre Jean*, Estrasburgo, 1992.

RICHARD, J., "L'Extrême-Orient légendaire au Moyen Âge: roi David et Prêtre Jean" in *Annales d'Éthiopie*, n° 2, Paris, 1957.

A Virgem Maria

RUBIN, M., *Mother of God, a History of the Virgin Mary*, Londres, 2009.

Marie. Le Culte de la Vierge dans la société médiévale, estudos reunidos por D. IOGNA-PRAT, E. PALAZZO e D. RUSSO, pref. de G. DUBY, Paris, 1996.

Melusina

CLIER-COLOMBANI, F., *La Fée Mélusine au Moyen Âge. Images, mythes et symboles*, pref. de J. LE GOFF, Paris, 1991.

COUDRETTE, *Le Roman de Mélusine*, présenté, traduit et commenté par L. HARF-LANCNER, Paris, 1933.

D'ARRAS, J., *Mélusine*, mis en français moderne par M. PERROT, pref. de J. LE GOFF, Paris, 1979.

HARF-LANCNER, L., *Les fées au Moyen Âge, Morgane et Mélusine, la naissance des fées*, Paris, 1984.

LE GOFF, J. e LE ROY LADURIE, E., "Mélusine maternelle et défricheuse" in *Annales E.S.C.*, 1971, pp. 587-622.

LE GOFF, J., "Mélusine" in *Héros et merveilles du Moyen Âge*, Paris, 2005, pp. 144-153.

SERGENT, B., "Cinq études sur Mélusine" in *Mythologie française*, n° 177, 1995, p. 27-38.

RINGOLTINGEN, T. DE, *Mélusine et autres récits*, apresent., trad. e anotado por C. LECOUTEUX, Paris, 1999.

Merlin e Viviane

BAUMGARTNER, E., *Merlin le Prophète ou le livre du Graal*, Paris, 1980.

LE GOFF, J., *Héros et Merveilles du Moyen Âge*, "Merlin", Paris, 2005, pp. 154-161.

ZUMTHOR, P., *Merlin le Prophète. Un thème de la littérature prophétique, de l'historiographie et des romans*, 1943 [reed. Genebra, 2000].

Renart

ARNALDI, A. e ANGLADE, N., *Une œuvre, le Roman de Renart, un thème, société animale et société humaine*, Paris, 1977.

BATANY, J., *Scènes et coulisses du Roman de Renart*, Paris, 1989.

Le Roman de Renart, 2 vols., textos e trad. de J. DUFOURNET e A. MÉLINE, Paris, 1985.

Le Roman de Renart, textos e trad. de A. STRUBEL, Paris, col. Bibliothèque de La Pléiade, 1998.

Robin Hood

HOLT, J. C., *Robin Hood*, Londres, 1982.

POLLARD, A. J., *Imagining Robin Hood, The Late Medieval Stories in Historical Context*, Woodbridge, 2004.

Roland

AMALVI, C., "La Chanson de Roland et l'image de Roland dans la littérature scolaire en France, de 1815 à 1914" in *De l'art et la manière d'accommoder les héros de l'histoire de France. De Vercingétorix à la Révolution*, Paris, 1988, pp. 89-111.

DUFOURNET, J., *La Chanson de Roland*, ed. bilíngue, Paris, 1993.

GALLETTI, A. I. e RODA, R., *Sulle orme di Orlando. Leggende e luoghi carolingi in Italia. I paladini di Francia nelle tradizioni italiane. Una proposta storico-antropologica*, Pádua, 1987.

LE GENTIL, P., *La Chanson de Roland*, Paris, 1955.

LEJEUNE, R. e STIENNON, J., *La Légende de Roland dans l'art du Moyen Âge*, 2 vols., Liège, 1965.

LEJEUNE, R., "Le Héros Roland, mythe ou personnage historique?" in Académie Royale de Belgique, *Bulletin de la classe des lettres et des sciences morales et politiques*, série 5, t. 65, 1979, pp. 145-165.

MOIGNET, G., *La Chanson de Roland*, texto e trad., Paris, 1969 [3ª ed., 1972].

Satã

BOUREAU, A., *Satan hérétique, Histoire de la démonologie dans l'Occident médiéval*, Paris, 2004.

DELUMEAU, J., *La Peur en Occident*, Paris, 1978.

KELLEY, H.-A., *Satan, une biographie*, Paris, 2010.

LE GOFF, J., *La Civilisation de l'Occident médiéval*, Paris, 1964.

CRÉDITOS

© *Aisa/Leemage* 25, 43, 89, 90, 134, 307, 317, 326, 349 | © *Angelo/Leemage* 181 | *British Library Board/Robana/Leemage* 31, 117, 201, 210-211, 249, 297, 385, 387, 399, 405, 413| © *Costa/Leemage* 147, 299, 319, 335 | © *Costa/Leemage* 24 | © *DeAgostini/Leemage* 49, 66, 73, 79, 101, 148, 153, 185, 235, 278, 338 | © *Electa/Leemage* 166, 167, 207, 221, 225 | © *Electa/Leemage pse116840 230* | © *Fototeca/Leemage* 190, 365 | © *Heritage Images/Leemage* 99 | © *Index/Leemage* 26 | © *Leemage* 46, 128, 301 | © *Luisa Ricciarini/Leemage* 44, 50, 113, 215, 222, 223, 261, 272, 284-285 | © *MOTTO/MP/Leemage* 366 | © *MP/Leemage* 257, 296 | © *Photo Josse/Leemage* 34, 39, 54, 74, 150, 156, 179, 209, 229, 270, 322-323, 352, 403 | © *PirismaArchivo/Leemage* 58, 142 | © *Raffael/Leemage* 186, 204 | ©*Selva/Leemage* 239, 295, 328 | © *SuperStock/Leemage* 155 | © *Youngtae/Leemage* 69

© *akg-images* 23, 56, 59, 102, 107, 194-195, 309, 318, 324, 343, 359, 368, 377, 380, 395, 397, 400-401, 404, 406, 410 | © *De Agostini Pict.Lib.* 246 | © *akg-images / British Library* 114, 137, 197, 287, 302, 321, 330, 333, 379 | © *akg-images / Electa* 65 | © *akg-images / Erich Lessing* 109, 198-199, 264, 336-337, 361, 362 | © *akg-images / Jerôme da Cunha* 356-357 | © *akg-images / Jürgen Raible* 110 | © *akg-images / VISIOARS* 313, 371 | © *akg-images / Werner Forman* 217 | © *akg-images / Stefan Diller* 244 | © *Album / Oronoz / AKG* 176 | © *Album / Prisma / AKG* 262-263 | © *Yvan Travert / akg-images* 414

© *Alinari / The Bridgeman Art Library* 189 | © *Giraudon / The Bridgeman Art Library* 118, 267 | © *The Bridgeman Art Library* 218 g, 218 d

© *Domingie & Rabatti/ La Collection* 345, 347, 390 | © *Gilles Mermet / La Collection* 62 | © *Imagno / La Collection* 276-277 | © *Interfoto / La Collection* 165, 183, 250, 393 | © *Jean-paul Dumontier ? La Collection* 408, 409 | © *Jean-Paul Dumontier / La Collection* 32, 172-173 | © *La Collection* 314

© *Bibliothèque nationale de France* 77, 83, 84, 85, 87, 88, 145, 161, 162, 177, 202, 226, 227, 236, 241, 259, 311, 389

© *Cliché BMG* 354

© *Foto Art Media/Heritage Images/Scala, Firenze* 275

© *Photo Scala, Florence* 252

Essa obra foi composta em Centaur MT Pro e News Gothic BT e impressa em papel Gold East 157 g/m².
Este livro foi impresso em terceira edição nas oficinas da Toppan Leefung, China, em julho de 2018.